50 CLÁSICOS de la Filosofía

Si este libro le ha interesado y desea que lo mantengamos informado de nuestras publicaciones, puede escribirnos a comunicacion@editorialsirio.com, o bien registrarse en nuestra página web: www.editorialsirio.com

Título original: 50 PROSPERITY CLASSICS
Traducido del inglés por Francesc Prims
Diseño de portada: Editorial Sirio, S.A.

Publicado inicialmente en inglés en el año 2008 por Nicholas Brealey Publishing, Londres y Boston. La presente versión ha sido publicada según acuerdo con Nicholas Brealey Publishing Group.

EDITORIAL SIRIO, S.A.
C/ Rosa de los Vientos, 64
Pol. Ind. El Viso
29006-Málaga
España

NIRVANA LIBROS S.A. DE C.V.
Camino a Minas, 501
Bodega nº 8,
Col. Lomas de Becerra
Del.: Alvaro Obregón
México D.F., 01280

DISTRIBUCIONES DEL FUTURO
Paseo Colón 221, piso 6
C1063ACC
Buenos Aires
(Argentina)

www.editorialsirio.com
sirio@editorialsirio.com

I.S.B.N.: 978-84-16579-12-9
Depósito Legal: MA-223-2016

Impreso en Imagraf Impresores, S. A.
c/ Nabucco, 14 D - Pol. Alameda
29006 - Málaga

Impreso en España

Puedes seguirnos en Facebook, Twitter, YouTube e Instagram.

TOM BUTLER-BOWDON

50 CLÁSICOS de la Prosperidad

editorial Sirio

Para Cherry

Introducción

En las páginas de este libro encontrarás los secretos de la prosperidad. Todo lo que tienes que hacer es actuar a partir de ellos, haciéndolos tuyos.

El *Diccionario Oxford* define la riqueza como «un tipo de prosperidad», es decir, que está contenida dentro del concepto de prosperidad, que es más amplio. Mientras que la riqueza no es más que la posesión de dinero o bienes, o el proceso de obtener más y conservar más para nosotros mismos, la prosperidad es el estado de «florecer, prosperar o tener éxito». En pocas palabras, la riqueza tiene que ver con el dinero, mientras que la prosperidad atañe a la vida e incluye las ideas más amplias de buena suerte, abundancia y bienestar.

John Wesley, el gran reformador religioso, dijo: «Hagan todo lo que puedan, ahorren todo lo que puedan, den todo lo que puedan». Andrew Carnegie, quizá el filántropo más famoso de la historia y fundador de miles de bibliotecas gratuitas, señaló: «Ningún hombre se vuelve rico a menos que enriquezca a los demás». Más recientemente, los autores de *Millonario en un minuto* nos dieron un credo similar:

Hago millones.
Gano millones.
Invierto millones.
Doy millones.

50 clásicos de la prosperidad celebra el acto de crear riqueza, pero también reconoce la alegría de dar. La prosperidad se aprecia mejor como un círculo en que el dinero es, primero, atraído y creado, y a continuación es bien gestionado y compartido con buenos fines. A menudo se dice que el dinero no puede comprar la felicidad, y este libro no pretende sugerir lo contrario. Sin embargo, también es cierto que la capacidad de atraer, generar, administrar y compartir la riqueza es importante para tener una vida feliz, y muchos de nosotros tratamos de mejorar económicamente no para acumular dinero como una finalidad en sí misma, sino para tener el control de nuestro tiempo y poder invertirlo de manera significativa.

La idea de la prosperidad sugiere que somos *administradores* de la riqueza: la creamos a partir de los recursos existentes y, finalmente, la devolvemos de alguna forma. No se puede lograr una verdadera satisfacción a partir del hecho de saquear de manera desconsiderada los recursos naturales tan solo para obtener ganancias, o del hecho de ser un consumidor inconsciente. Sin embargo, la riqueza que se crea de una forma que implica el menor daño posible para las personas y el planeta forma parte, sin duda, del círculo de la prosperidad. Por esta razón, este libro abarca títulos que celebran la riqueza sostenible, que incluyen *El capitalismo natural*, de Hawken, Lovins y Hunter, la autobiografía *Otra forma de hacer negocios*, de Anita Roddick (fundadora de The Body Shop), y *La bolsa o la vida*, una guía fundamental para una vida más simple. Aunque muchos podrían argumentar que es el fantástico crecimiento de la riqueza en el último siglo lo que ha causado nuestros problemas ambientales, también es cierto que sin una prosperidad continua vamos a carecer de los recursos necesarios para investigar sobre nuevas fuentes de energía e invertir en ellas, por ejemplo, o para reparar lo que ha sido dañado.

Para algunas personas, todavía hay un estigma asociado a la búsqueda de la riqueza. Sin embargo, si entendemos la creación de riqueza como parte del concepto más amplio de la prosperidad, nada debería retenernos. Tenemos el deber con nosotros mismos y con el mundo de maximizar los recursos, usar la imaginación y trabajar duro para traer cosas nuevas y valiosas a la existencia. Al adoptar esta visión más amplia, es posible tanto estar bien financieramente como vivir con la conciencia tranquila.

¿QUÉ VAS A ENCONTRAR EN ESTE LIBRO?

50 clásicos de la prosperidad abarca muchos de los grandes escritos sobre la riqueza y la abundancia. Los títulos sobre la atracción de la riqueza constituyen claramente todo un género en sí mismos, y aquí se cubre una selección de ellos. Las biografías de las personas de negocios tratan de inspirar o volver a inspirar al emprendedor que hay en uno, y los títulos sobre finanzas personales tienen por objeto proporcionar una formación fundamental y práctica en cuanto a la forma de gestionar y hacer crecer lo que uno tiene. La creación de riqueza no acontece en un vacío social; por lo tanto, también se ponen de relieve algunas de las obras emblemáticas y más provocadoras sobre economía y economía política. Este libro también destaca un puñado de títulos inspiradores sobre cómo dar la riqueza de forma inteligente a quienes van a sacarle el máximo partido.

Existe una división natural entre los libros relacionados con la «consciencia de la prosperidad», o los aspectos internos o psicológicos de la creación de riqueza, y los volúmenes más mundanos sobre los entresijos de las finanzas personales, el espíritu empresarial y la economía. *50 clásicos de la prosperidad* tiene como objetivo cerrar esta brecha. Si te sientes atraído de forma natural por los aspectos filosóficos de la prosperidad, aprenderás mucho de los comentarios sobre inversiones, finanzas y economía. Si estás versado en estas áreas más prácticas, los clásicos más metafísicos de la abundancia pueden abrirte los ojos o el corazón. Tu objetivo último debe ser integrar ambos, con el fin de que puedas convertirte en un maestro del juego interior *y* exterior de la riqueza.

Los títulos de este libro se pueden organizar de acuerdo con estos cuatro enfoques: atraer, crear, gestionar y compartir la riqueza. A pesar de que se divide en cincuenta capítulos, la obra está diseñada para ser como una conversación que te presenta una gran variedad de ideas y estrategias. Sacarás más provecho de unos capítulos que de otros, y en distintas épocas de tu vida. Lee ahora lo que más te fascine en estos momentos.

ATRÁELO

Cómo dominar el juego interior de la riqueza y la abundancia

- James Allen. *El camino de la prosperidad abundante*
- Genevieve Behrend. *Tu poder invisible*
- Rhonda Byrne. *El Secreto*
- T. Harv Eker. *Los secretos de la mente millonaria*
- Charles Fillmore. *La prosperidad*
- Esther Hicks y Jerry Hicks. *Pide y se te dará*
- Napoleon Hill. *La llave maestra de la riqueza*
- Catherine Ponder. *Abre tu mente a la prosperidad*
- John Randolph Price. *El libro de la abundancia*
- Sanaya Roman y Duane Packer. *Cómo crear dinero*
- Marsha Sinetar. *Haz lo que amas; el dinero te seguirá*
- Max Weber. *La ética protestante y el espíritu del capitalismo*

Tendemos a pensar que la riqueza implica la capacidad de moldear el mundo a nuestro alrededor para fines lucrativos. Sin embargo, la riqueza realmente comienza en la mente, con nuestras ideas, visiones, creencias y carácter. Atraemos o repelemos la riqueza de acuerdo con lo que pensamos y creemos sobre nosotros mismos; por lo tanto, nunca es una pérdida de tiempo trabajar en nuestro propio desarrollo. Aristóteles dijo: «La victoria más dura es la victoria sobre uno mismo», pero es una victoria que nos permite ganar en todos los demás aspectos de la vida.

En *El camino de la prosperidad abundante*, James Allen pone de relieve este concepto; señala que una mente disciplinada y poner el enfoque en servir a los demás son fundamentales para la consecución de cualquier prosperidad. Napoleon Hill asegura en *La llave maestra de la riqueza* que la precisión del objetivo y el deseo de «hacer un esfuerzo adicional» son esenciales para la creación de valor y, por extensión, riqueza. El famoso ensayo de Max Weber *La ética protestante y el espíritu del capitalismo* sostiene que los primeros comerciantes protestantes fueron capaces de atraer fortunas como resultado directo de su intensa preocupación por las virtudes personales de la honestidad y la austeridad.

Los libros centrados en adquirir la «consciencia de la prosperidad» están muy en boga hoy en día gracias al éxito de títulos contemporáneos como *El Secreto*, pero este género tiene una herencia que se remonta a casi un siglo. *La prosperidad*, de Charles Fillmore, por ejemplo, y los escritos de Genevieve Behrend introdujeron a los lectores a la base metafísica de la prosperidad; estas lecturas señalaban que los sentimientos de carencia indican sencillamente una separación respecto de la «fuente» (Dios o el universo), carencia que puede ser fácilmente subsanada mediante la oración, la afirmación o la visualización. Más tarde, escritores como Catherine Ponder mantuvieron vivas estas ideas, antes de que el libro de Esther y Jerry Hicks y el de Rhonda Byrne detonaran un nuevo interés en la idea de que nuestro estado emocional puede actuar como un imán que «atraiga» la riqueza.

En *Los secretos de la mente millonaria*, Harv Eker demuestra la importancia primordial de este «juego interior» por medio de mostrar cómo cada uno tiene un «esquema financiero» mental que o bien permite que el dinero fluya hacia nosotros o bien evita este flujo. Podemos cambiar nuestro esquema, pero el primer paso es que lleguemos a ser individuos abiertos a las oportunidades en lugar de estar centrados en las quejas.

En su *bestseller* de 1987 (el libro original) *Haz lo que amas; el dinero te seguirá*, Marsha Sinetar afirma que la clave para una vida abundante es hacer el trabajo que uno ama. Esto no solo conduce a la excelencia en lo que se produce, lo que tiende a atraer más gratificaciones, sino que, además, el hecho de que la persona alinee su propia vida con sus valores y talentos más profundos da lugar a un manantial de felicidad sostenida.

Todos los títulos anteriores tienen un hilo conductor: la prosperidad comienza con los pensamientos de prosperidad, los cuales configuran un estado emocional que solo puede atraer lo bueno a la vida.

CRÉALO

Los secretos del creador de riqueza

- Robert G. Allen. *Múltiples fuentes de ingresos*
- P. T. Barnum. *El arte de obtener dinero*
- Richard Branson. *Perdiendo la virginidad*
- Felix Dennis. *Cómo hacerse rico*

- Peter Drucker. *La innovación y el empresario innovador: la práctica y los principios*
- Bill Gates (por James Wallace y Jim Erickson). *Disco duro: la construcción del imperio Microsoft*
- Michael E. Gerber. *El mito del emprendedor*
- Conrad Hilton. *Sea usted mi huésped*
- Joe Karbo. *El camino hacia la riqueza para los perezosos*
- Guy Kawasaki. *El arte de empezar*
- Paul Zane Pilzer. *Dios quiere que seas rico*
- Anita Roddick. *Otra forma de hacer negocios: Anita Roddick y The Body Shop*
- Howard Schultz. *Pon tu corazón en ello: cómo Starbucks creó una empresa un vaso tras otro*
- Donald Trump. *El arte de la negociación*

Una vez que hemos comprendido los aspectos psicológicos de la prosperidad, podemos pasar a la actividad de crear riqueza. La sabiduría convencional sugiere que no hay sustituto para el aprendizaje sobre la marcha; sin embargo, el creador de riqueza inteligente va a querer «estar montado en hombros de gigantes», absorbiendo la rica sabiduría almacenada en las biografías de las personas que han triunfado en los negocios.

P. T. Barnum es descrito a menudo como «el mayor *showman* del mundo», pero en su manual para el éxito de 1880 aconseja unos ingredientes sorprendentemente simples para lograr la prosperidad: un buen estado de salud, carácter personal, la vocación correcta y el lugar adecuado para practicarla. A Conrad Hilton, que convirtió un hotel ruinoso de un pueblo minero en una cadena hotelera mundial, sus padres le dijeron que la oración y el trabajo eran los elementos básicos del éxito en la vida, pero a partir de su propia experiencia añadió un tercer elemento: la necesidad de soñar y pensar en grande. Cuando los tiempos son difíciles, como lo fueron para él durante la Gran Depresión, puede ser que una visión potente sea lo único con lo que uno cuente para seguir adelante. En el caso de Bill Gates, su gran visión tuvo un papel decisivo a la hora de construir la mayor fortuna privada del mundo. En realidad, nadie anticipó el auge de los ordenadores personales, pero el sueño de Gates de un ordenador en el escritorio de todos, que ejecutara un *software* que fuera «tan fácil de usar que pudiesen utilizarlo incluso las madres», aseguró que Microsoft estuviera dispuesto a aprovechar cualquier oportunidad que apareciera en su camino. Donald Trump, aunque atribuye gran parte de su éxito a sus habilidades como negociador, también ha llegado a la cima en su campo gracias a su capacidad de pensar en grande.

Las autobiografías de Richard Branson, Felix Dennis, Anita Roddick y Howard Schultz muestran que la pasión constituye los cimientos para construir grandes empresas (como Virgin, The Body Shop y Starbucks), y que el deseo de la persona de permanecer fiel a su conciencia es a menudo una base enormemente subestimada para la creación de riqueza. Aunque con el tiempo pueden llegar a integrarse en el sistema establecido, al principio son los individuos rebeldes y desconocidos los que crean un valor sorprendente, excepcional. Peter Drucker, una leyenda en el terreno de la gestión, pone énfasis en este hecho al señalar que los empresarios aportan nuevo valor no solamente por hacer las cosas mejor, sino también por hacerlas de manera *diferente*. Todos los negocios empiezan siendo pequeños, pero el libro de Michael Gerber *El mito del emprendedor* es un recordatorio vital de tener visión de futuro y evitar empantanarse en la gestión del día a día. Uno se convierte en emprendedor no con el fin de «lograr un trabajo», sino para crear sistemas potentes que proporcionen satisfacción a la gente.

- Milton Friedman. *Capitalismo y libertad*
- Thomas Friedman. *La Tierra es plana*
- Ayn Rand. *Capitalismo: el ideal desconocido*
- Adam Smith. *La riqueza de las naciones*

No se puede crear riqueza sin un marco económico de apoyo, y la famosa obra de Adam Smith *La riqueza de las naciones* demuestra ampliamente que una sociedad en la que cada uno es libre de perseguir sus propios intereses económicos es más probable que ofrezca prosperidad al mayor número de individuos. Heredero moderno de Smith, Milton Friedman muestra que si bien las intenciones de los gobiernos suelen ser buenas, los mercados libres garantizan mejor las libertades personales. Por su parte, Ayn Rand argumenta de forma convincente que el capitalismo es el único sistema moral de organización económica, ya que insiste, en su mismísimo núcleo, en la libertad personal. La riqueza en sí pueden obtenerla estados criminales o individuos corruptos, pero la prosperidad (entendida como la paz mental derivada de la abundancia material) descansa de forma natural en el supuesto de esta libertad. Más recientemente, Thomas Friedman ha proporcionado el argumento convincente de que la tecnología está creando un mundo «plano» que permite a más millones de personas competir en el mercado global. Los gobiernos no pueden detener este cambio; lo que pueden hacer es ayudar por medio de asegurarse de que sus ciudadanos estén bien formados y bien comunicados.

GESTIÓNALO

Estrategias de finanzas e inversiones personales

- David Bach. *El millonario automático*
- John C. Bogle. *El pequeño libro de la inversión con sentido común*
- Warren Buffett (editado por Lawrence Cunningham). *Los ensayos de Warren Buffett: lecciones para el mundo empresarial*
- Joe Domínguez y Vicki Robin. *La bolsa o la vida: cómo dejar de ser esclavo del dinero y mejorar la calidad de vida*
- Benjamin Graham. *El inversor inteligente*
- Robert Kiyosaki. *El cuadrante del Cash Flow*
- Peter Lynch. *Un paso por delante de Wall Street*
- Andrew McLean y Gary W. Eldred. *La inversión en el sector inmobiliario*
- Jerrold Mundis. *Cómo superar sus deudas*
- William Nickerson. *Cómo convertí mil dólares en tres millones en el sector inmobiliario (en mi tiempo libre)*
- Suze Orman. *Las mujeres y el dinero*
- Dave Ramsey. *La paz financiera*
- Thomas J. Stanley y William D. Danko. *El millonario de la puerta de al lado*

Es maravilloso ganar dinero, pero aún es mejor ser capaz de conservarlo. Tanto si cuentas con unos ingresos inesperados para invertir como si eres un asalariado normal que invierte un poco cada mes, los títulos de esta categoría te mostrarán cómo sacar el máximo provecho de lo que tienes.

David Bach revela cómo el hábito de «pagarse a sí mismo primero» puede hacer que una persona de escasos recursos llegue a ser millonaria, gracias al poder del interés compuesto a lo largo de décadas, mientras que Thomas Stanley y William Danko proporcionan un notable retrato del «rico tranquilo» que llega a serlo por medio de vivir dentro de sus posibilidades e invertir sus ahorros.

¿Cuál es la mejor forma de inversión? Además de tu propio negocio, si tienes uno, los mejores rendimientos parecen provenir de las acciones o los bienes raíces. En cuanto al mercado de valores, los inversores legendarios Warren Buffett, Benjamin Graham y Peter Lynch hacen hincapié en la diferencia entre la inversión a largo plazo en empresas y la especulación bursátil para obtener ganancias a corto plazo. En el caso del pequeño inversor, lo mejor puede ser que ponga su dinero en un fondo indexado que se limite a comprar una parte de cada sociedad que cotiza en bolsa, lo que le asegurará participar en el crecimiento empresarial de su país. La inversión inmobiliaria también puede ser una ruta sorprendentemente fácil hacia la riqueza, sobre todo si el inversor adopta una visión a largo plazo en lugar de buscar ganancias rápidas. William Nickerson escribió la primera «biblia» inmobiliaria en este sentido, y Andrew McLean y Gary Eldred proporcionan una completa receta contemporánea para alcanzar la riqueza con la inversión en este sector.

En una época de niveles récord de deuda de los consumidores, sin embargo, muchos de nosotros necesitamos saltar el primer obstáculo de ser solventes. Hay una gran cantidad de excelentes títulos en esta área; el mejor es tal vez el manual de Jerrold Mundis sobre cómo liberarse de las deudas. Como persona que estuvo en quiebra, los consejos de Dave Ramsey sobre el efecto pernicioso de la deuda en las familias y la forma de recuperar la prosperidad también son valiosos. En un nivel más holístico, Joe Domínguez y Vicki Robin retan a los lectores a abrazar las viejas ideas de una vida más simple y austera, a la vez que muestran que controlar las propias finanzas es clave para una vida plena.

COMPÁRTELO

El flujo de la riqueza y dar algo a cambio

- Andrew Carnegie. *El evangelio de la riqueza*
- Chuck Feeney (por Conor O'Clery). *El multimillonario que no lo era*
- Joel T. Fleishman. *Las fundaciones*
- Paul Hawken, Amory B. Lovins y L. Hunter Lovins. *El capitalismo natural*
- Lynne Twist. *El alma del dinero*
- Muhammad Yunus. *El banquero de los pobres*

La prosperidad no es solamente el logro y la gestión de la riqueza, sino también su circulación. Si hemos tenido la suerte de generarla, como ciudadanos de la Tierra y miembros de la humanidad tenemos la obligación de utilizar nuestro dinero para poner remedio a problemas o para inspirar. Como argumenta Lynne Twist en *El alma del dinero*, a partir de su trabajo como recaudadora de fondos global, no solo los destinatarios, sino también los donantes, reciben los beneficios de la filantropía activa: acumular dinero solo detiene el flujo y tiende a corromper a su poseedor o a sus descendientes.

Andrew Carnegie creía que una persona que muere rica «muere en desgracia», y con sus enormes dotaciones para caridad proporcionó a los individuos ricos el modelo moderno de la filantropía. La obra magistral de Joel Fleishman sobre las fundaciones revela las enormes cantidades de dinero privado que se están destinando a ayudar a hacer frente a los males del mundo, en gran medida por parte de empresarios que desean llevar la pasión y el enfoque en los resultados que les permitieron tener éxito en los negocios a hacer frente a problemas sociales y generar oportunidades. Alguien que encarna esta actitud es Chuck Feeney, un minorista de productos libres de impuestos que, inspirado por Andrew Carnegie, renunció a su enorme riqueza para emplearla en proyectos valiosos en todo el mundo.

Si la prosperidad importa algo, debe incluir a los «más pobres entre los pobres». Muhammad Yunus ganó el Premio Nobel por haber creado un banco que ofrece micropréstamos a mujeres que sueñan con convertirse en económicamente autosuficientes. Su fascinante libro relata que en última instancia no es la caridad sino elementos sencillos que damos por sentados, como el acceso a financiación y la propiedad de bienes, los que constituyen las bases de la riqueza y el bienestar.

Tampoco podemos seguir generando riqueza a expensas de nuestro planeta, y Paul Hawken y Amory y Hunter Lovins subrayan que la verdadera prosperidad significa tener tanto cuidado de nuestro capital natural como el que tenemos de nuestro capital financiero.

UNAS ÚLTIMAS PALABRAS

Antes de emprender la lectura de los comentarios, ten en cuenta algunos puntos prácticos:

- La fecha que aparece en cada capítulo o comentario corresponde al año de la edición original del libro comentado.
- Al final del libro hay un capítulo titulado «Los principios de la prosperidad», que destila algunos puntos clave de los cincuenta títulos clásicos. Puede ser que te resulte un resumen útil.
- También al final hay una lista de cincuenta clásicos más, que pueden proporcionarte ideas para emprender lecturas adicionales.
- Algunos temas se repiten en varios títulos. Toma esto como una señal de que las ideas que abordan han pasado la prueba del tiempo. Otros de los libros que se resumen en los capítulos puede parecer que se contradicen entre sí. Solo tú puedes juzgar qué enfoques o estrategias es probable que te resulten más útiles.
- Muchos de los autores de los cincuenta títulos son estadounidenses. Estados Unidos siempre ha puesto mucho énfasis en la riqueza monetaria y ha glorificado al empresario, y como consecuencia ha producido gran parte de los mejores escritos en estas áreas. El vínculo entre la espiritualidad y la riqueza es en parte un legado de las raíces puritanas de Estados Unidos, que continúa hoy en día a través de los numerosos escritos que abundan en los aspectos mentales y metafísicos de la abundancia. La verdad, sin embargo, es que los temas tratados son

universales y tendrán el mismo impacto para ti independientemente de donde residas.

- Pocos de los libros que constituyen la base de los capítulos fueron escritos después del año 2000. En cuanto a los títulos escogidos después de este año, si bien puede haber transcurrido demasiado poco tiempo para que se hayan consolidado como «clásicos», destacan por la calidad de sus ideas o por ofrecer información que es probable que sea apreciada en los próximos años.
- Algunos capítulos no contienen apuntes biográficos al final, ya que incluyen una cantidad razonable de material biográfico en el mismo texto.
- Varias de las obras son ahora de dominio público, lo que significa que en muchas partes del mundo sus derechos de autor han expirado. Consulta el apartado «Referencias» al final del libro para obtener más información sobre cómo acceder a estos títulos de forma gratuita (en inglés).

ADEMÁS...

- Los lectores de este volumen pueden recibir un extra. Estaré encantado de enviarte gratuitamente un libro con comentarios adicionales (en inglés) solo con que me escribas a tom@butler-bowdon.com. El libro en cuestión, del que se han vendido millones de ejemplares, proporciona al lector una forma secreta de desbloquear su potencial y aportarle prosperidad real, siempre y cuando esté abierto de mente.
- También te invito a visitar www.Butler-Bowdon.com. Aquí encontrarás más recursos sobre la prosperidad, además de una gran cantidad de material gratuito sobre los escritos y las ideas fundamentales relacionados con el éxito personal.
- La idea de este libro surgió de uno anterior, *50 libros clave para vivir mejor*, que exploró muchos de los grandes títulos sobre realización personal y motivación y algunos clásicos financieros. En él puedes encontrar comentarios a títulos como *The Way to Wealth*, de Benjamin Franklin; *The Richest Man in Babylon*, de George S. Clason; *Think and Grow Rich*, de Napoleon

Hill, y *The Science of Getting Rich*, de Wallace Wattles. También incluye las historias de algunos célebres creadores de riqueza, como Andrew Carnegie, John Paul Getty, Michael Dell y Sam Walton.

Cuando leas las historias de éxito financiero o empresarial de las páginas que siguen, tal vez pienses que a ti no puede ocurrirte lo mismo. Sí que puede. Este libro tiene como objetivo recordarte que otros experimentaron miedos y dudas similares a los tuyos, y sin embargo pasaron a través de ellos. La vida nos reta constantemente a creer que vivimos en un universo abundante; si lo asumimos, pueden suceder cosas extraordinarias.

En los momentos de duda, piensa en la bellota, un antiguo símbolo de la abundancia. Esta semilla del poderoso roble comienza a crecer solo cuando el árbol alcanza la madurez. La prosperidad siempre implica *tiempo*. Nada grande se logra de la noche a la mañana, y todas las cosas comienzan siendo pequeñas.

1905

EL CAMINO DE LA PROSPERIDAD ABUNDANTE

Enmienda tu corazón y enmendarás tu vida. La lujuria, el odio, la ira, la vanidad, el orgullo, la avaricia, la autoindulgencia, el egoísmo, la obstinación... todo ello es pobreza y debilidad; mientras que el amor, la pureza, la dulzura, la mansedumbre, la compasión, la generosidad, el olvido de sí mismo y la autorrenuncia es, todo ello, riqueza y poder.

Sea cual sea tu posición en la vida, antes de que puedas aspirar, en cualquier medida, a tener éxito, ser útil y tener poder debes aprender a enfocar las fuerzas de tu pensamiento mediante el cultivo de la tranquilidad y el reposo.

Dices que estás encadenado por las circunstancias; clamas por mejores oportunidades, por un ámbito de acción más amplio, por unas mejores condiciones físicas, y tal vez por dentro maldices al destino que te ata de pies y manos. Es para ti para quien escribo; es a ti a quien hablo [...] Sé que este camino parece estéril al principio [...] pero si te comprometes a transitar por él [...] te verás sorprendido por los cambios mágicos que tendrán lugar en tu vida.

En pocas palabras

Tan solo conseguirás la prosperidad verdadera cuando hayas disciplinado tu mente. Paradójicamente, la riqueza (y la felicidad) acuden con mayor facilidad a aquellos que se olvidan de sí mismos en su servicio a los demás.

En la misma línea

Genevieve Behrend. *Tu poder invisible* (pág. 54)
Rhonda Byrne. *El Secreto* (pág. 86)
Charles Fillmore. *La prosperidad* (pág. 144)
Catherine Ponder. *Abre tu mente a la prosperidad* (pág. 312)
Max Weber. *La ética protestante y el espíritu del capitalismo* (pág. 400)

Capítulo 1

James Allen

¿Dónde está el camino a la prosperidad? ¿Se puede encontrar a través de acciones, bonos o bienes raíces (bienes inmuebles), o tal vez por medio de poseer una empresa? Estas son expresiones tangibles de la riqueza, pero no dicen nada acerca de quién la ha logrado ni cómo. De hecho, la prosperidad es creada por individuos, que por lo tanto necesitan tener determinadas cualidades personales. En *El camino de la prosperidad abundante*, James Allen sostiene que la prosperidad es *siempre* personal, de modo que se apoya de lleno en el grado en que uno se ha perfeccionado y mejorado a sí mismo. Si bien es posible que cualquiera logre ser rico, ser felizmente próspero sugiere que uno tiene paz interior además de riquezas monetarias.

Allen es famoso por ser el autor de *Como un hombre piensa* (puedes ver el comentario de este libro en *50 clásicos de la autoayuda*), que expresa bellamente la idea de que uno crea su mundo a través de sus pensamientos. *El camino de la prosperidad abundante* profundiza en la relación entre la forma de pensar y la abundancia material y es uno de los títulos sobre la prosperidad más espirituales. El propio Allen era un hombre piadoso y modesto, que murió relativamente joven, y sus escritos están impregnados de una sensación de paz y bienestar.

Este libro es un comienzo excelente para el viaje de cualquier persona hacia la abundancia, ya que va al núcleo de lo que significa la prosperidad: tener un buen corazón y convertirse en una persona que es auténticamente valiosa para sus semejantes.

SIGUE EL CAMINO QUE CONDUCE A LA LUZ

Sorprendentemente, el primer capítulo del libro versa sobre el «mal». Allen define el mal no como una fuerza cósmica que está fuera de la persona, sino simplemente como «la ignorancia de la verdadera naturaleza de las cosas y la relación entre ellas». El universo está lleno de luz, explica, y la experiencia de la «noche» en la Tierra no es más que una ilusión. De la misma manera, cuando experimentas una noche oscura consistente en tristeza, dolor o algún infortunio, debes darte cuenta de que se trata de una experiencia temporal e ilusoria, y de que tu verdadera naturaleza está llena de luz («la oscura sombra que te cubre no la arroja nadie ni nada más que tú mismo»). Las emociones oscuras no tienen realidad fundamental, y la luz de la verdad está a la espera de irrumpir en tu vida si tú lo permites.

Sean cuales sean tus sufrimientos y dificultades, han llegado enteramente como resultado de tus pensamientos y acciones anteriores. Estos problemas son un regalo: cuando aceptas que los has atraído y luego decides sobrellevarlos, has aprendido la ley fundamental de la vida y pasas a ser libre para moldear tus propias circunstancias. Has aprendido a convertir el mal o los contratiempos en algo bueno. Este conocimiento vale más que cualquier fortuna, y también es esencial para crear una prosperidad real. Controla tus pensamientos y emociones y te convertirás en el dueño de tu destino.

TEN EL PODER DE ELEGIR

En el capítulo «El mundo es un reflejo de los estados mentales», Allen recuerda esta declaración del Buda: «Todo lo que somos es el resultado de lo que hemos pensado. Se basa en nuestros pensamientos y se compone de nuestros pensamientos».

Si eres feliz, es porque estás teniendo pensamientos felices. Si eres infeliz, es a causa de tus pensamientos de desánimo. En una de las bonitas estrofas que complementan la prosa del libro, Allen escribe:

¿Quieres amabilidad? Sé amable.
¿Pides honestidad? Sé honesto.
Lo que das de ti es lo que encuentras;
tu mundo es un reflejo de ti.

Por supuesto, señala, podemos vernos afectados por los acontecimientos externos, pero nos influirán solamente en la medida en que comprendamos el poder del pensamiento. Pone el ejemplo de dos hombres a quienes conocía que, siendo jóvenes, habían perdido los ahorros que habían ganado gracias a su duro trabajo. El primero cayó en un profundo desaliento y pesar, mientras que el otro se dijo: «La preocupación no me devolverá mis ahorros, pero el trabajo duro sí lo hará». Se lanzó a realizar su trabajo con gran vigor, y rápidamente fue capaz de eclipsar sus anteriores ganancias. El otro hombre siguió llorando su pérdida y su mala suerte, lo cual derivó matemáticamente en circunstancias aún peores para él. La pérdida fue una bendición para uno de ellos, mientras que para el otro supuso una maldición. Allen observa:

Si las circunstancias tuvieran el poder de bendecir o perjudicar, bendecirían y perjudicarían a todos los hombres por igual; pero el hecho de que las mismas circunstancias sean buenas o malas en función de las almas demuestra que lo bueno o lo malo no está en la circunstancia, sino solo en la mente de aquel que se encuentra con dicha circunstancia.

Esto no es solo una teoría metafísica. En su clásico psicológico *Aprenda optimismo*, Martin Seligman señala que las personas con un «estilo explicativo positivo» superan rápidamente los contratiempos y prosperan. Fundamentalmente, el optimismo –que en esencia consiste en la elección de pensar de una determinada manera a pesar de la realidad presente– se puede *aprender* y a menudo es el único factor diferencial que lleva al éxito o al fracaso profesional.

PARA PROGRESAR, OCUPA TU POSICIÓN ACTUAL

En el capítulo «La salida de las condiciones indeseables», Allen se extiende más sobre el funcionamiento de la ley universal. Deja de quejarte, dice, porque cuanto más te quejes más te apretarán las cadenas que te atan. El camino hacia una vida mejor no es la queja, sino encontrar formas de ofrecer servicio y brindar amor. Si no estás totalmente satisfecho con tus circunstancias actuales, el secreto de tu liberación es *hacer lo mejor con lo que tienes ahora*. No puedes pasar a algo mejor sin haber cumplido con lo que se espera de ti en tu posición actual.

Si estás viviendo en un alojamiento pobre o en condiciones de hacinamiento, conserva tu espacio impecablemente limpio y haz que sea lo más acogedor posible; este simple esfuerzo atraerá la casa que mereces. Si estás sufriendo debido a un jefe terrible, absorbe sus comentarios negativos y contempla la situación como una oportunidad de practicar la paciencia y el autocontrol. Con el tiempo serás *tú* quien va a ser fuerte, mental y espiritualmente:

> *Despréndete del engaño de que estás siendo herido u oprimido por otro. Realmente, tan solo te hace daño lo que está dentro de ti. No hay práctica más degradante, envilecedora y destructora del alma que la de la autocompasión.*

DOMINA EL YO Y GÁNALO TODO

Allen pasaba la primera hora de cada día en un lugar tranquilo mirando el mar. Veía este tiempo no como un lujo, sino como una necesidad:

> *Si quieres caminar con firmeza y de forma segura, y deseas obtener cualquier logro, debes aprender a superar y controlar todas las vibraciones perturbadoras y retardantes. Debes practicar a diario el hábito de poner la mente en reposo, de «entrar en el silencio», como se dice comúnmente. Este es el método de sustituir un pensamiento angustiante por uno apacible, un pensamiento de debilidad por uno de fuerza.*

En nuestro mundo tan ajetreado puede ser difícil creer que la fuerza viene del silencio; sin embargo, muchas personas señalan que sus ideas más valiosas y sus actos más amorosos nacen en momentos de quietud. Además de deshacernos de la ansiedad, ganamos comprensión, llegamos a juicios correctos y nuestras «dispersas fuerzas del pensamiento se aúnan», lo que nos devuelve a la acción correcta. Nuestras preocupaciones son generalmente ilusorias: el resultado de la ignorancia o de la falta de fe. Al elegir nuestros pensamientos, podemos evitar vernos esclavizados por nuestros estados de ánimo cambiantes y la necesidad de controlar a otras personas. Allen escribe:

> *Renuncia a ese ser agobiante y estrecho que pretende que todas las cosas sirvan a sus propios intereses mezquinos y tendrás la compañía de los ángeles; entrarás en el corazón y la esencia del amor universal.*

Y continúa diciendo:

> *No hay absolutamente ningún otro camino hacia el poder verdadero y la paz perdurable que el autocontrol, el autogobierno y la autopurificación. Hallarse a la merced de los estados de ánimo es ser impotente, estar triste y ser poco útil para el mundo.*

La paradoja de la prosperidad real es que acude a aquellos que se olvidan de sí mismos para prestar servicio a los demás. Cuando se convierten en personas valiosas, reciben una lluvia no solo de dinero, sino también de amor.

Cualquiera puede lograr riqueza si se empeña lo suficiente en ello, pero la prosperidad y la paz interior solamente llaman a la puerta de las personas que se han dominado a sí mismas primero. Puedes perseguir directamente la riqueza, pero es más prudente que te perfecciones mientras prestas tu servicio. Así, aun en medio de las riquezas seguirás siendo virtuoso; te verás a ti mismo menos como un propietario que como un mayordomo de la abundancia divina. Allen afirma:

> *El camino hacia la verdadera riqueza consiste en enriquecer el alma por medio de la adquisición de la virtud. Fuera de la virtud real del corazón no existen la prosperidad ni el poder; tan solo la apariencia de estos.*

Comentarios finales

Es apropiado que el libro de Allen sea el primero entre los cincuenta que aquí se presentan, ya que nos lleva a la base misma de la riqueza y el éxito: el carácter personal.

Aristóteles dijo: «La victoria más dura es la victoria sobre uno mismo». Pero esta victoria nos permite ganar en todos los demás aspectos de la vida. Los primeros comerciantes protestantes crearon fortunas porque tenían la reputación de la honestidad estampada en oro. La confianza que se depositaba en ellos era el resultado del perfeccionamiento constante de los atributos personales que creían que Dios les exigía. De todos modos, no necesitas profesar una fe religiosa para entender que cuanto mayores sean tu profundidad moral y tu valor, más destacarás entre tus semejantes. El dinero por sí solo puede hacerte rico económicamente, pero para ser rico y feliz debes ser capaz de vivir a gusto contigo mismo. Ningún trabajo que emprendas para perfeccionar tus virtudes (honestidad, diligencia, compasión, etc.) es nunca una pérdida, ya sea en un sentido espiritual o material. Cuanto más abunden en ti estas cualidades, más fácilmente atraerás riquezas, en comparación con quienes solo persiguen ganancias a corto plazo.

Con su énfasis en el poder de la mente para crear circunstancias y con sus fundamentos metafísicos, *El camino de la prosperidad abundante* fue un precursor de libros como *El Secreto* y ha tenido una influencia importante en el campo del autodesarrollo. No tiene más que treinta páginas, pero es un pequeño tesoro.

JAMES ALLEN

James Allen nació en Leicester (Inglaterra) en 1864. A los quince años se vio obligado a abandonar la escuela y trabajar en las fábricas cuando su padre, que había ido a Estados Unidos en busca de trabajo con la intención de llevar luego a su familia, fue objeto de robo y asesinado.

Allen fue contratado por varias empresas manufactureras británicas hasta 1902, cuando comenzó a escribir a tiempo completo. Se trasladó al pueblo costero de Ilfracombe, en Devon, donde pasó a tener una vida tranquila dedicada a la lectura, la escritura, la jardinería y la meditación. En una década escribió diecinueve libros; El camino de la prosperidad abundante *fue el segundo. Otros títulos suyos son* De la pobreza al éxito; Como un hombre piensa, así es su vida; La vida triunfal *y* Las ocho columnas de la prosperidad.

Allen murió en 1912.

Puedes encontrar más información en James Allen and Lily L. Allen: An Illustrated Biography, *de John Woodcock (Ilfracombe: JLW, 2003).*

2000

MÚLTIPLES FUENTES DE INGRESOS

Cada dólar es una semilla de dinero. Así como una pequeña bellota contiene el poder de convertirse en un fuerte roble, cada billete de un dólar tiene el poder de convertirse en un árbol de dinero enorme.

Las personas prósperas siempre han sabido [...] que si una fuente se seca pueden apoyarse en muchas otras. Las llamadas personas corrientes son mucho más vulnerables: si pierden una de sus fuentes, están perdidas [...] En el futuro, tendrás una cartera de flujos; no una o dos fuentes de ingresos, sino muchas, con orígenes totalmente distintos y diversos, de modo que si una fuente se seca, apenas lo notarás. Tendrás estabilidad. Tendrás tiempo para adaptarte. Gozarás de seguridad.

En pocas palabras

Los prósperos no dependen de una sola fuente de ingresos, sino que siembran huertos de «árboles de dinero».

En la misma línea

John C. Bogle. *El pequeño libro de la inversión con sentido común* (pág. 62)
Mark Victor Hansen y Robert G. Allen. *Millonario en un minuto* (pág. 204)
Joe Karbo. *El camino hacia la riqueza para los perezosos* (pág. 242)
Robert Kiyosaki. *El cuadrante del Cash Flow* (pág. 258)
Andrew McLean y Gary W. Eldred. *La inversión en el sector inmobiliario* (pág. 272)
William Nickerson. *Cómo convertí mil dólares en tres millones en el sector inmobiliario (en mi tiempo libre)* (pág. 290)

Capítulo 2

Robert G. Allen

Robert Allen señala que en la década de los cincuenta la mayoría de las familias podían sobrevivir con una sola fuente de ingresos. En estos días, casi todas las familias necesitan dos. En el futuro, vamos a necesitar múltiples fuentes de ingresos para ser verdaderamente prósperos. La gente piensa que tener un buen empleo significa seguridad, pero si ocurre algo con ese empleo, la prosperidad puede convertirse en pobreza a una velocidad increíble. Ampliar las fuentes de ingresos proporciona tranquilidad, porque uno sabe que si una fuente se seca no solo cuenta con otras, sino que tiene la posibilidad de encontrar más.

Allen es famoso por su oposición a los «desembolsos iniciales» y por su «financiamiento creativo» en sus libros sobre inversiones inmobiliarias, por lo que se podría esperar que su libro *Múltiples fuentes de ingresos* se centrara solo en las estrategias hacia la riqueza más llamativas y de alto rendimiento. La sorpresa es que la primera parte abarca estrategias de inversión conservadoras, tales como tener una «cuenta de supervivencia» con tres meses de efectivo para prevenir una posible emergencia, asegurarse de que el 10% de los ingresos se canalizan siempre hacia inversiones y, en caso de entrar en el mercado de valores, apostar principalmente por los fondos indexados. Allen también pone énfasis en el poder del interés compuesto (el barón de Rothschild lo describió como «la octava maravilla del mundo»): señala que, en el lapso de una vida normal, un solo dólar al día, o treinta dólares al mes, crecerán hasta convertirse en un millón de dólares. Admite haber «perdido todo» dos veces, por lo que quizá no resulta sorprendente que se sintiera atraído de nuevo por estas bases financieras.

Sin embargo, la mayoría de los lectores estarán buscando ganar dinero a un ritmo más rápido que en el curso de toda la vida, y es aquí donde *Múltiples fuentes de ingresos* se pone interesante. Allen identifica tres «montañas de dinero» –las inversiones, los bienes raíces y los mercados de valores– de las cuales la persona promedio debería, con solo un poco de conocimiento y esfuerzo, ser capaz de obtener al menos diez fuentes de ingresos que permanezcan fluyendo y, en el proceso, conseguir la libertad respecto de un solo empleador. Hay demasiadas ideas en el libro para que podamos ocuparnos ahora de cada «montaña» correctamente, pero los siguientes puntos deben darte una idea de su contenido.

PRIMERO, DETÉN LAS FUGAS

Para poder aprovechar el concepto de múltiples fuentes de ingresos, Allen explica que debes «detener las fugas». Una de ellas son los impuestos. La gente rica no teme gastar dinero en conseguir el mejor asesoramiento fiscal disponible.

La otra fuga importante son los gastos. Las personas prósperas hacen las cosas de manera diferente cuando gastan; las siguientes son acciones que solo requieren unos pocos minutos, pero que reflejan su dominio del dinero:

- Se aseguran de planificar la mayor parte de sus compras. En general, cuanto mayor sea el período de tiempo antes de una compra, menos habrá que pagar (como dijo el magnate petrolero J. P. Getty: «Yo compro mis sombreros de paja en otoño»).
- Piden y obtienen descuentos («nunca pagan al por menor»).
- Siempre solicitan comprobantes y los verifican, y luego, cuando llegan a casa, los archivan por categorías.
- Cuadran sus cuentas con frecuencia.

Allen señala que algunos son muy buenos a la hora de buscar gangas, pero que luego no hacen nada constructivo con el dinero que ahorran. Las personas prósperas son excelentes tanto para encontrar gangas como para invertir lo que ahorran (les encanta «ahorrar» en ambos sentidos).

La principal diferencia entre los ricos y los pobres es esta: los pobres ven el dinero solamente como efectivo en sus manos, para utilizarlo tan pronto como lo consiguen. Los ricos, en cambio, entienden el dinero principalmente como semillas que se sembrarán y se convertirán en «árboles de dinero».

GANA UN INGRESO RESIDUAL

Allen pregunta: «¿Cuántas veces te pagan por cada hora que trabajas?». A la mayoría de las personas se les paga una sola vez por cada hora de trabajo; en esto consiste ganar un sueldo, y se aplica incluso si uno tiene un empleo muy bien remunerado, como en el caso de los médicos. Te pagan para estar en un lugar determinado en un momento determinado y hacer ciertas cosas, así que por mucho que ganes haciendo eso, estás en una especie de cinta de correr. Comenta Allen: «Trabajar para otra persona, a menos que recibas una parte de los beneficios, no da seguridad. Proporciona tan solo una ilusión de seguridad».

El secreto de los ricos no reside tanto en la cantidad de dinero que ganan como en el hecho de que lo ganan de una forma diferente. Con los ingresos «residuales», se trabaja duro una vez y ese esfuerzo genera un flujo de ingresos durante los años siguientes, a menudo durante el resto de la vida. Allen lo expresa de otra manera: «La pobreza es cuando grandes esfuerzos producen resultados pequeños. La riqueza es cuando pequeños esfuerzos producen grandes resultados».

Su propio ejemplo es la escritura del libro *Nothing Down*, un manual de bienes raíces que escribió en 1980. Pasó más de mil horas escribiéndolo y no recibió nada a cambio durante dos años: «Los adolescentes que trabajan en McDonald's ganaban más dinero que yo –señala–. Pero yo no estaba buscando un salario. Yo quería los derechos de autor». El libro finalmente se convirtió en un éxito de ventas y Allen sigue ganando decenas de miles de dólares al año por un producto que creó hace casi cuatro décadas.

Los diseñadores de *software*, artistas, inventores y actores de cine pueden ganar derechos de autor por cosas que hicieron o produjeron una sola vez. Los inversores pueden tener fuentes de ingresos inagotables (a través de dividendos, intereses o plusvalías) como resultado de efectuar una sabia inversión. Los propietarios inmobiliarios reciben un flujo continuo de dinero en efectivo de sus propiedades; muchos otros perciben una «parte de las ganancias» –asesores de *marketing*, socios comerciales, agentes de seguros– en lugar de obtener un pago por su trabajo, o además de ello. Gracias a flujos de ingresos residuales o pasivos que entran incluso mientras duermen, estas personas liberan tiempo para diseñar o crear aún más fuentes de ingresos.

GANAR A LO GRANDE EN EL SECTOR INMOBILIARIO

Allen señala que las personas se involucran en una enorme variedad de formas de obtener dinero cuando tienen justo delante la más simple y poderosa de todas ellas: la propiedad. Él llama a los bienes raíces «el recurso que convierte a los pobres en millonarios», ya que con poco o ningún dinero (incluye en su libro todo un apartado sobre la ausencia de financiación inicial) se puede llegar a ser muy rico en pocos años, por medio del efecto palanca y asumiendo tasas de revalorización modestas.

Pone el ejemplo de comprar hoy una propiedad por 150.000 dólares, poniendo 10.000 en concepto de depósito. Si se revaloriza a una tasa del 5%, la propiedad tendrá un valor de 244.000 dólares en diez años. En ese momento, la hipoteca solo será de 131.000 dólares, lo que significa que el capital del inversor, restando los préstamos pendientes, será de unos 130.000. Esto equivale a una rentabilidad de más del 20% anual de la inversión original de 10.000 dólares. «¿Cuántas personas obtienen un retorno del 20 por ciento del mercado de valores durante un período tan largo?», pregunta. Tal vez Warren Buffett, pero es uno entre un millón.

Solo con que la propiedad se revalorice de forma modesta, el dueño promedio de una vivienda gana dinero mientras duerme. Es una lástima, sugiere Allen, no comprar más propiedades y multiplicar el efecto.

Incluso si el mercado inmobiliario no se está revalorizando, los bienes raíces pueden funcionar muy bien con un poco de conocimiento sobre el tema y creatividad. Allen profundiza en una forma potencialmente lucrativa de obtener grandes retornos: hacerse cargo de las hipotecas de personas que no pueden seguir el ritmo de los pagos o que tienen la desesperada necesidad de vender. Esto no es aprovecharse, sino resolverle un problema a alguien que le garantiza evitar la quiebra o la ejecución hipotecaria, a la vez que se obtienen unos buenos beneficios. Hay cientos de miles de ejecuciones hipotecarias cada año; tan solo tienes que encontrar una que te permita resolver un problema a la vez que obtienes una ganga, que puede reportarte beneficios durante toda la vida.

Incluso si no te involucras en la inversión inmobiliaria, recuerda este hecho: el patrimonio neto promedio de los inquilinos es unas treinta veces menor que el de los dueños de una vivienda. Obtener tu propia casa es un primer paso importante en el camino a la riqueza.

SÉ UN REY DE LA INFORMACIÓN

Allen utiliza un término poco atractivo para designar el establecimiento de flujos de ingresos a partir de la creación o la venta de productos de información: *infoprendeduría*. El atractivo de los productos de información (libros, CD, boletines, etc.) es que son baratos de producir, modificar e inventariar, tienen un alto margen de beneficio, están protegidos por los derechos de autor y, además, uno disfruta del prestigio y la satisfacción asociados con ser el creador de ideas y de un capital intelectual.

Allen señala que la mayoría de los expertos no tienen ni idea de cómo «empaquetar» o vender su conocimiento; sin embargo, si lo hicieran accesible, probablemente contarían con un mercado. La clave del éxito es Internet, que, gracias a la magia de los motores de búsqueda, puede llevar la experiencia particular de alguien a miles de personas. Pon tu experiencia en un libro electrónico de bajo coste con el que, no obstante, obtengas un alto margen de beneficio, y puede ser que atraigas una gran cantidad de dinero en un corto espacio de tiempo. Pero para encontrar usuarios y compradores «hambrientos», antes tienes que aprender a crear un «cebo irresistible».

En gran medida, la infoprendeduría implica un nuevo punto de vista sobre un viejo producto. No tengas miedo de perseguir nichos que parecen pequeños pero que pueden ser muy lucrativos. Por ejemplo, habían salido a la vez miles de libros sobre la inversión inmobiliaria antes de que apareciese el de Allen, pero nadie había escrito uno acerca de la posibilidad de comprar sin efectuar un desembolso inicial. Allen aprovechó una necesidad de información desconocida. Céntrate en las necesidades humanas básicas que son el dinero, la autoestima, la salud, Dios, las relaciones y la belleza, y no puede irte muy mal.

COMERCIALIZACIÓN: DESCIFRA EL CÓDIGO

En la venta de un producto la presentación y el título pueden hacer una gran diferencia. Allen menciona a un emprendedor que había condensado cientos de libros clásicos en solo dos páginas cada uno, y los había puesto juntos en un volumen titulado *Compact Classics* («Clásicos compactos»). Pero nadie lo compró. El mismo contenido se reimprimió en un volumen titulado *The Great American Bathroom Book* («El gran libro norteamericano para leer en el cuarto de baño») y su venta produjo millones de dólares. Ese emprendedor «descifró el código» para obtener el mayor rendimiento de su producto.

A veces cambiar una sola palabra en el título, o añadir una, es todo lo que se necesita para que algo pase a venderse. Allen menciona el libro de Joe Karbo *El camino hacia la riqueza para los perezosos*, que su autor trató de vender primero a través de un anuncio grande y caro en un periódico que incluía el mensaje «Cómo ganar 50.000 dólares al año siendo perezoso». Solo se vendieron unos cuantos ejemplares. La siguiente vez cambió la cifra a 20.000, una pequeña diferencia que le reportó una fortuna. ¿Por qué? La gente no podía verse a sí misma ganando 50.000 dólares extra al año, pero sí podía imaginarse ingresando 20.000. Tras un poco de experimentación, Karbo logró emparejar un cebo irresistible con los peces hambrientos. (Este libro es, por cierto, un gran producto; uno de los elegidos para formar parte de este volumen de clásicos que tienes en las manos).

A un nivel más profundo, no hay que olvidar que el propósito de establecer un negocio es forjar clientes a largo plazo, que en un período de diez a quince años reporten una gran cantidad de dinero. Por lo tanto, «la tarea más importante que debes llevar a cabo como infoprendedor es mantener y actualizar constantemente tu base de datos». Puedes vender una gama de productos a tu base de datos de clientes leales, productos que ni siquiera tienen que ser de tu creación. Si confían en ti, van a comprar lo que les recomiendes.

Comentarios finales

¿Es la idea de Allen de tener múltiples fuentes de ingresos procedentes de inversiones y del capital intelectual un sueño imposible? No solo es posible, según él, sino que es el camino del futuro. Hace solo cien años predominaban los pequeños emprendedores que obtenían dinero de una diversidad de fuentes. Solo con el paso de las granjas a las fábricas y oficinas nos convertimos en dependientes de un solo ente para obtener dinero. Pero a medida que cada vez más individuos eligen confiar en su ingenio como creadores, innovadores e inversores, lo que hoy consideramos normal puede llegar a ser una anomalía histórica. Cuando tantas otras fuentes de ingresos nos hacen señas, es la idea de recibir todos los ingresos de una sola fuente (el empresario que nos da trabajo) la que parece arriesgada y extraña.

Allen ha sido criticado por ser un genio del *marketing* que en realidad no proporciona nada de valor real. Aunque se puede estar en desacuerdo con algunas de sus técnicas y conceptos, la idea básica de las múltiples fuentes de ingresos es muy valiosa. Acaso no te seduzcan algunas de las estrategias más complejas de las que habla, como comprar certificados de gravamen de impuestos, vender por Internet, conceder licencias o vender opciones sobre acciones propias, pero al menos te harán pensar sobre posibles fuentes de ingresos adicionales. Ten en cuenta que el capítulo que Allen dedica a las fuentes de ingresos procedentes de Internet está actualmente desfasado (incluso en la última edición).

Biografía del autor en el Apéndice, página 435.

2003

EL MILLONARIO AUTOMÁTICO

Con el fin de convertirte en un millonario automático tienes que aceptar la idea de que independientemente del tamaño de tu salario es probable que ya ganes suficiente dinero para hacerte rico. No puedo hacer suficiente hincapié en la importancia de creer esto; no solo con la mente, sino también con el corazón. Es un momento «¡ajá!» que realmente puede cambiar financieramente tu vida.

Por favor, créeme en esto: nada te ayudará a alcanzar la riqueza hasta que decidas pagarte a ti primero. Nada. Puedes leer todos los libros, escuchar todos los programas de audio, comprar todos los productos de motivación, suscribirte a todos los boletines que existan, y nada de esto te llevará a ninguna parte si dejas que el Gobierno y todos los demás le peguen el primer mordisco a tu salario antes de que tú accedas a él. La base de la creación de la riqueza es pagarse primero a uno mismo.

En pocas palabras

No existe ninguna manera más fácil o segura de lograr la riqueza que por medio del hábito de pagarse primero a uno mismo a través de deducciones automáticas.

En la misma línea

Suze Orman. *Las mujeres y el dinero* (pág. 298)
Dave Ramsey. *La paz financiera* (pág. 326)

Capítulo 3

David Bach

Antes de escribir *El millonario automático*, David Bach ya era asesor y orador invitado con frecuencia por los medios de comunicación para hablar de asuntos financieros. Pero fuera lo que fuese de lo que hablase, la gente seguía preguntándole: «¿Cuál es el secreto para hacerse rico?».

El «secreto» lo había cristalizado Bach varios años antes, cuando un gerente de una planta de servicios y su esposa fueron a verlo para pedirle consejo. Parecían una pareja trabajadora promedio, con un salario promedio, dos hijos adultos y sin pretensiones.

Bach estaba listo para ayudar a esta pareja, los McIntyre, pero al final fue él quien recibió la enseñanza. Cuando le echó un vistazo al estado de sus finanzas, quedó rápidamente claro que no correspondían a la media. Eran totalmente dueños de su casa, poseían otra que les proporcionaba un flujo de ingresos, tenían grandes fondos de pensiones, estaban sentados en una pequeña montaña de dinero en efectivo y bonos y disfrutaban de tres coches y un barco. El total de su patrimonio neto era de bastante más de un millón de dólares.

Los McIntyre revelaron su secreto: siguiendo el consejo de sus padres, desde que se casaron, con poco más de veinte años, empezaron a ahorrar automáticamente el 10% de lo que ganaban. Como siempre hicieron esto, en realidad nunca echaron de menos el dinero. A pesar de que nunca habían ganado más que salarios modestos, ahora podían jubilarse anticipadamente y sin preocupaciones económicas. La pareja afirmó: «Si nosotros podemos hacerlo, cualquiera puede».

El secreto de Bach de la riqueza, como él mismo reconoce en las primeras páginas, no es lo que la mayoría de la gente espera. Su secreto no va a «transformar tu situación financiera de la noche a la mañana», advierte. Puedes convertirte en millonario, en el transcurso de una vida normal de trabajo, siguiendo «el enfoque de la tortuga de la riqueza; no el de la liebre».

COMPRENDE EL «FACTOR CAFÉ CON LECHE»

El secreto para hacerse rico no es, como muchas personas piensan, encontrar la manera de ganar mucho más dinero. Normalmente se cree que un nuevo trabajo o un mejor sueldo abrirán nuevos horizontes de disfrute de la vida y empoderamiento, hasta que se consigue el nuevo trabajo o el aumento de sueldo. A continuación la gente se da cuenta de que cuanto más se gana más se gasta, y siguen viviendo al día, atrapados en un ciclo interminable de trabajar-gastar-trabajar. Se trata de una «carrera imposible de ganar». De esta manera, la riqueza sigue siendo solo un sueño.

Una de esas personas era Kim, de veintitrés años, que acudió a uno de los cursos de Bach sobre finanzas personales. Después de que Bach estuvo hablando del efecto de ahorrar unos cuantos dólares al día a lo largo del tiempo, se quejó de que sus ideas no eran «realistas» para alguien que vivía con un salario normal. Cuando Bach le preguntó sobre sus hábitos diarios, supo que gastaba 5 dólares en un café doble con leche desnatada y un bollo antes de ponerse a trabajar cada mañana, y que luego gastaba otros 5 o 6 dólares en un zumo y una bebida energética antes del almuerzo.

A todos nos gusta tomar nuestros dulces, apunta Bach, pero pensemos qué habría ocurrido si Kim hubiese puesto solo 5 dólares de este dinero en un plan de pensiones que se hubiese invertido en el mercado de valores. Esto equivaldría a 150 dólares al mes. Suponiendo un retorno del 10% anual (la media del mercado de valores en el último siglo), ¿a cuánto ascendería el «dinero del café con leche» de

Kim a los seenta y cinco años, la edad normal de jubilación? A 1,2 millones de dólares; y si su empleador igualara sus contribuciones, el monto ascendería a unos 1,75 millones de dólares. Después de ver la reacción de Kim cuando se dio cuenta de que sus cafés diarios le estaban costando millones de dólares, nació el famoso «factor café con leche» de Bach. Como hizo notar más adelante la revista *People*: «Un café con leche descartado es una fortuna ganada».

PÁGATE A TI PRIMERO

Bach cuenta las formas en que uno puede hacerse rico: casarse por dinero, heredar dinero, ganar el dinero, demandar a alguien o hacer presupuestos. Todas estas formas presentan problemas, particularmente elaborar presupuestos, lo cual asegura que «va en contra de la naturaleza humana». Algunas personas son muy rigurosas a la hora de formular planes de gastos detallados, pero la mayoría no lo son.

La única manera de que puedas hacerte rico fácilmente es «pagarte a ti mismo primero», es decir, retirar automáticamente por lo menos el 10% de tus ingresos y ahorrar esa cantidad, ponerla en un plan de pensiones o invertirla. La mayoría de las personas son conscientes de este concepto, dice Bach, pero pocas aprecian realmente cómo funciona, y menos aún lo viven.

Érase una vez un lugar en el que a la gente no se le deducían automáticamente los impuestos de su salario, sino que tenían que desembolsar esa cantidad al final del año fiscal. Pero los gobiernos pronto aprendieron que la gente no era muy buena a la hora de elaborar presupuestos, por lo que se aseguraron de que los pagaran primero, a través de deducciones automáticas. Los gobiernos conocen la naturaleza humana y basan sus sistemas de ingresos en este conocimiento. Para hacerte rico tienes que seguir su ejemplo, es decir, pagarte a ti mismo primero –antes de pagar tus facturas, la hipoteca, los gastos de la escuela, lo que sea– y hacer que este pago sea automático.

¿Para quién trabajas? Bach señala que la mayoría de las personas no ahorran más del 5% de sus ingresos brutos. Si nos basamos en un día de trabajo promedio, esto viene a significar que solo trabajas veintidós minutos al día para ti y tu jubilación. Para «acabar siendo rico», necesitas empezar a contribuir con al menos el 10% de tus ingresos a un plan de pensiones que te permita evitar el pago de impuestos. Solo con dar este paso tan sencillo acabarás teniendo más dinero que el 90% de las personas.

Si estás en bancarrota, puedes empezar por pagarte a ti mismo solo el 3 o el 4% de lo que ganas. Para que este no fuera un comportamiento doloroso, cuando Bach no tenía nada a los veintitantos años, empezó apartando únicamente el 1%. Lo más importante es el hábito; a medida que ganas más, puedes aumentar lo que retiras. Si eres dueño de tu propia casa, por ejemplo, acaso puedas ahorrar el 20% de tus ingresos brutos. Aquello en lo que debes pensar, como Kim, es en la gran cantidad de dinero que vas a perder (para la mayoría de la gente, en la mayoría de las circunstancias, más de 1 millón de dólares) si *no* te pagas a ti mismo primero.

Bach señala que algunas personas no quieren escuchar este secreto para hacerse ricas. Estas personas se sienten más atraídas por planes más grandes, que les permitan obtener ganancias de una sola vez o hacerse ricas de forma rápida, pero la base de toda riqueza es tener ahorros y aumentarlos regularmente.

«LA AUTOMATIZACIÓN MÁS EL INTERÉS COMPUESTO ES IGUAL A UNA RIQUEZA IMPORTANTE»

Bach tiene un gráfico que le gusta presentar en sus seminarios, «El valor del dinero con el tiempo», que rastrea lo que valdrían unos pocos miles de dólares invertidos en la juventud a la edad de la jubilación. La reacción de la mayoría de las personas es esta: «¡Me habría gustado haber visto esto antes!». El gráfico pone el ejemplo de dos jóvenes, y el punto sobresaliente es este: la primera persona, aunque invirtió solamente 15.000 dólares antes de cumplir los diecinueve años, terminaría con más dinero que su amigo, que puso 24.000 dólares, pero lo hizo entre los diecinueve y los veintiséis. Cuanto más tarde se empieza, aunque se ponga más dinero, más tiempo se necesita para obtener el efecto sorprendente del interés compuesto.

Sin embargo, todavía hay esperanza para el resto de nosotros que empezamos más tarde. Invertir 3.000 dólares anuales a lo largo de un período de treinta años (90.000 en total), con unos beneficios del 10% gracias al interés compuesto, nos da igualmente una cantidad atractiva: 1.324.000 dólares. Puesto que hoy día la gente está viviendo más tiempo, si empiezas a ahorrar adecuadamente a los cuarenta, cuando llegues a los setenta (edad a la que muchas personas se están jubilando ahora) aún podrás ser millonario.

¿QUÉ PASA CON MIS DEUDAS?

Mucha gente aparenta ser rica, apunta Bach, pero resulta que está viviendo en una montaña de deudas contraídas por medio de tarjetas de crédito. Es imposible llegar a ser millonario manteniendo los saldos de las tarjetas de crédito altos y efectuando los reembolsos mínimos, ya que con las tasas de interés exorbitantes que cobran los bancos podrías tardar treinta años en saldar tus deudas. El propio Bach acumuló 10.000 dólares de deuda en la tarjeta de crédito por sus gastos en consumibles mientras estaba en la universidad. Solo dejó de abusar de las tarjetas de crédito cuando se aseguró de no llevarlas en el bolsillo cuando salía a comprar.

Si tienes este tipo de deudas, lo lógico parece ser saldarlas antes de empezar a «pagarte a ti mismo primero». Pero de hecho estarás más motivado si comienzas a ahorrar al mismo tiempo que vas saldando esas deudas. Bach recomienda destinar la mitad del dinero de «pagarse a sí mismo primero» a reembolsar la deuda mensual de la tarjeta de crédito para saldarla más rápidamente, y mientras tanto comenzar a ahorrar con la otra mitad. Él llama a esta estrategia «enterrar el pasado y saltar hacia el futuro».

TEN UN COLCHÓN

Todo un capítulo de *El millonario automático* está dedicado a la necesidad de apartar un fondo de emergencia capaz de cubrir todos tus gastos durante al menos tres meses si pierdes tu fuente de ingresos o te encuentras con algo inesperado. Este fondo podría cubrir los gastos de todo un año o más, pero el criterio principal es cuánto sientes que necesitas para poder dormir bien por las noches. Además, puedes, por supuesto, ganar unos buenos intereses con este fondo.

Los niveles récord de quiebras y embargos de viviendas, advierte Bach, se deben en parte al hecho de que la gente ya no se asegura de tener un colchón de este tipo. Nuestros padres y abuelos creaban dicho fondo de forma rutinaria, pero nosotros vivimos bajo la ilusión de que la vida es un largo y fácil paseo financiero, hasta que ocurre algo. La abuela del autor le dijo: «David, cuando las cosas se ponen duras, los duros tienen dinero en efectivo». El efectivo es el rey por todo tipo de razones, y la suma de un fondo de emergencia más las inversiones a largo plazo debería aligerar cualquier corazón.

ABONA TU PRÉSTAMO HIPOTECARIO EN MENOS TIEMPO

Si realmente quieres ser millonario, según Bach tan solo necesitas hacer tres cosas:

> *(1) decide pagarte a ti mismo primero el 10% de lo que ganas, (2) haz que este pago sea automático y (3) compra una casa y págala en menos tiempo.*

El autor ofrece varios secretos para pagar el préstamo hipotecario mucho más rápidamente que a lo largo de los habituales veinticinco o treinta años y, así, ahorrar una fortuna en intereses. Una forma es añadir un 10% al pago mensual normal. Si, por ejemplo, estás efectuando un reembolso mensual de 1.834 dólares, paga al banco 2.017. La diferencia no es muy sustancial, pero va a permitirte ahorrar alrededor de 129.000 dólares durante la vida de tu hipoteca.

EL DIEZMO AUTOMÁTICO

Bach señala que pensamos que el dinero nos hará sentir bien, pero lo que nos hace sentir bien en realidad es poder dar un sentido a nuestras vidas. El diezmo, o regalar el 10% de lo que se gana, es habitual en muchas culturas. Puedes decidir que sea más o menos de esta cantidad, pero lo más importante es sentir alegría al hacerlo. Esto te recuerda que eres una persona que puede dar y que ha sido bendecida con la capacidad de lograr más. Es tu forma de dar las gracias al universo.

Como en el caso de pagarte a ti mismo, haz que tu diezmo sea automático. Asegúrate de que la organización a la que estás dando dinero es oficialmente una entidad benéfica y obtendrás también beneficios fiscales por lo que aportes.

Comentarios finales

El millonario automático muestra que hay otra manera de salir del agobio económico además de crear riqueza a través de un negocio propio. Puedes seguir con tu empleo y acumular riqueza lentamente a través del ahorro automático, el efecto del interés compuesto a través del tiempo y las normas fiscales que benefician «a quienes se ayudan a sí mismos». Bach aprendió de su pareja ejemplar, los McIntyre, que «la cantidad que ganes no tiene casi nada que ver con si puedes y quieres crear riqueza». Con un grado suficiente de diversificación de tus inversiones (esto puede consistir incluso en poner todo tu dinero en un fondo diversificado), la regularidad y la acción a largo plazo del método de Bach significan que las sorpresas desagradables en los mercados de valores o inmobiliarios te afectan menos. Tu consecución de la riqueza se convierte en algo inevitable; no es solo una esperanza.

Los conceptos de *El millonario automático* pueden no ser emocionantes –como señala Bach–: «Administrar tu dinero debería ser aburrido»– y no son ciertamente originales –cualquier lector del clásico de George Clason *El hombre más rico de Babilonia* estará familiarizado con el concepto de pagarse a sí mismo primero–, pero se compensan estas «carencias» por medio de la claridad y la certidumbre. Si bien Bach había escrito libros antes, esta fue su obra rompedora, de la que vendió un millón de ejemplares. Sus libros *Smart Couples Finish Rich* y *Las mujeres inteligentes acaban ricas* pueden ser «mejores» desde un punto de vista crítico, pero *El millonario automático* es poderoso por su simplicidad.

Biografía del autor en el Apéndice, página 436.

1880

El arte de obtener dinero

La base del éxito en la vida es la buena salud: este es el sustrato de la fortuna; también es la base de la felicidad. Una persona no puede acumular muy bien una fortuna cuando está enferma.

Sin duda, todos hemos nacido para un sabio propósito. Hay tanta diversidad en nuestro cerebro como en nuestros rostros. Algunos nacen siendo mecánicos natos, mientras que otros tienen una gran aversión a las máquinas [...] A menos que un hombre ejerza la vocación a la que la naturaleza lo ha destinado, aquello más adecuado a su genio en particular, no puede tener éxito.

Poseer un conocimiento perfecto de tu negocio es una necesidad absoluta si quieres asegurarte el éxito.

En pocas palabras

No hay otros atajos hacia la riqueza que la vocación correcta, el buen carácter y la perseverancia (¡y no olvides anunciarte!).

En la misma línea

Mark Victor Hansen y Robert G. Allen. *Millonario en un minuto* (pág. 204)
Marsha Sinetar. *Haz lo que amas; el dinero te seguirá* (pág. 362)
Donald Trump. *El arte de la negociación* (pág. 386)

Capítulo 4

P. T. Barnum

Barnum fue posiblemente el mayor *showman* que jamás haya vivido, famoso por sus circos y museos de «curiosidades». También es considerado un maestro de la promoción, cuyas ideas todavía son estudiadas por los vendedores de hoy.

La autobiografía de Barnum cuenta la emocionante historia de su vida, mientras que *El arte de obtener dinero: las reglas de oro para hacer dinero* constituye un libro de recetas para la prosperidad. El título es un poco exagerado en relación con el contenido del libro, lo cual no es de extrañar dado que su autor fue un gran vendedor. De hecho, no ofrece ideas o técnicas detalladas para hacerse rico. En lugar de ello, nos proporciona veinte reglas para el éxito personal y el desarrollo del buen carácter que, de forma indirecta, harán casi inevitable que la persona prospere financieramente.

SALUD Y RIQUEZA

Barnum llama la atención sobre algo que es evidente cuando lo consideramos, pero que muy a menudo se pasa por alto: se necesita gozar de una buena salud con el fin de tener éxito. La búsqueda de la riqueza requiere de entusiasmo físico y mental. Si tienes éxito y quieres seguir teniéndolo pero ignoras las leyes de la salud, te estás exponiendo al peligro.

El mismo Barnum había fumado entre diez y quince cigarros al día y en el libro pasa a la ofensiva contra el tabaco, que califica de «sucia mala hierba». Sin embargo, reserva su mayor ataque para el alcohol:

> *Para ganar dinero se requiere un cerebro claro. Un hombre tiene que ver que dos y dos son cuatro; debe someter todos sus planes a la reflexión y la previsión, y examinar de cerca todos los detalles y entresijos del negocio [...] si su cerebro está confuso y su juicio se ve deformado por bebidas intoxicantes, es imposible que se maneje con éxito en los negocios. ¡Cuántas buenas oportunidades han pasado, para no volver jamás, mientras un hombre estaba tomando un trago con un amigo!*

Barnum evoca la frase «el vino es escarnecedor»; señala que el alcohol hace primero que la persona se sienta omnipotente, para drenar luego su energía vital. Además, pierde una enorme cantidad de tiempo que podría estar invirtiendo en construir su negocio.

ELIGE LA CARRERA CORRECTA EN EL LUGAR ADECUADO

Barnum afirma que en un país como Estados Unidos, que tiene «más tierra que gente», cualquier persona que se aplique adecuadamente puede ganar dinero. Hay espacio para la gente buena en cualquier vocación, pero eso sí: uno tiene que asegurarse de elegir la vocación correcta. Al hacer hincapié en la importancia de elegir una profesión que uno ame, fue tal vez por delante de su tiempo. Llega a decir que elegir una vocación sobre la base de que sea «afín a los [propios] gustos» es el camino más seguro hacia el éxito para una persona joven. Todos nacemos con un propósito, opina, y las extraordinarias diferencias entre nosotros sugieren que cada cual fue concebido para hacer ciertas cosas y no otras.

De todos modos, Barnum explica que no es suficiente con que uno haga el trabajo que le gusta. También se debe tener cuidado con *dónde* lo hace:

> *Es posible que sepas dirigir un hotel como un reloj y atender de manera satisfactoria a quinientos huéspedes todos los días; sin embargo, si ubicas tu hotel en un*

pequeño pueblo sin estación de tren o que carezca de otras formas de transporte público, dicha ubicación sería tu ruina.

Pone el ejemplo de un hombre a quien conoció mientras dirigía un museo de curiosidades en Londres. El hombre era bueno en lo que hacía, pero no estaba atrayendo mucha clientela. Barnum le sugirió que se trasladara a Estados Unidos, donde su espectáculo encontraría públicos más entusiastas. El hombre así lo hizo. Empezó trabajando durante dos años en el museo de Barnum de Nueva York y después dio inicio a su propio «espectáculo ambulante». Algunos años más tarde, el hombre era rico, «simplemente porque eligió la vocación correcta y también se aseguró de hallarse en el lugar adecuado».

PERSEVERANCIA

La perseverancia sin paliativos constituye a menudo la diferencia entre quien tiene éxito y quien fracasa. Todos experimentamos «horrores» o «bajones», como lo expresa Barnum, pero debemos estar decididos a quitárnoslos de encima y mantener los ojos fijos en nuestras metas. Se pregunta: «¿Cuántos han estado cerca de la meta que anhelaban pero han perdido la fe en sí mismos, han relajado sus energías y han perdido el premio de oro para siempre?».

No pierdas el tiempo esperando que algo «aparezca». El autor de *El arte de obtener dinero* señala que las personas que hacen esto a menudo «se ven» en un hospicio o en una cárcel. Cuando veas una oportunidad, aprovéchala y haz el trabajo necesario para tener éxito. Recuerda las palabras de Salomón en la Biblia: «La mano negligente empobrece; mas la mano de los diligentes enriquece».

Es un lugar común decir que todo lo que vale la pena hacer vale la pena hacerlo bien, pero Barnum señala que muchos hombres ganan fortunas aplicándose a fondo en sus negocios, mientras que sus vecinos siguen siendo pobres de por vida, puesto que solo se aplican la mitad.

CÍÑETE A TU NEGOCIO; DOMINA TU CAMPO

Muchas personas dispersan sus intereses, advierte Barnum, cuando si se hubiesen dedicado a una sola cosa habrían tenido éxito:

«El martilleo constante sobre un clavo por regla general lo hará entrar finalmente en el agujero». Si te centras en una sola cosa, pronto verás maneras en que pueda mejorarse y hacerse más valiosa. Si bien es tentador tener «muchos asuntos entre manos», una gran cantidad de fortunas han pasado por el lado de muchas personas porque quisieron abarcar demasiado y no profundizaron lo suficiente. Barnum cita una máxima del miembro fundador de la famosa familia de banqueros Rothschild: «Sé tanto cauteloso como audaz». A primera vista parece paradójico, pero no significa sino que seas muy cuidadoso a la hora de elaborar tus planes, pero que una vez los hayas trazado no reprimas su ejecución.

Barnum afirma que nadie tiene éxito si no conoce su campo desde dentro hacia fuera. Su reflexión sobre sus compatriotas decimonónicos se podría aplicar a las personas de cualquier momento y lugar:

> *Como nación, los estadounidenses son demasiado superficiales; se esfuerzan por hacerse ricos rápidamente, y por lo general no se aplican a sus negocios de una forma tan sustancial y completa como deberían. Pero aquel que destaca por encima de todos los demás en su propio campo, si sus hábitos son buenos y su integridad indudable, no puede sino tener una clientela abundante, y la riqueza que se deriva de este hecho de forma natural.*

APRENDE TUS PROPIAS LECCIONES

En los tiempos de Barnum los empresarios de más éxito se habían hecho a sí mismos, y esto es también cierto hoy en día. Barnum advirtió que no se debía depender demasiado del capital de otros, en particular las herencias. Si algo hace este «dinero fácil» es frenar a las personas.

Puede ser conveniente que a uno le den o que pida prestada una cantidad de dinero para poner en marcha un negocio, pero, como señala: «El dinero no sirve para nada a menos que conozcas su valor por tu propia experiencia». El magnate John Jacob Astor comentó que fue más difícil para él ganar sus primeros mil dólares que acumular todos sus millones venideros. Pero las lecciones que aprendió a la hora de crear su capital inicial –abnegación, trabajo duro, perseverancia y paciencia– no tenían precio.

Barnum recuerda lo que el proverbial viejo granjero cuáquero le dijo a su hijo: «Nunca prestes dinero; pero si lo prestas, que sea para abono, porque esto ayudará a que te devuelvan el préstamo». Endeudarse para comprar tierra o materias primas es una cosa, pero ten cuidado con cualquier tipo de deuda contraída para adquirir comida, bebida o ropa. Como señala Barnum, el dinero es un gran siervo, pero un amo terrible.

SI ES BUENO, HÁBLALE DE ELLO A LA GENTE

Uno podría esperar que el mayor *showman* de su tiempo diera consejos sobre cómo promocionar los propios productos, pero sus consejos pueden ser válidos para cualquier persona que tenga un negocio:

> *Cuando tienes un artículo que sabes que va a complacer a tus clientes, y que cuando lo han probado sienten que han invertido bien su dinero, haz que se sepa que tienes ese producto. Asegúrate de anunciarlo de una forma u otra, ya que es evidente que si alguien tiene un muy buen artículo para vender y nadie lo sabe no obtendrá nada por él.*

En pocas palabras: si has producido algo bueno, asegúrate de que el mundo lo sepa.

LEE UN BUEN PERIÓDICO

Barnum dice que una persona que no lee periódicos está «separada de su especie». Incluso en sus tiempos se producían avances rápidos, a diario, en cuanto a tecnología y cambios en las industrias; ¡tanto más hoy día! Para tener éxito en cualquier campo tienes que estar al día de lo que está sucediendo.

Comentarios finales

Aunque los ejemplos dados son típicos de la pluma de un estadounidense del siglo XIX, con brillantes menciones a los ricos y famosos de su época, *El arte de obtener dinero* es muy relevante para cualquiera que desee aprovechar al máximo sus talentos y oportunidades en la vida de hoy.

Contrariamente a lo que podría esperarse de un empresario de perfil extravagante, este libro es en realidad un sólido manual para el éxito. Algunos de los puntos que trata pueden parecer obvios, pero no está de más que se nos recuerden, sobre todo la idea de que la virtud personal es la base de la riqueza. Sin honestidad y una buena reputación, las fortunas pueden desaparecer de la noche a la mañana; en cambio, con estas dos cualidades, una empresa o un servicio pueden generar prosperidad para todos los implicados. El mismo Barnum experimentó tanto reveses como triunfos a lo largo de su carrera, pero en realidad nunca pronunció la famosa frase que se le atribuye: «A cada minuto nace un crédulo». Si esta hubiese sido realmente su actitud, de acuerdo con sus propias reglas no habría llegado a ser una persona tan rica o acomodada. No es sorprendente que los Rothschild, una familia que construyó una fortuna no a partir de aprovecharse de los demás sino de generar confianza, se mencionen dos veces en el libro.

El arte de obtener dinero es un libro corto, porque esencialmente recoge un discurso que Barnum daba a menudo en sus charlas públicas. Es de dominio público y la versión inglesa puede descargarse gratuitamente de Internet. En español se comercializa como libro electrónico.

P. T. BARNUM

Phineas Taylor Barnum nació en Bethel (Connecticut) en 1810, y fue el mayor de cinco hijos. Su padre tenía una posada y una tienda. Barnum exhibió instinto comercial desde temprana edad, y a los doce años ya le iba bien vendiendo boletos de lotería. Sin embargo, su padre murió cuando él tenía solo quince, y a lo largo de los años siguientes tuvo que probar suerte en un amplio abanico de empresas. Entre otras cosas, dirigió un periódico.

Después de mudarse a la ciudad de Nueva York en 1834, descubrió su vocación en el «mundo del espectáculo». Creó un famoso show *cuyo principal atractivo era Joice Heth, una exesclava negra de la que se anunciaba que tenía ciento sesenta años de edad y había sido la nodriza de George Washington. En 1841 Barnum compró un museo, que se convirtió en el Museo Americano de Barnum –sus exposiciones de historia natural, objetos interesantes y rarezas entretuvieron y educaron a millones de personas– pero se quemó hasta los cimientos en 1865. Tres años más tarde se construyó un nuevo museo, pero también fue arrasado por el fuego.*

Barnum tenía sesenta años en el momento en que entró en el mundo del circo. Su Gran Museo Itinerante, Casa de Fieras, Caravana y el Circo (también conocido como «El mayor espectáculo del mundo») cubría seis mil metros cuadrados y recorrió todo Estados Unidos. También es recordado por llevar a Jenny Lind, estrella sueca de la ópera, al país; a pesar de pagarle 1.000 dólares por noche, Barnum obtuvo grandes beneficios con la gira.

En años posteriores se dirigió a la política. Fue elegido miembro de la legislatura de Connecticut en 1865 y sirvió durante dos mandatos. Luchó sin éxito por un escaño en el Congreso, y en 1875 fue elegido alcalde de Bridgeport (Connecticut). Murió en 1891.

Otros libros de Barnum son The Life of P. T. Barnum: Written by Himself *(1854, con revisiones posteriores);* The Humbugs of the World *(1865) y* Struggles and Triumphs *(1869). Hizo expresamente que su autobiografía fuese de dominio público, y a finales del siglo XIX se dice que solo se veía superada por el Nuevo Testamento en cuanto a la cantidad de ejemplares impresos.*

1921

Tu poder invisible

No hay nada inusual o misterioso en la idea de que el deseo que has visualizado se manifieste en el mundo material. Así funciona una ley universal, natural [...] Todo lo que hay en el mundo, desde el sombrero de tu cabeza hasta las botas de tus pies, tiene su inicio en la mente y comienza a existir exactamente de la misma manera. Todo ello son pensamientos proyectados, solidificados.

Una vez que una cosa te parece normal es tan ciertamente tuya, en virtud de la ley del crecimiento y la atracción, como es tuyo saber sumar después de haber aprendido el uso de los números.

En ocasiones anteriores, al construir mi imagen mental sentía que estaba despertando algo dentro de mí. Esta vez no había ninguna sensación de esfuerzo. Sencillamente, conté los 20.000 dólares. Entonces, de la manera más inesperada, desde una fuente de la que yo no tenía conciencia en el momento, pareció abrirse una posible vía a través de la cual ese dinero podría llegar a mí.

En pocas palabras

Aquello que visualizamos tiende a cobrar existencia. Utiliza este poder invisible pero lógico para convertir cualquier deseo en realidad.

En la misma línea

Rhonda Byrne. *El Secreto* (pág. 86)
Charles Fillmore. *La prosperidad* (pág. 144)
Esther Hicks y Jerry Hicks. *Pide y se te dará* (pág. 220)
Catherine Ponder. *Abre tu mente a la prosperidad* (pág. 312)

Capítulo 5

Genevieve Behrend

Los manuales de prosperidad más antiguos suelen ser los mejores, y los escritos de Genevieve Behrend constituyen un punto de entrada encantador al género. Es fascinante sentarse con *Tu poder invisible* después de leer los libros contemporáneos sobre la manifestación y la «ley de la atracción» (como *El Secreto* y *Pide y se te dará*), puesto que uno se da cuenta de que muchas de las ideas de los libros actuales no son nuevas. ¡Behrend estudió y escribió sobre esto ochenta años antes!

Behrend fue la única discípula conocida de Thomas Troward (1847-1916), un exjuez de Punjab (estado de la India británica) que en su tiempo libre había estudiado los libros sagrados del mundo y había llegado a ser un filósofo metafísico. Según ella, era un maestro de «las leyes que rigen la relación entre el individuo y la Mente Universal». Además de sus célebres conferencias de Edimburgo, muy elogiadas por el filósofo William James, Troward es conocido por su libro *The Creative Process in the Individual*, que sostiene que la realización de nuestras personalidades individuales es vital para la evolución del universo. Su pensamiento fue fundamental en el surgimiento del movimiento del Nuevo Pensamiento y la Ciencia de la Mente de Ernest Holmes.

Sin embargo, el trabajo de Troward no era de fácil lectura, y Behrend se encargó de simplificar sus ideas para un público más amplio. A la manera de Florence Scovell Shinn (ver el comentario de su obra en *50 libros clave para vivir mejor*), que también vivía en Nueva York en los años veinte, el corto libro de Behrend combina principios espirituales con anécdotas relativas a su trabajo de ayudar a la gente a apreciar su naturaleza abundante.

En comparación con sus contrapartes modernas, *Tu poder invisible* se centra más en la visualización para lograr los deseos, y también se distingue por su concepto de que cada persona es «Dios en miniatura». En términos prácticos, esto significa que cuando tenemos sentimientos de carencia ocurre solamente que hemos olvidado la conexión con la «abundancia divina».

CREAR ORDEN POR MEDIO DE LA VISUALIZACIÓN

El primer punto de Behrend es que la visualización pone orden en la mente. El universo, y la Mente que hay tras él, están perfectamente ordenados, y el uso de la imaginación vívida permite que este orden se exprese.

Solo tenemos aviones y teléfonos, señala, porque alguien primero imaginó que deberían existir. Todos los grandes avances son un triunfo de este principio sobre las circunstancias del momento o «realidad». La realidad es un concepto borroso si tenemos en cuenta que todo se crea primero en la mente; en el momento en que algo se imagina, ya es en parte real.

Cuando los hermanos Wright estaban diseñando sus máquinas voladoras y experimentando con ellas, esas primeras aeronaves fueron solamente la expresión de una imagen perfecta de vuelo ya creada. Después de cada fracaso, se dice que un hermano le decía al otro: «Está bien, hermano; puedo verme subido a esa máquina, que se desplaza con facilidad y de manera constante». Con esas imágenes fuertes siempre en mente, parecía inevitable que tuvieran éxito a la hora de crear el primer avión funcional.

Como dice Behrend: «Al visualizar, o construir una imagen mental, no estás esforzándote por cambiar las leyes de la naturaleza. Estás cumpliendo con ellas». Una imagen mental fuerte convoca la «misteriosa pero infalible ley de la atracción», que permite que las cosas se manifiesten de acuerdo con lo que has imaginado.

APROVECHA EL PODER DE LAS IMÁGENES FUERTES

Como hace notar Behrend: «Todo el mundo visualiza, lo sepa o no». Todos creamos nuestro futuro primero en la mente antes de que se manifieste en la realidad física. Esto nos da la maravillosa oportunidad de poder elegir las imágenes.

No hay nada raro o extraño en el proceso. Las leyes de la visualización, la atracción y la manifestación son la forma natural en que todo es creado. Como ejemplos, Behrend menciona al magnate ferroviario James J. Hill, que construyó el ferrocarril que unía las dos costas de Estados Unidos en su mente años antes de que el primer raíl fuera colocado; y al millonario ganadero australiano James Tyson, quien hizo que los desiertos «florecieran como las rosas»: incluso cuando estaba trabajando por unos centavos al día como campesino, señala Behrend, «mantuvo su pensamiento centrado en la idea de hacer cercas y ver flores y hierba donde no existían en ese momento».

Pero lo que hicieron Hill y Tyson lo hacemos todos para lograr un objetivo. La imagen de lo que quieres es lo suficientemente fuerte como para impulsarte a la acción. Behrend menciona unas bellas palabras de san Pablo, presentes en la Biblia, para resumir sus ideas: «Los mundos fueron formados por la palabra de Dios. Las cosas que se ven no están hechas de cosas que se ven».

EXPRESIONES DE LA ABUNDANCIA DIVINA

El Gran Arquitecto del Universo se contempló a Sí Mismo por medio de manifestarse a través de su polo opuesto: la materia.

Behrend llega bastante lejos a la hora de explicar la teología que hay detrás de lo que ella describe como la «ley de la atracción». Como indica la cita anterior, hay un Poder Creador, Mente Universal o Dios que genera el universo y que, por amor a su compleción, quiere ver el pensamiento manifestado en forma física. Los seres humanos somos como el Poder Creador en miniatura; también somos capaces de convertir los pensamientos en realidad con la finalidad literal de hacer nuestros propios mundos, de la misma manera que Dios rige totalmente sobre el universo.

Los seres humanos existen para que la Mente Universal se pueda diferenciar, al expresarse en una infinita variedad de personalidades. Por lo tanto, al visualizar algo y luego traerlo a la forma estás cumpliendo la voluntad de Dios de que seas único y poderoso. Realizas tu personalidad mediante la creación de algo de la nada.

Behrend señala que algunas personas sienten que es «demasiado materialista» y no lo suficientemente espiritual visualizar lo que uno quiere que suceda. Sin embargo, que manifiestes de forma deliberada lo que quieres es exactamente lo que Dios desea que hagas. Dios crea con total facilidad y alegría; tú también deberías hacerlo.

MANIFESTAR DINERO

La gente visitaba a Behrend en Nueva York. Algunos querían manifestar dinero, otros buscaban ser sanados de alguna manera. Muchos estaban desesperados. Algunos estaban a punto de perder sus negocios, las esposas de otros los habían dejado. Behrend aseguraba tranquilamente a todos ellos que no habían sido separados de su «bien»; que eso era solo una ilusión. Para volver a experimentar felicidad o bienestar, lo primero que tenían que hacer era volver a conectar con la «Sustancia Universal» o Dios.

Behrend recuerda a un hombre que estaba a punto de quedarse sin su querida casa, donde se había criado, en el sur de Estados Unidos. Los acreedores se disponían a ejecutar la hipoteca y no sabía qué hacer. Ella le dijo tranquilamente que el mismo Poder Universal que lo trajo al mundo «lo hizo con el propósito de expresar su suministro ilimitado a través de él». Nada podía separarlo de esta Fuente, y la sensación de carencia que estaba experimentando no tenía fundamento. Le indicó: «La Sustancia infinita se está manifestando en ti en este momento».

A la semana siguiente, justo cuando se disponía a dar una conferencia, recibió un mensaje del hombre: le había llegado dinero de una manera milagrosa, y había sido capaz de telegrafiar una cantidad suficiente para pagar la hipoteca. Escribió a Behrend: «Por favor, háblele a la gente sobre este maravilloso Poder esta tarde».

Es posible que sientas vergüenza de pedir lo que quieres, pero en esos momentos recuerda la idea de Behrend de que eres solamente una versión más pequeña de la Mente Universal o Dios. Es tu naturaleza desear y dar vida a cosas nuevas constantemente. Por lo tanto: «No temas ser tu verdadero yo, porque todo lo que quieres te quiere a ti».

CÓMO BEHREND MANIFESTÓ 20.000 DÓLARES

La gente a menudo le preguntaba lo que la llevó a estudiar la «ciencia mental» y las leyes de la prosperidad. Ella acogía siempre bien estas preguntas, ya que creía que una persona que afirmaba saber verdades psicológicas debía haberlas comprobado primero en sí misma.

Tras la muerte de su esposo se quedó desolada, pero le había dejado suficiente dinero para vivir. Vagó por el mundo, aunque sin alegría o dirección interior. Estudió Ciencia Cristiana durante un tiempo e incluso conoció a Mary Baker Eddy, la fundadora del movimiento, pero no se quedó con ella. Un amigo la invitó a conocer a Abdul Baha, vidente y el hijo del fundador de la fe Bahá'í, quien le pronosticó que iba a «viajar por el mundo en busca de la verdad, y cuando la hubiese encontrado, hablaría de ella».

Su epifanía llegó cuando descubrió un libro que contenía las conferencias de Troward. Inmediatamente dio con un determinado pasaje, que prometía que, puesto que la mente de cada persona es «un centro de la Mente Divina», podemos experimentar la alegría y la expansión perpetua a la manera de Dios. En ese momento resolvió estudiar con Troward, pero se dio cuenta de que iba a necesitar más dinero del que poseía para hacerlo. Ella estaba entonces en Nueva York y él en Cornwall (Inglaterra).

Behrend comenzó una rutina de visualización, cada noche y cada mañana: contaba veinte billetes de 1.000 dólares y se veía comprando un pasaje a Londres, viajando en el barco y siendo aceptada como alumna de Troward. Constantemente afirmó para sí: «Mi mente es un centro de operaciones divinas». No pensó en cómo iba a conseguir el dinero (no tenía ni idea de cómo obtenerlo; parecía una cantidad muy grande); en lugar de eso, permitió «que el poder de la atracción encontrara sus propios medios y caminos».

Gracias a este trabajo de fe y visualización el dinero se materializó, procedente de una fuente en la que nunca habría pensado. En tan solo unas seis semanas, ese dinero había pasado de ser una imagen en su mente a una realidad en su cuenta bancaria.

Tendrás que leer el libro para averiguar cómo Behrend acabó siendo discípula de Troward; es una larga historia que implica la resolución de un versículo críptico de la Biblia y a un astrólogo parisino.

¡CREE QUE YA LO TIENES!

Reflexionando sobre el logro de su objetivo, Behrend recuerda esta promesa bíblica: «Todas las cosas que quieres, cree que las has recibido, y las has de recibir». Es decir, cuando la idea de recibir algo se vuelve normal para ti, eso va a ocurrir. Esto es tan cierto como que la noche sigue al día.

Anticipándose a las dudas de los lectores, Behrend pregunta: ¿cómo puede uno proclamar la fe en algo cuando no tiene esa fe? En esos momentos, dice, uno tiene que recordar y observar lo que hace la fe. Recuerda el estado de ánimo que tenías cuando trajiste algo a la existencia, y crea de nuevo ese estado. Behrend hace esta observación:

> *Tu inhibición de toda duda y ansiedad permite que las ideas alentadoras se establezcan y atraigan hacia sí las ideas «yo puedo» y «lo haré», que crecen gradualmente hasta adoptar la forma física correspondiente al deseo que tienes en tu mente.*

Al elegir deliberadamente pensamientos positivos, pones en marcha la atracción de más pensamientos del tipo «puedo hacerlo», que solo dan lugar a una acción positiva, de gran alcance. La claridad de lo que estás visualizando, combinado con tu fe relajada, te predispone más a recibir las ideas y oportunidades que necesitas para alcanzar tus metas. Al final del libro, Behrend ofrece sugerencias sobre «cómo orar o pedir». Todas estas sugerencias siguen la idea de «pide, creyendo que ya has recibido, y se te dará».

Comentarios finales

La visión crítica de libros como *Tu poder invisible*, y más aún sus equivalentes modernos, es que complacen nuestro lado materialista.

¿Hacemos realmente un buen uso de nuestros poderes de visualización, por ejemplo, si los utilizamos para manifestar un nuevo BMW? Este cuestionamiento, sin embargo, no viene al caso. Lo que pides no es realmente importante en el gran esquema de las cosas; es mucho más significativo el descubrimiento de que eres un «cocreador» en este universo, capaz de hacer que casi cualquier cosa llegue a manifestarse si desarrollas una creencia relajada en su acontecer. Con este conocimiento nunca puedes ser una víctima de las circunstancias, sino más bien un centro de poder.

Algunos lectores sentirán que *Tu poder invisible* contiene demasiada palabrería espiritual, pero esto solamente refleja los esfuerzos de Behrend por transmitir la compleja teología de Troward. Troward, un cristiano que tuvo una gran influencia en el desarrollo de la Ciencia de la Mente, basaba su pensamiento directamente en la razón y se opuso resueltamente a cualquier aprendizaje de tipo ocultista. El objetivo de los escritos de Behrend era ayudar a las personas a desarrollar «mentes magnéticas» que pudiesen atraer los objetos o circunstancias deseados hacia ellas. Elegir creer que estos procesos son puramente fisiológicos o que implican fuerzas espirituales depende de ti. Lo que más importa es si funcionan, y no sabrás si lo hacen hasta que pruebes a aplicarlos en su propia vida.

GENEVIEVE BEHREND

Nacida en 1881, contamos con poca información sobre sus primeros años de vida. Se sabe que era natural de París y que uno de sus progenitores era escocés.

Entre 1912 y 1914 se sumergió en las enseñanzas de Troward y al regresar a la ciudad de Nueva York fundó la Escuela de los Constructores, impartió conferencias y dio consejos a las personas que lo necesitaban. Más tarde estableció otra escuela en Los Ángeles, disertó ampliamente sobre Ciencia Mental y se hizo conocida gracias a la radio. Murió en 1960.

Otro de sus libros es Cómo lograr todos tus deseos dejando que la mente subconsciente trabaje para ti *(1929).*

2007

EL PEQUEÑO LIBRO DE LA INVERSIÓN CON SENTIDO COMÚN

El éxito a la hora de invertir tiene que ver con el sentido común [...] La aritmética indica, y la historia confirma, que la estrategia ganadora es ser dueño de todas las empresas que cotizan en la bolsa de la nación a muy bajo costo. De esta manera te garantizas obtener casi todo el rendimiento que generan en forma de dividendos y crecimiento de los beneficios.

[El] mercado de valores es una distracción enorme que hace que los inversores se centren en expectativas de inversión transitorias y volátiles y no en lo que es realmente importante: la acumulación gradual de los rendimientos obtenidos por los negocios de las empresas.

En pocas palabras

Por poco que inviertas en acciones, pon tu dinero en un fondo que posea de forma automática un poco de cada sociedad que cotiza. Con el tiempo es un modo seguro, que casi no debe causar preocupaciones, de acumular riqueza.

En la misma línea

Warren Buffett. *Los ensayos de Warren Buffett: lecciones para el mundo empresarial* (pág. 78)
Benjamin Graham. *El inversor inteligente* (pág. 196)
Peter Lynch. *Un paso por delante de Wall Street* (pág. 266)

Capítulo 6

John C. Bogle

A pesar de su enorme riqueza, John Bogle es, junto con Warren Buffett, una especie de rebelde financiero. Se hizo un nombre al fundar, en 1976, del primer fondo indexado de los mercados de valores, el Vanguard 500, que hizo crecer hasta convertirlo en el segundo mayor proveedor de fondos del mundo. En 1999 *Fortune* lo nombró uno de los cuatro «gigantes del siglo XX» en el campo de la inversión, y en el año 2004 la revista *Time* lo incluyó como una de las «cien personas más poderosas e influyentes del mundo».

Pero ¿qué es un fondo indexado? Esencialmente consiste en cestas de todas las principales acciones que cotizan en un mercado determinado. Estos fondos suelen ir asociados a un índice establecido, como el Standard & Poor's 500 (S&P 500, determinado en 1926), que comprende las quinientas empresas más grandes de Estados Unidos, o el índice Dow Jones Wilshire, que abarca cerca de cinco mil acciones.

Los fondos indexados tradicionales nunca realizan ninguna negociación –no compran y venden acciones–, como hacen los fondos gestionados ordinarios, sino que se limitan a comprar una vez y conservar las acciones. Esto puede hacer que parezcan muy aburridos. Sin embargo, la falta de emoción comercial se ve fácilmente compensada por sus muy buenos registros a largo plazo. Invertir es en realidad una cuestión de sentido común, y Bogle afirma que la aritmética básica que justifica la inversión en los fondos indexados es irresistible. Estos fondos hacen que el mundo de las finanzas, aparentemente complejo, se vuelva sencillo, y los argumentos a su favor son «convincentes e indiscutibles», asegura.

Como a todos nos gusta tener las mayores certezas posibles cuando invertimos en acciones, *El pequeño libro de la inversión con sentido común* constituye una lectura fascinante.

¿A QUIÉN ESTÁS HACIENDO RICO?

Bogle dice que el mercado de valores es un juego de perdedores para el apostador promedio. ¿Por qué? En primer lugar, porque tenemos una fe injustificada en los expertos financieros, que no solo no lo hacen mejor que nosotros mismos en conjunto, sino que a menudo lo hacen peor; en segundo lugar, no advertimos el enorme efecto erosivo que tienen en nuestros fondos los honorarios de los administradores de nuestro dinero y la ineficiencia tributaria de su forma de operar. Los que siempre ganan son los «crupiers financieros» –brókers, banqueros de inversión, administradores del dinero, etc.–, que obtienen más de 400.000 millones de dólares al año. Como señala Bogle, en el casino «la casa siempre gana».

Gracias a la especulación, los rendimientos del mercado de valores varían mucho, mucho más que la producción de la economía en sí, pero los costes de invertir obstinadamente están siempre ahí. No pagamos unos honorarios más bajos a los gestores de los fondos cuando tienen un mal año o una mala década. Naturalmente, nos gusta pensar en el aumento combinado del valor de las acciones que tenemos, pero a menudo no entendemos que los costes de la inversión también aparecen combinados (tasas para entrar en los fondos, comisiones, impuestos sobre las transacciones, etc.). Las comisiones de los fondos de inversión van desde un 0,9% de los activos hasta el 3%, –el promedio es de un 2,1%–. Si bien estos importes no parecen altos al principio (el 1,5% de 100.000 dólares, por ejemplo, no parece una cantidad exorbitante), con el tiempo estos costes pueden erosionar una fortuna potencial.

Bogle ofrece algunos datos adicionales. Entre 1980 y 2005, el mercado de valores de Estados Unidos brindó unos beneficios promedio del 12,5% anual. En el mismo período, el fondo de inversión promedio tan solo rindió el 10%, a causa de los costes del 2,5%. Los fondos indexados, por el contrario, tienen un coste medio de solo el 0,2%. Puedes imaginar el efecto que tiene la diferencia de estos costes a largo plazo: en ese período de 25 años, una inversión directa de 10.000 $ en el S&P 500 o en un fondo indexado sujeto a él habría crecido hasta los 170.800 $. La misma cantidad de dinero en un fondo de inversión gestionado habría ascendido solamente hasta los 98.200 $. Es una gran diferencia, debida en gran medida a la diferencia en cuanto a los costos.

Aparte de la diferencia en los costos, ¿cómo se compara el rendimiento de los fondos ordinarios y los fondos indexados? En el período de 1995 a 2005, los fondos indexados retornaron un beneficio compuesto del 194%, mientras que los segundo supusieron solamente el 154%. Una vez más, la diferencia es enorme.

QUÉDATE QUIETO Y PROSPERA

Puedes pensar que tu fondo de inversión está siendo gestionado por manos expertas que compran y venden acciones con frecuencia para sacar el máximo provecho de tu dinero, pero al hacerlo tu dinero también se está gastando, ya que cada transacción tiene costes, tanto en términos de impuestos como de gestión. Puedes estar seguro de que hay alguien a quien se le paga mucho para efectuar las compras y las ventas. Para justificar sus honorarios, los gestores de fondos tienen que ofrecer la imagen de que «hacen algo», pero como Warren Buffett ha observado, «para el conjunto de los inversores, los rendimientos disminuyen a medida que los movimientos aumentan».

Puesto que los fondos indexados invierten de forma automática en todos los ámbitos, no necesitan capas de analistas o gestores. Como no implican negociaciones sino solamente comprar y conservar, se evitan todos los gastos habituales que conllevan las transacciones frecuentes. Cuanto más tiempo se permanece con el fondo, menos riesgo hay, porque se ha renunciado a la especulación (con todos sus costes y fluctuaciones) y uno se ha convertido en propietario de las empresas en las que el fondo ha invertido. La receta de Bogle es muy simple: «[Una vez que] has comprado tus acciones, sal del casino y mantente al margen».

INVIERTES EN EL CAPITALISMO, NO EN EL CASINO

Los inversores del mercado de valores pueden olvidar fácilmente que están invirtiendo en el ingenio, la innovación y la capacidad productiva de las empresas, que en Estados Unidos, en los últimos cien años, han disfrutado de un rendimiento del 9,5% de su capital. Cuando esta tasa de rendimiento se acumula durante muchos años, se obtienen resultados sorprendentes. A lo largo de una década, un dólar invertido se convierte en 2,48 dólares; en dos décadas, en 6,14 dólares; en tres décadas, en 15,22 dólares; en cuatro décadas, en 37,72 dólares, y en cinco décadas, en 93,48 dólares. ¡Un solo dólar! Por supuesto, hay que tener en cuenta la inflación, que reduce significativamente el poder adquisitivo del dinero a lo largo de las décadas, pero en un período de treinta años, por ejemplo, una inversión de 100.000 dólares en empresas norteamericanas por medio de un fondo indexado daría lugar a unos 660.000 dólares en términos reales (es decir, en cuanto al poder adquisitivo).

Bogle señala que las ganancias del mercado de valores, a través del tiempo, coinciden casi exactamente con las ganancias logradas por las mismas empresas. El rendimiento medio de las acciones es del 9,6%, mientras que el rendimiento medio del capital invertido directamente en las empresas norteamericanas es del 9,5%. El autor afirma que «a largo plazo, la rentabilidad de las acciones depende casi por completo de la realidad de los rendimientos de las inversiones obtenidos por nuestras empresas». El mercado de valores puede sobrevalorar las empresas durante una década e infravalorarlas en la década siguiente. Pero siempre hay un «regreso a la media», que revela el valor subyacente de las empresas que hay detrás de las acciones.

Bogle señala que el mercado de valores es una «distracción gigantesca»; puede aplicársele el dicho proverbial de Shakespeare: «Un cuento contado por un idiota, lleno de ruido y furia, que no significa nada». Este mercado está conducido, a corto plazo, por las emociones, y debido a esta irracionalidad nadie puede saber a ciencia cierta hacia dónde va a girar. Es un juego de tontos tratar de adivinarlo. Sin embargo, puedes estar muy seguro de la productividad de las empresas a largo plazo, y si evitas el juego de «elegir ganadores» y te limitas a invertir en el conjunto del mercado de valores, sabes que vas a cosechar los resultados del crecimiento de las empresas. Bogle recuerda esta analogía del inversor Benjamin Graham: «A corto plazo, el mercado de valores es una máquina de votación [...] [pero] a largo plazo es una máquina pesada».

APUESTA A LOS NÚMEROS, NO EN LAS PERSONAS

La pregunta de Bogle es: ¿por qué la gente paga *más* dinero por una forma de inversión que tiene *peores* rendimientos?

Desafortunadamente, la mayoría de nosotros no conocemos nada mejor. Nos aconsejan que invirtamos en fondos gestionados bajo la ilusión de que hay algunos «fondos estrella» o «gerentes estrella» que nos van a hacer obtener grandes rendimientos. Sin embargo, incluso aunque algunos fondos funcionan mejor que otros, su rendimiento casi nunca se mantiene (al igual que no se puede ganar siempre apostando a los caballos). Los grandes rendimientos, como señala Burton Malkiel en su libro *Un paseo aleatorio por Wall Street*, a menudo se producen por pura suerte. Somos lo suficientemente estúpidos como para invertir basándonos en los resultados anteriores, los cuales no solo no garantizan unos buenos resultados futuros, sino que casi auguran un peor rendimiento.

Los gestores de fondos son seres humanos y se emocionan por la dirección que parecen estar tomando los mercados. Al igual que cualquier persona, tienen tendencia a comprar las acciones en su mejor momento y a no comprarlas cuando representan el mejor valor. Este riesgo no existe si se participa en un fondo indexado que rastrea automáticamente el mercado en general.

A largo plazo, todas las ganancias y pérdidas del mercado de valores se equilibran. Se trata de un juego de suma cero. Sin embargo, si inviertes en el conjunto del juego, vas a ganar. Bogle lo expresa de esta manera: «No busques la aguja; ¡compra el pajar!».

EL SECRETO SE DESVELA

Como creador del primer fondo indexado del mundo, Bogle, por supuesto, tiene un gran interés en promocionar este tipo de inversión, pero proporciona muchas pruebas (ubicadas en recuadros con el encabezamiento «No lo creas solo porque yo lo diga») suministradas por académicos y por las principales figuras del mundo de las finanzas para apoyar su tesis. Entre estas pruebas están:

- Peter Lynch, director legendario del Fidelity Magellan Fund, señaló en la revista *Barron's* que el comportamiento de los fondos de inversión estaba empeorando, y que «a la gente le iría mejor con un fondo indexado».
- Mark Hulbert, editor del *Hulbert Financial Digest*, escribió: «Puedes superar a más del 80% de los inversores, en los próximos decenios, por el solo hecho de invertir en un fondo indexado, sin hacer nada más».
- La revista *Economist* señaló que los fondos gestionados «cobran a sus clientes grandes comisiones por el privilegio de perder su dinero».
- Se recoge esta cita del socio de Warren Buffett en Berkshire Hathaway, Charlie Munger: «La pobre gente, el público en general, obtiene un producto terrible por parte de los profesionales».
- Tyler Mathisen, editor de la revista *Money*, tras haberse mostrado crítico con los fondos indexados «aburridos» como el de Bogle, admitía que se había equivocado: «Ir a por la media es lo mejor que puedes hacer para terminar por encima de la media [...] Los fondos indexados deberían constituir el núcleo de la mayor parte de las carteras de los inversores».

Comentarios finales

Bogle describe el cambio hacia poner dinero en los fondos indexados como una «revolución». De hecho, lo que dice socava todo el edificio de la financiación moderna del capital, que se basa en la creencia de que se pueden «elegir ganadores» y que se debe pagar una gran cantidad de dinero a los expertos por su experiencia. Durante muchos años, Bogle proclamó su estrategia en solitario. Esto fue así hasta 1984, antes de que el segundo fondo indexado viera la luz. Actualmente hay alrededor de quinientos ochenta fondos indexados, solamente en Estados Unidos. Algunos, irónicamente, son «fondos indexados gestionados», lo que significa que eligen comerciar con acciones solamente dentro del ámbito de algunos sectores industriales (los que pagan más dividendos o pueden crecer más rápidamente), y tratan así de vencer al mercado. Bogle tiene una mala opinión de ellos, ya que conllevan unos costes y unos riesgos significativamente grandes en comparación con los fondos indexados tradicionales. También predice que la rentabilidad de las acciones se suavizará en los próximos años, lo cual es una razón más para optar por los fondos indexados tradicionales, ya que los fondos gestionados seguirán suponiendo los mismos costes tanto si tienen un buen comportamiento como si no.

Con dieciocho capítulos y más de doscientas páginas, *El pequeño libro de la inversión con sentido común* puede parecer repetitivo, pero de alguna manera esto da más firmeza a las tesis, más que constituir un fastidio. Leerlo es como tener una charla informal con uno de los maestros de la inversión, si bien puede que no seas capaz de dormir después de escuchar su potente mensaje. Sus detractores, señala su autor, han dicho que su único mérito es su capacidad de decir lo obvio, pero en un mundo financiero de promociones y argucias, tal vez poner la confianza en la «aritmética implacable» de los fondos de inversión indexados sea lo más inteligente que se pueda hacer.

Aunque este libro se basa en el mercado estadounidense, si vives fuera de Estados Unidos es probable que tengas también la opción de contratar un fondo indexado. Estés donde estés, el principio sigue siendo el mismo: a la hora de invertir en valores, evita lo complejo y, en cambio, «benefíciate de la magia de la simplicidad».

2002

PERDIENDO LA VIRGINIDAD

[...] estás intentando crear algo que sea original, que destaque de la multitud, que vaya a perdurar y que, eso esperas, sirva a algún propósito útil. Por encima de todo, quieres crear algo de lo que te sientas orgulloso. Esta ha sido siempre mi filosofía de los negocios. Puedo decir honestamente que nunca me he metido en ningún negocio para enriquecerme.

Puedo ser un hombre de negocios, en el sentido de que creo y dirijo empresas para que tengan beneficios, pero cuando intento planificar y soñar nuevos productos y nuevas empresas soy un idealista.

En pocas palabras

No temas ser diferente. Al entrar en cualquier campo nuevo o en cualquier empresa, hazlo con espíritu revolucionario y procura aportar un nuevo valor.

En la misma línea

Felix Dennis. *Cómo hacerse rico* (pág. 100)
Peter Drucker. *La innovación y el empresario innovador* (pág. 116)
Conrad Hilton. *Sea usted mi huésped* (pág. 236)
Anita Roddick. *Otra forma de hacer negocios: Anita Roddick y The Body Shop* (pág. 340)
Howard Schultz. *Pon tu corazón en ello: cómo Starbucks creó una empresa un vaso tras otro* (pág. 354)

Capítulo 7

Richard Branson

Todo el mundo sabe quién es Richard Branson: el empresario famoso por la marca Virgin, el aventurero que ha cruzado los océanos en globo y, más recientemente, el filántropo nombrado caballero por la reina de Inglaterra.

Lo que la mayoría sabemos sobre Branson proviene de retazos de información ofrecida en la televisión y en artículos periodísticos, pero detrás de la imagen hay una realidad que solo una buena autobiografía puede revelar. Hay cientos de historias de «cómo lo hice» contadas por empresarios famosos, y *Perdiendo la virginidad* es una de las mejores. Lo es gracias al abundante material del que dispone Branson (es un tomador de notas y cronista empedernido, y sus anotaciones durante un período de veinticinco años permitieron escribir el libro), y también porque logra evitar el autoengrandecimiento.

Este comentario cubre las quinientas setenta y dos páginas de la versión actualizada de *Perdiendo la virginidad*, de 2002, que constituye una lectura fantástica tanto si eres un aspirante a empresario como si no. Este libro demuestra que ser diferente no es un obstáculo, sino casi un requisito, para lograr la prosperidad.

«IRÁS A LA CÁRCEL O SERÁS MILLONARIO» (1)

Nacido en 1950, Branson disfrutó de una infancia feliz. Sus padres consideraban a sus hijos como iguales y a menudo les ponían retos para que llegasen a ser autosuficientes. Aunque su familia estaba decididamente por encima de la clase media, nunca dispuso de una gran cantidad de dinero. Su madre siempre estaba pensando en maneras de obtener ingresos extra por medio de trabajos artesanales que realizaba en el garaje.

En la escuela privada a la que asistió, Stowe, Branson era considerado un poco lento y perezoso. De hecho, era disléxico, y admite que hacia los ocho años aún no sabía leer y era un negado para las matemáticas y las ciencias. Como las escuelas británicas glorifican a los deportistas, canalizó sus energías para destacar en este campo. Cuando dejó la escuela, el director le dijo: «Irás a la cárcel o serás millonario».

El primer éxito empresarial de Branson fue una revista para estudiantes de alcance nacional, que incluyó entrevistas a Mick Jagger y John Lennon. Admite que no se aventuró en este proyecto para ganar dinero, sino más bien para divertirse. De hecho, la revista no aportaba beneficios, sino que se mantuvo con la ayuda de los amigos de Branson y un poco de publicidad.

La pandilla de Branson estaba obsesionada con la música, y se le ocurrió la idea de vender discos a bajo coste a través de pedidos por correo, sobre todo los que no se encontraban en las tiendas. El negocio creció rápidamente, pero una huelga de correos hizo que Branson se diese cuenta de lo vulnerable que era todo aquello. Fue entonces cuando empezó a buscar un lugar donde vender los discos.

«IRÁS A LA CÁRCEL O SERÁS MILLONARIO» (2)

La primera tienda de discos Virgin se convirtió en un lugar de reunión para los jóvenes; era la primera que se dirigía exclusivamente a ese tipo de público. Muchas más tiendas siguieron a esta en Gran Bretaña.

Los primeros días de Virgin fueron cualquier cosa menos normales. El negocio no se llevaba desde unas oficinas sino desde sótanos, criptas de iglesias y casas flotantes, con la colaboración de muchos simpatizantes, solo algunos de los cuales ganaban el salario estándar de Virgin de 20 libras esterlinas a la semana. Branson no obedeció nunca la regla empresarial de no trabajar con los amigos; la mayor parte del núcleo duro de Virgin, durante los primeros quince años, estuvo constituido por personas que se habían criado con él. Aunque hubo las inevitables peleas, esta estrategia de gestión accidental se reveló notablemente eficaz.

En un ambiente de amor libre y muchas drogas, alguien tenía que levantarse temprano y preocuparse por el pago de las facturas y los sueldos. Branson era distinto de los otros miembros de su círculo por el hecho de que no era muy autoindulgente; prefería «pasar un buen rato y mantener la cabeza despejada». Detrás del jipi descalzo de pelo largo había un empresario que quería marcar la diferencia.

Aunque su cadena de tiendas de discos iba creciendo, con todos los gastos en realidad estaba perdiendo dinero. Branson dio accidentalmente con una solución a los problemas que casi hizo que se cumpliese la parte mala de la profecía de su director. Empezó a comprar discos al por mayor diciendo que eran para ser vendidos en Bélgica, con el fin de eludir las fuertes tasas que el Reino Unido imponía a las ventas nacionales. Después de tres viajes llevando los discos a través del canal de la Mancha a compradores imaginarios, discos que luego llevaba de vuelta y vendía con grandes ganancias en las tiendas Virgin, sus actividades fueron descubiertas por Aduanas e Impuestos Especiales. Para eludir la cárcel, tuvo que abonar tres veces la cantidad que no había pagado en impuestos (60.000 libras de 1971, una gran cantidad de dinero).

Bajo una tremenda presión, logró cubrir los pagos con las ganancias de las tiendas, pero la experiencia le quemó y decidió no volver a hacer algo ni remotamente ilegal. Con apenas veintiún años, estaba madurando rápidamente.

EMPIEZA EL ESTRELLATO: LA MÚSICA

Entusiasmado con la idea de tener su propio sello discográfico, cuyos actos podían ser promovidos en las tiendas Virgin, Branson logró reunir el dinero suficiente para comprar una antigua casa señorial en Oxfordshire, que convirtió poco a poco en un estudio de grabación.

El primer contrato que firmó Virgin fue una elección sorprendente. Un joven músico llamado Mike Oldfield había pasado meses perfeccionando una grabación que no tenía voces sino muchas campanas y otros instrumentos inusuales. Fue una elección extraña para lo que pretendía ser una etiqueta de música *rock*, pero valió la pena. *Tubular Bells* fue uno de los álbumes más vendidos de la década de 1970 y financió los primeros años del negocio Virgin. El sello atrajo más tarde a Sex Pistols, Culture Club, Phil Collins, Human League y otras estrellas, y al principio de la década de los ochenta se había convertido en un sello competitivo. Branson había hecho realidad su deseo de crear una empresa de música «de integración vertical», en que las tiendas Virgin, incluido el famoso Virgin Megastores, promocionaban las bandas con las que Virgin Music había firmado.

EMPIEZA EL ESTRELLATO: LAS AEROLÍNEAS

Enfocado en el negocio de la música, Branson nunca había pensado en fundar una aerolínea. Pero cuando recibió la propuesta de establecer un servicio transatlántico para competir con British Airways, no pudo resistirse. Contra el buen juicio de sus asesores, convocó a Boeing en Seattle y negoció para arrendar un 747 por un año, «solo para ver» si la idea funcionaría. Virgin Atlantic fue pronto una realidad, con el objetivo de satisfacer la demanda que Laker Airways había explotado antes de que British Airways la hubiese mandado a la quiebra.

Virgin Atlantic casi no llegó a despegar. En el vuelo inaugural, una bandada de pájaros entró en uno de los motores, que no estaba asegurado, y lo estropeó, lo que supuso un coste de 600.000 libras. Esto dejó a la compañía en descubierto, y llegó a rozar la bancarrota. Solo una retirada urgente de dinero en efectivo procedente de las operaciones en el extranjero de Virgin Group logró salvarla. Entre 1984 y 1990 Virgin Atlantic fue una empresa pequeña, que tan solo contaba con un puñado de aviones.

La subida repentina del precio del combustible provocada por la primera guerra del Golfo fue un obstáculo importante, como lo fue también la pérdida repentina de pasajeros después de los acontecimientos del 11 de septiembre de 2001. Virgin también tuvo que lidiar con el «juego sucio» de British Airways, que vio la nueva aerolínea como una amenaza que debía ser aplastada, por todos los medios. Como la aerolínea absorbía cada vez más dinero, los banqueros de Branson estaban perdiendo la paciencia, y este despertó a una dolorosa evidencia: o vendía Virgin Music y conservaba Virgin Atlantic en el aire o perdía la aerolínea y dejaba el nombre de la marca Virgin por los suelos, por no hablar de que miles de personas perderían su medio de vida.

Una vez más, a pesar de los buenos consejos de sus familiares y amigos, Branson tomó la decisión de vender Virgin Music, que él y su equipo habían pasado veinte años desarrollando. Fue una decisión desgarradora, sobre todo porque acababa de firmar con los Rolling Stones, lo que significaba el punto culminante del ascenso del sello. Había «perdido la virginidad». Pero la venta le reportó 560 millones de libras esterlinas (1.000 millones de dólares) y le dio la libertad de trazar el curso del grupo de empresas Virgin sin el acoso de los banqueros. Lo que obtuvo por sus acciones, señala, le supuso una entrada de dinero «más allá de sus sueños más salvajes».

EL ESTILO BRANSON

Branson señala que no existe una «receta» para el éxito en los negocios que se pueda aplicar a todos los ámbitos, por más que la gente pueda decir otra cosa. Sin embargo, tiene una forma de hacer negocios que puede ser instructiva para los aspirantes a empresarios. Los secretos de su éxito pueden resumirse en estos puntos:

- Pensar en grande y asumir riesgos calculados. Apunta Branson: «Para mí, la vida es interesante desde el momento en que asumo riesgos enormes, aparentemente inalcanzables, y trato de elevarme por encima de ellos».
- Dejarse estresar menos que otras personas por la incertidumbre.
- Tratar de demostrar que los demás están equivocados.
- Tener la simple creencia de que «se puede hacer».

Su principal criterio para entrar en un nuevo mercado o ámbito empresarial es que emprender eso sea divertido. Tiene que haber espacio para sacudir los insípidos mercados y ofrecer algo nuevo. Lamentablemente, esto implica a menudo ser un pez pequeño enfrentado a ballenas corporativas.

Durante la guerra con British Airways, circularon muchos rumores acerca de que Virgin Atlantic estaba a punto de quebrar. En un momento dado, debía 55 millones de libras esterlinas a varios bancos, y Branson tuvo que hacer un gran acto de malabarismo para mantener la empresa a flote. Escribe: «A veces me parece que he pasado toda mi vida tratando de persuadir a los banqueros de que amplíen sus préstamos». Puesto que Virgin Group siempre ha reinvertido las ganancias en sus negocios, nunca ha tenido un colchón de efectivo como las corporaciones establecidas, así que siempre existía el peligro de que el dinero se acabara. Cada contrato discográfico que firmaba Branson parecía que ponía a la empresa contra las cuerdas, y solo fue a mediados de la década de los noventa cuando pudo relajarse un poco.

Su reflexión sobre esos años difíciles ofrece un buen consejo para cualquier persona que tenga un negocio y se halle bajo presión financiera: «Por más difíciles que se pongan las cosas, debes conservar en tu mente la visión del panorama completo». Cada vez que se encontró en una situación complicada y sus asesores le sugirieron que retrocediera un poco y apostara por lo seguro, decidió jugársela.

Otros puntos que pueden verse en *Perdiendo la virginidad* son estos:

- Branson generalmente se hace una idea acerca de las personas y las nuevas propuestas de negocio «en unos treinta segundos». Si bien un plan de negocios tiene que ser bueno, en última instancia él se basa en sus instintos.
- No habla muy deprisa ni es un gran orador público, y admite que a menudo necesita tiempo para responder correctamente a una pregunta: «Espero que la gente confíe más en una respuesta lenta y vacilante que en otra que sea rápida y locuaz».
- Odia criticar a las personas que trabajan para él, y los peores momentos de su vida laboral los ha vivido cuando ha tenido que despedir a gente. ¡Siempre trata de que alguien lo haga en su lugar!
- Admite que muchos de sus éxitos no partieron de sus propias ideas (ni siquiera se le ocurrió a él el nombre Virgin). A pesar de la imagen que da de ser un empresario que actúa en solitario, Virgin fue levantada, como cualquier gran compañía, por un núcleo de administradores y asesores de confianza.
- Virgin no tiene grandes sedes corporativas, pero compra casas en ciudades británicas y estadounidenses para que el personal trabaje en ellas. Branson se perdió poco de la crianza de sus

dos hijos, porque trabajaba literalmente en casa. Él y su esposa Joan vivieron en una casa flotante en Londres hasta bien entrados en la treintena.

Comentarios finales

Lo sorprendente de Branson es la cantidad de logros que obtuvo que no tienen nada que ver con los negocios. Una gran parte del libro, que algunos lectores sentirán que es la más emocionante, tiene relación con sus distintos esfuerzos por batir los récords mundiales de desplazamiento en globo y en lancha motora. ¿Por qué se sintió obligado a implicarse en tales aventuras (que lo han llevado en varias ocasiones al borde de la muerte) cuando ya es alguien que «lo tiene todo» –riqueza, éxito y una familia feliz–? Su respuesta es que le añaden otra dimensión a su existencia y le hace sentirse vivo.

Uno de los aspectos interesantes del libro es el examen de conciencia que efectuó Branson cuando cumplió los cuarenta. ¿Se iba a pasar la vida creando y levantando empresas? Seguramente había algo más. Durante un tiempo, consideró la posibilidad de vender sus activos e ir a la universidad a estudiar historia. Hoy pone gran parte de sus energías no laborales en iniciativas filantrópicas. Fue amigo de Nelson Mandela y sigue siéndolo de Bill Clinton y otras personalidades, ha dedicado tiempo y dinero a ayudar a personas con VIH/sida, a proteger la fauna africana, a buscar la paz en Irlanda del Norte y a hacer frente al calentamiento global.

Sin embargo, es a través de sus empresas como más ha cambiado la vida de las personas, al haber buscado continuamente maneras de entregarle nuevo valor al público, ya sea a través de los vuelos de bajo coste, los teléfonos móviles o unas tarjetas de crédito más baratas. En el momento de escribir estas líneas, Virgin Galactic está en camino de ser la primera compañía en ofrecer vuelos comerciales de pasajeros al espacio. Esta empresa cumple con el criterio empresarial de Branson de entrar solamente en terrenos divertidos y emocionantes, pero donde también hay dinero de por medio. ¿Podría existir una mejor definición de lo que es una vida próspera?

1997

LOS ENSAYOS DE WARREN BUFFETT: LECCIONES PARA EL MUNDO EMPRESARIAL

«Tenemos la intención de continuar con nuestra práctica de trabajar únicamente con personas que nos gustan y a quienes admiramos. Esta política no solo maximiza nuestras posibilidades de obtener buenos resultados, sino que también nos asegura que nos lo pasaremos extraordinariamente bien. Por otro lado, trabajar con personas que hacen que se te revuelva el estómago se parece mucho a casarse por dinero: probablemente es una mala idea en cualquier circunstancia, pero una locura absoluta si eres rico».

En pocas palabras

No inviertas en acciones; invierte en el negocio que hay tras ellas.

En la misma línea

John C. Bogle. *El pequeño libro de la inversión con sentido común* (pág. 62)
Benjamin Graham. *El inversor inteligente* (pág. 196)
Peter Lynch. *Un paso por delante de Wall Street* (pág. 266)
Adam Smith. *La riqueza de las naciones* (pág. 370)

Capítulo 8

Warren Buffett

Warren Buffett es actualmente la segunda persona más rica del mundo (por detrás de Bill Gates) y es también sin duda el inversor de más éxito de todos los tiempos. Se han escrito innumerables libros sobre él, pero *Los ensayos de Warren Buffett* (editados por Lawrence Cunningham) es el único compendio de escritos salidos de la pluma del sabio de Omaha.

El libro de Cunningham es una cuidada selección de las famosas cartas anuales de Buffett a los accionistas de Berkshire Hathaway, el *holding* increíblemente rentable que ha dirigido desde 1970 con su socio Charlie Munger, que ha logrado una rentabilidad media anual del 25% en los últimos veinticinco años. A pesar de que posee grandes participaciones en muchas empresas que cotizan en bolsa, este *holding* también compra empresas privadas descollantes, que en 2006 obtuvieron unos ingresos colectivos de cerca de 100.000 millones de dólares.

Aparte de su etapa de aprendizaje juvenil con su mentor, Benjamin Graham, cuando residía en Nueva York, Buffett siempre ha vivido en Omaha (Nebraska) y su enfoque de la inversión está muy alejado del de Wall Street en todos los sentidos. Sus cartas a los accionistas se esperan con impaciencia, ya que contienen muchas perlas de sabiduría, que ofrece a menudo a través de anécdotas divertidas o dichos concisos (en una ocasión, por ejemplo, se disculpó con tristeza por el gasto de mantener un *jet* privado, al que apodó *El Indefendible*).

Se exponen a continuación algunos de los temas que surgen de sus escritos.

BUSCA EL VALOR SUBYACENTE

Para Buffett, la clave para ganar en el mercado de valores no está en predecir la dirección del mercado sino en saber el valor de las empresas, independientemente de su precio de cotización en el momento. Critica a los asesores de inversiones que pierden el tiempo elaborando previsiones sobre la economía, cuando es mucho más importante encontrar buenos negocios que seguirán siendo buenos durante años.

También rechaza la teoría del mercado eficiente, que sostiene que carece de sentido analizar y calcular el valor de una empresa porque el mercado de valores, que funciona con una eficacia perfecta, siempre revela el valor de una empresa por medio de su cotización. De hecho, en su opinión, los precios solo reflejan el valor real en algunas ocasiones, y la fe total en ellos impide entender a las empresas. Buffett cita a Benjamin Graham: «A corto plazo, el mercado es una máquina de votar, pero a largo plazo es una máquina pesada».

Los precios del mercado de valores están impulsados por las emociones, no por la verdad, y la verdad acerca de una empresa radica en sus resultados operativos y no en el precio de sus acciones en un momento dado o en sus brillantes previsiones. Berkshire Hathaway a menudo hace sus mejores adquisiciones cuando el miedo está en su punto más alto o el sentimiento sobre el mercado está en su punto más bajo.

LOS MERCADOS SON ARRIESGADOS; LOS BUENOS NEGOCIOS NO LO SON

Comprar acciones se ve en general como asumir riesgos, pero la fórmula de Buffett reduce los riesgos al mínimo. Afirma que muchos de los miembros de su familia y amigos cercanos han invertido la mayor parte de su patrimonio neto en Berkshire Hathaway, y comenta:

> *Nunca he creído en arriesgar lo que mi familia y amigos tienen y necesitan con el fin de perseguir lo que no tienen y no necesitan.*

Es un sinsentido perder una noche de sueño por una apuesta bursátil solo para ganar un poco más. Es mejor estar tan seguro de una inversión que los altibajos del precio de esas acciones no resulten preocupantes. Uno conoce el valor intrínseco de la empresa y sabe que el mercado lo reconocerá tarde o temprano. Esta es la esencia de la inversión en valores.

Es sabido que Buffett no invierte en las empresas que no entiende totalmente. Fue muy criticado por no sumarse al auge de las acciones tecnológicas de finales de la década de los noventa, y en lugar de eso comprar empresas que creaban productos aburridos como pintura, ladrillos y alfombras. Su regla de oro es que uno invierta solamente en su «círculo de competencia», es decir, en las áreas sobre las que sabe algo, en las que puede entender cómo la empresa gana el dinero. Una cita de Thomas Watson, de IBM, resume la filosofía de Buffett: «No soy un genio. Soy inteligente en algunos puntos, y me quedo en torno a esos puntos». Como todo el mundo, aprecia el crecimiento de la economía que aportan las nuevas ideas y tecnologías, pero como inversor señala lo siguiente:

> *Nuestra reacción ante un negocio que está aún fermentando es muy parecida a nuestra actitud hacia la exploración del espacio: aplaudimos el esfuerzo, pero preferimos evitar el viaje.*

LECCIONES PARA EL PEQUEÑO INVERSOR

De los ensayos de Buffett se pueden extraer muchas otras lecciones para el pequeño inversor, como las siguientes:

- Invierte solo en empresas cuyas ganancias seguramente serán mayores en el futuro de lo que son ahora.
- Busca empresas que ofrezcan una «ventaja competitiva duradera». Esta ventaja hará que, de forma natural, las acciones de esas empresas superen a las de otras, aunque su cotización sufra altibajos.

- Si compras una acción, hazlo a largo plazo («Si no estás dispuesto a poseer una acción durante diez años, ni siquiera pienses en poseerla durante diez minutos»).

A Buffett le gusta invertir en lo que él llama «las inevitables», empresas cuyos productos se seguirán comprando dentro de diez, veinte o treinta años y cuya marca es tan famosa que les permite reinar en el mercado. Berkshire Hathaway ha tenido grandes participaciones en Coca-Cola y Gillette durante muchos años porque aunque haya elementos que evolucionarán, como la distribución, los procesos de fabricación y la innovación de los productos, la gente seguirá bebiendo Coca-Cola y necesitará afeitarse, y tenderá a volverse hacia los nombres de confianza.

Su actitud es: si encuentras una pequeña cantidad de empresas que presenten una fuerte ventaja competitiva y a precios razonables, ¿por qué diversificar? Paradójicamente, poner más dinero en una cantidad más pequeña de valores, cuidadosamente elegidos, significa poder relajarse. En cualquier año dado, Berkshire Hathaway puede hacer solo un puñado de inversiones en el mercado de valores, a veces ninguna. A menudo, señala Buffett, la jugada de inversión más inteligente es la inactividad:

> *Charlie y yo decidimos hace mucho tiempo que durante el tiempo de vida del que disponemos como inversores es demasiado difícil tomar cientos de decisiones inteligentes [...] Por lo tanto, adoptamos una estrategia que requería que fuésemos inteligentes –tampoco demasiado– solo unas pocas veces. De hecho, ahora vamos a conformarnos con una sola buena idea al año (Charlie dice que es mi turno).*

COMPRAR PARA CONSERVAR

Además de invertir en las acciones de las grandes corporaciones, Berkshire Hathaway ha comprado muchas empresas más pequeñas enteras, como Borsheim's Fine Jewelry, See's Candies y Nebraska Furniture Mart. A menudo se trata de empresas familiares amorosamente levantadas a lo largo de muchos años. Los propietarios desean obtener algunas ganancias por todo el trabajo duro que han puesto en ellas, pero no quieren vender a cualquiera. Cuando Berkshire Hathaway se interesa, todos ganan: el *holding* de Buffett consigue un negocio fantástico que seguirá creciendo indefinidamente, mientras que los propietarios suelen permanecer en el lugar y lo siguen gestionando, haciendo lo que les gusta. Al vender a Buffett reciben garantías de que el negocio no se fusionará con otro, ni será vendido, ni finalizará, ni se trasladará a otra ciudad.

Contar con propietarios con un fuerte vínculo emocional con su empresa sugiere, en general, que dicha empresa tiene una contabilidad honesta, un respeto por los clientes, un orgullo por el producto, y que es objeto de una gestión leal y efectiva. En definitiva, son empresas íntegras. Buffett hace esta observación: «Después de algunos errores, aprendí a hacer negocios solo con la gente que me gusta, en la que confío y a la que admiro». Esta estrategia puede ser un muy buen filtro a la hora de decidir dónde invertir.

Una vez que Buffett compra una empresa, tiene la intención de mantenerla, incluso si atraviesa momentos difíciles y no contribuye mucho al balance final de Berkshire Hathaway. Mientras tanto, el *holding* trata de resolver los problemas. Él les dice a los directores generales de cada empresa que compra que lleven el negocio como si:

- Fuesen los dueños del 100% de se negocio.
- Fuese el único activo que su familia posee o poseerá nunca.
- No se pudiese vender o fusionar con otro durante al menos cien años.

Se trata de una perspectiva que va en contra del enfoque de casi cualquier otra sociedad de inversión, pero como Buffett escribió en su informe anual de 1985:

> *Por grande que sea el talento o el esfuerzo, algunas cosas requieren tiempo: no se puede gestar un bebé en un mes por medio de dejar embarazadas a nueve mujeres.*

Berkshire Hathaway, señala, tiene «el horizonte de inversión más largo que se puede encontrar en el universo de las sociedades anónimas».

Se espera que los inversores en el fondo de Buffett conserven sus acciones durante muchos años, incluso que las leguen a sus familiares después de su muerte. En el *Manual del propietario* del fondo, Buffett escribe:

> *Esperamos que te visualices como copropietario de un negocio con el que tienes previsto quedarte indefinidamente, como si fueses dueño de una casa rural o un apartamento junto con otros miembros de tu familia.*

La reunión anual de la compañía en Omaha está pensada para los fieles; es un encuentro en parte informativo y en parte lúdico, y atrae a miles de accionistas de todo el mundo.

Comentarios finales

Aunque la mayor parte de los ensayos presentes en el libro fueron escritos hace algunos años, sus lecciones básicas no han prescrito. Buffett estableció su estilo de inversión hace décadas, y si bien ha sido objeto de mejoras, la filosofía sigue siendo la misma: trabaja con gente que te guste y en quien confíes, y mientras las bases financieras sean también buenas, la prosperidad acudirá por sí misma. Tenemos tendencia a pensar que todo lo relacionado con los negocios o el dinero requiere que seamos duros, pero en la base de la fortuna de Berkshire Hathaway ha estado el desarrollo de un sistema que permitiera encontrar personas que *se preocupan*.

Curiosamente, Buffett es conocido por no estar de acuerdo con la mayoría de los otros magnates a la hora de pedir que los impuestos corporativos sean más bajos. Él es muy feliz de pagar la tasa estadounidense del 35% porque siente que, en una sociedad capitalista que recompensa el éxito financiero sobre todos los demás, es justo que tenga la obligación de devolver una proporción decente en forma de riqueza redistribuida a personas cuyo éxito no está relacionado con el dinero, como las enfermeras y los maestros.

¿Qué sucederá cuando Buffett muera? Su inmensa fortuna ya se está derivando hacia la Fundación Bill y Melinda Gates, pero esto no quiere decir que Berkshire Hathaway vaya a liquidarse. Al contrario; él y Munger han creado un paquete de «genes de los negocios», una forma de hacer que les sobrevivirá sea quien sea quien esté llevando la empresa. En última instancia, su mayor legado no puede ser solamente el enriquecimiento de los accionistas o sus acciones filantrópicas, sino haber demostrado una filosofía de inversión que cualquier persona puede seguir para su provecho.

Aunque no es una lectura fácil para los inversores principiantes, vale mucho la pena comprar *Los ensayos de Warren Buffett* aunque haya que esforzarse un poco para entender los términos financieros que contienen. Se puede complementar esta lectura con cartas más recientes de Buffett que se encuentran en el sitio web de Berkshire Hathaway y es posible obtener un excelente retrato del hombre en la biografía de Roger Lowenstein, titulada *Buffett: The Making of an American Capitalist* (Random House, 1995).

2006

El Secreto

Los más grandes maestros que han vivido nos han dicho que la ley de la atracción es la ley más poderosa del universo.

Es la ley que determina todo el orden del universo, cada momento de tu vida y cada cosa que experimentas en la vida [...] Tú eres el único que llama a actuar a la ley de la atracción, y lo haces a través de tus pensamientos.

Las personas que han atraído la riqueza a sus vidas han utilizado El Secreto, *ya sea consciente o inconscientemente. Tienen pensamientos de abundancia y riqueza, y no permiten que ningún pensamiento contradictorio arraigue en sus mentes [...] Tanto si son conscientes de ello como si no, sus pensamientos predominantes de riqueza son lo que les trajo la riqueza. Es la ley de la atracción en acción.*

En pocas palabras

Eres un poderoso imán, que atrae a tu vida el equivalente a lo que sea que estés sintiendo o aquello en lo que estés pensando.

En la misma línea

Genevieve Behrend. *Tu poder invisible* (pág. 54)
T. Harv Eker. *Los secretos de la mente millonaria* (pág. 126)
Charles Fillmore. *La prosperidad* (pág. 144)
Esther Hicks y Jerry Hicks. *Pide y se te dará* (pág. 220)

Capítulo 9

Rhonda Byrne

En un momento bajo de su vida, con su padre recientemente fallecido y su negocio próximo a la quiebra, la hija de Rhonda Byrne le dio un ejemplar de *La ciencia de hacerse rico*, de Wallace Wattles. Las ideas de este clásico del Nuevo Pensamiento (que se comenta en *50 libros clave para vivir mejor*) parecían ir en contra de todo lo que ella creía, pero no podía dejar de pensar en ello. En los meses siguientes implementó esos mensajes en su vida y tuvieron un efecto transformador para ella, tanto en el aspecto personal como financiero.

Creyendo que había encontrado un «secreto» que debía ser más ampliamente conocido, Byrne comenzó a desarrollar la idea de una película, aprovechando sus contactos y conocimientos como productora de televisión. Reunió dinero para recorrer Estados Unidos y entrevistar a cada profesor, escritor o conferenciante que pareciese saber algo acerca de este secreto. Realizada con solo 3 millones de dólares, la película no tuvo el lanzamiento deseado en el cine ni en la televisión, pero esto resultó ser una bendición disfrazada. Obtuvo un gran éxito de descargas en Internet por el boca a boca, y las ventas de los DVD eclosionaron: tan solo en Estados Unidos se han vendido más de dos millones de copias.

La sorpresa es que el libro no es solo una idea comercial de moda para aprovechar el éxito de la película sino que es una obra potente por derecho propio, que incluso ha vendido más ejemplares. *El Secreto* es un largo homenaje a los pensadores y autores que han inspirado a Byrne: desde las leyendas del Nuevo Pensamiento Charles Haanel, Robert Collier, Wallace Wattles y Genevieve Behrend hasta los gurús contemporáneos hechos a sí mismos como Denis Waitley, Jack Canfield y Neale Donald Walsch. En medio, hay citas de Einstein, Jung, Emerson y otras «grandes mentes» que según la autora conocían «el Secreto».

El libro sigue la estructura de la película en cuanto a que ofrece los pensamientos de los distintos maestros intercalados con la narración. Sin embargo, entra más en detalle en muchos puntos y contiene muchos más comentarios de Byrne y ejemplos extraídos de su vida.

LA LEY DE LA ATRACCIÓN Y CÓMO FUNCIONA

El «secreto» que Byrne sintió que había descubierto era la «ley de la atracción». En esencia, esta ley dice que todo aquello en lo que piensas o en lo que pones tu atención se convierte en una realidad en tu vida. Atraes objetos, personas y situaciones que tienen una «vibración» similar a la tuya. El universo es esencialmente energía, y toda energía vibra con una determinada frecuencia. Cada individuo está vibrando con una frecuencia particular, existiendo como un campo de energía dentro de campos de energía más grandes.

Según Byrne (y aquí es donde va más allá de la ciencia convencional), tu «vibración» viene determinada por tus pensamientos y sentimientos. Piensa en ti mismo como en una torre de transmisión, dice, que está transmitiendo frecuencias de pensamientos al universo, más allá del espacio e incluso del tiempo. Modifica tu frecuencia, a través de un cambio en tus pensamientos, y puedes llegar a ser prácticamente una nueva persona que atrae a gente y circunstancias distintas a tu vida.

Se dice que la ley funciona tanto si la conoces como si no, o tanto si crees en ella como si no. Sin embargo, una vez que la conoces, surge una posibilidad increíble: puedes «pensar en la vida que quieres traer a la existencia». Al observar el increíble desequilibrio en el reparto de la riqueza en nuestro planeta, Byrne indica que la razón es esta: las personas ricas únicamente tienen pensamientos de más riqueza. «Solo conocen la riqueza, y no existe otra cosa en sus mentes». Incluso la mayoría de los que han hecho una fortuna y después la han perdido vuelven a ser ricos de nuevo en poco tiempo. Esto se debe a que permanecen enfocados todo el tiempo en la abundancia, a pesar de las circunstancias que estén viviendo. La ley de la atracción *debe* entregarles el equivalente de sus pensamientos dominantes.

Naturalmente, cuando uno descubre esta ley se preocupa por los efectos que tendrán sus pensamientos negativos. Pero como afirma Michael Bernard Beckwith, uno de los maestros de *El Secreto*, los pensamientos afirmativos son muchas veces más potentes que los negativos. Él sugiere que «proclames al universo que todos tus buenos pensamientos son poderosos y que todos los pensamientos negativos son débiles». Hay, afortunadamente, un tiempo de demora entre los pensamientos y su fructificación, lo que te permite un poco de espacio para afinar lo que realmente quieres.

UTILIZA EL PROCESO CREATIVO

El «proceso creativo» es la forma específica en que puedes utilizar la ley de la atracción para obtener lo que quieres. Consiste en tres pasos:

- Pide al universo (debes expresarle con claridad cristalina lo que quieres).
- Cree (actúa, habla y piensa como si ya hubieras recibido lo que has pedido).
- Recibe (siente que es maravilloso que eso esté llegando a ti. Sentirse bien asienta la vibración necesaria para manifestar el deseo).

Byrne escribe que pedir lo que quieres es «como hacer un pedido a partir de un catálogo». Efectúas el pedido una vez, y luego permaneces expectante a que llegue el artículo. Cuando compras a partir de un catálogo, no realizas un pedido y después haces otro si el primero no llega. De la misma manera, pide una sola vez, y hazlo como si supieras que lo que has pedido está en camino.

Recuerda que el universo no se tensa para crear nada. Piensa en la hierba: crece sin esfuerzo. De la misma manera, manifiestas fácilmente tus deseos cuando estás relajado y tienes un sentimiento de expectativa confiado y alegre. La acción que emprendes inspirada por la meditación o que se vehicula a través de la ley de la atracción no requiere esfuerzo, y es mucho más potente que aquello que tratas de hacer por la fuerza.

Para recibir más fácilmente, Byrne da la instrucción de que hagas inmediatamente cosas que te alineen con lo que deseas. Si quieres un coche nuevo, prueba a conducirlo. Si quieres una casa en particular, examínala e imagina que es tuya. De lo contrario, seguirán estando «ahí afuera», separados de ti.

NO NECESITAS SABER CÓMO

No tienes que saber *cómo* el universo te suministrará lo que quieres; solo debes tener fe en que lo *hará*.

En *El Secreto* Jack Canfield, coautor de la serie de libros *Sopa de pollo para el alma*, ofrece una buena analogía: cuando conduces por la noche de California a Nueva York, no precisas ver todo el camino, de una costa a la otra. Todo lo que necesitas es que las luces delanteras iluminen los sesenta metros que tienes por delante, y llegarás a tu destino. En la vida, tienes que confiar en que se te «mostrará el camino». La mayoría de las personas, observa, nunca piden lo que quieren porque no pueden ver cómo eso podría llegar a ellas.

Si permaneces pensando en el «cómo», el mensaje que le estás dando al universo es que dudas. Por el contrario, cuando tienes una creencia relajada, el universo corresponde a esa vibración. Tienes que «creer en lo invisible». En respuesta, el universo reorganizará los acontecimientos y circunstancias para que aquello que imaginas que es real se convierta en real. El universo, dice el autor destacado Bob Dooley, siempre «sabe el camino más corto, más rápido y más armonioso entre tú y tu sueño».

SIENTE AMOR Y GRATITUD

Para hacer que la ley de la atracción funcione realmente en tu vida, escribe Byrne, tienes que aumentar la cantidad de tiempo durante el cual te sientes bien. Vivir en un estado de amor y gratitud por todo lo que te rodea crea una vibración que solo puede atraer más cosas y situaciones buenas a tu vida.

El libro incluye muchas citas de Charles Haanel, autor de *La llave maestra*. Haanel enseñó que la ley de la atracción es otro nombre para el amor. Ten pensamientos de amor con frecuencia y lograrás la excelencia a la hora de manifestar lo que quieras. Es de vital importancia que eleves la forma en que te sientes en todo momento, ya que cuando tienes sentimientos negativos estás bloqueando todo lo bueno que el universo quiere darte.

Byrne dice a los lectores: «Si vas a hacer una sola cosa con el conocimiento que tienes de *El Secreto*, que sea ejercer la gratitud, hasta que se convierta en tu forma de vida». No puedes recibir más en tu vida, ya se trate de una casa, un coche o un nuevo cónyuge, mientras no estés agradecido por lo que ya tienes. Los pensamientos de «no es suficiente» implican que tu realidad seguirá consistiendo en «no tener lo suficiente». Como comentó el héroe de Byrne, Wallace Wattles: «Muchas personas que ordenan correctamente sus vidas en todos los demás aspectos siguen siendo pobres por su falta de gratitud».

El hecho de afirmar que estás rodeado de mucho es la garantía de que se te va a presentar mucho más. Da gracias por todo al levantarte por la mañana y antes de acostarte por la noche, y observa qué visión tienes de la vida y del hecho de que las circunstancias cambien. En lugar de pensar que la vida consiste en luchar, empieza a creer que las cosas acuden a ti de manera fácil.

¿CUÁNTO QUIERES GANAR?

Dice Byrne: «Para atraer el dinero debes centrarte en la riqueza». ¿Obvio? De hecho, la mayoría de las personas se centran en que no tienen suficiente, y esto se refleja en sus circunstancias. Después de leer a Wallace Wattles, Byrne supo que el universo la abastecería. Su vibración pasó de la resistencia a la atracción del bien, y este acudió a raudales: «El atajo hacia todo lo que quieras en la vida –reitera–, es SER y SENTIRTE feliz ahora». Con este estado de ánimo, es fácil creer que ya tenemos lo que queremos, y el universo responde rápidamente, y a menudo de forma espectacular, a nuestras convicciones.

Para ilustrar este punto, en el capítulo «El secreto del dinero» Byrne incluye otra anécdota de Jack Canfield. Este recuerda el consejo de Clement Stone, un gran motivador y hombre de negocios, quien le dijo que se fijara un gran objetivo que «le dejase maravillado» en caso de conseguirlo. En ese momento Canfield estaba ganando 8.000 dólares al año, por lo que se fijó la meta de ganar 100.000. Pegó con cinta en el techo un billete de 100.000 dólares que confeccionó él mismo y todos los días visualizó lo que sería tener ese dinero. Durante un mes, no pasó nada. Entonces, tuvo lo que él describe como «una idea de 100.000 dólares». Había publicado un libro, y calculó que si vendía cierta cantidad de ejemplares llegaría a su objetivo económico. Vio la famosa revista *National Enquirer* en un supermercado y tuvo la idea de conseguir que su trabajo apareciese en ella. Unas semanas más tarde, dio una charla y luego una mujer lo entrevistó. Esa mujer también escribía como *freelance* para *National Enquirer*. Escribió un artículo sobre el libro, que le ayudó a despegar.

¿Atrajo Canfield 100.000 dólares? No del todo; ese año ganó 92.327. Pero se acercó lo suficiente, razonó su esposa, como para intentar llevar el proceso a una escala mayor: ¿por qué no ir a por 1 millón de dólares? A su debido tiempo, Canfield recibió un cheque de su editor por más de 1 millón de dólares por su primer libro de *Sopa de pollo para el alma*.

Comentarios finales

¿Es la ley de la atracción realmente un secreto? Puedes pensar que se trata de tonterías místicas, pero en la Biblia se expresa en la frase: «Al que tiene, más se le dará». Es decir, los sentimientos de abundancia no hacen más que atraer más abundancia. Los sentimientos de carencia tienen, asimismo, el efecto correspondiente. Por qué debería ocurrir esto es un misterio, pero tanto si decides creer en la ley de Byrne como si no, no se puede negar que hay millones de ejemplos en los que las convicciones de una persona, respaldadas por una fuerte emoción, se han traducido a la realidad.

El Secreto incluye una cita atribuida a Buda: «Todo lo que somos es el resultado de lo que hemos pensado». Una vez más, este es un concepto racional, más que místico. Las circunstancias en las que te encuentras en la actualidad, si no estás satisfecho con ellas, no son «tú». Son simplemente el resultado de todo lo que has pensado y hecho en el pasado, y tu futuro puede ser totalmente diferente. Si la mayor parte de tus pensamientos son negativos y están arraigados en sentimientos de carencia, es lógico que esta perspectiva se exprese en la vida real. Como hace notar uno de los maestros de *El Secreto*, la única razón por la que alguien no está viviendo la vida de sus sueños es que está teniendo más pensamientos acerca de lo que *no* quiere que de lo que *sí* quiere.

La mayoría de las personas que compran *El Secreto* probablemente lo hagan con la intención de mejorar sus finanzas. Sin embargo, también contiene capítulos sobre la salud y las relaciones, y sobre cómo el uso de la ley de la atracción puede cambiar el mundo. El libro y la película pueden verse como obras de un genio del *marketing* que han hecho ganar millones a sus creadores, pero muchas personas dan testimonio de su poderoso efecto; ambos han atraído a muchas personas inteligentes interesadas en la relación entre la mente y la manifestación física.

RHONDA BYRNE

Nacida en 1952, Byrne ha pasado muchos años trabajando en la televisión australiana y ha producido programas como The Don Lane Show, What's Cooking, The World's Greatest Commercials *y* Sensing Murder.

El Secreto *fue financiado en parte por el Canal 9 de Australia, pero dicho canal finalmente se mostró reacio a emitir la película, al considerar que estaba dirigida solamente a una audiencia muy limitada. Esto obligó a la compañía productora de Byrne a centrarse en las descargas de Internet de la película para recuperar la inversión.*

Las ventas del libro El Secreto *se vieron impulsadas por las apariciones de la autora en los programas de televisión de Oprah Winfrey y Larry King. Aunque reside en Melbourne, Byrne se ha trasladado a Los Ángeles para hacer* El Secreto 2, *una película que cuenta con la financiación de Hollywood.*

1889

EL EVANGELIO DE LA RIQUEZA

Estos, pues, se considera que son los deberes del hombre rico: en primer lugar, dar un ejemplo de forma de vida modesta, sin ostentaciones, huyendo de la exhibición o la arrogancia; satisfacer moderadamente las necesidades legítimas de los que dependen de él; y después de hacer esto, considerar todos los ingresos excedentes que vienen a él como fondos fiduciarios, que está llamado a administrar [...] de la forma que, a su juicio, se calcule que produzca los resultados más beneficiosos para la comunidad [...] haciendo que mejoren más que como lo harían o lo podrían hacer por sí mismos.

El hombre que muere rico, por lo tanto, muere en desgracia.

En pocas palabras

El creador de riqueza tiene la obligación moral de enriquecer la vida de los demás de todas las maneras en que pueda hacerlo.

En la misma línea

Conor O'Clery. *El multimillonario que no lo era* (pág. 134)
Joel T. Fleishman. *Las fundaciones* (pág. 152)
Muhammad Yunus. *El banquero de los pobres* (pág. 406)

Capítulo 10

Andrew Carnegie

Acaso sea una grata dificultad, pero no deja de ser una dificultad: si eres increíblemente rico, ¿qué vas a hacer con todo tu dinero cuando mueras?

Cuando en 1901 Andrew Carnegie vendió sus enormes participaciones en la industria del hierro y el acero al financiero John Pierpont Morgan, con lo que recibió más de 225 millones de dólares, se convirtió en la persona más rica de su tiempo. Hijo de un pobre tejedor de lino escocés, su historia fue la clásica historia de éxito de un inmigrante que, además de poseer un gran criterio y mucha iniciativa, también admitió que había estado en el lugar correcto en el momento adecuado.

La familia de Carnegie se había instalado en Pittsburgh, que pasó a ser una de las cunas de la revolución industrial de Estados Unidos, y él, de joven, trabajó en la industria del telégrafo y la del ferrocarril, emergentes en el país. Más tarde, como magnate, fue duramente criticado por mantener los salarios bajos y las jornadas laborales largas (la famosa huelga de Homestead en 1892, en una de sus plantas, se saldó con la muerte de diez hombres). Sin embargo, también fue fiel a un sentido europeo del «bien público» y pasó la última parte de su vida averiguando la manera de donar su dinero para el mayor beneficio de la comunidad.

La obra que estamos comentando fue un ensayo publicado originalmente en la *North American Review*, que pasó a conocerse como *El evangelio de la riqueza* después de ser publicado en Gran Bretaña. Se hizo famoso al otro lado del Atlántico cuando el ex primer ministro británico William Gladstone ayudó a organizar su publicación en la *Pall Mall Gazette*. Incluso en la actualidad su influencia es desproporcionada en relación con su extensión, puesto que contiene no más que unos pocos miles de palabras. Los multimillonarios Bill Gates, Warren Buffett y Chuck Feeney se han visto inspirados por este ensayo para donar la mayor parte de su fortuna durante su vida.

LA LIBERTAD, LA DESIGUALDAD Y LA RIQUEZA

Carnegie comienza su ensayo señalando las enormes diferencias que existen en el mundo moderno en cuanto a la riqueza. Como se podía esperar de un «capitalista ilustrado», no condena la disparidad; de hecho, la aplaude, y señala que un pobre de hoy vive mucho mejor que los pobres del pasado: pueden permitirse lo que una vez se consideraron lujos, incluso por parte de la realeza.

Además, escribe, esta gran desigualdad corresponde a la forma natural en que funciona el mundo; constituye una demostración de los principios evidentes de la supervivencia del más apto y el progreso de los más capaces. Admite que la suerte juega sin duda un papel en la fortuna de los hombres, pero afirma que en una sociedad libre las personas capaces y ambiciosas prosperan de forma natural mientras las otras quedan rezagadas.

Todo esto, según Carnegie, es un hecho. Pero la gran pregunta a la que se enfrenta el capitalismo es la siguiente: si este lleva a que la mayor parte de la riqueza se concentre en manos de unos pocos, ¿qué debería hacerse con todo el excedente? A pesar de que algunas personas han «nacido con suerte» en cuanto a sus cualidades, también es cierto que todo lo que crean con su iniciativa no se puede lograr sin el patrocinio del público. Por lo tanto, razona, la gran riqueza pertenece en última instancia a la sociedad que ha ayudado a crearla.

QUÉ HACER CON LA RIQUEZA

Tras resaltar lo obvio –que no puedes llevártela contigo cuando mueras–, Carnegie repasa las formas en que una persona rica puede desprenderse de su fortuna. Puede dejarla a su familia, legarla al público al morir o distribuirla a lo largo de su vida.

La historia muestra que las grandes fortunas son más una carga que una bendición para aquellos que las heredan. Aunque algunos herederos resultan ser administradores ejemplares de los recursos de la familia, al carecer de un incentivo para trabajar duro, la mayoría de los hijos de los ricos tienden a llevar una vida mediocre y algunos incluso se ven totalmente destruidos por su dinero. Naturalmente, comenta Carnegie, los magnates quieren dejar a sus esposas e hijas bien abastecidas, pero deben pensar seriamente si van a dejar mucho a sus hijos.

Como regla general, señala, la mayoría de las fortunas se legan a la familia no pensando en el bienestar de los hijos, sino en el orgullo de la familia. Es mucho mejor, siente él, distribuir la fortuna en vida, usando la misma imaginación y diligencia que se desplegó para crearla. Esto significa evitar el camino típico del filántropo de regalarla para caridad, y en vez de eso trabajar activamente para asegurar que proporcione el máximo beneficio social.

EN QUÉ GASTAR LA FORTUNA

En otro ensayo relacionado, Carnegie enumera algunas áreas que son merecedoras de la generosidad empresarial: universidades, bibliotecas, parques, museos y galerías de arte, hospitales, salas de conciertos, piscinas e iglesias. Observa que si la riqueza «pasa por unas pocas manos, puede convertirse en una fuerza mucho mayor para la elevación de nuestra especie que si es distribuida en pequeñas cantidades entre la gente». Es decir, no puede confiarse en que la gente, por sí misma, haga el mejor uso posible del dinero, pero si este se da a una institución noble o a un centro que atienda a las personas necesitadas, lo usarán para buenos fines. Carnegie fue famoso por fundar bibliotecas públicas (cerca de cinco mil en todo el mundo) y por financiar instituciones que servían a la causa de la paz (no reparó en gastos a la hora de tratar de evitar la Primera Guerra Mundial).

La ciudad de Nueva York ya había sido dotada de las bibliotecas Astor y Lenox, que se fusionaron (gracias a la aportación de más fondos por parte de Samuel J. Tilden) para crear la famosa Biblioteca Pública de la Ciudad de Nueva York. Carnegie se quita el sombrero ante este tipo de filántropos; menciona a Tilden, Cooper, Pratt, Stanford (patrocinador de la Universidad Stanford) y la familia Vanderbilt, que construyó la universidad que lleva su nombre mientras estaba en su mejor momento financiero.

Comentarios finales

La gente rica siempre está deseosa de encontrar la forma de eludir la profecía bíblica «es más fácil que un camello pase por el ojo de una aguja que no que un rico entre en el reino de los cielos». Carnegie, sin embargo, no cuestionó la advertencia; señaló irónicamente que «presagia una seria dificultad para los ricos». Su propio «evangelio», a su juicio, recogió la plena intención de las palabras de Jesús al reconocer que una persona que muere rica «muere en desgracia».

Algunos han visto su actitud como paternalista. Sin embargo, él honestamente creía que las personas, incluido él mismo, contaban poco en relación con el progreso de la humanidad en general. Pero la historia no suele olvidar a los grandes dadores, y muchos de los monumentos construidos para servir al aparente orgullo de sus donantes capitalistas siguen estando ahí, sin dejar de elevar e inspirar. Carnegie estableció la fórmula moderna de la filantropía a lo grande y, más allá de los millones de vidas que se han beneficiado de sus bibliotecas y otras instituciones, este es quizá aún un mayor legado.

ANDREW CARNEGIE

Nacido en Escocia en 1835, Carnegie se trasladó con su familia a Estados Unidos cuando era adolescente. Su primer empleo, a los trece años, lo desempeñó en una fábrica de algodón, y después trabajó como telegrafista y en el mundo del ferrocarril. Fue ascendiendo rápidamente en la Pennsylvania Railroad Company, antes de instalarse por sí mismo como fabricante de hierro en Pittsburgh. Cuando estalló la guerra civil, se le pidió que se hiciera cargo de los ferrocarriles y los telégrafos del Gobierno estadounidense. Era republicano y estaba en contra de la esclavitud, y esto le brindó la oportunidad de servir a la causa.

Después de vender sus empresas del hierro y el acero, Carnegie pasó sus años de jubilación en su querido castillo Skibo, en Escocia. Murió en Lenox (Massachusetts) en 1919.

Escritor agudo, entre sus libros están An American Four-in-Hand in Britain *(1883),* Round the World *(1884),* Triumphant Democracy *(1886),* The Empire of Business *(1902),* James Watt *(1905) y* Problems of To-day: Wealth, Labor, Socialism *(1907). Carnegie también inspiró la investigación de Napoleon Hill sobre los hombres de negocios norteamericanos que habían triunfado, lo que le llevó a este último a escribir los libros* Las leyes del éxito *y* Piense y hágase rico.

2006

CÓMO HACERSE RICO

La conclusión es que si yo lo hice tú puedes hacerlo. Pasé de ser un indigente –un jipi marginado en el paro, que vivía en una habitación de mala muerte sin el proverbial orinal en el que mear, sin ni siquiera el dinero para pagar el alquiler, sin la menor idea de qué hacer– a ser rico. Y no soy ciertamente ningún genio de los negocios, como mis rivales pueden feliz y rápidamente confirmar.

Después de toda una vida ganando dinero y observando cómo hombres y mujeres mejores que yo se quedaban en el camino, estoy convencido de que el miedo a fracasar a ojos del mundo es el mayor impedimento para acumular riqueza. Créeme en esto. Si huyes, sea cual sea la razón, el camino está bloqueado. La puerta está cerrada y permanecerá cerrada.

En pocas palabras

Si estás dispuesto a fallar en público, ya has saltado el obstáculo que evita que la mayor parte de la gente se haga rica.

En la misma línea

Richard Branson. *Perdiendo la virginidad* (pág. 70)
T. Harv Eker. *Los secretos de la mente millonaria* (pág. 126)
Conrad Hilton. *Sea usted mi huésped* (pág. 236)
Anita Roddick. *Otra forma de hacer negocios: Anita Roddick y The Body Shop* (pág. 340)

Capítulo 11

Felix Dennis

Felix Dennis, fallecido en 2014, era conocido sobre todo por ser el propietario británico de los títulos de revistas *ComputerShopper*, *PCWorld*, *Maxim* y *The Week*. Con intereses en ambos lados del Atlántico, tenía una fortuna estimada en 1.000 millones de dólares.

Con todo este dinero, ¿cuál fue su propósito al escribir el libro? En medio de una constelación de obras motivacionales prometedoras del tipo «¡tú puedes hacerlo!», sentía que faltaban puntos de vista honestos sobre lo que los empresarios piensan y sienten realmente sobre su camino hacia la cima y sobre los costes que les ha supuesto llegar hasta ahí. *Cómo hacerse rico* dedica tantas palabras a los errores y desastres de Dennis como a sus triunfos, y en lugar de tratar el tema de cómo hacerse rico rápidamente, trata de «los conocimientos aprendidos por la vía dura». Deja muy claro que no ha escrito un volumen de autosuperación de los que transportan al lector en un frenesí de inspiración, y de todos modos este es un libro inspirador.

Para escribirlo, Dennis se retiró a una casa de campo en su finca ubicada en la isla caribeña de Mustique. Por lo general, iba allí a componer poesía, pero le pareció que valía la pena dedicar su tiempo a reflejar su sabiduría acerca de lo que le había convertido en uno de los empresarios británicos más ricos (y vistosos). *Cómo hacerse rico* es una lectura entretenida y alegre que mucha gente (incluso los que no están interesados en el dinero) acaban en un día o dos, gracias a su humor y a su ritmo rápido. Dennis nunca fue a la universidad, pero el texto está lleno de citas de grandes pensadores como Bacon, Shakespeare, Churchill y Kipling, junto con sus propios versos, excelentes, sobre el dinero y la vida.

¿CUÁLES SON LAS PROBABILIDADES?

¿Cuáles son las probabilidades reales de hacerse rico? Dennis señala que solo un porcentaje muy pequeño de las personas en su nativa Gran Bretaña podrían considerarse realmente ricas. Para estar en la Lista de los Ricos del *Sunday Times*, que incluye los mil individuos más ricos del país, en términos de población solo tienes diecisiete probabilidades entre un millón. No son tan bajas como la probabilidad de que te toque el premio gordo en la lotería, pero tampoco son muy alentadoras.

Sin embargo, no dejes que esto te desanime, ya que grandes partes de la población (y esto es cierto para la mayoría de los países) «o bien no tienen ningún deseo de hacer fortuna o han elegido profesiones que los sitúan fuera de esta carrera». Cinco millones de personas en el Reino Unido (de un total de sesenta millones) trabajan para el Gobierno de alguna manera. Ninguna de ellas es probable que se haga nunca rica con los salarios que paga la Administración pública.

Dennis pregunta: entre aquellos con los que te relacionas, los que ves en la calle, aquellos con los que trabajas, ¿alguno de ellos se está consagrando realmente a hacerse rico? Solo tal vez el 1 o el 2% se dedican a ello en algún momento. Muchas personas son ambiciosas, pero este impulso suele canalizarse hacia el éxito profesional, no hacia acumular dinero per se.

¿VALE LA PENA?

Dennis disfrutaba de cinco casas, tres fincas, coches de lujo y aviones privados (no era dueño de ellos porque, según él: «Si vuela, flota o fornica, alquílalo *siempre* –es más barato a largo plazo»). También contaba con una colección de arte, una valiosa biblioteca, bodegas de buen vino y chóferes. Nunca aprendió a conducir, y cuando era joven les decía a sus amigos: «No lo entendéis. Nací para que me llevaran».

Sin embargo, pagó un peaje por ir tras el dinero con el ahínco con que lo hizo. El hecho de trabajar dieciséis horas diarias lo llevó a las drogas, a las prostitutas y al libertinaje en general, y le hizo demorarse a la hora de empezar su otra carrera muy querida, la de poeta, que emprendió cumplidos los cincuenta. Llegó a un punto en que, tal como se describe a sí mismo, era un «idiota cocainómano, con sobrepeso, fumador de cigarrillos y bebedor de whisky con demasiado dinero»; un verdadero Keith Richards del mundo de los negocios. Solo volvió en sí después de una estancia en un hospital estadounidense, donde casi muere de la enfermedad del legionario. Finalmente, entregó gran parte de la gestión de sus negocios a otros y arregló su vida personal, pero admite que debería haberlo hecho mucho antes.

El otro elemento no muy agradable de tratar de ser rico es cómo te ven los demás. Para hacerte rico, escribe Dennis, tienes que desarrollar una armadura mental que te proteja de las risitas, las burlas y la envidia de los que no quieren que tengas éxito. Incluso los amigos y familiares a menudo te dicen que quieren que triunfes, pero si lo haces queda expuesta su propia pusilanimidad: en un nivel más profundo, puede satisfacerles que no triunfes.

Tienes que ver la obtención de la riqueza como un juego del que puedas reírte; de lo contrario, va a destruirte a ti y va a acabar con tu salud. Hay cosas más importantes y serias en la vida, por lo que debes saber cuándo dar un paso atrás.

ASÍ PUES, ¿POR QUÉ HACERLO?

El dinero no te hace feliz, advierte Dennis, pero las personas siguen creyendo que sí. Cuando señala esto a amigos que no son ricos, le responden que si bien esto puede ser así en su caso, *a ellos* el dinero definitivamente los haría felices.

El dinero, confiesa, «mejoró de forma definitiva mi vida sexual». Esto se debe a que el dinero significa poder, y el poder es un afrodisíaco. Cita al autor James Baldwin: «Resultó que el dinero era exactamente como el sexo: no pensabas en otra cosa si no lo tenías, y pensabas en otras cosas si lo tenías».

En tono más serio, Dennis examina otras razones por las que buscar una gran riqueza, y recuerda este famoso comentario de F. Scott Fitzgerald: «Déjame hablarte de los ricos. Son diferentes de ti y de mí», y la famosa réplica de Ernest Hemingway: «Sí; tienen más dinero». Dennis se pone de parte de Fitzgerald, señalando que lo que la riqueza da realmente a la gente es confianza, ya sea por el orgullo de ganar dinero o por haber nacido rico. La paradoja es que se necesita mucha confianza en uno mismo para llegar a ser rico, aunque esto es algo que se puede aprender o fingir.

El dinero también puede darte otra cosa valiosa: el control sobre tu tiempo. Aunque puede ser que tengas un ejército de empleados y asesores financieros, no estás obligado a permanecer en un lugar determinado a una hora concreta cada día. Si quieres, puedes sentarte en una isla del Caribe y escribir poesía.

Esto no quiere decir que la búsqueda de la riqueza sea para todo el mundo. Persigue la riqueza, advierte Dennis, solamente si sientes la necesidad interior de hacerlo. No confundas la compulsión con el mero deseo: no puedes hacerte rico si te sientes poco entusiasta al respecto; debes comprometerte.

LO QUE HACE FALTA

Dennis se ocupa de las razones habituales que la gente pone por delante para no asumir riesgos con el fin de hacerse ricas. La excusa habitual de los jóvenes es que no poseen suficiente experiencia o capital, y quienes tienen más edad afirman que no quieren poner en peligro la carrera que se han labrado hasta el momento o que no pueden permitirse el lujo de poner en riesgo la seguridad de sus familias.

Dennis señala que si te crees estas excusas estás destinado a no ser rico. Siempre tuvo muchas personas trabajando para él que sabía que le superaban en inteligencia, pero que temían perder lo que habían ganado, por lo que nunca iban a salir del limbo, lo cual es necesario si uno quiere realmente enriquecerse. En realidad, tu familia no va a quererte menos si decides «atacar a fondo»; eres tú quien se está deteniendo a sí mismo. Lo más difícil, tanto en los negocios como en la vida, es dar el primer paso. Siempre parece haber muchas razones para no darlo. Sin embargo, como escribió el filósofo alemán

Wolfgang Goethe: «Hay una verdad elemental, cuya ignorancia mata innumerables ideas y espléndidos planes: que en el momento en que uno se compromete, la Providencia lo mueve todo».

Puede ser que el temor a la vergüenza o al fracaso te esté impidiendo emprender la acción. Pero si no estás dispuesto a fallar, estarás siempre confinado a circunstancias que implican poco riesgo. Y con poco riesgo solo hay pequeñas recompensas. Dennis es contundente: «Si no puedes hacer frente a tu miedo al fracaso, nunca serás rico». Esto no es solo un factor que debes tener en cuenta, sino que es «el mayor obstáculo hacia la consecución de la riqueza».

El miedo nos gobierna, por lo que si puedes gobernar tu miedo puedes trazar tu propio destino. No dejes que las «terribles fantasías» sobre las que escribió Shakespeare dirijan tu vida. La vida transcurre rápido, y el tiempo corre.

LA PROPIEDAD ES TODO

Dennis cita a John Paul Getty: «Los mansos heredarán la tierra, pero no los derechos sobre las minas». Si realmente quieres ser rico, debes poseer algo, preferiblemente tu propia empresa y si puede ser el 100% de ella. Nos recuerda los muchos editores y directivos brillantes de grandes empresas de revistas que al final de sus carreras no tienen más que unos pocos millones de dólares, por el solo hecho de que no poseían nada. En cambio, en una ocasión él ganó 1 millón de dólares en un solo día por vender a un competidor una revista que ni tan siquiera había empezado a publicar. ¿Fácil? Sí, pero el hecho es que pudo venderla porque, de entrada, era suya. Puedes prescindir de la inteligencia, las habilidades, el talento y una personalidad ganadora, pero si eres dueño de determinadas posesiones, puedes ser rico.

Los empleados reciben mucho menos porque no arriesgan demasiado: cuentan con pensiones, la baja por enfermedad y otras prestaciones, y están protegidos por muchas leyes. La mayoría de las personas prefieren tres cosas por encima del dinero: seguridad laboral, satisfacción laboral y poder. Si deseas expresamente ser rico, de inmediato te has distinguido de los «lugartenientes leales» que llenan los puestos de trabajo del mundo.

El primer par de años de Dennis en los negocios fueron de pesadilla: un deprimente afán de recaudar fondos frente a la amenaza de la extinción comercial. Sus amigos tenían empleos estables, bien remunerados e incluso interesantes, mientras que él no era tan siquiera capaz de pagar una ronda de bebidas en un bar. Pero recordó este comentario de Winston Churchill: «Cuando estés pasando por el infierno, sigue avanzando». Y la perspectiva de ser un esclavo asalariado si no triunfaba lo impulsó hacia delante.

Contra todo pronóstico, tuvo su primer acierto editorial en 1974 con *Kung-Fu Monthly*, que fue un éxito mundial a lo largo de diez años. La clave, según él, fue pensar en grande. En aquellos tiempos, no muchos editores británicos de revistas estaban preparados para volar en clase económica por todo el mundo para hacer tratos con personas a las que no conocían. Es importante destacar que Dennis no solo otorgaba las licencias para hacer las revistas, sino que unía su propio capital al de las empresas locales. Esto era más arriesgado, pero el hecho de ser también propietario le aportaba mayores beneficios.

LAS IDEAS SON BARATAS; ES SU EJECUCIÓN LO QUE TE HACE RICO

En el capítulo «La falacia de la gran idea», Dennis señala que las ideas no pueden ser patentadas. No tienen ningún valor si no se aplican bien y de forma rentable. Menciona a Ray Kroc, quien no inventó McDonald's, pero transformó el restaurante inicial en un sistema perfecto de comida rápida y confiable a precios bajos en un ambiente limpio que podía reproducirse sin cesar en todo el mundo. ¿Quién se hizo rico? No los hermanos McDonald, sino Kroc. Muchas personas ricas llegan a serlo por medio de emular una gran idea que ya ha demostrado su valor. Este es un camino sorprendentemente infrautilizado hacia la riqueza.

Comentarios finales

Advertencia: este libro va a disuadir a más de un lector de buscar la riqueza. De hecho, ofrece un retrato bastante oscuro de ella. Dennis es explícito acerca de los inconvenientes: la visión de túnel y el tiempo que por lo general son necesarios para empezar a generar la riqueza a menudo se llevan por delante las relaciones cercanas y familiares.

La vida es bastante confortable para la mayoría de las personas que viven en los países acomodados. ¿Por qué acarrearte problemas por el hecho de insistir en ir por libre? Dennis escribe algo bastante melodramático, pero que tal vez sea verdad:

> *En algún lugar en el corazón invisible de todos los hombres y mujeres ricos hechos a sí mismos hay una astilla de hielo [...] Si no quieres que crezca, abandona ahora mismo todos los sueños que tengas de hacerte rico.*

Si a pesar de todo te atreves a probar y deseas obtener consejos reales que no sean pretenciosos, si buscas la inspiración del «puedes hacerlo», *Cómo hacerse rico* es una de las mejores guías que puedes encontrar. Como apunta Dennis, si puedes montar en la montaña rusa y eres capaz de desterrar o controlar tus miedos, descubrirás que «el mundo está inundado de dinero que lleva tu nombre, a la espera de que lo reclames».

Ofrece muchos ejemplos del mundo de las revistas para probar sus argumentos, pero son las lecciones genéricas las que interesarán a la mayoría de los lectores. A pesar de sus intentos de marcar su libro como de «antiautosuperación» y de «decir las cosas como son», de hecho pone de relieve todo aquello que leemos en los títulos de motivación: creer en uno mismo, hacer un esfuerzo adicional y pensar en grande. La conclusión de Dennis es simple: cualquier persona puede llegar a ser rica, pero tiene que estar preparada para pagar el precio.

Al final del día él no se tomaba la riqueza, o su loca persecución de ella, demasiado en serio, y aconseja al lector que tampoco lo haga. Si empiezas a creer que eres «el rey del mundo» cuando logras un poco de éxito, no pasará mucho tiempo antes de que acabes en el hospital o en la cárcel. Piensa en grande acerca de tus sueños y tu trabajo, dice, pero en tu vida personal *actúa en pequeño*.

Biografía del autor en el Apéndice, página 437.

1992

LA BOLSA O LA VIDA: CÓMO DEJAR DE SER ESCLAVO DEL DINERO Y MEJORAR LA CALIDAD DE VIDA

La independencia financiera es estar libre de la confusión, el miedo y el fanatismo que muchos de nosotros sentimos en relación con el dinero.

El cambio desde una ética del crecimiento a una ética de la sostenibilidad requerirá que cada uno de nosotros transformemos nuestra relación con el dinero y con el mundo material.

Centrarnos en lo que no tenemos genera tanta insatisfacción que el solo ejercicio de reconocer y valorar lo que tenemos puede transformar nuestra perspectiva.

En pocas palabras

Si vives con menos, puedes disfrutar más de la vida.

En la misma línea

Paul Hawken, Amory B. Lovins y L. Hunter Lovins. *El capitalismo natural* (pág. 212)
Jerrold Mundis. *Cómo superar sus deudas* (pág. 282)
Dave Ramsey. *La paz financiera* (pág. 326)
Marsha Sinetar. *Haz lo que amas; el dinero te seguirá* (pág. 362)
Lynne Twist. *El alma del dinero* (pág. 394)

CAPÍTULO 12

Joe Domínguez y Vicki Robin

En la década de los sesenta, Joe Domínguez trabajó en Wall Street como analista financiero y asesor de inversiones institucionales. A los treinta y un años se retiró y no volvió a trabajar por dinero. No hizo una fortuna –sus ahorros ascendían a 71.000 dólares (unos 400.000 en dinero de hoy)–; se limitó a averiguar qué cantidad necesitaría para no verse obligado a trabajar de nuevo, sin dejar de tener un estilo de vida razonablemente bueno.

Domínguez se sorprendió al descubrir que su experimento personal, que era una de las cosas que atrajeron a su coautora y socia Vicki Robin hacia él, interesaba también a muchas personas de los círculos en que se movía. Sus conversaciones con amigos sobre el papel del dinero en sus vidas y su capacidad de vivir de forma cómoda y significativa con muy poco se convirtieron en un seminario y un programa de audio que se difundió a través de todo Estados Unidos y por el resto del mundo.

El periódico *Los Angeles Times* describió *La bolsa o la vida* como «la guía fundamental de la nueva moral de la administración del dinero personal», y ha seguido gozando de popularidad como uno de los primeros libros del movimiento que propugna la «vida simple». Lejos de estar anticuado, su mensaje de que todos vivimos en el mismo planeta y por lo tanto debemos ser administradores responsables de sus recursos nunca ha sido más relevante.

¿CUÁNTO NECESITAS REALMENTE?

En una ocasión, el filósofo John Stuart Mill hizo la observación de que «los hombres no desean ser ricos; solo ser más ricos que otros hombres». La independencia financiera es psicológica en la misma medida en que implica libertad material y abandonar nuestras asunciones anteriores sobre lo que es «suficiente» para vivir bien y felices.

El dinero está vinculado a menudo con unas expectativas sociales: la casa adecuada en el barrio apropiado, las escuelas y universidades correctas y unas vacaciones exóticas. Los grandes ingresos equivalen a menudo a grandes gastos. Los «mapas financieros» de muchas personas las han llevado al atolladero de la dependencia.

A partir de preguntar a quienes llegaban a sus cursos de formación, Domínguez y Robin vieron que, fuera cual fuese su nivel de ingresos, siempre pensaban que serían más felices con más dinero. Creían que solo con que tuviesen el doble de lo que poseían en esos momentos serían felices.

Hoy en día, los individuos tienden a pensar en sí mismos más como «consumidores» que como «ciudadanos». Como señalan Domínguez y Robin:

> *La gente moderna satisfacemos la mayor parte de nuestras necesidades y deseos a través del dinero. Compramos todo con la esperanza de la felicidad. Ya no vivimos la vida. La consumimos.*

Este ajetreo implica trabajar para comprar lujos que no tenemos tiempo suficiente para disfrutar. Según la «curva de la satisfacción» de los autores, por más que aumentes tus ingresos esto no te conducirá a gozar más de la vida o a estar más satisfecho con ella. De hecho, si eres capaz de reducir tus gastos y quitar elementos de tu vida, es probable que experimentes una *mayor* satisfacción. Es muy fácil caer en el círculo vicioso de la deuda, el gasto y el consumo, cuando todo lo que realmente quiere la persona, sugieren, es un nivel razonable de confort y seguridad (un estilo de vida más simple). Cuando simplificas tu vida, tiendes a gastar menos de lo que ganas, y esto por sí mismo puede aportarte tranquilidad.

¡SAL DE LA CINTA DE CORRER!

La gente piensa acerca del dinero de distintas maneras –como poder, como seguridad, como felicidad, como un mal–, pero ¿es realmente algo de esto? El error básico que cometen las personas es imaginar el dinero como externo a sí mismas, como algo por lo que luchan y que por arte de magia les proporcionará bienestar y valor personal. Domínguez y Robin aportan otra definición del dinero. Según ellos, es *algo por lo que das tu energía vital a cambio*. Para la mayor parte de la gente, este «algo» es el trabajo remunerado.

La mayoría de los adultos pasan la mayor parte de sus horas de vigilia en el trabajo, preparándose para ir al trabajo, efectuando viajes de ida y vuelta al trabajo y relajándose después del trabajo. Dado el tiempo que esto consume, no es de extrañar que nos identifiquemos tanto con nuestra ocupación. Si bien la mayoría de nosotros tenemos que trabajar para ganar dinero, ¿realmente necesitamos ganar tanto como el que ganamos para disfrutar de una vida plena?

Si eres honesto en relación con todo el tiempo que dedicas a tu empleo –no solo el tiempo que estás en la oficina–, tendrás que recalcular cuánto ganas a la hora. El trabajo por el que pensabas que te estaban pagando 30 dólares a la hora puede ser que en realidad te esté saliendo por solo 15. No solo están los gastos de ir al trabajo y comprar ropa de trabajo cara, sino también todos aquellos «de conveniencia» por el tiempo del que no dispones para hacer las cosas por ti mismo, como comprar comida o acudir al servicio de lavandería, además de las «escapadas de entretenimiento» y las vacaciones costosas de las que no tendrías necesidad si realmente amaras el trabajo que haces. El pensamiento conductor es: «Trabajo muy duro, así que me merezco lo mejor», por lo que gastas mucho en algo que pueda compensar la desdicha de tener que trabajar.

A menudo, la clave para conseguir el control de las propias finanzas no es ganar más, sino ajustar el estilo de vida. Detalles tan simples como vivir cerca del lugar de trabajo pueden aumentar radicalmente el tiempo libre e implicar una reducción de los gastos. Además, si adoptas la filosofía de «una vida más simple», cabe la posibilidad de que puedas jubilarte mucho antes de lo que piensas.

TIEMPO, NO DINERO

¿Qué es aquello de lo que la gente quiere más? Generalmente, más tiempo, no más dinero. Las encuestas indican que las personas se sienten rehenes de sus empleos y preferirían trabajar cuatro días a la semana por menos dinero. Domínguez y Robin hacen esta observación:

> *Nuestros trabajos han sustituido a la familia, el vecindario, los asuntos cívicos, la iglesia e incluso nuestras parejas como nuestro principal objeto de lealtad, nuestra principal fuente de amor y nuestro lugar de autoexpresión.*

El alto precio del «éxito» es que (incluso en 1990, cuando se estaba escribiendo *La bolsa o la vida*) el 54% de los estadounidenses estimaban que tenían menos tiempo libre del que disponían cinco años antes. En la búsqueda de ganar más hemos abandonado el tiempo que dedicábamos a disfrutar de la familia, los amigos, la comunidad, la naturaleza, ver películas o hacer algo que realmente nos satisfaga; porque el ocio no es una mercancía, sino que forma parte intrínseca de la vida. No deberíamos tener que vender nuestras almas con el fin de tener tiempo libre. Gozar de este tiempo no es algo egoísta, sino que nos permite desarrollarnos y dedicarnos a un bien superior.

¿CUÁNTO TIENES ACTUALMENTE?

Domínguez y Robin proporcionan un proceso de nueve pasos para recuperar el control del dinero y de la propia vida. El primer paso consiste en calcular cuánto has ganado en tu vida hasta la fecha. Al hacer esto, tienes que ser honesto e incluir todos los regalos, propinas y dinero negro, así como todos los salarios de los empleos que hayas tenido.

Muchas personas se dan cuenta de que han subestimado lo mucho que han ganado en total, y puede ser muy empoderador descubrir que se ha percibido una cantidad alta. Esto es particularmente cierto en el caso de las personas que actualmente no están trabajando, como las madres que pensaban que «no habían ganado mucho».

Domínguez y Robin piden a los lectores que calculen el valor de todos sus activos; a continuación, deben calcular el total de todos los pasivos, contando todas las deudas, préstamos y facturas pendientes. Por medio de este balance general uno llega al valor neto en términos financieros, lo que obviamente no debe confundirse con el valor de la persona. La cifra que se obtiene puede dar lugar a sentimientos de culpa, ira o autocompasión, pero es importante que uno no se inculpe. El objetivo es obtener una imagen precisa del papel del dinero en la propia vida, para que uno sea capaz de cambiar su mapa financiero de cara al futuro.

LOS VERDADERAMENTE RICOS SON FRUGALES

La palabra *frugal* no está nada de moda hoy día, pero es un rasgo que permitió erigir naciones. Deriva del latín *frux*, que significa «fruta» o «virtud», y *frui*, que significa «disfrutar» o «usar bien». Por lo tanto, *frugalidad* en realidad no quiere decir «prescindir de», ¡sino disfrutar de lo que se tiene!

Con demasiada frecuencia, la gente no quiere algo por su utilidad, sino por el poder o el éxito que simboliza. Pero tener algo modesto y usarlo con frecuencia, cuidándolo bien, puede ser fuente de gran orgullo y felicidad. Como afirman Domínguez y Robin:

> *Las personas frugales [...] lo rentabilizan todo: un diente de león o un ramo de rosas, una sola fresa o una comida gourmet [...] Ser frugal significa ser capaz de entusiasmarse mucho con las cosas.*

Señalan que a menudo «la diferencia entre la prosperidad y la pobreza radica solamente en nuestro grado de gratitud». No se trata de ser un tacaño, sino de disfrutar al máximo de los recursos disponibles.

La bolsa o la vida proporciona muchos buenos consejos para tener una mente frugal; por ejemplo:

- Nunca vayas de compras en el calor del momento («El que duda ahorra dinero»).

- No vayas de compras como una forma de ocupar tu tiempo libre («Las necesidades se expanden hasta llegar a incluir todo lo que compras por impulso»).
- Utiliza durante más tiempo lo que tienes. Usarlo todo durante un 20% más de tiempo puede permitirte ahorrar mucho en un año.
- Ama los enseres. Aprende más acerca de ellos y lo que necesitan para seguir en buen estado.
- Paga con dinero en efectivo. De promedio, gastamos un 23% más si usamos tarjetas.

ANOTA CADA CENTAVO

Otro de los nueve pasos del libro es escribir cada cantidad, pequeña y grande, que entre en nuestras manos o salga de ellas.

¿Por qué ser tan celoso? Los autores argumentan que si hacemos esto, nos volvemos conscientes del papel del dinero en nuestras vidas; nada queda oculto: «Puesto que el dinero tiene una correlación directa con la energía de tu vida, ¿por qué no respetar este bien tan preciado, tu energía vital, lo suficiente como para volverte consciente de cómo se gasta?».

Descubrirás cuáles de tus gastos son insatisfactorios y cuáles merecen realmente que des tu energía vital a cambio. Los autores dejan claro que la búsqueda de la sostenibilidad no es solo una «cosa verde de los jipis», sino que tiene sentido económico. Por ejemplo, comprar un buen abrigo que dure diez años va a resultar mucho más barato que comprar uno nuevo cada dos o tres años para ir a la última moda. A la hora de adquirir alimentos, elige los menos envasados; además de que es más probable que te proporcionen un sustento y un disfrute reales, probablemente te costarán menos.

Comentarios finales

No tienes que elegir entre «tu dinero» y «tu vida». Como este libro trata de demostrar, nunca deben ponerse en compartimentos separados. Hay formas de poder reconciliar el aspecto laboral, el aspecto económico y el papel de uno como miembro de una familia, amigo, vecino y ciudadano. En la vida no todo consiste en ganar todo el dinero posible y gastarlo antes de morir, sino que hay que tener el control de las propias finanzas con el fin de disponer de mucho tiempo para disfrutar de la familia y los amigos y satisfacer intereses personales. Seguramente esta es la prosperidad real.

La bolsa o la vida fue muy por delante de su tiempo al hablar sobre el efecto del consumo excesivo en nuestro planeta. Por más ricos o «civilizados» que nos hayamos vuelto, seguimos necesitando aire y agua limpios y un suelo fértil para sobrevivir.

Este libro es un antídoto al lavado de cerebro impulsado por la cultura del consumo, y algunos lectores estarán en desacuerdo con su afirmación de que el crecimiento económico es una filosofía de la que debe prescindirse. Sin embargo, Domínguez y Robin no son anticapitalistas. Vale la pena leer los capítulos sobre el crecimiento a largo plazo y la protección de los ahorros por medio de instrumentos financieros como los bonos. Los lectores también podrán disfrutar de las breves narraciones, repartidas por todo el libro, de personas que han adoptado los principios de *La bolsa o la vida* y han visto transformadas sus vidas.

Biografía de los autores en el Apéndice, página 438.

1985

La innovación y el empresario innovador: la práctica y los principios

El emprendimiento no es ni una ciencia ni un arte. Es una práctica.

El emprendimiento no es «natural»; no es «creativo». Es trabajo [...] Los negocios empresariales tratan el emprendimiento como un deber. Son disciplinados con él [...] trabajan con él [...] lo practican.

Las innovaciones eficaces empiezan poco a poco. No son grandiosas. Tratan de hacer algo específico [...] Las ideas grandiosas, los planes que apuntan a «revolucionar un sector industrial», es poco probable que funcionen.

En pocas palabras

El propósito del emprendimiento es aportar nuevas satisfacciones y un nuevo valor, y se construye sobre «éxitos inesperados» que son rápidamente capitalizados.

En la misma línea

Richard Branson. *Perdiendo la virginidad* (pág. 70)
Conrad Hilton. *Sea usted mi huésped* (pág. 236)
Guy Kawasaki. *El arte de empezar* (pág. 250)
Anita Roddick. *Otra forma de hacer negocios: Anita Roddick y The Body Shop* (pág. 340)
Howard Schultz. *Pon tu corazón en ello: cómo Starbucks creó una empresa un vaso tras otro* (pág. 354)

Capítulo 13

Peter Drucker

Treinta años después de su publicación, *La innovación y el empresario innovador* sigue siendo una obra decisiva sobre un tema que, antes de Drucker, había sido poco analizado en profundidad.

Al principio, el autor indica claramente que su libro no versa sobre la psicología o el carácter de los emprendedores. No es el misterioso «destello de genialidad» que se atribuye tan a menudo a los creadores de riqueza lo que le interesa, sino las acciones y el comportamiento: cómo la innovación y el emprendimiento pueden reducirse a un sistema que puede ser aprendido y aplicado por cualquiera. Drucker se distinguía de los otros gurús de los negocios por trabajar con personas pertenecientes a todo tipo de organizaciones, como sindicatos, asociaciones excursionistas, laboratorios, iglesias, universidades y organismos de ayuda humanitaria. Su mensaje era: dondequiera que trabajes, hay un amplio margen para cambiar la forma de acometer las cosas; se pueden hacer de tal manera que se obtengan unos resultados absolutamente distintos.

Drucker empezó a enseñar innovación y emprendimiento a mediados de la década de los cincuenta, y *La innovación y el empresario innovador* recoge la experiencia de tres décadas aplicando sus ideas. Muchos de los ejemplos los extrae de su propia experiencia como consultor, o de la experiencia de personas a las que enseñó. Aunque hay aspectos de la obra que están pasados de moda, en general es un libro atemporal que debería leer cualquier aspirante a empresario o el iniciador de cualquier organización.

LA IMPORTANCIA DE LA GESTIÓN

Al comienzo de *La innovación y el empresario innovador*, Drucker llama la atención sobre un misterio: ¿por qué, en la economía estadounidense, desde 1965 hasta 1985, a pesar de la inflación y de las crisis del petróleo, las recesiones y las grandes pérdidas de empleo en ciertas industrias y en el Gobierno, se produjo un enorme aumento de los puestos de trabajo? Cuarenta millones de estos puestos no los crearon grandes compañías ni el Gobierno, sino sobre todo pequeñas y medianas empresas. La mayoría explicó el crecimiento con dos palabras: «alta tecnología».

Sin embargo, solo alrededor de cinco millones de los nuevos puestos de trabajo correspondían al sector tecnológico. La «tecnología» clave que condujo a ese gran aumento, según Drucker, no fue el *software* ni los dispositivos electrónicos, sino la *gestión* empresarial. La fuerza del empresario, sugiere, es siempre mayor que el estado de la economía. Incluso las famosas ondas de Kondrátiev –ciclos de tecnología y producción que se supone que impulsan las economías– no explicaron mucho ese crecimiento económico.

La gestión, o cómo pueden hacerse mejor las cosas, puede valorarse como una «tecnología social», o como una disciplina como la ingeniería o la medicina.

Drucker señala que el enorme éxito de McDonald's se debió en gran medida a la mejor gestión de un servicio que previamente había sido dirigido por los propietarios originales. Todo –el producto, el tiempo que se tardaba en prepararlo, el modo de hacerlo, la forma en que era vendido y servido– fue refinado y estandarizado de un modo increíble. Esto no era «alta tecnología», apunta Drucker; era hacer las cosas de una manera diferente, mejor, y crear un nuevo valor en el proceso.

¿QUÉ ES UN EMPRENDEDOR?

El economista francés Jean-Baptiste Say escribió en 1800: «El emprendedor desplaza los recursos económicos de un área de baja productividad y escaso rendimiento a un área de mayor productividad y mayor rendimiento». Esta fue la definición original y es la mejor, sostiene Drucker.

El emprendimiento no es un rasgo de la personalidad; es una característica que se observa en las acciones de las personas o las instituciones. Los emprendedores del campo de la salud, la educación y los negocios trabajan básicamente de la misma manera. En esencia, no solo hacen algo mejor; lo hacen *de manera diferente*.

La economía clásica dice que las economías tienden al equilibrio: «optimizan», lo que se traduce en un crecimiento gradual en el tiempo. Pero la naturaleza del emprendedor es «molestar y desorganizar». Se trata de un comodín que genera riqueza a través del proceso que el economista Joseph Schumpeter describió como «destrucción creativa». Esto implica hacer frente a la incertidumbre y a lo desconocido y tener la capacidad de explotar el cambio y responder de forma inteligente a él. Es un error, sostiene Drucker, pensar que todo aquel que pone en marcha un nuevo negocio está siendo un emprendedor. La gente asume un riesgo al abrir una tienda o una franquicia, pero no están creando realmente nada nuevo; no están creando un nuevo tipo de valor para el cliente.

EL MITO DEL RIESGO

Drucker se pregunta: ¿por qué el emprendimiento tiene la reputación de ser muy arriesgado, cuando su propósito no es otro que el de transferir recursos desde donde rinden menos hacia donde rinden más? De hecho, es menos arriesgado que limitarse a «hacer lo mismo mejor»; si seguimos este segundo camino, es fácil que nos pasen totalmente por alto las nuevas oportunidades y que llevemos la empresa a embarrancar casi sin darnos cuenta. Abrazar el cambio y probar cosas diferentes de forma asidua es, en realidad, la mejor manera de invertir los recursos. Drucker señala el historial asombrosamente exitoso de las empresas de alta tecnología que están continuamente innovando –Bell Lab, IBM, 3M (hoy añadiríamos Apple)– para mostrar que esto es cierto. Apunta que el emprendimiento solamente es arriesgado cuando los llamados emprendedores «violan reglas elementales y bien conocidas». No es arriesgado cuando es sistemático, está bien gestionado y es intencional.

Drucker señala:

> *El emprendimiento no es «natural»; no es «creativo». Es trabajo […] Los negocios empresariales tratan el emprendimiento como un deber. Son disciplinadas con él […] trabajan con él […] lo practican.*

El emprendimiento puede existir en las grandes organizaciones; de hecho, Drucker advierte que estas deben volverse emprendedoras si quieren tener futuro a largo plazo.

General Electric en Estados Unidos y Marks & Spencer en el Reino Unido son dos grandes empresas que tienen un historial consistente en cuanto a la creación de nuevo valor. La gran expansión de las universidades estadounidenses a partir del sistema de instituciones de élite original fue impulsada por el emprendimiento: se buscaron nuevos «clientes» para la educación superior por medio de proporcionar un nuevo valor y una nueva relevancia. No se trató de asumir grandes riesgos, sino de identificar oportunidades.

CÓMO SER UN INNOVADOR

Según Drucker, la innovación es «todo aquello que cambie el potencial de producir riqueza de los recursos ya existentes». Las mejores innovaciones pueden ser increíblemente simples, y a menudo tienen poco que ver con la tecnología o las invenciones. Por ejemplo, la creación de un recipiente de metal que podía ser fácilmente descargado de un camión para ponerlo en un barco no implicó nada técnicamente destacable, pero la llegada de los contenedores marítimos como un sistema estandarizado de transporte por todo el mundo fue una innovación que cuadruplicó el comercio mundial.

Muchas de las mayores innovaciones son algún tipo de creación que aporta un valor social, como los seguros, los hospitales modernos, las compras a plazos o los libros de texto. Si no hubiese sido por los humildes libros de texto, que surgieron en la segunda mitad del siglo

XVII, la escolarización universal no habría sido posible, y si los agricultores estadounidenses no hubiesen tenido acceso a la compra a plazos, el aumento de la productividad agrícola no habría tenido lugar. Esta innovación financiera les permitió ser mucho más productivos de forma inmediata, en lugar de tener que esperar años para poder costear una compra.

Drucker sugiere que la ciencia y la tecnología son en realidad las *menos* prometedoras de todas las fuentes de innovación; en general, son las que necesitan más tiempo para llegar a producir beneficios y las que generan más costes. En realidad, cualquier cosa que aproveche un cambio inesperado en la sociedad o en un mercado es más probable que se convierta en un éxito, y de forma más rápida y fácil.

El emprendedor está a la búsqueda de:

- «Lo inesperado»: un éxito, un fracaso o un acontecimiento inesperado (ver más adelante).
- Incongruencias entre las cosas como deberían ser o se dice que son y como realmente son.
- Problemas con un proceso existente para el que nadie ha proporcionado una solución.
- Cambios en la forma en que operan una industria o un mercado que toman a todos por sorpresa.
- Cambios demográficos.
- Modificaciones en «la percepción, el estado de ánimo o el significado».

EL ÉXITO INESPERADO

Drucker incluye varios ejemplos fascinantes de «éxito inesperado», que muestran hasta qué punto supieron aprovechar la oportunidad los implicados:

- Los almacenes Macy, de Nueva York, no fueron muy productivos durante varios años, ya que se consideraban principalmente una tienda de moda y restaban importancia al efecto creciente de las ventas de electrodomésticos en el balance final. Para los directores de la compañía, estas ventas eran un «éxito incómodo». Solo más tarde, después de haber aceptado la venta de electrodomésticos como parte genuina de la imagen y los contenidos de la marca, Macy volvió a prosperar.

- Muchos antibióticos desarrollados para los seres humanos pueden ser utilizados en animales; sin embargo, cuando los veterinarios trataban de comprar estos medicamentos, se encontraban con la resistencia de los fabricantes: les parecía indigno permitir que sus productos se vendieran para uso animal. Pero una empresa compró los derechos de esos medicamentos y los comercializó específicamente para los veterinarios. El resultado fue la creación del sector más rentable de la industria farmacéutica.
- IBM y Univac inicialmente hicieron equipos dirigidos al mercado científico. Sin embargo, ambas se vieron sorprendidas por el interés de los usuarios del mundo de la empresa. IBM empezó a ir viento en popa cuando se «rebajó» a vender al mercado empresarial.
- Cuando apareció la televisión, todo el mundo «sabía» que las ventas de libros en Estados Unidos se desplomarían; nadie se molestaría en leer pudiendo disfrutar de la televisión. No obstante, ocurrió lo contrario: las ventas de libros se dispararon. A pesar de ello, no fueron los libreros tradicionales los que se aprovecharon de esto. Las grandes cadenas de librerías no las crearon amantes de los libros, sino comerciantes experimentados que averiguaban qué títulos generaban más beneficios por metro de estantería.

Cambiar completamente de dirección para tener en cuenta un éxito inesperado requiere humildad. Si tu empresa ha depositado su reputación en un determinado producto de calidad pero otro más barato y de menor calidad tiene un auge de ventas, es difícil no verlo como una amenaza, porque, como dice Drucker: «El éxito inesperado es un desafío al criterio de la gestión».

EL CLIENTE LO ES TODO

La mayoría de la gente asocia la innovación con una «idea brillante», como la cremallera o el bolígrafo. Pero Drucker señala que apenas una de cada quinientas de estas «ideas brillantes» llega a cubrir los costes de su desarrollo. Por sí misma, la innovación no vale mucho. Es solo cuando se encuentra con el mercado a través del catalizador de la gestión empresarial cuando se empiezan a crear productos de gran valor. Una innovación es mucho más que un avance tecnológico; es algo que tiene «un efecto en la economía y en la sociedad», algo que cambia la forma en que la gente hace las cosas. La verdadera innovación piensa siempre en el cliente final.

Por ejemplo, la empresa británica De Havilland construyó el primer avión a reacción de pasajeros, pero las estadounidenses Boeing y Douglas se hicieron con el liderazgo de esta industria porque idearon sistemas para que las aerolíneas pudiesen financiar unas compras tan caras. Dupont no solo inventó el nailon, sino que creó nuevos mercados para su producto en áreas tan diversas como las medias de las mujeres, la ropa interior y los neumáticos de los automóviles. El innovador debe investigar el mercado y cómo va a entregar su producto, o le quitarán las oportunidades de introducirse o permanecer en él.

No se puede investigar el mercado a partir de las reacciones de la gente a artículos que aún no existen. En este sentido, la innovación será siempre un riesgo, pero se vuelve menos arriesgada cuando uno permanece abierto a saber quién utilizará su innovación y cómo lo hará. La gente no compra productos, sino lo que estos hacen por ella. El propósito de la innovación es proporcionar satisfacción donde antes no había ninguna.

Comentarios finales

Drucker siempre pareció estar años, si no décadas, por delante de cualquier persona en su campo, y *La innovación y el empresario innovador* fue el primer libro en tratar el tema de manera sistemática, no sensacionalista, lo cual es tal vez digno de destacar. Es una obra infinitamente fascinante que debería traer un nuevo rigor a tu pensamiento en cuanto a maneras de crear nuevo valor. Adquiere este libro para descubrir los muchos ejemplos y el desarrollo de temas que aquí no hay suficiente espacio para tratar. Un capítulo particularmente útil se refiere a lo que se debe y lo que no se debe hacer a la hora de dar inicio a un nuevo emprendimiento.

PETER DRUCKER

Peter Drucker nació en Viena en 1909. Su padre era funcionario público en el Imperio austrohúngaro. Tras finalizar sus estudios escolares se fue a estudiar a Alemania, donde obtuvo un doctorado en Derecho Público e Internacional en la Universidad de Fránkfort. Trabajó como periodista en Londres, antes de mudarse a Estados Unidos en 1937. En 1943 obtuvo la ciudadanía estadounidense.

Entre 1950 y 1971, Drucker fue profesor de Ciencias Empresariales en la Universidad de Nueva York, y en 1971 fue nombrado profesor especialista de Ciencias Sociales y Administración en la Claremont Graduate University de California, cargo que ocupó hasta su muerte. Escribió treinta y nueve libros y también fue columnista del Wall Street Journal *entre 1975 y 1995. Su libro de 1946* Concept of the Corporation*, basado en un estudio de los mecanismos internos de la General Motors Corporation, lo hizo conocido. Otros títulos suyos son* The Practice of Management *(1954)* (La práctica del management, 2011)*,* The Effective Executive (1966) (El ejecutivo eficaz, 2010)*, y* Post-Capitalist Society (1993) (La sociedad postcapitalista, 1993)*. En 2002, contando ya más de noventa años, fue galardonado con la Medalla Presidencial de la Libertad por George W. Bush. Murió en 2005.*

2005

Los secretos de la mente millonaria

Así como hay leyes «exteriores» en relación con el dinero, debe haber leyes «interiores». Entre las leyes exteriores está el conocimiento del negocio, la administración del dinero y las estrategias de inversión. Todo esto es esencial. Pero el juego interior es igual de importante.

Sean cuales sean los resultados que estás experimentando en tu vida, tanto si eres una persona positiva como negativa, rica o pobre, no son más que un reflejo de tu mundo interior. Para cambiar lo visible debes cambiar lo invisible.

Permíteme decirlo sin rodeos: cualquier persona que dice que el dinero no es importante ¡es porque no lo tiene! La gente rica entiende la importancia del dinero y el lugar que ocupa en nuestra sociedad [...] los pobres avalan su ineptitud financiera mediante el uso de comparaciones irrelevantes. Argumentan: «Bueno, el dinero no es tan importante como el amor»... ¿Qué es más importante, tu brazo o tu pierna? Tal vez ambos lo son.

En pocas palabras

Para obtener los resultados exteriores apetecidos, antes debes dominar el juego interior de la riqueza.

En la misma línea

Rhonda Byrne. *El Secreto* (pág. 86)
Michael E. Gerber. *El mito del emprendedor* (pág. 188)
Mark Victor Hansen y Robert G. Allen. *Millonario en un minuto* (pág. 204)
Joe Karbo. *El camino hacia la riqueza para los perezosos* (pág. 242)
Robert Kiyosaki. *El cuadrante del Cash Flow* (pág. 258)
Thomas J. Stanley y William D. Danko. *El millonario de la puerta de al lado* (pág. 378)

Capítulo 14

T. Harv Eker

A los veintitantos años, Harv Eker era un «adicto al éxito» que había leído todos los libros de autosuperación y había asistido a todos los seminarios. Había intentado emprender varios negocios sin éxito, y se preguntaba cuándo iba a triunfar. «Había oído hablar de aquello llamado "ganancias". Jamás vi ninguna», señala con pesar.

En su desesperación, comenzó a examinar sus pensamientos más profundos acerca de sí mismo. A pesar de que había profesado el deseo de llegar a ser rico, reconoció que, en realidad, su miedo al fracaso era mayor. ¿Estaba destinado a ser un luchador? La tercera vez que regresó a vivir con sus padres, uno de los amigos de su padre –que resultó ser rico– le dio algunos consejos. Él también había sido un «desastre» hasta que aprendió una verdad fundamental: los ricos piensan de forma diferente al común de las personas. Copia su forma de pensar y estarás listo para hacerte rico.

Eker estudió la psicología de la creación de la riqueza y el éxito y aprendió técnicas y estrategias mentales para recondicionar su mente a pensar tal como lo hace una persona rica. Descubrió que los ricos no «esperan lo mejor», no se permiten desviarse por las oportunidades «mejores», juegan para ganar y no se rinden en los momentos difíciles. Así que cuando abrió una tienda de productos de *fitness*, tomando

2.000 dólares de su tarjeta de crédito, se juró a sí mismo que no iba a dejar ese negocio hasta que fuera millonario. En dos años y medio creó una cadena de diez tiendas, de las cuales vendió el 50% a una gran empresa por 1,6 millones de dólares.

Los secretos de la mente millonaria es un volumen impetuoso y llamativo, que sin embargo contiene un tesoro oculto de consejos encaminados a tener la mentalidad de la persona rica. La primera parte del libro se refiere al ascenso del propio Eker, pero es la segunda parte, «Diecisiete maneras en que los ricos piensan y actúan de forma diferente de las personas pobres y de clase media», la que los lectores pueden encontrar más convincente.

¿CUÁL ES TU ESQUEMA FINANCIERO?

Eker dejó el negocio de la venta de artículos deportivos para pasar a impartir formación empresarial. En los seminarios descubrió algo interesante: la mitad de las personas que asistían captaban lo que estaba diciendo y actuaban en consecuencia para lograr el éxito. Para la otra mitad, no cambiaban mucho las cosas. Se dio cuenta de que podía enseñar las herramientas prácticas del éxito en los negocios hasta que las ranas criasen pelo, pero a menos que toda la mente de la persona se dirigiese hacia la aceptación de la riqueza y hacia ser creadora de riqueza, no llegaría a ninguna parte. Los aspirantes a ricos no lograrían transformar sus vidas hasta que dominasen tanto el «juego interior» como el «juego exterior» de la riqueza.

Según él, todos tenemos un «esquema financiero», que se constituye cuando somos jóvenes, que dicta el nivel de riqueza al que vamos a llegar en la vida. Todo lo que se nos dice sobre el dinero o aquello que aprendemos de observar a nuestros padres se filtra a nuestro subconsciente para dar lugar a una realidad financiera mental básica. La mayoría de las personas no son conscientes de ello, y su lógica adulta sobre el dinero suele tropezar con sentimientos más profundos y poderosos que son los que dirigen lo que realmente hacen.

Eker y su esposa, por ejemplo, tenían esquemas financieros totalmente diferentes, y como consecuencia estaban siempre peleando por asuntos económicos. Ella había crecido creyendo que las mujeres no tienen dinero, de modo que cuando sus maridos se lo dan, deben gastarlo –*todo*–. Para ella, el dinero significaba placer. En cambio, la creencia fundamental de Eker, que había crecido en la pobreza, era que el dinero significaba libertad –cuanto más acumulabas, más libre eras–. ¡Imaginad el choque entre estos dos esquemas! Pero si cada uno reconoce el esquema del otro y consiguen alinearlos, pueden producirse milagros en las relaciones.

¡TE LO MERECES!

Muchos creen, inconscientemente, que no son dignos de recibir abundancia, que el dinero tiene relación con algunos defectos que perciben en su personalidad, o tienen alguna noción de que ser pobre es más «espiritual». Los esquemas financieros de algunos individuos los predisponen a ganar solamente cierta cantidad, ya sean 20.000 o 500.000 dólares. Llegarán a esta cantidad y no irán más allá, ya que esta es la cifra que creen merecer.

Sin embargo, estas creencias son historias inventadas que pueden ser reemplazadas por la nueva creencia de «me lo merezco». Debes adquirir la mentalidad de que puedes ser rico sin tener que demostrar nada. Eker apunta que hay muchísimo dinero dando vueltas por el mundo, si bien la gente pobre cree que hay una cantidad limitada para todos y que uno tiene que luchar por su trozo del pastel.

Los ricos, en cambio, tienen la creencia de que se está creando continuamente nueva riqueza, y que hay una provisión de dinero ilimitada. Conviértete en un gran receptor, en un «imán del dinero», dice Eker. Celebra el dinero que acuda a ti, no importa lo pequeña que sea la cantidad, y el universo te dará más.

EL DINERO HACE GIRAR EL MUNDO

¿Crees que «el dinero no es tan importante»? Hay personas que le han dicho esto a Eker en sus seminarios. Estas mismas personas admiten que están afrontando «retos» financieros, o utilizan algún otro eufemismo para expresar sus carencias económicas. La conclusión de Eker: «Si no crees que el dinero sea importante, sencillamente no lo tendrás».

Según él, las personas pobres y de clase media tratan de minimizar la importancia del dinero en comparación con otras cosas, sobre todo el amor, pero para ser feliz y sentirte realizado debes tener ambos. Y pregunta: «¿Qué es más importante, tu brazo o tu pierna? Tal vez ambos lo son». Las personas ricas valoran el amor tanto como las demás, pero no tienen miedo de admitir lo importante que es el dinero.

Cuando Eker se mudó con su familia a un barrio rico de San Diego, estaban nerviosos por cómo iban a ser recibidos por sus vecinos. De hecho, quedaron impresionados por la generosidad y bondad de los «millonarios de al lado»: «No es necesario decir –señala– que mi vieja creencia condicionada de que los ricos eran esnobs codiciosos se disipó a la luz de la realidad». Actualmente, añade, las personas más amables, agradables y generosas que conoce son también las más ricas.

NUNCA TE QUEJES. ¡ACTÚA!

La regla de oro de Eker en cuanto a la riqueza y la vida es «no quejarse nunca». Aquello en lo que te centras se expande siempre; por lo tanto, si te quejas de los problemas, estos no harán más que aumentar. Las quejas son, indica sin tapujos, un «imán que atrae porquería», y desafía al lector a no quejarse ni una sola vez en un período de siete días, lo cual incluye las quejas mentales. Él se ha sorprendido al comprobar hasta qué punto este pequeño ejercicio ha transformado las actitudes de muchas personas.

¿Qué tiene que ver esto con la riqueza? Los pobres tienen la costumbre de culpar, quejarse y justificarse. Su situación financiera o vital es siempre culpa de la economía, su educación, su cónyuge o alguna otra circunstancia. Los ricos, por el contrario, creen que su vida se conformará de acuerdo con su voluntad. Nunca se consideran víctimas. Si se tiene que cambiar algo, se encargan de actuar.

Puedes conservar un conjunto de comportamientos que te mantengan en la mediocridad, apunta Eker; tan solo recuerda que «cada vez que echas la culpa, te justificas o te quejas, estás *rajando tu garganta financiera*». Adopta la forma de experimentar el mundo de los ricos, que consiste en mantenerse alegremente enfocado en las oportunidades y la acción.

COMPROMÉTETE A SER RICO

Eker argumenta que el universo actúa como un enorme servicio de pedidos por correo que te envía lo que deseas. Pero no funciona si le mandas mensajes contradictorios. Estás en el camino hacia la riqueza tan pronto como decides exactamente lo que quieres y te *comprometes*, de manera inequívoca, a ser rico. Una vez que lo haces, señala, el universo encuentra la manera de apoyarte. La gran mayoría de las personas nunca hacen estas dos cosas tan simples, y sus finanzas lo demuestran.

El camino a la riqueza «no es un paseo por el parque», remarca. Esto significa que para llegar a ser rico tienes que ser bueno a la hora de gestionar los problemas; incluso les debes dar la bienvenida a los más grandes. Las personas ricas viven orientadas hacia las soluciones; están decididas a ser más grandes que sus problemas, porque saben que esta es la forma de avanzar en la vida. Cuando Eker finalmente tuvo éxito en los negocios, se había comprometido a triunfar de todas todas. Esta convicción le permitió superar los obstáculos ante los que su yo anterior habría sucumbido. Aprendió la sencilla verdad de que los pobres siguen siéndolo porque se dejan abatir por sus problemas, mientras que los ricos se hacen ricos porque los vencen. A la gente pobre o de clase media le *gustaría* ser rica, mientras que los ricos están *comprometidos* con ser ricos. La diferencia entre ambas mentalidades es abismal.

RECIBE DINERO POR TUS RESULTADOS, NO POR TU TIEMPO

Las personas de mentalidad rica se enriquecen porque no quieren poner ningún límite a lo que pueden ganar. Prefieren ganar dinero a partir de sus resultados, ya sea a través de comisiones, de derechos de autor o de tener su propio negocio.

Los pobres no tienen esta perspectiva acerca de los resultados, y por lo tanto prefieren la garantía de que se les pague una cantidad solo por su tiempo. El único problema es que el tiempo es limitado. Por más que se te pague por hora, únicamente dispones de un cierto número de horas. Los ricos, en cambio, crean productos o sistemas que pueden ganar dinero para ellos independientemente de su inversión de tiempo. Estas creaciones pueden consistir en empresas que empleen a otras personas, en un sistema de negocio tipo franquicia que se pueda vender o en inversiones que produzcan ingresos a partir de un capital.

Eker hace la observación de que «los ricos se centran en su patrimonio neto. Los pobres se centran en los ingresos que obtienen fruto de su trabajo». El mundo moderno se basa en la gente que va a la universidad o a una escuela de formación, trabaja duro y obtiene unos ingresos seguros por su trabajo. Pero ve a cualquier club de campo, sugiere, y no vas a encontrar personas que transmitan su satisfacción por acabar de conseguir «un aumento de sueldo que les permita ganarse mejor la vida». No; estarán diciendo cosas como: «Sue acaba de vender su negocio por 12 millones» o «Chris ha cobrado sus opciones sobre las acciones: 5 millones». No hablan de sus ingresos anuales, sino de su *patrimonio neto*. Si te centras en tu patrimonio neto, por encima y más allá de tus ingresos, toda tu situación financiera empezará a cambiar.

PRIMERO ADMITE QUE NO SABES, Y DESPUÉS APRENDE

Los secretos de la mente millonaria ofrece algunos consejos muy simples, casi demasiado obvios: la gente pobre se centra en gastar su dinero. La gente rica, en ganarlo, conservarlo e invertirlo. Otra forma de decir esto es que los ricos no son más inteligentes que los pobres; tan solo tienen unos hábitos distintos en cuanto al dinero, más favorecedores. Si actualmente no estás gestionando bien tu dinero, solo significa que no estabas programado para hacerlo. Eker señala que en la escuela no le enseñaron a gestionar su dinero, sino la guerra de 1812, conocimiento que, por supuesto, «maneja todos los días». Pero una vez que aprendió a administrar el dinero fue capaz de hacerse rico.

Muchas personas le dan esta excusa: «No tengo ningún dinero que administrar». Pero la forma de actuar del universo es que si administras lo que sí tienes, obtendrás más. Tal vez el mayor obstáculo al que se enfrentan las personas para llegar a ser ricas es que «piensan que ya saben» lo que tienen que saber sobre el dinero; sin embargo, es precisamente su versión de lo que es correcto lo que las ha llevado a su actual situación financiera. Nadie nace sabiendo cómo gestionar el dinero, comenta Eker. Es tan solo la propia ignorancia lo que impide llegar a ser rico.

Comentarios finales

Si te ofende la búsqueda descarada de la riqueza, es posible que no te guste el estilo de Eker, pero vale la pena que recuerdes su observación de que tanto el amor como el dinero son dos dimensiones muy importantes de la vida. Por lo tanto, estás siendo deshonesto si, de la misma manera en que trabajas para tener más amor en tu vida, no trabajas para tener más dinero.

Algunos lectores perderán interés por el hecho de que *Los secretos de la mente millonaria* se utiliza como una herramienta para vender otros productos de Eker, tales como su «Seminario intensivo de la Mente Millonaria». Pero esta autopromoción es coherente con el contenido del libro, pues, como apunta el mismo Eker, las personas que desconectan inmediatamente por el hecho de que se les «vende» algo es poco probable que lleguen a ser ricas. Quienes tienen mentalidad de millonario entienden el papel de la promoción tanto para educar como para ser educados en nuevas ideas. En cualquier caso, el libro cuesta menos de 20 dólares, y puedes considerar que es una ganga. Si bien hay muchos otros grandes títulos sobre la prosperidad, puedes llegar a ser rico leyendo tan solo este. Hay mucha sabiduría muy potente contenida en menos de doscientas páginas.

T. HARV EKER

Harv Eker creció en Toronto. Sus padres, inmigrantes europeos, llegaron a Canadá justo después de la Segunda Guerra Mundial con solo 30 dólares. De adolescente tuvo trabajos ocasionales, entre ellos vendedor de periódicos, y después de graduarse en la escuela fue a la Universidad de Nueva York, donde permaneció solamente un año. Vivió en varias ciudades de Estados Unidos, pero ninguna de las empresas que inició tuvo éxito, hasta que abrió una tienda de productos de fitness al por menor, que se convirtió en una de las más importantes de Estados Unidos.

Los secretos de la mente millonaria *fue su primer libro, y alcanzó el primer puesto en la lista de bestsellers del* New York Times*. La organización de Eker,* Peak Potentials Training, *ofrece varios seminarios sobre riqueza y desarrollo personal.*

2007

EL MULTIMILLONARIO QUE NO LO ERA

Chuck Feeney ha estado por delante de su tiempo. Al regalar su fortuna, supervisando personalmente que se le daba el mejor uso, y al determinar que Atlantic Philanthropies debería gastar [en actos filantrópicos] hasta desaparecer, aseguró su legado personal como el campeón del dar en vida.

Nunca pareció sentirse con derecho a todo lo que acompañaba al hecho de ser rico. Al despojarse a sí mismo de las trampas de la riqueza, se quitó de encima la tentación de pensar que la riqueza le hacía mejor que cualquier otra persona.

En pocas palabras

Hacer una fortuna es estupendo, pero ver cómo se le da un buen uso mientras aún estás vivo es una satisfacción aún mayor.

En la misma línea

Andrew Carnegie. *El evangelio de la riqueza* (pág. 94)
Joel T. Fleishman. *Las fundaciones* (pág. 152)
Howard Schultz. *Pon tu corazón en ello: cómo Starbucks creó una empresa un vaso tras otro* (pág. 354)
Lynne Twist. *El alma del dinero* (pág. 394)

Capítulo 15

Conor O'Clery

En 1988, Charles F. Feeney estaba en el número veintitrés de la lista anual de la revista *Forbes* de los norteamericanos más ricos, con una fortuna personal de 1.300 millones de dólares, mayor que la de Rupert Murdoch o Donald Trump. En realidad, cuatro años antes había donado secretamente casi toda su fortuna a un fondo filantrópico. Había conservado lo suficiente para vivir el resto de su vida, pero ya ni siquiera era dueño de una casa o un automóvil. Era, tal como lo expresa el periodista irlandés Conor O'Clery en esta potente biografía, «el multimillonario que no lo era».

A O'Clery le presentaron a Feeney mientras cubría el mundo financiero de Nueva York para el *Irish Times*, y cuando más tarde se reveló la verdadera historia sobre el alcance de aquella donación, accedió a colaborar en una biografía si esto iba a significar una difusión de la filosofía de «dar en vida». O'Clery rastreó este tema por todo el mundo y habló con colegas, familiares y amigos de Feeney para hacerse una buena idea de las motivaciones de uno de los filántropos más grandes y fascinantes de la historia.

El multimillonario que no lo era son dos libros en uno: la extraordinaria historia del comercio al por menor libre de impuestos y de su compañía líder, DFS, cuyo extraordinario crecimiento y fabulosas ganancias fueron en paralelo con el auge de los viajes en avión, y la historia del mismo Feeney, hombre de negocios, lingüista y viajero, que tomó las necesidades del mundo sobre sus hombros y se convirtió en un modelo de filántropo.

BUSCANDO OPORTUNIDADES

Charles Feeney nació en una familia estadounidense de origen irlandés en la Nueva Jersey obrera en 1931. Su padre trabajaba en una compañía de seguros y su madre era una enfermera a quien le gustaba llevar a cabo actos secretos de caridad. La familia tuvo la suerte de poder ver sus necesidades cubiertas incluso durante la Gran Depresión.

Feeney era un chico brillante y tenía talento para ganar dinero con trabajos ocasionales. Después de graduarse en la escuela secundaria, se alistó en la Fuerza Aérea de Estados Unidos; se formó como operador de radio en Texas antes de ser destinado a Japón, donde trabajó en inteligencia de señales. Estudió japonés por su cuenta, llegando a adquirir fluidez en esa lengua y se quedó en el país nipón después de estallar la guerra de Corea.

Tras la guerra, una ley que había sido aprobada por Franklin D. Roosevelt le dio la oportunidad de ir a la universidad, y se topó por casualidad con un artículo sobre la Escuela de Gestión Hotelera de la Universidad Cornell, ubicada en el estado de Nueva York. Sonaba interesante, y solicitó la admisión. Cuando lo admitieron, fue algo grande para los Feeney, ya que ningún miembro de la familia había ido nunca a la universidad, y desde luego no a una tan prestigiosa como la de Cornell.

La escuela hotel era un caldo de cultivo de empresarios, y para ayudar a pagar sus estudios Feeney se convirtió en el «hombre sándwich»: vendía sándwiches por todo el campus, de noche, cuando no había hamburgueserías u otros lugares abiertos para comer.

Se graduó en 1956, y para consternación de su madre rechazó ofertas para trabajar en grandes cadenas hoteleras; prefirió viajar. Después de ganar unos cuantos miles de dólares en los casinos de Nevada, navegó hasta Francia, donde asistió a cursos de idiomas y organizó después un campamento de verano para los hijos del personal de la Marina estadounidense destacado en la Riviera francesa. Allí conoció a un inglés que vendía licor libre de impuestos a los marineros estadounidenses (a quienes no les estaba permitido beber mientras estaban a bordo, pero sí que podían embarcar botellas con destino a sus hogares en Estados Unidos). Feeney se encontró con un compañero graduado de Cornell, Bob Miller, que entonces estaba trabajando en un hotel Ritz en España, y ambos establecieron su propio negocio de compras libres de impuestos. Nadie habría adivinado en esos momentos que esa sociedad (a la que se añadieron después dos socios más) sobreviviría y se convertiría en una de las más rentables de la historia de los negocios.

Su empresa, Duty-Free Shoppers (DFS), pujó por los derechos de ejecutar las primeras concesiones libres de impuestos en los aeropuertos de Honolulu y Hong Kong, y ganó la puja. Les siguieron tiendas en los aeropuertos de Toronto, San Francisco y Los Ángeles. A finales de la década de los sesenta y principios de los setenta, los precios de las acciones de la mayor parte de las empresas experimentaron grandes caídas, pero fueron tiempos de bonanza económica para DFS: en 1977, sus cuatro socios (Feeney, Miller, Alan Parker y Tony Pilaro) estaban recibiendo unos dividendos anuales combinados de más de 30 millones de dólares. Feeney se embolsó 12 millones en un año, 18 millones el siguiente y a principios de los ochenta su participación anual en los dividendos era de más de 23 millones de dólares, todo en efectivo y libre de impuestos. Los ingresos de DFS continuaron creciendo un 19% anual a lo largo de la década (solo la tienda de Honolulu facturaba más de 400 millones de dólares al año) y se convirtió en el mayor distribuidor de licores del mundo.

DONACIONES SIN EGO

Aunque su familia (incluida su esposa francesa y sus cinco hijos) disfrutaba de hogares en todo el mundo, desde el sur de Francia hasta Hawái, pasando por Nueva York, Feeney se sentía cada vez más incómodo con su riqueza, y continuó volando en clase económica y llevando un reloj de 15 dólares. Vestía despreocupadamente y a veces iba incluso mal vestido, por lo que la imagen que ofrecía no se correspondía con la de un acaudalado hombre de negocios. Enseñó a sus hijos a ser autosuficientes y desinteresados; los dotó de sus propios presupuestos para que gestionaran sus gastos. Empezó a donar dinero de una forma no estructurada; primero a Cornell (que él estimaba que le había dado mucho) y a la escuela de sus hijos, ubicada en Niza.

El abogado y hombre de confianza de Feeney, Harvey Dale, le sugirió que leyera el famoso ensayo de Andrew Carnegie sobre la riqueza y el dar (ver el capítulo 10) y también le dio a conocer a Maimónides, filósofo judío que escribió sobre la *tzedaká* o el dar, que en su nivel más alto tiene como objetivo ayudar a las personas a lograr la autosuficiencia y se lleva a cabo de forma anónima. Esta forma de dar desprovista de ego, promovida asimismo en otras religiones, tuvo un gran efecto en Feeney. Él, que de natural ya no era el tipo de persona que se vanagloria y hace inscribir su nombre en los edificios, decidió ser un donante anónimo.

Su Atlantic Foundation (hoy Atlantic Philanthropies), registrada por primera vez en las Bermudas en 1982, era un organismo de beneficencia inusual, porque no solo gestionaba una gran suma de dinero, sino que también era propietaria de empresas y activos. Feeney se aseguró de que su esposa y familia tuvieran lo suficiente para vivir y conservó las casas, pero casi toda su fortuna, incluido su 38,75% de participación en DFS, fue entregada de manera irrevocable a la fundación. Él, personalmente, se quedó con menos de 5 millones de dólares, suficiente para continuar sus viajes alrededor del mundo y pagar las cuentas de los restaurantes sin tener que preocuparse. A pesar de que controlaría los actos filantrópicos de la fundación –principalmente destinados a la educación, la salud, cuestiones relacionadas con el envejecimiento y la justicia–, ya no era un hombre rico.

EMPIEZA EL GASTO

Orgulloso de su herencia irlandesa, Feeney viajó mucho a Irlanda en la década de los ochenta. Aún no se había producido el gran auge económico del país y quería hacer algo para ayudar. Comenzó a gastar cientos de millones de dólares en universidades, tanto en Irlanda como en Irlanda del Norte, de modo que estuvieron preparadas para proporcionar licenciados de alto nivel cuando la economía finalmente despegó. Atlantic también vertió 75 millones de libras esterlinas (cantidad que el Gobierno irlandés se vio obligado a igualar) en el sector de la investigación universitaria, que en esos momentos era de los más débiles de Europa. El efecto fue transformador: se crearon cuarenta y seis programas o institutos de investigación y se revertió la fuga de cerebros investigadores a otros países. Todo esto se hizo en total secreto; los destinatarios del dinero solo lo recibían con la condición de que no trataran de averiguar quién era el donante.

La fundación de Feeney también comenzó a aportar fondos (30 millones de dólares en cinco años) para el proceso de paz en Irlanda del Norte. Feeney se reunió con el líder del Sinn Féin, Gerry Adams, y costeó de su propio bolsillo una oficina para el partido en Nueva York. Esto inevitablemente hizo que fuese acusado de «financiar al IRA» cuando se filtró que era el donante, pero Atlantic tuvo cuidado de financiar proyectos en ambos lados del conflicto y su intervención constituyó un gran impulso para la paz. Gerry Adams consideró que el papel de Feeney había sido «fundamental» y una «inversión brillante».

LA SALIDA

Feeney vendió su participación en la DFS, en 1996, a la compañía de productos de lujo Louis Vuitton Moët Hennessy. Los 1.620 millones de dólares que ingresó debía gastarlos la fundación mientras él siguiese con vida. Después de la venta, Feeney y Alan Parker enviaron cheques a los empleados más veteranos de la empresa por valor de casi 40 millones de dólares. Los beneficiarios, que no esperaban ganar nada, se quedaron de piedra. Como señala O'Clery: «Fue un acto de altruismo casi inaudito en el mundo empresarial».

La generosidad de Feeney a través de la Atlantic Foundation fue revelada al mundo al año siguiente por *The New York Times* bajo el título «Regaló 600 millones de dólares y nadie lo sabía». El artículo señalaba que la fundación era en esos momentos la cuarta corporación más grande de Estados Unidos, detrás de Ford y Kellogg pero mayor que Rockefeller y Mellon.

VACIANDO LAS ARCAS

¿En qué gasta su dinero Atlantic? En general, ha dado dos mil novecientas subvenciones por valor de 4.000 millones de dólares. En Estados Unidos, esto ha incluido 600 millones a la Universidad Cornell,

125 millones a la Universidad Stanford –a la que asistió el hijo de Feeney– y también ciertas cantidades a instituciones más pequeñas que Feeney advirtió que debían actualizarse y cuyos alumnos estaban en desventaja.

De acuerdo con la perspectiva global de su fundador, los tentáculos de la generosidad de Atlantic se extienden por todo el mundo. Avergonzado por lo que Estados Unidos le hizo a Vietnam en la guerra que llevó a cabo allí, la fundación ha inyectado una gran cantidad de dinero en la mejora de la salud y los hospitales del país, y también para establecer o restaurar bibliotecas, escuelas y universidades.

Del mismo modo, Feeney se ha convertido en el filántropo más generoso de Australia; ha donado millones a las universidades de ese país. Al igual que en Irlanda, la mayoría están financiadas por el Estado, y su estrategia ha sido la de proporcionar el tercio inicial de los fondos necesarios, que después son igualados por la universidad y el Gobierno. Atlantic también ha dado millones para la asistencia sanitaria en Cuba –una tarea difícil dado que Feeney es ciudadano estadounidense– y para la prevención del sida, además de a varias universidades sudafricanas.

Atlantic Philanthropies apoya a organizaciones «de la sociedad civil» –como Amnistía y Human Rights First–, ha ayudado a grupos que se oponen a la pena de muerte y ha efectuado donaciones destinadas a sostener la difusión pública de las organizaciones sin ánimo de lucro. Impulsada por la política de centroizquierda de Feeney (quien se opuso a la guerra de Irak y a la elección de George W. Bush como presidente de Estados Unidos en 2004), la fundación se considera «progresista».

La intención de Feeney es que las arcas de Atlantic se vacíen durante su vida, y el objetivo se ha fijado para el año 2016. Teniendo en cuenta que, a partir de 2007, su dotación es de alrededor de 4.000 millones de dólares, esto significa gastar 400 millones al año. Parte del «problema» de querer gastarlo todo es que las inversiones de la fundación han tenido un éxito espectacular, de modo que esta sigue creciendo. Desde 1980 hasta el año 2000, por ejemplo, gozó de una rentabilidad anual media del 29%, gracias en parte a inversiones inteligentes en el campo de la tecnología.

Comentarios finales

Como biografía de un hombre de negocios, el libro de O'Clery es valioso, porque demuestra que es posible ganar enormes sumas de dinero a partir de modelos de negocio muy simples. El éxito de DFS puede atribuirse a cuatro hombres que, en una habitación, calcularon qué cantidad iban a ofertar para las concesiones aeroportuarias libres de aranceles y que ganaron la concesión. Una vez establecido el negocio, las ganancias llegaron fácilmente. Feeney insistió en que la suerte jugó un papel muy importante en el destino de la empresa, que cosechó los beneficios de ser la primera marca de confianza en un nuevo campo en rápido crecimiento. Además, *El multimillonario que no lo era* está salpicado por los consejos de Feeney relativos a «pensar siempre en grande» (tanto en el terreno de los negocios como en el de la filantropía) y por su deseo incansable de construir un gran negocio. Sus socios admitieron que él había sido el motor de la empresa.

A día de hoy, Feeney viaja por el mundo con su segunda esposa, su exsecretaria Helga Flaiz, a la búsqueda de nuevos y mejores usos para el dinero de su fundación, visitando a los posibles destinatarios de las donaciones en sus oficinas en vez de hacerlos acudir a él. Muchas donaciones tienen su origen en contenidos que lee en los periódicos locales durante sus viajes, y otras son la respuesta a propuestas formales. Feeney obtiene satisfacción de ser testigo de una operación ocular para salvar la vista de alguien en un hospital que ha financiado o de observar anónimamente cómo los estudiantes trabajan en una biblioteca que él ayudó a fundar.

O'Clery señala la ironía de un hombre cuya fortuna se forjó sobre la venta de artículos de lujo, pero a quien «no se vería ni muerto con una cartera Louis Vuitton» y que una vez asistió a una importante reunión con el primer ministro irlandés, Bertie Ahern, llevando unas gafas «unidas por un clip de metal que sobresalía como una antena». Seamus Heaney, poeta irlandés ganador del Premio Nobel, describió a Feeney como una versión moderna de san Francisco, cuya autorrenuncia –combinada con una generosidad como la de los Medici– ha proporcionado oportunidades y felicidad a millones de personas. Mientras que Bob Miller, su exsocio, habita en viviendas de lujo y socializa con la realeza europea, Feeney se aloja en pequeños apartamentos alquilados por su fundación, toma autobuses y taxis en lugar de limusinas y prefiere mezclarse con la gente normal. Sus hijos apuntan que es un hombre habitualmente feliz, que probablemente lo habría sido menos si hubiera tratado de aferrarse a su fortuna.

CONOR O'CLERY

Nacido en Belfast, O'Clery se licenció en la Universidad Queen's, en Belfast. Ha trabajado para el Irish Times *durante treinta años llevando a cabo varias funciones informativas y de edición, siendo corresponsal extranjero en Londres, Moscú, Washington, Pekín y Nueva York, y ha sido galardonado en dos ocasiones como periodista del año en Irlanda. También ha escrito para* The New Republic *y* Newsweek.

Otros libros suyos son Daring Diplomacy: Clinton's Secret Search for Peace in Ireland *(1997) y* Panic at the Bank: How John Rusnak Lost AIB $700 Million *(con Siobahn Creaton, 2002).*

1936

LA PROSPERIDAD

El recurso inagotable está siempre dispuesto a dar. No tiene ninguna opción al respecto; debe dar, porque esa es su naturaleza. Vierte tus vivas palabras de fe en la sustancia omnipresente y prosperarás aunque todos los bancos del mundo cierren sus puertas. Gira la gran energía de tu pensamiento hacia las ideas de «abundancia» y tendrás mucho independientemente de lo que los hombres estén diciendo de ti o estén haciéndote.

La sustancia espiritual es firme e inmutable, perdurable. No fluctúa con los informes de mercado. No disminuye en los «tiempos difíciles» ni aumenta en los «buenos tiempos». No puede acapararse para provocar carencias en el abastecimiento y dar lugar a un precio más alto [...] Siempre es igual a sí misma, constante, abundante; circula libremente y está disponible.

Deben erradicarse los pensamientos de ansiedad y debe asumirse el perfecto abandono del hijo de la naturaleza; cuando se añade a esta actitud la conciencia de los recursos ilimitados, se ha satisfecho la ley divina de la prosperidad.

En pocas palabras

Toda riqueza empieza y acaba en Dios; por lo tanto, la gratitud por lo que tienes es la llave maestra hacia la prosperidad.

En la misma línea

Rhonda Byrne. *El Secreto* (pág. 86)
Napoleon Hill. *La llave maestra de la riqueza* (pág. 228)
Catherine Ponder. *Abre tu mente a la prosperidad* (pág. 312)

Capítulo 16

Charles Fillmore

Títulos de libros que tienen como objetivo definir el tema del que tratan a menudo no están a la altura. *Self-Help*, de Samuel Smiles (1859) (*¡Ayúdate!*, 1895), que inauguró la literatura moderna sobre autoayuda, es una excepción. Otro es *La prosperidad*, de Charles Fillmore, que aunque de ninguna manera es el primer título sobre el tema, constituye una de las grandes obras al respecto.

Escrito en las profundidades de la Gran Depresión, *La prosperidad* es una especie de canto triunfal que celebra el flujo interminable de la «abundancia universal», a menudo frente a la aparente escasez y en los tiempos difíciles. Muchos lo encontrarán demasiado pasado de moda, etéreo o cristiano para su gusto, mientras que otros lo verán como el más inspirador de todos los escritos sobre la prosperidad. De cualquier manera, todos quienes estudien en serio esta materia deben tenerlo en su biblioteca.

Fillmore y su esposa, Myrtle, fundaron el movimiento espiritual unitario, que ha sido fundamental para elevar el perfil de la consciencia de la prosperidad como concepto. Escrito cuando su autor era ya octogenario, este libro recoge la sabiduría de Fillmore como pensador y escritor, y es su obra más conocida.

LA INTELIGENCIA Y LA ABUNDANCIA DE «LA NADA»

En la primera parte del libro, Fillmore tiene mucho interés en aportar ciencia a su razonamiento espiritual. Refleja la opinión de los científicos de su época de que el «éter», lejos de no ser nada, «está cargado de electricidad, magnetismo, rayos de luz, rayos X, rayos cósmicos y otras radiaciones dinámicas [...] es la fuente de toda vida, luz, calor, energía, gravitación, atracción, repulsión [...] es la esencia que interpenetra todo lo que existe en la Tierra».

En otras palabras, escribe, «la ciencia otorga al éter todos los atractivos del cielo, sin decirlo directamente». Tanto si lo llamas espacio como éter, espíritu, Dios o el cielo, la naturaleza esencial de esta sustancia viva pero no física es dar; todas las cosas provienen de ella.

La prosperidad en todas las esferas de la vida, desde el amor hasta el dinero y la salud, tendrá lugar cuando estés en sintonía con esta sustancia; cuando confíes en ella en vez de hacerlo en la aparente solidez de la materia y de las circunstancias. Pon tu fe en su realidad, y te traerá todo lo que necesites para prosperar. Esta sustancia es la fuente de tu sustento; no las condiciones o las personas.

Al tener esta fe, observa Fillmore, tienes que olvidar cualquier idea previa acerca de lo que es posible. Dios o el Espíritu opera en un nivel totalmente diferente del de la materia, y la forma física solo se manifiesta como resultado de lo que esta Inteligencia se propone. El universo no es un conjunto de «fuerzas mecánicas ciegas», sino que «es persuadido y dirigido por la inteligencia».

EL SUMINISTRO INVISIBLE

La implicación de lo anterior, dice Fillmore, es que cuanto más entiende uno que la materia, el dinero y las posesiones emergen del flujo espiritual universal, menos necesidad tiene de agarrarse a las cosas y tratarlas como si fuesen solamente suyas.

Las personas deben empezar a considerarse a sí mismas «coherederas del recurso universal que es suficiente para todos». No está sugiriendo que abraces el comunismo, sino que reconozcas tu capacidad de crear lo que necesitas y, tal como lo hace el universo mismo, no acumules sino que permanezcas dando. Cualquiera que utilice este conocimiento del suministro invisible por lo que podría «sacar de él» experimentará una decepción: a pesar de que en un primer momento podrá parecer que estas personas prosperan, su punto de vista egoísta no las conducirá a nada bueno al final. La paradoja de la verdadera prosperidad es que cuanto más la aprecias como una fuerza diseñada para elevar a todo el mundo, de forma más natural obtienes tu propio bien.

BENDICE LO QUE TIENES

Si te encuentras bajo de fondos, Fillmore sostiene que alabes y bendigas todo lo que tienes y lo imagines cada vez más grande. Cuando comas, estate agradecido por la comida que tienes delante en calidad de encarnación de la sustancia universal. No pienses en ti mismo, en tus intereses o en tus pérdidas y ganancias; alberga pensamientos de mayor alcance: ten en mente un suministro que se renueva sin cesar y el bien de todos.

Al bendecir lo que tienes, pones en marcha la ley del incremento. Todas las cosas de la materia o el espíritu están conectadas, y por el hecho de centrarte en lo que tienes físicamente delante puedes imaginar que se manifiesta más de ello. Esto es exactamente lo que hizo Jesús cuando llevó a cabo su milagro de los panes y los peces, y lo que hizo la viuda en el día del profeta Elías cuando convirtió la pequeña cantidad de aceite de que disponía en suficiente para mantener las lámparas encendidas durante toda la noche.

RECONOCE LA IMPORTANCIA DE LOS PENSAMIENTOS Y LAS PALABRAS

La prosperidad no puede tener lugar, apunta Fillmore, mientras sigas teniendo pensamientos de pobreza. Cada pensamiento atrae hacia sí más del mismo tipo, y no deja espacio para que la verdad de la prosperidad pase a formar parte de tu forma de pensar.

Acaso no concedas importancia a tus pensamientos e ideas casuales, pero Fillmore advierte que «son las realidades eternas a partir de las cuales construimos nuestra vida y nuestro mundo». Habla solamente de prosperidad, y se convertirá en tu realidad. Fillmore sugiere que te digas esto a ti mismo:

> *Soy descendiente de Dios, y tengo que pensar como piensa Dios. Por lo tanto, no puedo pensar en ninguna limitación o carencia.*

DEJA QUE DIOS PONGA ORDEN EN TU VIDA Y EN TUS FINANZAS

Fillmore observó que muchas personas viven en el «mundo real» durante seis días a la semana, y que después dejan un poco de espacio a Dios los domingos. Para ellas no es adecuado llevar la espiritualidad al mercado.

Sin embargo, si quieres prosperar realmente, debes dar un salto de fe y permitir que Dios esté presente en todas las áreas de tu vida. Escribe Fillmore:

> *Esta mente del Espíritu te guiará de formas perfectas, incluso en los más mínimos detalles de tu vida, si le permites hacerlo. Pero debes querer hacer su voluntad y confiar en ella en todas las áreas de tu vida. Esta voluntad, si la sigues, te conducirá indefectiblemente hacia la salud, la felicidad y la prosperidad, como lo ha hecho y lo está haciendo para miles de personas.*

RENUNCIA A LUCHAR

La naturaleza no tiene que esforzarse y tú tampoco. En uno de los pasajes más bellos del libro, Fillmore hace la siguiente observación:

> *No tenemos que trabajar laboriosamente en el exterior para llevar a cabo lo que el lirio hace tan silenciosamente y de forma tan hermosa. La mayoría de nosotros vamos apresurados tratando de resolver nuestros problemas por nosotros mismos y a nuestra manera, con una idea, una visión: aquello material que buscamos. Tenemos que dedicar más tiempo a la meditación silenciosa y, como los lirios del campo, limitarnos a ser pacientes hasta convertirnos en lo que tengamos que manifestar [...] estas ideas sustanciales con las que estamos trabajando son ideas eternas que siempre han existido y seguirán existiendo; son las mismas ideas que dieron forma a este planeta y que ahora lo sostienen.*

Las cosas acuden con facilidad cuando se vive en un estado de amor y gratitud. Morar en los pensamientos del Espíritu, de Dios y del amor te conduce a todo lo que necesitas, además de otorgarte un sinfín de bendiciones que ni siquiera esperabas o querías.

MÁS PRINCIPIOS DE LA PROSPERIDAD

Entre las muchas otras ideas que ofrece Fillmore están las siguientes:

- No tienes por qué saber cómo funciona científicamente la ley de la prosperidad. Todo lo que debes hacer para que se active es recogerte en un tiempo de silencio una vez al día con el fin de concentrarte en la fuente de donde emanan todas las cosas. Reconocerla, estarle agradecido y tener fe en ella es suficiente para que trabaje para ti.
- Nunca se prospera tratando de obtener nada de nadie, o intentando «ganar» en una transacción o un acuerdo. En lugar de esto: «Agárrate constantemente a la ley de la equidad y la justicia que está operando en ti y a través de ti, sabiendo con certeza que se te está otorgando todo lo necesario para satisfacer todas tus necesidades».
- No te angusties. Las personas que anhelan ser buenas y justas siempre se ven proveídas. Si pones primero al Espíritu, no debes tener vergüenza de imaginar lo que necesitas y saber que eso ya está viniendo hacia ti, ahora. Si te asaltan las dudas, di: «Confío en la Omnipotencia [...] Sé que Dios provee para el cumplimiento de Su idea divina, y yo soy esa idea divina».
- No te limites a pedirle a Dios bienes materiales. En cambio, al igual que Salomón –el hombre más rico de su época–, pide sabiduría, ideas. Personas de todo el mundo visitaban a Salomón en busca de su consejo y traían oro consigo. Un gran discernimiento, dado como un regalo procedente de Dios, es un ingrediente básico de la prosperidad.
- Algunos creen que la pobreza puede ser una bendición, que la voluntad de Dios para con nosotros es que tengamos momentos difíciles, así como momentos buenos, para que podamos apreciar más las cosas. Pero este no es, en absoluto, el proceder de Dios: Su naturaleza es dar eternamente y crear sin cesar, y nos corresponde a nosotros sintonizarnos con esta realidad.

- Cualquier talento que tengas debes usarlo sin miedo, sin dejar que nada se interponga en tu camino. Enterrar tu talento va en contra de la ley de la prosperidad. No te centres demasiado en tu situación actual; enfócate solamente en lo que estás en camino de convertirte.
- Regala el 10% de todo el dinero que llegue a ti: «No hay nada que mantenga la mente de una persona tan libre de miedos y tan libre para recibir el bien que le llega constantemente como la práctica del diezmo».

Comentarios finales

Hoy en día, *bestsellers* como *El Secreto* han hecho que la consciencia de la prosperidad sea un concepto cotidiano, pero en los Estados Unidos de 1930, cuando los datos apuntaban solo a la realidad de los tiempos difíciles que se estaban viviendo, requirió valor y liderazgo moral afirmar las ideas contenidas en el libro de Fillmore.

La prosperidad es una lectura que puede resultar muy reconfortante y estimulante. Es el libro que conviene leer cuando uno se siente abrumado por sus problemas financieros, ya que muestra que, en última instancia, la fuente de toda riqueza es no material. Puede ser que la mayor parte del tiempo estés enfocado en las rutinas de trabajar, gastar y ahorrar, cuando la verdadera fuente de la prosperidad, la «sustancia» espiritual infinita de donde proviene toda la materia, está esperando que le prestes tu atención. Si puedes retirarte a un lugar tranquilo y permanecer quieto, se te recordará que esta fuente existe y te preocuparás menos por el origen del dinero. Fillmore pregunta al lector: «¿Es esto una utopía impracticable?». Su respuesta es que no lo puedes saber hasta que pongas en práctica sus conceptos en tu vida.

A algunos lectores no les gustarán las muchas referencias a la Biblia, pero Fillmore fue uno de los fundadores de la Iglesia unitaria, muy antidogmática, y de hecho su explicación de las leyes espirituales de la prosperidad va más allá de cualquier religión en particular.

Nunca vinculó sus libros a derechos de autor, para que pudieran estar disponibles para siempre, un gesto que subrayó su creencia en la abundancia. *La prosperidad* puede descargarse gratuitamente en inglés de Internet.

CHARLES FILLMORE

Nacido en una reserva india en Minnesota en 1854, hijo de un comerciante, en la última etapa de su adolescencia y durante su juventud trabajó como aprendiz de impresor, arriero y tasador.
En 1884, él y su esposa, Myrtle, se mudaron a Kansas City, donde invirtieron en bienes raíces, pero perdieron todo su dinero. Comenzaron a asistir a clases de la filosofía del Nuevo Pensamiento y aprendieron sus ideas sobre los poderes curativos de la mente, que parecieron curar a Myrtle de su tuberculosis y a Fillmore de la lesión que arrastraba desde niño en una pierna.
En 1889 pusieron en marcha un grupo de oración silenciosa y fundaron una revista, Modern Thought, *a la que siguió la revista* Unity *dos años más tarde. Con sede en Kansas City, a lo largo de las siguientes décadas la organización Unity creció para incluir una emisora de radio, un restaurante vegetariano y una revista de negocios, y en 1906 ordenó ministros. En 1929 la sede se trasladó a Lee's Summit, en Misuri, donde Unity Village sigue siendo la sede mundial de la Iglesia unitaria.*
Myrtle murió en 1931 y Charles en 1948.

2007

Las fundaciones

Hay miles de fundaciones que trabajan activamente para la mejora de la sociedad aquí en Estados Unidos y por todo el mundo. Y detrás de cada fundación se encuentra un individuo rico o una familia acaudalada que decidió declarar «ya es suficiente», y luego regaló una parte importante de su riqueza en beneficio de la población en vez de acumularla, invertirla o seguir destinándola a placeres personales.

En pocas palabras

La riqueza privada, bajo la forma de fundaciones, es una «tercera fuerza» importante a la hora de cambiar el mundo.

En la misma línea

Andrew Carnegie. *El evangelio de la riqueza* (pág. 94)
Conor O'Cleary. *El multimillonario que no lo era* (pág. 134)
Lynne Twist. *El alma del dinero* (pág. 394)
Muhammad Yunus. *El banquero de los pobres* (pág. 406)

Capítulo 17

Joel T. Fleishman

En 2006 el mundo de la filantropía, que habitualmente no llama mucho la atención, llegó a los titulares: Warren Buffett, la segunda persona más rica del mundo, anunció que se desharía del grueso de su fortuna. Si bien la magnitud de la donación fue notable (31.000 millones de dólares), la verdadera sorpresa fue la forma en que iba a distribuirse. Buffett no crearía su propia fundación, sino que daría su dinero a la Fundación Bill y Melinda Gates, que ya disponía de 32.000 millones. Su razonamiento fue que a pesar de que se había mostrado brillante a la hora de ganar dinero, no creía que fuera a ser tan bueno a la hora de repartirlo. La fundación de Gates ya estaba establecida y tenía objetivos que Buffett aprobaba, por lo que tenía sentido confiarle su dinero; un movimiento típicamente inteligente y humilde por parte del mayor inversor del mundo.

VEHÍCULOS PARA DAR

Fleishman señala en *Las fundaciones* que el pionero de las fundaciones modernas fue Andrew Carnegie (ver el capítulo 10), cuya financiación sistemática de miles de bibliotecas públicas y creación de instituciones dedicadas a la paz han supuesto grandes beneficios, a menudo no calculados, para millones de personas.

La mayoría de la gente ha oído hablar de las fundaciones Ford y Rockefeller gracias a sus famosos donantes, pero son solo la punta del iceberg. Fleishman, que ha trabajado en el mundo de las fundaciones durante la mayor parte de su vida, señala que hay sesenta y ocho mil solamente en Estados Unidos. Si bien la mayoría son pequeñas, en 2003 había cuarenta y seis que tenían activos por valor de más de 1.000 millones de dólares, y sesenta y cuatro por valor de entre 500 y 1.000 millones. En 2005 ofrecieron, en conjunto, subvenciones por valor de más de 33.000 millones (la Fundación Bill y Melinda Gates tiene la orden de donar más de una décima parte de ese total, 3.500 millones, cada año).

Estas cifras son impresionantes, y Fleishman cree claramente en el poder que tienen las fundaciones de hacer el bien. A nivel sociológico, argumenta que son una «tercera fuerza» importante, independiente de los gobiernos y las empresas. La diferencia es que mientras que los gobiernos tienen un electorado ante el que responder y las empresas deben tener presentes a sus accionistas, las fundaciones no deben rendir cuentas ante nadie. Para alcanzar su máximo potencial, sugiere Fleishman, tendrán que estar más enfocadas y ser menos reservadas.

¿POR QUÉ DAR LA RIQUEZA?

En un libro elaborado a partir de una experiencia de cuarenta y cinco años de estudiar las fundaciones, trabajar con ellas y dirigirlas, Fleishman hace la pregunta obvia: ¿por qué quieren los donantes ricos despojarse de su riqueza?

El autor incluye una cita de la autobiografía de John D. Rockefeller, *Random Reminiscences of Men and Events* (1909). Observando que no se puede obtener tanta felicidad de las buenas comidas, las grandes casas y la ropa fina, Rockefeller escribió: «Al estudiar a los hombres ricos, no puedo ver sino una manera en la que pueden asegurar un verdadero equivalente a gastar dinero, y es cultivar el gusto por dar, por el que el dinero puede producir el efecto de la gratificación duradera».

Si bien el donante puede utilizar la creación de una fundación como una forma de mejorar su imagen pública (Fleishman señala que el anuncio de la Fundación Bill y Melinda Gates llegó en medio de la batalla antimonopolio de Microsoft con el Gobierno de Estados Unidos), este no es el caso en general, ya que muchos donantes tenían ya una buena reputación y realmente quieren «dar algo a cambio». Se consideran afortunados, y solo desean conferir a los demás algunas de las ventajas de las que están disfrutando.

QUÉ HACEN LAS FUNDACIONES

Lo que hacen las fundaciones es tan diverso como las personalidades de sus fundadores. Algunas son políticamente liberales, otras conservadoras; a algunas les gusta asumir riesgos, a otras no. Pueden ser líderes, socias o catalizadoras de los objetivos o proyectos, dependiendo de la cantidad de implicación o dinero que ponen en ellos. Muchas se crearon para apoyar unas instituciones específicas (por ejemplo, la creación de la Universidad Duke por parte de la familia tabaquera Duke, o la Universidad Stanford por parte del magnate ferroviario Leland Stanford), mientras que otras tienen la instrucción muy general de promover «el bienestar de la humanidad en todo el mundo» (este es el objetivo declarado de la Fundación John D. Rockefeller).

El dinero de Rockefeller se utilizó para construir la Universidad de Chicago y el Instituto Rockefeller de Investigación Médica (ahora Universidad Rockefeller), que produjo una vacuna para la fiebre amarilla, y también se destinó a trabajos de investigación para mejorar la producción agrícola en los países en desarrollo. La revolución verde, que permitió a Pakistán y la India cultivar alimentos suficientes para evitar una hambruna masiva, fue encabezada por el agrónomo Normal Borlaug, de Rockefeller, quien ganó el Premio Nobel en 1970 y a quien se le atribuyó haber salvado más de mil millones de vidas. Las fundaciones Ford y Kellogg también han sido decisivas para ayudar a aumentar la producción agrícola en los países pobres.

El dinero de Andrew Carnegie permitió construir casi mil setecientas bibliotecas en Estados Unidos y más de dos mil quinientas en todo el mundo, crear la Universidad Carnegie-Mellon y la Fundación Carnegie para la Paz Internacional y financiar la Oficina Nacional Estadounidense de Investigación Económica; además, estuvo detrás de la Comisión de Radiodifusión Pública que llevó a la creación de la cadena de televisión PBS y la Radio Nacional Pública de Estados Unidos. El famoso informe de Gunnar Myrdal sobre cuestiones raciales, «El dilema de Norteamérica», fue financiado por la Corporación Carnegie, al igual que la investigación que condujo a la realización de *Barrio Sésamo*, el primer programa de televisión para niños verdaderamente educativo, que ayudó a que millones de niños desfavorecidos aprendieran a leer y escribir.

Las fundaciones no suelen emprender grandes nuevos movimientos o ideas, pero les permiten extenderse y florecer. La Fundación Ford ayudó a que el banco Grameen de Muhammad Yunus se extendiera por Bangladés (ver el capítulo 50), lo que permitió que más millares de microcréditos fueran accesibles a los «más pobres entre los pobres». La Fundación Alfred P. Sloan, que busca aumentar la comprensión de la ciencia por parte del público, puso dinero para las aclamadas obras de teatro *Copenhague* y *Hubbell*, y la Fundación Ford proporcionó el dinero inicial para el Fondo México-Americano de Defensa Legal y Educación y otras organizaciones de defensa legal de las minorías. La fundación del financiero multimillonario George Soros se ha implicado en un esfuerzo a largo plazo para consolidar instituciones destinadas a crear «sociedades abiertas» en los antiguos estados del bloque oriental.

Los objetivos y logros de algunas de las mayores fundaciones son los siguientes:

- Fundación de la Familia Kaiser: atención sanitaria para las personas sin seguro.
- Fundación Robert Wood Johnson: creada por uno de los tres hermanos de Johnson & Johnson, financia programas para combatir el tabaquismo y la obesidad.
- Atlantic Philanthropies: enfocada principalmente en la educación, la salud y el envejecimiento, así como en la justicia social, fue creada por el rey de las franquicias arancelarias, Chuck Feeney (ver el capítulo 15).
- Fundación Rosenwald: Julius Rosenwald gastó la fortuna que había ganado con el negocio de la ropa construyendo casi cinco mil escuelas para niños de raza negra en América del Sur.

- Fundación Annie E. Casey: Annie E. Casey fue la madre de Jim Casey, quien inició el servicio de mensajería que se convirtió en UPS Corporation. Otorga becas para programas de ayuda a niños y jóvenes desfavorecidos.
- Fundación Andrew Mellon: creada por el banquero e industrial epónimo, proporciona cátedras, becas y subvenciones para sostener los estudios de humanidades; construye bibliotecas en Europa central y oriental.
- Fundación Henry Luce: la fundación del famoso editor epónimo honra a su esposa Clare Boothe Luce por medio de dar premios a mujeres que estudian ciencias, ingeniería y matemáticas.
- Howard Hughes: el instituto médico del aviador multimillonario epónimo ha dado lugar a cuatro ganadores del Premio Nobel y a una serie de avances y descubrimientos significativos.
- Fundación Commonwealth: financia áreas de trabajo social, cuidados paliativos, geriatría y gerontología.
- Fundación William y Flora Hewlett: el fundador de HP se centra en la resolución alternativa de conflictos.
- Fundación David y Lucille Packard: promueve el uso de las energías sostenibles en China.

No todo el trabajo de las fundaciones ha sido digno de elogio. Tanto las fundaciones Carnegie como Ford participaron en programas eugenésicos que buscaban sentar una base científica que explicase las diferencias entre los distintos tipos de razas, y la Fundación Rockefeller estaba detrás de los experimentos con la sífilis realizados con prisioneros de Alabama sin su consentimiento entre 1932 y 1972.

En general, sin embargo, las fundaciones han tenido y siguen teniendo un gran impacto positivo; a menudo están detrás de cuestiones que parecen demasiado arriesgadas o costosas para que los gobiernos puedan afrontarlas.

DEMOSTRANDO SU VALOR

Fleishman, junto con muchos políticos y periodistas, ve el problema de que las fundaciones no son realmente responsables ante nadie. ¿Por qué deberían serlo, si se establecieron completamente a partir de fortunas privadas?

Su respuesta es que reciben un apoyo y una protección significativos financiados por los contribuyentes. En Estados Unidos las fundaciones no pagan impuestos sobre la renta o la apreciación; pagan solamente un «impuesto federal de fundaciones», que por lo general es solamente entre el 1 y el 2% de sus activos. Así, el gobierno renuncia a un dinero que de otro modo podría haber sido recogido y redistribuido entre los contribuyentes; además, como las donaciones por parte del público en general se pueden deducir de los impuestos (las personas físicas dan más de 20.000 millones de dólares al año a las fundaciones en el país), el Tesoro sale perdiendo unos ingresos que de otro modo habría percibido por medio de gravar impuestos a las rentas más altas.

Fleishman estima que se pierden alrededor de 20.000 millones de dólares en impuestos cada año por el hecho de que se les da un estatus especial a las fundaciones. Sin embargo, puesto que estas regalan 32.000 millones al año, la sociedad obtiene un beneficio neto de 12.000 millones de dólares. Pero ¿genera el dinero gastado verdadero valor social? El Congreso de Estados Unidos se ha interesado más por este tema, y en los últimos años se han hecho intentos de elevar la cantidad mínima que las fundaciones tienen que pagar cada año (actualmente, el 5% de los activos anuales). Aparte de los documentos financieros básicos que deben presentar al Servicio de Impuestos Internos, las fundaciones tienen que rendir pocas cuentas por la forma en que son dirigidas, a quiénes emplean y qué salario pagan a los empleados.

El argumento de Fleishman es que estos organismos no pueden conformarse con «hacer el bien». Deben ser más rigurosos en cuanto a la eficiencia y utilidad del dinero desplegado, abordar los problemas más urgentes de la sociedad y establecer metas y puntos de referencia para su desempeño. El acuerdo entre la sociedad y las fundaciones debe ser este: estas últimas están exentas de impuestos, pero a cambio tienen que demostrar a los contribuyentes el valor que aportan a la sociedad.

EL FUTURO DE LA FILANTROPÍA

Toda la riqueza excedente que genera la sociedad tiene que ir a alguna parte. Como señala Fleishman, cada día aparecen fundaciones nuevas y acaudaladas. El autor, que publicó el libro en 2007, indicó que en el período de treinta años que iba entre 1979 y 2009 probablemente se duplicaría la cantidad de fundaciones.

Pero las fundaciones tradicionales parecen estar dando paso a los «filántropos empresariales». Se trata de nuevos magnates, a menudo muy jóvenes, como el fundador de eBay, Pierre Omidyar, y los de Google, Larry Page y Sergey Brin, que quieren llevar las mismas habilidades empresariales que les permitieron construir sus respectivas empresas a la solución de los problemas sociales. Muchos están optando por mezclar medios lucrativos con otros sin ánimo de lucro para lograr sus objetivos.

Otra tendencia son las asociaciones estratégicas. Las fundaciones Sloan, Rockefeller y Gates, por ejemplo, se han unido para financiar la Iniciativa Internacional para la Vacuna contra el Sida, y las fundaciones Gates y Rockefeller han constituido la Alianza para una Revolución Verde en África, que aglutinará las décadas de experiencia de la Fundación Rockefeller en agronomía con el dinero de la fundación de Gates. Esta combinación de fuerzas puede dar lugar a una nueva ola caritativa que puede valorarse en millones de dólares.

Comentarios finales

Sobre la base de extensas entrevistas y estudios de caso detallados, *Las fundaciones* es la guía contemporánea mejor documentada sobre las fundaciones. A pesar de que se centra en las estadounidenses, estas son representativas de cómo se vehicula benéficamente la inmensa mayor parte de la riqueza privada del mundo. Fleishman señala que las partidas con fines benéficos crecerán enormemente en Estados Unidos en el siglo XXI; se estima que llegarán a ser de 41 *billones* de dólares de aquí a 2050. Estamos entrando pues en una edad de oro para la filantropía, pero esperemos que se ponga un mayor énfasis en la medición de los resultados.

En medio de toda esta generosidad, es fácil olvidar de dónde salió el dinero y dar por sentados los muchos grandes avances científicos, programas sociales e instituciones que el dinero de las fundaciones han hecho posibles. Los legisladores y otros actores sociales tienen derecho a exigir una mayor rendición de cuentas a estas organizaciones, pero no deben ir demasiado lejos, como sugiere Fleishman con acierto: muchos de los resultados más contundentes de las fundaciones han sido fruto de su capacidad de actuar libremente sin dejar de mantenerse fieles a la visión de los donantes fundadores.

JOEL T. FLEISHMAN

Joel T. Fleishman es profesor de Derecho y Políticas Públicas en la Universidad Duke (Carolina del Norte), cargo que ha ocupado desde 1971, y también es director del Centro Samuel y Ronnie Heyman de Ética, Políticas Públicas y Profesiones. Es licenciado en Derecho por la Universidad de Yale.

Entre 1993 y 2001, Fleishman fue presidente de la Atlantic Philanthropic Service Company (hoy, Atlantic Philanthropies, la fundación de Chuck Feeney; ver el capítulo 15) y actualmente es miembro del Consejo de la Fundación John y Mary Markle y presidente del Consejo de Administración del Instituto Urban. También es directivo en la Polo Ralph Lauren Corporation y la Boston Scientific Corporation.

1962

Capitalismo y libertad

El gran logro del capitalismo no ha sido la acumulación de bienes; ha sido las oportunidades que ha ofrecido a los hombres y las mujeres de ampliar, desarrollar y mejorar sus capacidades.

Los grandes avances de la civilización [...] nunca han venido de un gobierno centralizado [...] Newton y Leibnitz; Einstein y Bohr; Shakespeare, Milton y Pasternak; Whitney, McCormick, Edison y Ford; Jane Addams, Florence Nightingale y Albert Schweitzer: ninguno de ellos abrió nuevas fronteras para el conocimiento y el entendimiento humanos, en el terreno de la literatura, en cuanto a las posibilidades técnicas o en cuanto al alivio de la miseria humana siguiendo directrices gubernamentales. Sus logros fueron el producto del genio individual, o de puntos de vista minoritarios fuertemente arraigados, o de un clima social que permitía la variedad y la diversidad.

En pocas palabras

Es el libre mercado, no los gobiernos, el que asegura la protección de los derechos individuales y elevados niveles de calidad, y el que proporciona una prosperidad extraordinaria a quienes la buscan.

En la misma línea

Ayn Rand. *Capitalismo: el ideal desconocido* (pág. 334)
Adam Smith. *La riqueza de las naciones* (pág. 370)

Capítulo 18

Milton Friedman

Capitalismo y libertad, una obra importante de la economía y la filosofía política del siglo XX, empieza de forma polémica. Friedman afirma que la famosa declaración de John F. Kennedy en su discurso inaugural como presidente de Estados Unidos –«No preguntes qué puede hacer tu país por ti; pregunta qué puedes hacer tú por tu país»– no estaba a la altura del papel del individuo en una sociedad libre.

El gobierno, escribe, no debería ser el patrón del individuo, ni deberían considerarse las personas siervas de él. En una democracia real, la nación existe solamente por la voluntad del pueblo; los gobiernos son un medio hacia un fin, nada más.

Capitalismo y libertad es una reiteración de las palabras del economista escocés Adam Smith (ver el capítulo 45) casi dos siglos antes: dejada a su propia suerte y libre de un excesivo control gubernamental, la gente prospera y crea comunidades civilizadas. Sin embargo, en el siglo XX, frente a varios experimentos socialistas y a la creciente intervención de Estados en los países occidentales, el recordatorio de Friedman pasó a ser perentorio. Estableciendo una clara conexión entre la libertad económica y la libertad política, mostró que los mercados libres no eran un lujo, sino la base misma de la libertad personal y política.

CÓMO SE PROTEGEN LOS MERCADOS LIBRES

Históricamente, la libertad política ha seguido al surgimiento de los mercados libres y las instituciones capitalistas. Esto se debe, señala Friedman, al hecho de que una economía privada saludable proporciona de forma natural un control sobre el poder del estado.

Por ejemplo, a pesar de que eran oficialmente perseguidos, en la época medieval los judíos siguieron prosperando, porque podían operar como comerciantes. Los puritanos y los cuáqueros pudieron trasladarse a Estados Unidos gracias a que habían acumulado fondos en el mercado relativamente libre de Gran Bretaña, a pesar de estar bajo el peso de otras restricciones.

Cuando los monopolios y las barreras comerciales son la moneda corriente, también lo es el tratamiento especial de un grupo social, racial o religioso sobre otro; la capacidad de «mantener a la gente en su lugar» sigue estando ahí. En un mercado verdaderamente libre, la eficiencia económica permanece separada de características irrelevantes como el color de la piel o la fe que se profesa. Comenta Friedman: «Quien compra pan no sabe si este se hizo a partir de trigo cultivado por un blanco o por un negro, por un cristiano o por un judío». Además, un empresario que favorezca a un grupo sobre otro estará en desventaja, en el mercado, en relación con otro que no lo haga, y uno que haga caso omiso a este tipo de diferencias entre los proveedores tendrá más posibilidades de elegir a quiénes comprar y, por lo tanto, de abaratar los costes.

Durante el período de la lista negra de actores y guionistas de Hollywood como resultado de la caza de brujas anticomunista del senador McCarthy, muchos escritores continuaron trabajando de todos modos, a menudo bajo nombres falsos. Sin la existencia de un mercado impersonal que requiriese sus servicios, habrían perdido su medio de vida. En una sociedad comunista, señala Friedman, esta situación habría sido imposible, ya que todos los trabajos son controlados por el estado. Otro ejemplo: a Winston Churchill se le prohibió hablar en contra de Hitler en la radio de la BBC en los años posteriores a la llegada al poder del canciller alemán, porque el asunto se consideró demasiado controvertido. Es poco probable que esto hubiera sucedido si la BBC no hubiera sido un monopolio del gobierno. El mensaje de

Friedman es este: los gobiernos a menudo tratan de proteger a los ciudadanos de todo tipo de situaciones, por lo que no ven que la «mano invisible» que opera en los mercados libres y abiertos –ya estén centrados en el comercio de bienes, la mano de obra o la información– de alguna manera se las arregla para proporcionar una protección mucho mayor de las libertades personales.

La idea de que los mercados libres hacen esto era exactamente lo contrario de lo que los intelectuales venían proclamando durante la mayor parte del siglo XX. Al individuo se lo veía vulnerable frente al poder corporativo y necesitado de protección gubernamental. Este punto de vista surgió a partir de los horrores de la Gran Depresión, que fue vista como el gran fracaso de los mercados. De hecho, como sostiene Friedman en *Capitalismo y libertad*, tal crisis económica fue en gran medida un fracaso del gobierno.

INTERVENIR EN EL MERCADO

Tanto el pleno empleo como el crecimiento económico han sido presentados como razones por las que los gobiernos deberían tener más control sobre la economía. La Gran Depresión, se dice invariablemente, es sin duda la prueba de la inestabilidad inherente de los mercados dejados a su propio albedrío.

En realidad, afirma Friedman, fue causada por la mala gestión gubernamental. El Sistema de la Reserva Federal del Gobierno de Estados Unidos hizo un uso torpe de las palancas del sistema monetario (en concreto, no incrementó la oferta de dinero tras los colapsos bancarios), de modo que convirtió lo que habría sido una contracción de uno o dos años de duración en una catástrofe. Los «errores de unos pocos hombres» causaron una miseria indecible a millones, que podría haberse evitado si el mercado hubiese sido realmente abandonado a su suerte. Si bien acepta que corresponde a los gobiernos crear un sistema monetario estable, esta responsabilidad es muy seria y debería estar muy limitada.

En su capítulo sobre política fiscal, Friedman hace la observación de que el gasto público keynesiano para poner en marcha mercados estancados o deprimidos no es más que «mitología económica», no demostrada por estudios empíricos. Puede ser que todos los dólares gastados tengan su efecto, pero la consecuencia real es un aumento de los gastos del gobierno y, por muy buena que sea la intención, la mayor parte de dicho dinero se asignará de forma ineficiente.

EL PROGRESO TIENE LUGAR POR MEDIO DE LAS PERSONAS, NO DE LOS GOBIERNOS

Nunca faltan «buenas razones» por las que los gobiernos deberían implicarse en resolver disfunciones sociales o del mercado. A veces las buenas intenciones coinciden con unos logros impresionantes. En referencia a Estados Unidos, Friedman aplaude, por ejemplo, la creación del sistema nacional de autopistas, la construcción de grandes presas, el sistema de escuelas estatales y algunas medidas a favor de la salud pública.

Sin embargo, la mayor parte de los avances en cuanto al nivel de vida del pueblo estadounidense han surgido del ingenio particular y no han tenido nada que ver con el gobierno. La prosperidad ha llegado a pesar de todas las leyes y «proyectos», no gracias a ellos. En general, el exceso de regulaciones «obliga a las personas a actuar en contra de sus intereses inmediatos con el fin de promover un interés supuestamente general».

Friedman incluye una famosa lista de áreas que son objeto de intervención gubernamental que, según él, no deberían serlo, puesto que la intervención no está justificada. Estas áreas son los aranceles y cuotas de importación, los subsidios a los agricultores, los controles de los alquileres, los salarios mínimos, la regulación del sector industrial –incluidos los bancos, el transporte, la radio y la televisión–, los programas de planes de pensiones que hacen que las personas aparten una cierta cantidad de dinero para la jubilación, las viviendas públicas, la concesión de licencias para ejercer profesiones y el servicio militar obligatorio en tiempos de paz.

Si bien todas estas políticas suenan bien en teoría, en realidad tienen a menudo los efectos contrarios a los que se pretendían. Por ejemplo, el salario mínimo estadounidense estaba dirigido en parte a aliviar la pobreza de los afroamericanos; lo que ocurrió en realidad fue que se disparó la tasa de desempleo entre los adolescentes de color. La vivienda pública fue concebida para mitigar la escasez; en cambio, creó bolsas de pobreza. Con las políticas de seguridad social se pretendía proporcionar una red de apoyo a quienes no podían trabajar, pero dio lugar a individuos dependientes que de otro modo podrían haber contribuido a la economía. La conclusión reprobatoria de Friedman: «La concentración de poder no pasa a ser inofensiva por el hecho de que quienes la han llevado a cabo tengan buenas intenciones».

Según él, no hay más que dos posibles maneras en que una sociedad puede organizar su actividad económica:

- Mediante la centralización y la coerción.
- Mediante la facilitación de un mercado para el comercio de bienes y servicios.

El impulso hacia la centralización empieza por lo general con un espíritu de buena voluntad, pero al cabo de poco tiempo el poder se vuelve más importante y «los fines justifican los medios». La coacción y la violencia se consideran un pequeño precio que pagar en nombre del glorioso sueño de la igualdad.

En un país libre, sin embargo, el debate abierto y la cooperación voluntaria son los medios para lograr cualquier objetivo. Puede ser una manera más lenta de alcanzar metas, pero es más segura y menos peligrosa. La belleza de los mercados está en la forma en que permiten la unanimidad sin que tenga que caerse en el conformismo; surge una dirección, pero no se obliga a nadie a hacer nada.

LA LIBERTAD, PRIMERO; SEGUNDO, LA IGUALDAD

Friedman sostiene que la desigualdad es siempre menor en los países capitalistas. Muchos no estarán de acuerdo con esto y señalarán por ejemplo la enorme brecha existente entre el ejecutivo de una empresa que gana 10.000 dólares al día y alguien que trabaja en una tienda y gana 20.000 al año. Sin embargo, Friedman señala que incluso una persona que percibe un sueldo bajo en una economía capitalista vive mejor que como vivían las clases privilegiadas hace un siglo. No tienen que llevar a cabo un trabajo agotador, la atención médica ha mejorado enormemente, cuentan al menos con la educación básica, viven con los sistemas modernos de fontanería y calefacción y tienen coches, televisión, radio, teléfono y variadas formas de entretenimiento. Las personas ricas y los miembros de la realeza de otros tiempos solo podían haber soñado con todo ello. Incluso los individuos a quienes no parece irles bien dentro del capitalismo disfrutan de muchas ventajas. Por el contrario, en los sistemas sociales estratificados y en el comunismo lo «bueno» siempre parece llegar solamente a aquellos que están en la parte superior de la pirámide.

Friedman escribe que el núcleo de la filosofía liberal es que la gente tiene los mismos derechos y las mismas oportunidades. Esto no quiere decir que la riqueza deba estar uniformemente repartida. Si todo el mundo se enriquece en un sistema capitalista, este es un subproducto agradable de la libertad, pero no es su propósito. El propósito de un sistema libre, capitalista, es la libertad del individuo. Lo que haga cada uno con esta libertad es cosa suya.

Comentarios finales

En el prefacio a la edición de 1982 Friedman señala que, aunque había señales de cambio, Estados Unidos y otros países occidentales todavía tenían un largo camino por recorrer hacia la reducción del peso de los gobiernos. Ronald Reagan y Margaret Thatcher se contaban entre los admiradores de Friedman y trataron de hacer que sus gobiernos tuviesen poco peso, pero ni el uno ni la otra se aplicaron a la hora de reducir el nivel de gasto público. Hoy en día, la agricultura sigue gozando de una elevada protección, el libre comercio continúa siendo un objetivo y no una realidad, y en la mayoría de los países el gasto público como porcentaje del producto interior bruto se ha mantenido igual o ha crecido. Pese a las infinitas pruebas de lo contrario, parece que los gobiernos todavía creen que saben qué es lo mejor para la gente.

The Economist describió a Friedman como «el economista más influyente de la segunda mitad del siglo XX [...] posiblemente de todo el siglo». Su influencia no solo radica en lo que dijo, sino también en el hecho de que fue capaz de decirlo a los no economistas. Hasta que se publicó *Capitalismo y libertad* era poco conocido fuera del mundo académico, pero el libro (del que se han vendido más de medio millón de ejemplares) elevó su perfil público, al igual que lo hicieron sus trescientas columnas en la revista *Newsweek* y su popular serie de televisión *Free to Choose*.

Capitalismo y libertad puede cambiar tus creencias sobre la moral económica. Es posible que hayas asumido que el gobierno que interviene para «ayudar» más a la gente es moralmente superior, pero Friedman muestra cómo los sistemas económicos y políticos libres garantizan la dignidad de las personas en una miríada de formas a menudo inesperadas.

Los países que se han moldeado según las ideas de Adam Smith y Milton Friedman deberían, en teoría, ser monstruos del consumismo egoísta. Pero como señaló este último, la gente quiere ser libre no solo para poder hacerse rica, sino para vivir de acuerdo con unos valores que están profundamente arraigados. La prosperidad no consiste solo en ganar dinero, sino también en la libertad de vivir como uno quiere.

Biografía del autor en el Apéndice, página 438.

2005

La Tierra es plana

Hoy día es posible para más gente que nunca colaborar y competir en tiempo real con más personas en más tipos diferentes de trabajo, desde más puntos del planeta y en mayor igualdad de condiciones que en cualquier época anterior en la historia del mundo –gracias al uso de los ordenadores, el correo electrónico, las redes de fibra óptica, las teleconferencias y el nuevo software dinámico.

La riqueza y el poder se acumularán cada vez más en esos países, empresas, personas, universidades y grupos que tengan tres elementos básicos: la infraestructura para conectar con esta plataforma que ha convertido la Tierra en plana; la educación para conseguir que más individuos, dentro de ese país o ese grupo, lleven a cabo innovaciones en esta plataforma, trabajen a partir de ella o la aprovechen y, por último, una buena gestión para obtener el máximo rendimiento de esta plataforma y amortiguar sus peores efectos secundarios.

En pocas palabras

Los avances tecnológicos están creando unas «reglas de juego equitativas» gracias a las cuales personas y países previamente marginados pueden desempeñar un papel competitivo en la economía mundial.

En la misma línea

Milton Friedman. *Capitalismo y libertad* (pág. 162)
Paul Zane Pilzer. *Dios quiere que seas rico* (pág. 306)
Adam Smith. *La riqueza de las naciones* (pág. 370)

Capítulo 19

Thomas Friedman

En 2004 Friedman, premiado por sus columnas sobre asuntos exteriores y autor de un libro sobre la globalización, *The Lexus and the Olive Tree*, viajó a Bangalore –el Silicon Valley de la India– para averiguar por qué los indios habían comenzado a tomar el relevo de la creación de tecnología de la información y otros trabajos de mantenimiento que antes se habían llevado a cabo dentro del territorio de Estados Unidos y otros países ricos.

Descubrió que la India se estaba convirtiendo en un actor importante no solo en cuanto a la externalización de las tecnologías de la información sino también en áreas como la contabilidad y la radiología. En el este asiático se encontró con una historia similar. A pesar de que Japón y China han mantenido históricamente una relación incómoda, Japón había comenzado a externalizar servicios de introducción de datos y desarrollo de *software* a China, especialmente a Dalian, el Silicon Valley chino. En Estados Unidos, Friedman se sorprendió al descubrir que las aerolíneas JetBlue estaban «hogarizando» su servicio de reserva de vuelos derivándolo a amas de casa que trabajaban desde sus hogares en Salt Lake City (Utah).

Estos y otros muchos ejemplos convencieron a Friedman de que los desarrollos bastante recientes en el campo de la tecnología de la información habían nivelado el campo de juego del mundo, que se había creado una nueva economía global «plana» que estaba permitiendo a las personas y las pequeñas organizaciones competir entre ellas –y colaborar unas con otras– como nunca antes. La globalización no estaba solamente haciendo que los bienes y servicios fuesen más baratos para los habitantes del mundo rico sino que estaba enriqueciendo a los proveedores, donde fuera que viviesen.

La Tierra es plana fue publicado por primera vez en 2005 y se convirtió en un éxito de ventas en todo el mundo. Debido a las continuas novedades tecnológicas del mercado y a la necesidad de explorar sus implicaciones con mayor profundidad, se publicó una segunda edición en 2006, seguida de otra con nuevos capítulos en 2007. Con más de seiscientas páginas, el libro contiene cientos de ideas, ejemplos y anécdotas que no es posible sintetizar aquí. Los temas siguientes constituyen una muestra de lo que se trata en él.

CÓMO SE APLANÓ EL MUNDO

Para preparar el escenario, Friedman se remonta a los orígenes de la globalización para mostrar que el «aplanamiento» ha estado ocurriendo durante mucho tiempo. Divide el proceso en tres épocas. La globalización 1.0 tuvo lugar entre 1492 y 1800 y consistió en la exploración, por parte de ciertos países, de las oportunidades globales, a partir del «descubrimiento» de América por parte de Colón. Durante la globalización 2.0, desde alrededor de 1800 hasta el año 2000, las empresas se convirtieron en los principales actores de la economía mundial. Muy recientemente, desde aproximadamente el año 2000, la globalización 3.0 ha permitido a los individuos competir y colaborar a escala mundial, lo cual ha supuesto que se incorporaran al juego muchas más personas que no viven en Occidente.

Un puñado de factores clave, o «aplanadores», permitieron el desarrollo de la globalización 3.0. En el frente político, el evento clave fue la caída del muro de Berlín en 1989, que «inclinó la balanza del poder en todo el mundo hacia los que abogan por la gobernabilidad democrática, consensuada, orientada al libre mercado, y la ha alejado de los que abogan por gobiernos autoritarios con economías planificadas desde un centro». Este desarrollo ayudó a que el mundo fuese percibido como «un solo mercado único, un solo ecosistema y una sola comunidad».

En el terreno de la tecnología, la popularización de los ordenadores personales resultó fundamental. A partir de mediados de la década de los noventa, el poder de los PC aumentó en gran manera con la conectividad global que ofrece Internet, la red de alcance mundial (World Wide Web) y la interfaz de navegación Netscape. Además, la inversión masiva por parte de las compañías de telecomunicaciones en las líneas de fibra óptica a escala mundial significó que de pronto pasó a ser muy barato comunicarse y enviar archivos de gran tamaño desde cualquier sitio a cualquier otro. La India aprovechó muy bien esta infraestructura económica para aparecer con un conjunto de ingeniosas soluciones de externalización.

Esta conectividad se vio también incrementada por el *software* de gestión de procesos de trabajo, que permitió que los proyectos se dividieran en partes y se completasen en distintos lugares del mundo, para ser posteriormente reintegrados. Además, los motores de búsqueda como Yahoo! y Google dieron a todos acceso a un universo de información en tiempo real. Se esperaba que esto permitiera a las empresas de comunicación difundir fácilmente sus contenidos a muchos más millones de personas. De hecho, el efecto más potente ha sido que los individuos están subiendo sus propios contenidos a la Red a través de vías tales como blogs, Wikipedia y *podcasts*. Estos avances se han mejorado aún más por lo que Friedman llama «esteroides» –tecnologías adicionales como la conectividad inalámbrica que permiten a la gente trabajar y manejar información fuera del lugar de trabajo habitual.

La convergencia de estos cambios hacia el año 2000 condujo a formas de comercio totalmente nuevas. La India se convirtió en un núcleo importante de servicios de externalización, China se erigió en un fabricante líder para el mercado mundial y empresas como Wal-Mart y Dell fueron pioneras de las «cadenas de suministro» hipereficientes, que implicaban redes globales complejas de fabricación y distribución. La convergencia, escribe Friedman, era nada menos que «la fuerza más importante de la conformación de la economía y la política mundial a principios del siglo XXI».

El resto del libro explora las implicaciones de estos cambios.

UN NUEVO MUNDO DEL TRABAJO

El proceso de aplanamiento está trasladando algunos puestos de trabajo a otros países y está acabando con otros. Sin embargo, surgirán nuevas categorías de puestos de trabajo para optimizar el uso de la nueva plataforma plana. Estos incluirán los «colaboradores», que coordinan esfuerzos horizontalmente dentro de las empresas y entre ellas; los «sintetizadores», que integran áreas dispares del conocimiento de manera innovadora; los «explicadores», que pueden explicar asuntos complejos a cualquier tipo de público; los «personalizadores», que crean valor por medio de proporcionar el toque humano a los servicios y productos, y la «gente verde», que tiene el conocimiento y las habilidades para solucionar los problemas ambientales.

Estos nuevos tipos de puestos de trabajo se basan en el conocimiento existente, pero requieren formas de implementación distintas. Friedman apunta que:

> *[...] nunca fue bueno ser mediocre en el trabajo, pero en un mundo de paredes la mediocridad aún podía permitirte ganar un sueldo decente [...] En un mundo más plano, realmente no te conviene ser mediocre o carecer de pasión por lo que haces.*

En resumen, un mundo plano está trayendo una reestructuración de las formas tradicionales de trabajo, en que solo aquellos que aman lo que hacen y proporcionan un valor único van realmente a prosperar.

LA VERDADERA EDUCACIÓN

A medida que cambian los empleos y la competencia se intensifica, comenta Friedman, la formación proporcionará la clave para sumar valor. Debe convertirse en fundamental para el funcionamiento de una sociedad dada, por medio de combinar la enseñanza tradicional con las nuevas tecnologías, y debe fluir a través de las fronteras convencionales del trabajo, la escuela y el hogar. Si no estás aprendiendo constantemente, puedes estar seguro de que alguien con un trabajo similar al tuyo lo está haciendo.

La formación debe girar de nuevo en torno a la verdadera pasión y la auténtica curiosidad, de modo que se desarrolle el hábito vital de la autoeducación. Siempre será necesario un núcleo de conocimientos técnicos, pero Friedman señala, astutamente, que el pleno desarrollo del potencial requerirá también una educación generalista, en artes liberales, y el estímulo del pensamiento del hemisferio derecho. Esto permite a la gente «conectar los puntos» entre distintas disciplinas, lo que conduce a una mayor creatividad e innovación.

EL PAPEL DE LOS GOBIERNOS

Friedman sugiere que, en un mundo que se va aplanando, el papel de los gobiernos será esencialmente asegurar que los mercados sean libres, por medio de retirar las actuales formas de proteccionismo que aíslan a la gente del mundo real, lo que la va a perjudicar económicamente a largo plazo. En el plano activo, los gobiernos tendrán que centrarse en promover un contexto físico y social que permita a la gente sacar el máximo provecho de la nueva plataforma que es el mundo plano, a la vez que limitan sus inconvenientes. Tendrán que invertir fuertemente tanto en infraestructuras físicas convencionales –como carreteras y saneamiento– como en infraestructuras de alta tecnología, para que, por ejemplo, todos los ciudadanos tengan acceso a la banda ancha. En el aspecto social, deben mantener el estado de derecho, para que las interacciones humanas puedan tener lugar en un ambiente de confianza. Al mismo tiempo, tendrán que simplificarse los trámites burocráticos, a fin de que la innovación no se vea obstaculizada. Para ayudar a las personas a mantenerse al día en un mundo más competitivo y a adaptarse a los cambios de los mercados laborales, medidas tales como permitir que los beneficios o prestaciones laborales puedan transferirse de un empleo a otro y apoyar el aprendizaje permanente también serán importantes.

Irlanda se pone como ejemplo de implicación muy lograda por parte del gobierno. En el plazo de una generación, reformas como la educación universitaria gratuita, el sistema nacional de salud y la atracción de inversión extranjera han convertido a este país en el segundo más rico (per cápita) de Europa, por delante de Alemania, Francia y Gran Bretaña. Nueve de las diez principales compañías farmacéuticas del mundo y siete de las diez principales empresas de *software* están presentes en Irlanda, y Dell es su principal exportador. En el pasado, lo que más «exportaba» Irlanda era a su gente; ahora que ha invertido fuertemente en ella, es su mayor activo.

ASUNTOS CULTURALES

El vínculo entre la cultura y el éxito económico es visto a menudo como un tema complejo y que suscita sensibilidades, pero Friedman no tiene miedo de irrumpir con la opinión de que los «intangibles» como la apertura a la innovación, la adaptabilidad, la austeridad, la tenacidad, la paciencia y el trabajo duro son lo que determinará el éxito o el fracaso de una nación. Ahora que la tecnología derriba los muros de los países, las ventajas o inconvenientes de estas diferencias culturales quedan a la vista.

Friedman se muestra más ambivalente acerca de cómo el aplanamiento afectará a la cultura misma, y tal vez con razón, dada la falta de precedentes de una intensificación tal de los contactos y las mezclas culturales a escala global. Por un lado, el aplanamiento podría fomentar la diversidad cultural, por ejemplo permitiendo a los individuos «llevar» su cultura local al mundo. Por otro lado, dado el predominio cultural de Estados Unidos con respecto a la tecnología y los medios de comunicación, podría dar lugar a una homogeneización cultural, en un grado que no se puede precisar. En cualquier caso, el genio ha salido de la botella. La cuestión clave es cómo se adaptan los individuos, las empresas y los gobiernos para poder prosperar en función de sus propios objetivos.

Curiosamente, a pesar de su enfoque en la tecnología, Friedman destaca la importancia de las cualidades personales para triunfar en el nuevo panorama. Señala que, en un mundo que se aplana, «la competición más importante la tienes ahora contigo mismo. Debes asegurarte de que permaneces esforzándote para sacar el máximo provecho de tu imaginación, y luego actuar a partir de ella». La imaginación, la visión, el trabajo duro y la tenacidad: estas parecen ser las constantes en la consecución del éxito personal y económico, y en un mundo en el que la tecnología es el gran nivelador, se vuelven aún más valiosas.

Comentarios finales

La Tierra es plana es una lectura fascinante que, fiel al estilo de su autor, a menudo parece consistir en una serie de artículos de revistas relacionados entre sí. Friedman es un prolífico generador de palabras, y te llevará mucho tiempo leer todo el libro.

Su temática audaz, junto con el elevado perfil mediático de Friedman, han hecho que esta obra recibiese muchas críticas, como las siguientes:

- Su tesis parece basarse en información y opiniones obtenidas a partir de «hablar con los amigos de las altas esferas» (Friedman parece capaz de conseguir entrevistas con gente de todo el mundo), lo que puede ser aceptable en el ámbito del periodismo, pero no es suficiente como base de una obra de economía política.
- El libro está impregnado de un sistema de valores basado en la creencia en el libre mercado y la dominación cultural y económica de Estados Unidos.
- Se subestima el poder de las corporaciones multinacionales y las consecuencias negativas de su enfoque centrado en los beneficios.
- La perspectiva de que lugares como África, e incluso la India y la China rurales, puedan participar realmente en un mundo plano, no está nada clara. (Como señala el propio Friedman, el sector de la alta tecnología implica únicamente al 0,2% de la población india; Bangalore es solo una pequeña parte de la India).

Si bien estos puntos pueden ser válidos, no hacen que la tesis general del libro sea errónea. El hecho es que vivimos en un mundo más conectado y, a pesar de que algunas regiones parecen haber quedado rezagadas, esto no contradice que la tendencia a largo plazo sea la expuesta. La historia puede proporcionarnos las mejores pistas en este caso. La revolución industrial de Gran Bretaña, por ejemplo, se concentró en sus principales ciudades; si uno se hubiese adentrado en el campo, tal vez no habría notado un gran cambio. Sin embargo, el cambio estaba teniendo lugar, y en el plazo de una o dos generaciones la sociedad y la economía se transformaron, de tal modo que Gran Bretaña pasó a ser el país más rico del mundo.

La Tierra es plana no afirma que el aplanamiento hará que todo el mundo, en todos los países, sea rico. Sí sostiene, no obstante, que gracias al acceso a la tecnología muchas personas tienen hoy día la oportunidad de participar en la economía mundial, una oportunidad que no existía hace tan solo diez años. Este debe ser un desarrollo positivo.

THOMAS FRIEDMAN

Nacido en 1953 en Minnesota, Thomas Friedman tiene una licenciatura en Estudios Mediterráneos por la Universidad Brandeis y un máster en Estudios de Oriente Medio por la Universidad de Oxford. Como periodista, su enfoque ha sido el Oriente Medio, primero con United Press International, *luego con* The New York Times. *Su obra ha sido galardonada con tres premios Pulitzer. Friedman también organizó varios documentales para Discovery Channel.*

Libros anteriores suyos son From Beirut to Jerusalem *(1989),* The Lexus and the Olive Tree: Understanding Globalization *(1999) y* Longitudes and Attitudes: Exploring the World after September 11 *(2002).*

Friedman está casado y tiene dos hijas. Vive en Bethesda (Maryland).

1992

DISCO DURO: LA CONSTRUCCIÓN DEL IMPERIO MICROSOFT

Gates se enganchó enseguida. Cada vez que tenía tiempo libre, corría hacia el instituto para adquirir más experiencia en el sistema. Pero Gates no era el único niño que se volvía loco con los ordenadores en Lakeside. Tenía que competir por el tiempo que pasaba delante del ordenador con un puñado de niños más que se sentían igualmente empujados hacia la sala, como atraídos por una potente fuerza gravitatoria. Entre ellos se encontraba un estudiante afable, Paul Allen, que era dos años mayor que Gates. Siete años más tarde, los dos compañeros de clase constituirían Microsoft, la empresa de nueva creación de más éxito en la historia empresarial de Estados Unidos.

En pocas palabras

En tu campo de trabajo, mira lo que puede lograrse por medio de «marcar la pauta». Con una visión grande y clara, puedes sacar el máximo partido de cualquier oportunidad que se cruce en tu camino.

En la misma línea

Richard Branson. *Perdiendo la virginidad* (pág. 70)
Peter Drucker. *La innovación y el empresario innovador* (pág. 116)
Anita Roddick. *Otra forma de hacer negocios: Anita Roddick y The Body Shop* (pág. 340)
Howard Schultz. *Pon tu corazón en ello: cómo Starbucks creó una empresa un vaso tras otro* (pág. 354)

Capítulo 20

James Wallace y Jim Erickson

Bill Gates es conocido sobre todo por ser el hombre más rico del mundo, gracias al asombroso éxito de la empresa que cofundó. Pero ¿qué sabemos realmente de él como persona y cuál es el secreto del éxito de Microsoft?

En la actualidad hay muchas biografías de Gates, pero *Disco duro: la construcción del imperio Microsoft*, escrita por dos periodistas de Seattle, sigue ofreciendo la mejor visión de los primeros años de Microsoft y lo que era trabajar bajo las órdenes de Gates. Es una lectura fantástica, mejor que muchas novelas. Si estás a punto de comenzar un negocio, puede ampliar tu pensamiento acerca de aquello a lo que deberías aspirar.

En otro nivel, si estás utilizando un sistema operativo o aplicación de Microsoft, es fascinante descubrir el largo camino que hubo que recorrer antes de que estos productos parecieran fáciles de usar. Aunque la empresa creció con una rapidez increíble, pasaron casi quince años antes de que Windows se convirtiera en un nombre familiar.

El libro fue escrito en 1992 y tan solo cubre los primeros quince años de Microsoft aproximadamente, pero estos fueron los más interesantes e instructivos en cuanto a lecciones para los creadores de riqueza.

VER EL FUTURO Y ACTUAR A PARTIR DE ESA VISIÓN

Es bien sabido que Gates empezó Microsoft con su amigo Paul Allen contando solamente diecinueve años de edad, después de haber abandonado la Universidad de Harvard. Sin embargo, para entonces ya era un programador experto, después de haber pasado los años anteriores trabajando con un ordenador primitivo en la escuela. Cuando estaba cursando el último año en el instituto, se le ofreció un puesto de trabajo (junto con Allen) remunerado con 165 dólares semanales para depurar el sistema informático de un contratista de Defensa. Su instituto, el culto y costoso Lakeside, ubicado en Seattle, le permitió tomarse todo un semestre libre para que pudiese aceptar el puesto.

Los dos muchachos habían estado hablando de fundar su propia compañía de *software* durante años y compartían la visión de que algún día casi todo el mundo poseería su propio ordenador personal (esto en la época en que los ordenadores llenaban habitaciones enteras y eran tan caros que solo las grandes corporaciones y los militares los tenían). ¿Por qué no habrían de ser ellos quienes proporcionasen los programas de *software*?

Los padres de Gates, sin embargo, esperaban que su hijo fuese a la universidad. En Harvard, quiso encontrar a personas que fuesen más inteligentes que él. Decepcionado, pasó mucho tiempo jugando al póquer, además de asistir a algunos cursos de matemáticas, pero aun así fue una etapa fructífera. Los autores señalan: «En Harvard, Gates leía libros empresariales mientras otros estudiantes varones leían el *Playboy*. Quería saber todo lo posible sobre la manera de llevar una empresa, desde la gestión del personal hasta la comercialización de los productos».

Cuando Allen vio un artículo en *Popular Electronics* sobre un nuevo «ordenador personal» que estaba construyendo una empresa llamada MITS en Nuevo México, él y Gates se dieron cuenta de que tenían que mover ficha. Volaron al sur y convencieron a la empresa de *hardware* de que podían crear un programa de *software* que haría que los entusiastas pudiesen utilizar el ordenador Altair.

Instalados en Albuquerque, se apresuraron a adaptar una versión del lenguaje de programación BASIC para el Altair. Gates lo puso todo en el nuevo negocio; se tomó solamente unos pocos días de descanso durante los dos primeros años. Pronto fue evidente que el valor real del ordenador era su *software*, y Gates y Allen estaban ansiosos de vender su programa a otros clientes. Finalmente pudieron zafarse del contrato con MITS y fueron libres de vender versiones del BASIC a otras empresas. Sorprendentemente, entre estas había grandes nombres como General Electric y NCR. El pequeño equipo comenzó a ganar dinero en serio.

Más tarde, después de que Microsoft se hubo trasladado a Seattle para estar más cerca de los padres de Gates, este le confesó a un compañero programador sus dos ambiciones:

> *[…] diseñar un software que hiciese que un ordenador fuese tan fácil de usar que incluso pudiese utilizarlo su madre y construir una empresa más grande que la firma de abogados de su padre.*

En 1981, después de haber llegado a un acuerdo con su Goliat, IBM, Microsoft ya había cumplido el segundo objetivo.

LOS CLIENTES PRIMERO; DESPUÉS LAS GANANCIAS

Los clientes potenciales que llegaban a la sede de Microsoft pensaban a menudo que Gates era el chico de los recados. Con veinticinco años aún parecía que tuviese diecisiete, y a menudo llevaba la camiseta manchada de pizza con la que había dormido la noche anterior. Pero una vez que el joven directivo empezaba a hablar, los clientes se olvidaban de su edad. Resultaba evidente que era un maestro, no solo en el apartado técnico, sino también de los negocios de la industria de la informática. Incluso escribía sus propios contratos, tomando cláusulas de los libros de texto de los abogados.

En su celo por los clientes, Gates fue primero a ganar cuota de mercado, ofreciendo a menudo precios demasiado bajos por el trabajo realizado e imponiendo plazos ridículos a sus programadores. Su filosofía de satisfacer al cliente en primer lugar y de poner las ganancias en segundo lugar situó a la empresa por delante de sus competidores. En los primeros tiempos, escriben Wallace y Erickson, «Gates sostuvo Microsoft a través de aplicarse a vender de forma incansable», por medio de llamadas telefónicas publicitarias y de arengar a los compradores potenciales hasta que cedían. Como haciéndose eco del consejo de Michael Gerber de «trabajar por el propio negocio, no en él» (ver el capítulo 21), Gates, aunque era un excelente programador, siempre estuvo un poco más inspirado por el negocio de Microsoft y hasta dónde podía llegar que por los productos mismos.

Gates era un comunicador intenso, dispuesto a hacer pedazos a cualquiera en el aspecto intelectual, de los negocios o de la programación. Sin embargo, también era capaz de escuchar y cambiar rápidamente de opinión si los hechos lo aconsejaban. Microsoft contrató a gente parecida al mismo Gates: personas con un coeficiente intelectual muy alto, apasionadas, dispuestas a trabajar durante todo el día. Cuando se acercaba una fecha de entrega, toda la empresa se veía abocada al frenesí; se pasaban noches en vela para cumplir con los plazos. Su costumbre de entrar en los aviones justo antes de que las puertas se cerraran era simbólica de su posición de llevar las cosas al límite. Es en este límite, comentó en una ocasión, «donde obtienes más a menudo un alto rendimiento».

VENTANAS DE RIQUEZA

El lema informal de Microsoft era: «Hemos marcado la pauta». Esta no era solo una inyección de moral vacía, sino que reflejaba las recompensas que obtendría la empresa que marcara la pauta de los sistemas y las aplicaciones. Y mediante el diseño de un *software* «tan fácil de usar que incluso pudiese utilizarlo su madre [de Gates]», la empresa encontraría un público universal para sus productos. En el famoso sistema operativo Windows (en inglés, «ventanas») convergieron las dos visiones. De todos modos, debemos tener en cuenta que el camino recorrido para llegar hasta ahí fue largo y pedregoso:

- La versión inicial requirió que treinta de los mejores programadores de la compañía estuvieran dos años creando y probando. Cientos de rapapolvos precedieron a la fecha de lanzamiento.
- Una vez lanzado el producto, fue un fiasco tanto por las críticas que recibió como por las ventas que logró. Una versión mejorada aún no maravilló al mundo.

- Windows 3.0, lanzado en 1990, finalmente cumplió las expectativas que se tenían desde el principio, y se vendieron tres millones de copias tan solo en el primer año.
- Incluso teniendo en cuenta los muchos elementos que tomó de la «interfaz gráfica del usuario» de Apple, llevó siete años fabricar Windows.

Hoy en día Windows da vida al 90% de los ordenadores personales del mundo, de modo que puede haber revolucionado la informática personal. Pero el *marketing* jugó un papel vital para que se consolidase como el referente de este sector industrial.

Con este fin Microsoft contrató a Rowland Hanson, jefe de *marketing* de Neutrogena. En la industria de los cosméticos la marca lo es todo, y Hanson consideró que, asimismo, en la industria informática contar con un buen *software* era tener ganada solo la mitad de la batalla. Para lograr realmente el éxito, Microsoft debía tener su nombre relacionado con sus productos. La gente tenía que querer no solo programas, sino los programas *de Microsoft*. El objetivo de Hanson, dicen los autores, era «hacer de Microsoft la Sara Lee de la industria del *software*».

Tras el éxito de Windows 3.0, Windows se convirtió efectivamente en una marca famosa, con un logotipo igualmente famoso. De hecho, ha sido una fuente de ingresos asombrosa para Microsoft, con el sistema Windows 10.0 como su última encarnación. Al marcar la pauta, aun cuando esta no era considerada por muchos la mejor del sector, Microsoft encontró (para disgusto de IBM) que el dinero real estaba en el «alma» de la máquina –en su *software*– más que en unos pedazos de metal y plástico moldeado.

Comentarios finales

¿Tenía algo especial el propio Gates que permitió que Microsoft se convirtiera en el no va más de la industria del *software* o se trató solamente de que apareció en el momento oportuno, además de que poseía la suficiente capacidad intelectual y de trabajo?

Lo que realmente hizo de Gates un caso aparte fue la audacia de su visión –«Un ordenador en cada escritorio y el *software* de Microsoft en todos los equipos»– y su brillo natural como hombre de negocios. Aunque es difícil de creer ahora, muchos individuos muy inteligentes pensaban a principios de la década de los ochenta que la informática personal no sería gran cosa; que las aplicaciones empresariales constituían el área de crecimiento real. Al apostar sus jóvenes vidas a lo primero, Gates y Allen cosecharon los beneficios, aunque sin duda la suerte también desempeñó un papel en todo ello. En la prisa que tuvo IBM para poner un ordenador personal en el mercado, tuvo que utilizar el *software* de otras compañías y crear una máquina construida con piezas no patentadas. Esto le dio a Microsoft una gran oportunidad, ya que la ubicuidad de los «clones» de IBM implicó que el *software*, y no los aparatos en sí, se convirtiera en el elemento valioso. También puede decirse que si Gates y Allen no hubiesen empezado por tener clara su visión, posiblemente no habrían sacado tanto partido de aquella oportunidad.

Además de ser una gran lectura, *Disco duro: la construcción del imperio Microsoft* destaca los beneficios de trabajar en una empresa «estrella». En términos de estrategia empresarial, es un negocio que duplica su tamaño cada año aproximadamente, ya que es el claro líder de su categoría, que se halla en rápido crecimiento. La mayoría de los primeros empleados de Microsoft, una vez que se introdujeron las opciones sobre las acciones, se convirtieron en multimillonarios. Charles Simonyi, por ejemplo, que supervisó el desarrollo de Microsoft Word y Excel, recientemente gastó 25 millones de dólares en unas vacaciones de dos semanas en la estación espacial rusa. Miles de otros empleados alcanzaron la bonanza por el hecho de trabajar en la empresa adecuada en el momento oportuno. Tenían que ser inteligentes para lograr un puesto en la empresa y luego trabajaron muy duro, pero su experiencia demuestra que si no vas a iniciar un negocio por tu cuenta, dar con el empresario correcto implica haber recorrido ya la mitad del camino hacia la riqueza.

JAMES WALLACE Y JIM ERICKSON

James Wallace y Jim Erickson escribieron Disco duro: la construcción del imperio Microsoft *mientras eran periodistas de investigación para el* Seattle Post-Intelligencer. *Wallace sigue siendo un prestigioso periodista de dicho periódico y escribió una secuela de* Disco duro*, titulada* Overdrive: Bill Gates and the Race to Control Cyberspace *(1997). Erickson es actualmente un acreditado reportero de la revista* Time *en Hong Kong.*

1995

El mito del emprendedor

No creo que tu negocio sea lo primero en nuestro orden del día. Eres tú.

Los seres humanos son capaces de realizar actos extraordinarios. Son capaces de ir a la Luna. Capaces de crear ordenadores. Capaces de construir bombas que nos pueden destruir a todos. Lo mínimo que deberíamos ser capaces de hacer es llevar un pequeño negocio que funcione.

Un negocio de aspecto disciplinado dice que mientras el mundo puede no funcionar, algunas cosas sí pueden hacerlo.

En pocas palabras

La clave de la verdadera prosperidad en los negocios es trabajar para tu propia empresa, no en ella.

En la misma línea

Peter Drucker. *La innovación y el empresario innovador* (pág. 116)
Guy Kawasaki. *El arte de empezar* (pág. 250)

CAPÍTULO 21

Michael E. Gerber

Nunca antes tanta gente ha tenido la idea de iniciar su propio negocio. Si este es tu caso, lee este libro antes de dar el salto. *El mito del emprendedor* salió a la luz en 1986 y fue un éxito de ventas; se vendieron más de un millón de ejemplares. La edición inicial se volvió bastante difícil de conseguir, pero por suerte Gerber sacó una nueva, *The E-Myth Revisited (El mito del emprendedor revisado)*, que contiene un nuevo prefacio y material revisado, pero conserva los mismos mensajes poderosos.

Pocas personas han llevado a cabo un mejor trabajo a la hora de presentar la anatomía de las pequeñas empresas, incluido lo que la gente realmente hace en ellas y lo que obtiene de todos sus esfuerzos. Gerber llegó a la conclusión, a partir de su trabajo de consultoría, de que quienes tienen pequeñas empresas generalmente trabajan demasiado por lo que obtienen. La «tiranía de rutina» significa que nunca disponen de tiempo de lanzar una mirada objetiva a lo que están haciendo. Su obra pretende ser una tabla de salvación para aquellos que están atrapados en el lodazal.

El libro consiste, en parte, en un diálogo que tiene lugar entre Gerber y una mujer con la que trabajó, Sarah, propietaria de una pastelería cuyos problemas y desafíos son perfectamente representativos de los que afrontan la mayor parte de las personas que comienzan un negocio. En concreto, el libro es una receta para recuperar el control sobre las propias horas de trabajo; en pocas palabras, para poder trabajar *para* el negocio, no *en* él.

EL NEGOCIO COMO FORMA DE AUTODESARROLLO

El mensaje sorprendente de *El mito del emprendedor* es que poner un negocio tiene tanto que ver con quién eres y quién quieres ser como persona como con el negocio mismo. Según Gerber, si eres desorganizado o codicioso, o si tu información acerca de lo que está sucediendo en tu negocio no es buena, este se convertirá en un reflejo de ello. Si tu negocio tiene que prosperar, te obligará a comprometerte con un proceso de desarrollo personal constante. Para que tu empresa cambie, tú también debes cambiar.

Gerber cita a Aldous Huxley: «Se intoxican con el trabajo para no ver cómo son en realidad». Si comienzas un negocio con pleno conocimiento de lo que significa para ti emprenderlo y sabiendo por qué lo estás iniciando, puede constituir una experiencia maravillosa. En cambio, si entras en él a ciegas, puede transformarse en una pesadilla, como lamentablemente descubren muchas personas.

EL MITO DEL EMPRENDEDOR

El «mito del emprendedor», señala Gerber, es la creencia de que cualquier individuo que abre un pequeño negocio es un emprendedor. Para él, los emprendedores en el sentido heroico de creadores de riqueza hercúleos son en realidad muy raros. La mayoría de la gente solamente quiere crear trabajo para sí misma y dejar de trabajar para un jefe. Su pensamiento es: «¿Por qué debe ganar mucho dinero mi jefe con lo que estoy haciendo?».

Los problemas comienzan porque esas personas pueden saber mucho sobre su especialidad, pero nada sobre el negocio en sí. El hecho de conocer su área desde dentro hacia fuera no las ha preparado para *dirigir* un negocio. De hecho, este se convierte en una carga para esas personas, ya que no están dispuestas a entregar las riendas del trabajo a nadie más. Como dice Gerber:

De pronto, el trabajo que esa persona sabía hacer tan bien se convierte en un trabajo que sabe cómo hacer más una docena de otros trabajos que no sabe cómo hacer en absoluto.

El nuevo empresario descubre que debe convertirse en tres personas en una:

- El técnico (quien hace el trabajo en sí).
- El gestor o gerente (que debe asegurarse de que todo esté organizado y que empuja al técnico para que se cumplan los objetivos).
- El emprendedor o empresario (el visionario o soñador que traza el rumbo general de la empresa).

Cada uno de estos roles se enfrenta con los otros, y la mayoría de la gente no los tiene bien equilibrados. Lo más habitual es que quienes empiezan una pequeña empresa tengan un 10% de emprendedor, un 20% de gestor y un 70% de técnico.

POR QUÉ VAN MAL LAS COSAS

El problema del técnico es que cree que la respuesta a cada problema es trabajar más duro. Cuando la pastelería de Sarah comienza a hacer aguas, ella piensa que preparar más y mejores tartas hará que se arreglen las cosas. No lo hará. Lo que necesita es dar un paso atrás y mirar el negocio como *negocio*. Gerber la obliga a preguntarse: ¿tienes implantado un sistema que funcione con eficacia, independientemente de quién esté trabajando en él? ¿O tu negocio es solo un lugar donde una mujer hace tartas y trata de venderlas? El patrón habitual de un técnico que empieza un negocio, apunta, es el siguiente: euforia, seguida por el terror, el agotamiento y la desesperación. Comienza a odiar aquello que una vez amó más: su trabajo.

Es fácil identificar lo que ocurre en los comienzos de una pequeña empresa: tú, como dueño, tratas de hacerlo todo. Al fin y al cabo, eres el único que sabe cómo hacerlo todo. Pero al crecer el negocio tienes que contratar a otra persona. Esto es un alivio; ahora ya no tienes que pensar en ese aspecto del negocio que no te gustaba (a menudo, este aspecto es llevar las cuentas).

Pero en algún momento ese empleado decide irse y el negocio vuelve a estar sumido en el caos. Tu respuesta es hacer más, trabajar más duro. Te olvidas de cualquier meta a largo plazo y te centras en el producto del día. Te das cuenta de que nadie puede sacar tu empresa adelante como lo haces tú, por lo que la empresa debe seguir teniendo unas dimensiones que te permitan hacer a ti todo el trabajo.

Gerber advierte que este punto en que un propietario no quiere salir de su zona de confort y sostiene el control como técnico es posiblemente el más peligroso para una pequeña empresa. Esta contracción es una tragedia. La moral del dueño se hunde y finalmente el negocio muere, porque ha llegado a sus límites naturales.

TOMA LA OPCIÓN MÁS AUDAZ

Esto no tiene por qué ser así. Gerber le dice a Sarah que «el propósito de montar un negocio es liberarse de un empleo de manera que puedas crear puestos de trabajo para otras personas». No se trata de estar «libre de un jefe», sino de llegar más lejos en tu campo de lo que podrías llegar si te limitases a trabajar solo para ti mismo. Se trata de crear algo grande a partir del trabajo de tu vida, algo que marque la diferencia y que, naturalmente, requiere más organización y recursos. Le explica que la cuestión clave no es lo pequeño que podría ser su negocio, sino lo grande que, de forma natural, podría llegar a ser si contase con los sistemas y la organización adecuados.

Gerber aconseja que lo primero que se haga si se toma la opción más audaz es cristalizar adónde se quiere ir con el negocio, por medio de escribir este objetivo. Le sorprende el hecho de que solamente algunas pequeñas empresas tengan sus objetivos por escrito, cuando «cualquier plan es mejor que ningún plan». Sin dicha meta o dicho plan, ¿debe sorprendernos la falta de dirección y de organización, y el pánico general que nubla la forma en que se gestionan estas empresas?

Para él, una empresa madura comienza de manera diferente que el resto. La mayoría de las grandes empresas empiezan con la visión de hacia dónde quieren ir. Tom Watson, el fundador de IBM, dijo: «Me di cuenta de que para que IBM se convirtiese en una gran empresa tenía que actuar como una gran empresa mucho antes de llegar a serlo». Watson tenía un modelo o visión y cada día trataba de que su negocio se ajustara a él, por exagerado que pareciera. Tenía una imagen en su mente de cómo sería y se vería la empresa «cuando finalmente se hubiera construido».

El único modelo de negocio del técnico es el trabajo, mientras que para el emprendedor el modelo es la propia empresa; el trabajo es secundario. Esta paradoja se resume en este comentario de Watson: «En IBM, todos los días estaban dedicados al desarrollo del negocio, no a hacer negocio».

De nuevo, este es el mensaje de Gerber: trabaja para tu negocio, no en él.

NECESITAS UN SISTEMA

Gerber menciona McDonald's como el ejemplo perfecto de negocio que «funcionó». La brillantez del concepto no es solamente la comida, sino un sistema que puede ser replicado miles de veces. Aunque al fundador de McDonald's, Ray Kroc, le encantaba la comida, le gustaba aún más la belleza del sistema que los hermanos McDonald habían desarrollado originalmente: su velocidad, sencillez y orden.

La mayoría de las pequeñas empresas creen que van a crecer gracias a contratar a personas brillantes, gerentes que puedan llevarlas a un nuevo nivel. De hecho, sugiere Gerber, esto es como disparar y errar el tiro. Lo que realmente necesitas son sistemas a prueba de idiotas y procedimientos que permitan que personas simplemente buenas hagan cosas extraordinarias, formas de hacer que garanticen que el cliente esté satisfecho, no gracias a individuos, sino al propio sistema. Puede parecer una manera fría de verlo, pero cualquiera que haya quedado encantado con la forma en que es dirigido un determinado hotel o un restaurante comprenderá la diferencia. Gerber comenta que si eres capaz de construir una gran empresa en torno a gente común, no tendrás que preocuparte por encontrar gente extraordinaria.

CREA UN MUNDO EN QUE IMPERE EL ORDEN

Tienes que orquestar, organizar y reglamentar tu negocio hasta los más pequeños detalles, puesto que la única certeza en un negocio es que el personal actuará de formas impredecibles. Con unos sistemas, normas y responsabilidades adecuados se elimina este riesgo, y como resultado el cliente obtiene lo que quiere todo el tiempo. Una empresa es como una máquina que genera dinero: cuanto más regules y afines la máquina, más claro será su valor.

Acaso digas: «Yo no puedo elaborar normas; ¡soy un maestro artesano en lo que hago!». Pero Gerber responde: ¿qué hace un maestro artesano cuando ha aprendido todo lo que tenía por aprender? Lo transmite a otras personas. Si cumples este deber, tu habilidad puede multiplicarse muchas veces. Si lo haces a través de un sistema empresarial, la expansión de tus conocimientos se beneficia del efecto palanca. Tu maestría se difunde a gran escala.

La mayoría de la gente, apunta Gerber, siente o bien una falta de propósito en sus vidas o bien una sensación de aislamiento de los demás. Una gran empresa puede llenar ambos vacíos, al proporcionar un sentido de camaradería y de orden que de otro modo no estarían presentes. Aporta más vida tanto a los clientes como a los empleados y proporciona un «punto de referencia fijo» (es una isla de calma deliberada en un mundo que de otro modo aparecería desordenado).

Comentarios finales

Gerber le pide a Sarah que imagine cómo dirigiría su negocio si fuese el modelo de otros cinco mil exactamente iguales. ¿Significaría la extensión de sus ideas y filosofía a una escala tan grande que habría agotado su negocio al repartirlo tanto, o bien sentiría que esto sería la expresión natural de un sistema que habría construido con amor y que merecería ser replicado?

El éxito de *El mito del emprendedor* se debió en parte al hecho de que coincidió con el auge de las franquicias empresariales. Gerber llama a las franquicias la «revolución llave en mano», ya que permite a alguien comprar el derecho a utilizar un sistema de negocio en el que todo lo que tiene que hacer (con algo de capital y una cantidad razonable de trabajo) es «girar la llave» para ponerlo en marcha y hacer que sea rentable.

Las franquicias se basan en la comprensión de que «el verdadero producto de un negocio es el negocio mismo». Sin embargo, aunque te puede ir muy bien con una franquicia, puede irte incluso mejor si inicias algún tipo de sistema de negocio tú mismo –como Sarah empieza a comprender.

El libro puede ponerse casi místico a veces, al citar a Carlos Castaneda, Roberto Assagioli y escritores zen como Robert Pirsig. Como Gerber confiesa que había sido un jipi escritor de poemas, esto no debe sorprender. Lo que sí sorprende es su inyección de sensibilidad espiritual a lo que es esencialmente un libro de negocios, y esto ha sido clave para el éxito de su obra. Es una lectura adictiva, ya que en última instancia trata acerca de quién eres y adónde quieres ir en la vida, más que de negocios. Haciéndose eco de su primer principio del éxito empresarial, Gerber señala:

> *Las grandes personas tienen una visión de sus vidas y practican emularla todos y cada uno de los días. Trabajan para sus vidas, no solo en sus vidas.*

El mito del emprendedor tiene a veces un aire un poco autopromocional, pero esto puede perdonarse en el contexto de sus potentes mensajes. El capítulo sobre la comercialización, que demuestra por qué es tan importante saber manifestar de forma clara qué es lo que se está vendiendo, hace que valga la pena desembolsar lo que cuesta el libro. Otro capítulo contiene la intrigante historia de una persona que, contra todo pronóstico, acabó logrando el éxito. Y espera a leer el interesante giro del final del libro.

Biografía del autor en el Apéndice, página 439.

1949

El inversor inteligente

[Aunque] las condiciones del negocio pueden cambiar, las corporaciones y los valores pueden cambiar y las instituciones financieras y las regulaciones pueden cambiar, la naturaleza humana sigue siendo esencialmente la misma. Así, la parte importante y difícil de la buena inversión, que gira en torno al temperamento y la actitud del inversor, no se ve muy afectada por el paso de los años.

La inversión inteligente es más una cuestión de actitud mental que de técnica.

Demasiadas personas inteligentes y experimentadas se dedican a tratar de burlarse entre sí en el mercado. El resultado, creemos, es que toda su habilidad y esfuerzos tienden a neutralizarse, o «cancelarse», por lo que la mayor parte de las conclusiones expertas y muy fundamentadas terminan siendo no más fiables que el lanzamiento de una moneda.

En pocas palabras

No seas alguien que «sepa el precio de todo y el valor de nada». A la hora de invertir en acciones, considérate copropietario de la empresa, no un comerciante.

En la misma línea

John C. Bogle. *El pequeño libro de la inversión con sentido común* (pág. 62)
Warren Buffett. *Los ensayos de Warren Buffett: lecciones para el mundo empresarial* (pág. 78)
Peter Lynch. *Un paso por delante de Wall Street* (pág. 266)

Capítulo 22

Benjamin Graham

Cuando Benjamin Graham comenzó a trabajar en Wall Street en 1914, los bonos del ferrocarril copaban la mayor parte de las inversiones. La inversión en acciones tal como la conocemos hoy en día era un asunto de iniciados y no del público en general, y se consideraban de alto riesgo en comparación con los bonos. El crac de 1929 y la depresión subsiguiente no hicieron más que acentuar esta impresión.

Sin embargo, el enfoque de Graham –llamado «el decano de Wall Street» y «el padre de la inversión en valores»– en el valor de las empresas en contraposición con la especulación sobre las acciones, mostró que era posible para la gente normal invertir sabiamente sin dejarse arrastrar por la histeria del mercado.

En las últimas décadas el perfil de Graham ha sido impulsado por el inversor multimillonario Warren Buffett, a quien aquel dio clases en la Universidad de Columbia y que después trabajó en la empresa de correduría Graham-Newman. Buffett ha descrito *El inversor inteligente* como: «De lejos, el mejor libro sobre inversión que se ha escrito nunca».

En un contexto de diversos trastornos políticos de posguerra, Graham consideró vital resaltar los principios de inversión que funcionaban, con independencia de los cambios que experimentasen la sociedad o el gobierno, o de las grandes oscilaciones del mercado. El libro aborda esencialmente la diferencia entre inversión y especulación, entre los precios a los que cotizan las acciones y el valor subyacente o real de las empresas que hay tras ellas. Su enfoque de la inversión requiere contemplar un horizonte a largo plazo, la capacidad de sintonizar con el «ruido» del mercado en el ínterin y tener la suficiente confianza en la inversión elegida como para no alterarse a causa de una catástrofe o una corrección de los mercados.

SÉ UN INVERSOR, NO UN ESPECULADOR

Graham señala que la «inteligencia» a la que alude el título del libro no es la del tipo listo o astuto, sino que tiene más bien relación con el carácter del inversor. El «inversor inteligente» de Graham no es el que busca un beneficio rápido, sino el que, con una visión a largo plazo, está dispuesto a conservar su capital; es el que puede mantenerse firme en sus principios de inversión frente a un mercado impulsado por las emociones.

Graham se queda con la diferencia entre inversión y especulación que ofrece en su anterior libro *Security Analysis* (otro clásico):

> *Una operación de inversión es aquella que, tras haber sido analizada a fondo, promete la seguridad del capital y una rentabilidad satisfactoria. Las operaciones que no cumplen estos requisitos son especulativas.*

Con la especulación o compraventa, señala, estás en lo cierto o estás equivocado, y la segunda opción resulta a menudo desastrosa. El inversor, por el contrario, se considera a sí mismo copropietario de una gran empresa; observa principalmente los resultados de dicha empresa y la calidad de su gestión.

La especulación inteligente existe, sostiene Graham, pero es peligrosa cuando las personas que piensan que están invirtiendo, en realidad están especulando. Cualquier compra de valores que llevas a cabo rápidamente, cuando no quieres perderte una «gran oportunidad», es probablemente especulación impulsada por las emociones del mercado.

El inversor inteligente no debería dedicarse a tratar de predecir la evolución del mercado. Esto lo convierte en un corredor de bolsa o especulador. La única ocasión en que un inversor tiene en cuenta las alzas y bajas del mercado es cuando decide comprar un valor en el que ya tenía los ojos puestos y puede obtenerlo a un precio bajo si la tendencia del mercado es bajista. Si un inversor empieza a «nadar con la marea especulativa» (en particular durante un mercado alcista, cuando parece fácil ganar dinero), perderá de vista las empresas en las que está invirtiendo y se centrará solamente en el precio de las acciones.

¿CÓMO ENCONTRAR EL VALOR?

Graham refleja que cualquier evaluación de las perspectivas a largo plazo de una empresa solo puede ser una conjetura. Si estas perspectivas son suficientemente claras, ya estarán reflejadas en la cotización de la compañía. Este es el motivo por el cual las acciones «de crecimiento» en general son caras y por qué rara vez ofrecen un buen rendimiento las empresas «sexis» que gustan a todo el mundo.

En su opinión, es mejor invertir en empresas sobre las que no haya predicciones dramáticas, en empresas «aburridas» que se pasan por alto y son infravaloradas. Graham señala que cuando una empresa pierde terreno frente al mercado global, los especuladores echan un manto de tinieblas sobre sus acciones y la dan por perdida. El inversor inteligente, sin embargo, se da cuenta de que esta es una reacción exagerada. Seguramente la empresa sigue vendiendo, tiene su cuota de mercado y puede ser que le dé la vuelta a la situación.

Un ejemplo de infravaloración que ofrece es Great Atlantic & Pacific Tea Company (A & P). En 1938 sus acciones se vendían a 36 centavos de dólar, un precio que significaba que la empresa se estaba evaluando por debajo del valor de su capital de trabajo (es decir, sus activos menos sus pasivos). No se tuvieron en cuenta todos sus depósitos y otros activos, así como su valor comercial por ser el mayor minorista de su tiempo.

Graham hace la observación de que no se gana realmente dinero en el mercado de valores por medio de la compra y la venta, sino por medio de tener la disciplina de comprar y conservar, ganando dividendos y esperando a que las percepciones del valor de la empresa se alineen con la realidad. Hacer esto requiere obviamente un grado de fortaleza psicológica; por eso afirma: «La inversión inteligente es más una cuestión de actitud mental que de técnica».

BUSCA EL MARGEN DE SEGURIDAD

El secreto de invertir con éxito, aventura Graham, se puede resumir en el lema «margen de seguridad». En términos técnicos, esto significa tener pruebas de que las ganancias de esa empresa están por encima de lo que se requiere para atender los intereses sobre la deuda, especialmente en el caso de que tenga lugar un declive significativo de las ventas o del mercado. El inversor inteligente siempre busca este parachoques, porque le permite prescindir de la necesidad de tener estimaciones precisas de los ingresos futuros de la empresa. El especulador no suele considerar que el margen de seguridad sea importante, pero es la piedra angular del inversor.

Hay dos maneras de invertir, señala Graham: el enfoque predictivo –o lo bien que crees que se va a comportar una empresa en el mercado dada su gestión, productos, etc.– y el enfoque de protección –que consiste en mirar solamente las estadísticas de una empresa, tales como la relación entre los precios de venta y las ganancias, los activos y el pago de dividendos–. Los inversores en valor están a favor de lo segundo, porque «no se basa en el optimismo, sino en la aritmética». El primer enfoque, en cambio, lleva a comprar a partir de corazonadas y no de los datos estadísticos y los razonamientos.

Gracias a las reacciones exageradas del «Sr. Mercado» es posible encontrar un margen de seguridad en los lugares más insospechados. Graham menciona los bonos inmobiliarios, muchos de los cuales se derrumbaron después de la crisis de 1929; algunos se devaluaron mucho, hasta llegar a cotizar a 10 centavos cuando lo habían hecho a 1 dólar. Con estas cotizaciones, los bonos especulativos de repente se convirtieron en una muy buena opción, pues contaban con un margen de seguridad que estaba muy por encima de los activos.

HAY DOS TIPOS DE INVERSORES

Dentro del esquema de valor y seguridad de Graham, hay espacio para ser un inversor defensivo o agresivo. Nos pone el ejemplo de una viuda a la que su marido lega 100.000 dólares, los cuales necesita para mantener a sus hijos. Obviamente, esta mujer tendrá que ser una inversora defensiva o conservadora. Sin embargo, un médico en la mitad de su carrera que puede apartar miles de dólares al año para invertir, o un joven que acaba de empezar y tiene ganas de invertir, ambos pueden ser más agresivos o emprendedores.

El inversor defensivo: seguridad + no tener que preocuparse

El principio rector de Graham para el inversor conservador es que deposite aproximadamente el 50% de sus fondos en bonos de alta calidad (o en cuentas de ahorro con una tasa de interés equivalente) y el otro 50% en empresas grandes, prominentes, financieramente conservadoras, que tengan un historial de pago continuo de dividendos y cuyo precio no sea de más de veinticinco veces sus ganancias anuales (esto excluye en general todas las acciones de crecimiento).

Cuando el mercado está peligrosamente al alza, este inversor puede reducir su exposición a los valores habituales a menos del 50%, o poner más del 50% en un mercado bajista para conseguir acciones baratas, pero buenas. Esta fórmula evita que el inversor se deje llevar por la histeria del mercado, y al mismo tiempo le expone a mayores rendimientos potenciales. Cuando el mercado caiga, señala Graham, este inversor se sentirá bien en comparación con sus amigos más audaces que habrán comprado acciones a lo grande.

El inversor agresivo o emprendedor: seguridad + una implicación más activa

La sabiduría convencional dice que si estás dispuesto a asumir mayores riesgos, obtendrás una mayor rentabilidad. Graham rechaza esto y reivindica que los altos rendimientos no están necesariamente relacionados con el riesgo, sino con dedicar más tiempo y esfuerzo a las actividades de inversión.

A quienes deciden llevar a cabo sus propias selecciones de valores pero requieren un margen de seguridad, Graham les da estos consejos, entre otros:

- Buscar empresas que tengan un historial de pago de dividendos constante a lo largo de los últimos veinticinco años, más o menos.
- No invertir en empresas con una relación precio-beneficio de más de diez.
- Al examinar el informe anual de una empresa, separar las ganancias y pérdidas no recurrentes o «excepcionales» de los resultados de explotación normales.
- No invertir en un sector industrial, sino en empresas. Por ejemplo, una gran cantidad de dinero fue a parar a acciones del sector del transporte aéreo en la posguerra y en la década de los cincuenta, pero varios factores indicaban que la industria en su conjunto estaba teniendo malos resultados financieros.

Si haces que tus fondos sean administrados por otros, Graham aconseja lo siguiente:

- limita la actividad de inversión que contrates a inversiones muy conservadoras o
- asegúrate de «conocer de forma inusualmente íntima a la persona [que va a administrar tus fondos] y tener una opinión favorable de ella».

Nunca sigas el consejo de quienes prometan rendimientos espectaculares. Cuidado también con obtener consejos de familiares o amigos, porque «se dan muchos malos consejos gratis».

Comentarios finales

Graham escribe en la penúltima página de *El inversor inteligente*: «La inversión es más inteligente cuando es más parecida a una operación empresarial». Warren Buffett pensaba que esta era la frase más sabia jamás escrita sobre el tema de la inversión. Graham quería señalar que quienes están en el mundo de las finanzas olvidan con demasiada facilidad el factor básico de la inversión: que tiene que ver con las empresas, y que comprar una acción significa ser copropietario de una determinada empresa. Tratar de ganar dinero más allá de los ingresos relacionados con el rendimiento de un negocio está jalonado de peligros.

Al reflexionar sobre si existían reglas de inversión que habían resistido la prueba del tiempo, Graham indicó que la mayor parte de las normas relativas a determinados tipos de valores (por ejemplo, «un bono es una inversión más segura que una acción») ya no eran válidas, mientras que las relativas a la naturaleza humana no caducaban (principios como «compra cuando la mayoría de las personas –incluidos los expertos– estén pesimistas y vende cuando estén activamente optimistas»). Todo cambia, incluidas las empresas, los reglamentos y la economía, pero la gente no lo hace, y son las personas las que impulsan los mercados. La «hipótesis del mercado eficiente» dice que los precios de las acciones son siempre un reflejo exacto del valor de una empresa y sus probables ganancias futuras, por lo que no es posible que nadie pueda «ganarle al mercado» de forma sostenida por medio de elegir acciones individuales. Ahora bien, ¿podría el fenomenal éxito de los inversores en valor como Warren Buffett, que basan sus juicios en el conocimiento de la naturaleza humana, ser solamente fruto de la casualidad?

En la introducción a la edición original de 1949, Graham señala con franqueza el riesgo de que su libro «no pueda superar la prueba de los futuros desarrollos», de la misma manera que sería dudoso que un libro de finanzas escrito en 1914 fuese relevante para los inversores de la década de los cincuenta. No obstante, *El inversor inteligente* es considerado por muchas personas –a pesar de sus muchas referencias a empresas que ya son historia– una obra bastante atemporal. La humildad del autor inspira confianza; tiene un estilo tranquilo y no se da aires frente al lector.

Aun cuando es una obra que lleva entre nosotros más de sesenta años, rara vez ha sido más popular, y aunque los comentarios y ejemplos cambian ligeramente de edición en edición, todos los principios que expone siguen siendo los mismos.

Biografía del autor en el Apéndice, página 440.

2002

Millonario en un minuto

Dondequiera que mires, incluso en los tiempos económicos de incertidumbre, un número creciente de personas están festejando increíbles banquetes de prosperidad, mientras que la mayoría del resto se conforma con las migajas que caen de la mesa. El viaje hacia la libertad financiera comienza en el MINUTO *en que decides que estabas destinado a la prosperidad, no a la escasez [...] Solo tardas un* MINUTO *en decidirlo. Decídelo ahora.*

En pocas palabras

Todos los que se hacen ricos en el mundo moderno conocen el poder de la palanca: utilizan los recursos y la tecnología de otras personas para multiplicar el efecto de lo que hacen.

En la misma línea

Robert G. Allen. *Múltiples fuentes de ingresos* (pág. 30)
David Bach. *El millonario automático* (pág. 38)
P. T. Barnum. *El arte de obtener dinero* (pág. 46)
Thomas J. Stanley y William D. Danko. *El millonario de la puerta de al lado* (pág. 378)

Capítulo 23

Mark Victor Hansen y Robert G. Allen

El formato de *Millonario en un minuto* es bastante inusual. A partir del reconocimiento de que diferentes personas aprenden y se inspiran de distintas maneras, es mitad novela (las páginas de la derecha) y mitad manual, sobre «cómo hacerlo» (las páginas de la izquierda).

La premisa de la novela que constituye la mitad del libro es simple: «¿Podrías ganar un millón si la vida de tus seres queridos dependiera de ello?». No solo podrías ganar un millón, sino que podrías obtenerlo rápidamente. La historia es la de una madre recientemente viuda que tiene que recaudar un millón de dólares en noventa días si quiere recuperar la custodia de sus hijos. La curva de aprendizaje que debe seguir es más pronunciada que la cara norte del Everest, pero su mera creencia de que es posible le permite encontrar a las personas adecuadas y desarrollar un producto ganador justo a tiempo. Todos los principios que aprende para lograr su objetivo se explican en la parte «izquierda» del libro.

A pesar del énfasis en ganar dinero dentro de un determinado plazo de tiempo, el título del libro es de hecho poco apropiado. Habría sido más adecuado que se titulase *El millonario inteligente*, ya que este es el verdadero tema que tratan Hansen y Allen: cómo crear riqueza de una manera que solo tenga efectos positivos.

EL MILLONARIO INTELIGENTE

Los tres principios del millonario inteligente son:

- No hacer daño: ser ético, honesto y buscar resultados en los que todas las partes salgan ganando.
- Hacer mucho bien: mejorar la vida de muchos; enriquecerse enriqueciendo a otros.
- Administrar de forma responsable: crear riqueza para poder darla; las bendiciones financieras deben ser compartidas.

Una persona así entiende la verdad de la máxima de Andrew Carnegie: «Nadie se hace rico a menos que enriquezca a los demás». Lo rico que llegues a ser será proporcional al valor que hayas aportado. Para recibir una riqueza considerable, debes crear algo que sea notablemente útil para los demás. El millonario inteligente es también un buen administrador de los recursos, por lo que, de forma natural, quiere acabar por devolver a la sociedad todo lo que ha recibido. El credo del millonario inteligente es:

Gano millones.
Ahorro millones.
Invierto millones.
Doy millones.

Hansen y Allen mencionan la idea de la «precesión», del científico disidente Buckminster Fuller. El intento de la abeja de conseguir néctar de las flores tiene otras consecuencias, unos efectos de precesión: permite la polinización cruzada de las plantas, lo cual perpetúa la vida y el crecimiento. De la misma manera, tus esfuerzos por crear nuevo valor y ayudar a las personas con tu servicio o producto tendrán una gran cantidad de efectos positivos, muchos de los cuales ni siquiera llegarás a saber. Un millonario egoísta, por el contrario, solo buscará el dinero en sí mismo, y como resultado los eventos de precesión que se derivarán de su conducta serán negativos.

CONCÉNTRATE PRIMERO EN TU INTERIOR

Estás en el camino hacia la riqueza tan pronto como aceptas que no te falta nada para convertirte en millonario. Las riquezas no son solo «para los demás», sino que están ahí para que tú también las tomes si lo crees. Nunca olvides, dicen los autores, que *tú* eres tu riqueza.

La idea que te llevará a la fortuna saldrá de ti o será adoptada por ti. Todo lo que necesitas para hacerla realidad es tu compromiso, además de recursos, pero estos pueden provenir de otra persona. Psicológicamente, tienes que abrirte paso hacia un nuevo nivel de resultados, y hacerlo implica cambiarte a ti mismo y modificar tus percepciones. Al hacerte preguntas más amplias, comenzarás a buscar resultados mayores. Puede ser que no lo adviertas, pero es probable que tengas una resistencia interna a hacerte rico.

Como se indicó anteriormente, la mujer de la novela que ocupa la mitad del libro tiene que conseguir un millón de dólares en noventa días, y parte de su reto consiste en creer que es capaz de lograrlo. Una vez que tienes la creencia básica, solo necesitarás tiempo y aplicarte para llegar a crear la riqueza que deseas. Examina aquellas ocasiones de tu vida en que has tenido realmente éxito. Lo más probable es que hubo una coherencia entre lo que tú creías de ti mismo y lo que los demás veían en ti. Antes de que ocurran grandes cosas, debes estar en la posición mental de aceptar que van a acontecer. Como observan Hansen y Allen: «Debes SER un millonario inteligente antes de HACER nada».

La mayor parte de las veces, cuando sucede algo negativo culpamos a otro. Pero todos los millonarios inteligentes descubren que en lugar de culpar deben aprender de la situación. Si trazas una línea que separe «aprender» ubicado encima de ella y «culpar» debajo, los millonarios inteligentes viven por encima de esta línea. Solo de esta manera van a seguir avanzando mentalmente, buscando nuevas oportunidades en lugar de quedar atascados en la rutina.

La creación de riqueza es a menudo un proceso que puede copiarse. Si empiezas por centrarte en el proceso y en hacerlo bien, el resto casi sigue por sí mismo. W. Edwards Deming, el ingeniero cuyos sistemas de gestión de calidad transformaron los procesos nipones de fabricación, señaló que si consigues que el primer 15% de cualquier sistema funcione, el siguiente 85% fluye fácilmente. *Millonario en un minuto* está diseñado para cambiar el primer 15% de tu forma de pensar, lo cual puede transformar el resto de tu vida. Si llevas a cabo pequeños cambios en cuanto a tu forma de entender la riqueza, los efectos pueden ser enormes.

EL SECRETO PARA HACERSE MILLONARIO: EL EFECTO PALANCA

¿Te has preguntado alguna vez por qué un profesor gana 40.000 dólares al año mientras que un deportista profesional llega a los 400.000 o a los 4 millones? Ambos aportan valor, y bien podrías argumentar que el primero aporta mucho más; pero mientras que el profesor solamente puede enseñar a veinticinco niños a la vez, el deportista llega a miles de seguidores y hay millones de personas que le ven por televisión y gozan del espectáculo que ofrece. La diferencia entre ellos es que el jugador tiene mucha mayor influencia o proyección, y «si quieres crear riqueza, necesitas aprovechar el efecto palanca».

De todos modos, *Millonario en un minuto* señala que no necesitas una gran cantidad de recursos para lograr un impulso apreciable. En el enfoque «cero» para la creación de riqueza, puedes lograr el mayor impulso por medio de utilizar el dinero, tiempo, trabajo, conocimientos e ideas de otras personas. El éxito de Mark Victor Hansen es un buen ejemplo de este enfoque. Él y Jack Canfield han vendido sesenta millones de ejemplares de la serie de libros *Sopa de pollo para el alma*, pero la mayor parte de los contenidos ni siquiera los escribieron ellos mismos. Las historias conmovedoras que componen cada libro proceden de otras personas, pero fueron Hansen y Canfield quienes conservaron los derechos de autor, y por lo tanto son los beneficiarios de una enorme cantidad de dinero. Impulsaron el poder de los contenidos al conseguir que los libros se vendieran en grandes cantidades por un canal de distribución inusual: los supermercados.

Los millonarios siempre están en busca de impulsar proyectos, de ampliar o multiplicar su efecto y valor. Y ¿qué es lo que proporciona el mayor impulso hoy en día? Internet. Cualquier cosa que publiques en línea puede ser vista por millones de personas, todas ellas clientes potenciales. Los costes de crear un negocio en Internet pueden ser cercanos a cero, pero los ingresos pueden multiplicarse muchas veces al tener al mundo entero como público.

CONSEJEROS Y REDES

Para cumplir tu sueño necesitas un equipo. El éxito no es un proyecto en solitario.

Otra forma de impulso, que también puede salir a coste cero, es conocer a las personas adecuadas. Hansen y Allen aconsejan que salgas a comer con un millonario con asiduidad y descubras todos sus secretos:

> *Todos los ricos tienen sistemas –o «cuchillos»– que han desarrollado a través de años de ensayo y error para cortar «la masa» real y separarla del mercado.*

Al contar con un consejero millonario aprenderás cuáles son estos procesos tan valiosos, y en un nivel personal tendrás acceso directo a «la perspectiva, la pericia y la paciencia». Tener un mentor de alto nivel es la forma más rápida de escalar la montaña de la riqueza.

También comenzarás a apreciar el efecto palanca que tienen las redes. La mayoría de la gente piensa que las relaciones estrechas, fuertes, son clave en los negocios. Por el contrario, Hansen y Allen sugieren que son los «lazos débiles», los amigos de amigos o los conocidos que tengas en tu campo los que pueden marcar toda la diferencia. Cuantos más tengas de este tipo, de más posibles clientes, fuentes de ideas o promotores potenciales dispondrás.

La confianza en la «Red Infinita», como Hansen y Allen denominan la fe espiritual, puede ser la forma más grande de impulso. El poder de un ser humano que actúa solo será siempre limitado, pero si sientes que cuentas con el apoyo de algún poder superior, no hay límites a lo que puedes lograr. Citan de nuevo a Buckminster Fuller, quien dijo: «Puedes estar seguro de que si dedicas tu tiempo y atención al mayor bien de los demás, el universo te apoyará, siempre y justo a tiempo».

En el momento en que realmente decides moverte, la providencia tiene una manera de suavizar el camino. Surgen «manos ocultas» aparentemente de la nada para ayudarte. Hansen y Allen lo expresan así: «Dios sabe dónde está el oro. Hazte socio del Autor de toda la Riqueza».

LOS SECRETOS DE LA COMERCIALIZACIÓN

Aunque es breve, el apartado que *Millonario en un minuto* dedica al *marketing* –aspecto central para la creación de cualquier tipo de riqueza– es una lectura necesaria. Todo se reduce a tres puntos:

- En el lanzamiento de tu servicio o producto, corteja a los adictos: «Los adictos son los mejores clientes. Los adictos compran de forma rápida y con más frecuencia. Los adictos hablan con otros adictos».
- Crea una publicidad y una comercialización adictivas. Debes identificar o crear el beneficio único que tus clientes obtienen de ti que no pueden obtener en ningún otro lugar. Los pantalones vaqueros Levi Strauss se convirtieron en una prenda imprescindible en los campos de oro de América en la década de 1870 gracias a sus remaches de cobre únicos que los hacían prácticamente indestructibles. Hansen y Allen preguntan: «¿Cuál es el «remache de cobre» de tu producto? Debes encontrarlo y hacer alarde de él».
- Crea sinergias para impulsarte. Conecta con personas que tengan relaciones con los adictos que buscas y aprovecha sus bases de datos o conocimientos: «Obtén su consentimiento para presentar tu producto a sus clientes o usuarios a cambio de un porcentaje de las ganancias. En lugar de pensar en términos de competición, piensa en términos de cooperación».

Por último, para conseguir y conservar clientes, ofrece siempre algo gratis: un informe, un diagnóstico, un CD o un libro a todo aquel que se registre contigo. No olvides la ley de la prosperidad: para obtener, debes siempre dar primero.

Comentarios finales

Como apuntan Hansen y Allen, puedes llegar a ser millonario con solo invertir un dólar al día; pero suponiendo que obtengas una rentabilidad del 10%, tardarás décadas en acumular un millón. Hay formas más rápidas de enriquecerse, y de esto trata *Millonario en un minuto*. Dentro de las cuatro áreas básicas de la creación de riqueza

–inversiones, bienes raíces, negocios e Internet–, existen posibilidades ilimitadas. No obstante, antes debes entender la importancia de los factores «genéricos» como la actitud personal, el impulso o efecto palanca, las redes y la comercialización. Ambos autores son vendedores brillantes, y aunque puede ser que no te entusiasmen los libros de *Sopa de pollo* de Hansen o los seminarios de Allen sobre los bienes raíces, al menos puedes aprender de sus proezas en cuanto al *marketing*.

Millonario en un minuto es justo el tipo de libro del que se mofan los cínicos del autodesarrollo, por su título atractivo, sus capítulos cortos, sus frecuentes referencias a un sitio web de soporte y una historia que no ganaría ningún premio literario. Sin embargo, su propósito es proporcionar momentos «¡ajá!», y ofrece muchas ideas a las personas que no saben mucho acerca de cómo se crea la riqueza.

Una crítica frecuente que recibe el libro es que se centra en la creación de riqueza a través de las propiedades inmobiliarias. Pero en realidad la parte que se refiere específicamente a los bienes raíces ocupa cuarenta páginas de un total de trescientas ochenta, y si se compra una edición que no sea la estadounidense, el lector se encontrará con la advertencia de que muchas de las estrategias que sugiere el libro no podrá aplicarlas en su país. No dejes que esto te frene a la hora de comprarlo. Incluso si ya eres empresario, e incluso si no tienes que llegar a obtener un millón de dólares en noventa días, puedes encontrar muchos buenos consejos que podrían transformar tu negocio o tus finanzas.

Biografía de los autores en el Apéndice, página 440.

2000

EL CAPITALISMO NATURAL

El medio ambiente no es un factor de poca importancia dentro de la producción, sino que es más bien una envoltura que contiene, provee y sostiene toda la economía.

El objetivo del capitalismo natural es [...] garantizar que todas las formas de capital sean gestionadas con tanta prudencia como lo es el dinero por parte de los administradores del capital financiero.

Si bien puede no haber ninguna manera «correcta» de valorar un bosque, un río o un niño, lo que no es correcto es no darles ningún valor en absoluto. Si existen dudas sobre cómo valorar un árbol de setecientos años de edad, hay que preguntar cuánto costaría hacer uno nuevo. [Hay que optar entre tener] una nueva atmósfera o una nueva cultura.

En pocas palabras

No se puede obtener una verdadera prosperidad a expensas de la Tierra.

En la misma línea

Joe Domínguez y Vicki Robin. *La bolsa o la vida* (pág. 108)
Milton Friedman. *Capitalismo y libertad* (pág. 162)
Paul Zane Pilzer. *Dios quiere que seas rico* (pág. 306)

Capítulo 24

Paul Hawken, Amory B. Lovins y L. Hunter Lovins

Así como el fundamento de toda riqueza personal es la buena salud (uno no tiene energía para dejar su huella si está enfermo), la base de la riqueza global es un entorno natural saludable. La prosperidad tiene que ver, de forma inherente, con una riqueza y un bienestar que no se ganan a costa de otras personas o cosas. La prosperidad real invoca el «círculo de la vida».

El capitalismo natural popularizó la idea del «capital natural», es decir, que el aire limpio, el agua y otros bienes naturales son valiosos y deben ser reconocidos por la disciplina contable. No son recursos gratuitos que puedan saquearse. Sin embargo, el libro no es una diatriba contra la industria y cómo está destruyendo el mundo. A través de cuantiosos ejemplos, muestra que ser «verde» puede ser una opción inteligente desde el punto de vista económico, además de ser lo éticamente correcto. El principal autor del libro, Paul Hawken, fue un empresario de éxito antes de pasar a dedicar la mayor parte de su tiempo a temas ambientales, lo cual incrementa la credibilidad de la obra. A pesar de que no le iría mal una actualización, sigue siendo una lectura convincente, que tiene el potencial de cambiar vidas. Por una parte promete una mayor riqueza y bienestar, y por otra aboga por un serio descenso en el uso de la energía y los recursos.

En este capítulo se incluyen solamente unos cuantos ejemplos y temas entre los centenares que contiene el libro que son fascinantes, y que se pueden descargar por capítulos de forma gratuita desde una web de soporte, www.natcap.org.

EL CAPITAL QUE LOS ECONOMISTAS CONVENIENTEMENTE OLVIDARON

Los autores señalan que el capitalismo industrial ha tenido un éxito increíble a la hora de obtener recursos y generar una gran riqueza. Pero esta riqueza ha llegado con un alto precio para el medio ambiente. Admiten que el coste de las materias primas sigue cayendo y que la cantidad de recursos actual nunca se agota, gracias al desarrollo de formas más fáciles de encontrar y extraer metales de la tierra. Sin embargo, estas formas «más fáciles» también suponen un desembolso.

Detrás de la mentalidad industrial está la creencia de que la naturaleza proporciona bienes que se pueden transformar en algo más valioso. Pero más importante que los materiales que ofrece son los servicios que presta. Por ejemplo, un bosque no solo nos da madera, sino que también almacena agua, limpia el aire y ejerce un efecto amortiguador que evita que se produzcan situaciones climáticas extremas. El ciclo por el que tiene lugar el intercambio de oxígeno y dióxido de carbono es insustituible; no hay otra manera de que se produzca que no sea a través de grandes cantidades de plantas verdes. El famoso experimento Biosfera 2, que tuvo lugar en Arizona a principios de la década de los noventa, ni siquiera pudo conservar el suficiente oxígeno para la continuidad de la vida de ocho personas; en cambio, el planeta Tierra proporciona oxígeno todos los días para miles de millones de individuos.

La economía convencional ve la riqueza como un ciclo que comienza con las materias primas y termina con su distribución. Lo que no se tiene en cuenta es el origen de las materias primas, o lo que ocurre con los productos una vez desechados. ¿Cómo cambiaría nuestro mundo, se preguntan los autores, si estos «invisibles» se integraran en la contabilidad y la economía?

La economía neoclásica ha «contado solamente lo que era contable; no lo que realmente contaba». El concepto de capitalismo natural, por el contrario, considera que el medio ambiente no es «un factor de importancia menor dentro de la producción», sino «una envoltura que contiene, provee y sostiene toda la economía». De hecho, hay cuatro tipos distintos de capital:

- El humano (lo que las personas pueden crear).
- El financiero (el dinero y los instrumentos monetarios).
- El capital manufacturado (infraestructuras y productos).
- El capital natural (el mundo natural, del cual proceden todas las cosas).

Cada uno es tan necesario como los demás para la prosperidad y el bienestar.

UN USO RADICAL DE LOS RECURSOS

Si bien muchas compañías prestan atención a la «ecoeficiencia», en realidad esto solo significa mejoras graduales de formas ya existentes de hacer las cosas. No altera la creciente producción de los artículos equivocados, utilizando los procesos erróneos, a partir de los materiales inadecuados, mientras se ignoran los factores más fundamentales que realmente afectan al medio ambiente.

El libro anterior de Amory y Hunter Lovins, *Factor 4: duplicar el bienestar con la mitad de los recursos naturales* (publicado por primera vez en Alemania, donde fue un éxito de ventas), mostraba cómo las empresas, los países y la gente podían «vivir el doble de bien utilizando la mitad de materiales y energía». Esta revolución no solo es posible; es absolutamente necesaria, ya que la población mundial se duplicará, mientras que los recursos naturales mundiales disponibles por persona se reducirán.

El capitalismo natural señala cómo la revolución industrial trajo la tecnología que permitió a un solo individuo el trabajo para el que solo setenta años antes eran necesarios doscientos. Lo mismo podría suceder ahora, dicen los autores, si abrazamos técnicas y tecnologías enfocadas en la «productividad radical de los recursos». Es el sector privado, más que los gobiernos, el que debería liderar esta revolución, y ya tiene la mayor parte de las respuestas; tan solo hace falta implementarlas. El potencial de incorporar la eficiencia energética en los procesos de fabricación es enorme. En gran medida, esto implica sencillamente incorporar nuevas válvulas, conductos, ventiladores, motores, aislamiento, intercambiadores de calor, un mejor mantenimiento del aire comprimido y similares. El solo hecho de arreglar las fugas de los conductos de aire puede permitir ahorrar la producción de diez plantas de energía estadounidenses al año. Ninguna de estas gestiones requiere una nueva tecnología; tan solo implica un mejor uso de lo que ya tenemos.

EL CAMINO HACIA UN MUNDO MÁS VERDE

Los autores llaman la atención sobre los efectos ambientales y sociales de la industria automovilística, que es la mayor del mundo. Señalan que hasta el 80% de la energía generada por un motor de automóvil se desperdicia, principalmente a través de la pérdida de calor y de los gases que salen por el tubo de escape, de modo que solamente el 20% se utiliza para hacer girar las ruedas. Los coches de hoy emplean mucha energía porque están hechos de acero; están diseñados más al estilo de los tanques que de las aeronaves, y requieren más energía de la que sería necesaria para la mayoría de sus usos.

Los coches del futuro serán mucho más ligeros, lo que significa que será necesaria mucha menos energía para impulsarlos y detenerlos. Fabricados con materiales compuestos, que son mucho más livianos que el acero pero más fuertes, no necesitarán una dirección asistida pesada ni tanta potencia de frenado y serán impulsados por una combinación de electricidad y combustible (el Toyota Prius fue el primer ejemplo de éxito comercial de esta idea), con muchas menos partes móviles y sin embragues ni transmisiones pesados. Cuando se generalice la circulación de este tipo de vehículos, señalan los autores, esto podría «significar, en última instancia, el fin de las industrias del automóvil, del petróleo, del acero, del aluminio, de la electricidad y del carbón actuales y anunciar el nacimiento de las industrias que las sucedan, más benignas».

EDIFICIOS CON FUTURO

En el capítulo «La construcción de los edificios», el libro hace referencia a la incorporación de residuos en los diseños de bloques de viviendas y edificios comerciales. La práctica común es diseñar y construir nuevas estructuras basadas en un cálculo de los costes que refleja el precio de levantar un inmueble. Pero tener en cuenta el capital natural significa crear diseños que incorporen los costes, en particular el uso de energía, durante un largo período. A veces estas medidas son más caras al principio (pero no siempre); sin embargo, ofrecen una multitud de ventajas para los propietarios desde el punto de vista comercial y para los usuarios, ya que son espacios mejores para vivir. Los edificios verdes, como la sede del banco ING en los Países Bajos, por lo general se venden o arriendan más rápidamente, porque combinan una mayor comodidad con menores gastos de funcionamiento. Tienen una mayor tasa de ocupación y pueden alquilarse a un precio más elevado, y los arrendatarios presentan tasas de absentismo más bajos y una mayor productividad.

Parte de los grandes ahorros en los edificios verdes derivan del uso de técnicas de calentamiento y enfriamiento pasivo que evitan la necesidad de sistemas de climatización. Muchos están diseñados con «superventanas» que permiten que entre la luz pero reflejan el calor, por medio del uso de rellenos de gases pesados como el criptón. Aunque cuestan entre un 10 y un 15% más que las ventanas de doble cristal convencionales, pueden ser cuatro veces más eficaces a la hora de conservar un edificio fresco en verano y cálido en invierno. El libro menciona grandes edificios en el frío Colorado que funcionan con solo dos pequeños hornos de leña, gracias al superaislamiento y las superventanas. La próxima generación de ventanas, señalan los autores, utilizará microchips para variar el grado de calor y luz de forma automática. Por último, el uso de «la luz del día» (luz natural procedente de paneles translúcidos en el techo), la energía solar y la reutilización de materiales antiguos puede, todo ello, reducir radicalmente la «huella de carbono» de un edificio, además de implicar mayor comodidad y un ahorro económico.

EL DESPILFARRO DEL GOBIERNO

La posición verde-izquierda convencional es que el gobierno debe tomar medidas para regular la industria con el fin de salvar el medio ambiente. Pero Hawken y los Lovins apuntan que, en la mayor parte de las ocasiones, el gobierno (con sus subsidios y regulaciones que favorecen el uso de la energía en lugar de su ahorro) es parte del problema, no de la solución.

En el momento en que se escribió *El capitalismo natural*, el Gobierno de Estados Unidos estaba subvencionando la industria del automóvil por valor de 464.000 millones de dólares al año; dicho apoyo incluía la construcción de carreteras y un trato preferente a las industrias de la minería, la explotación forestal y la eliminación de residuos, de forma que estas industrias tenían pocos incentivos para cambiar sus maneras de proceder. Se estaba proporcionando poco apoyo a las nuevas tecnologías limpias. Por su parte, el gobierno alemán estaba subvencionando la industria del carbón del valle del Ruhr con miles de millones de dólares al año cuando habría sido menos costoso para el erario público cerrar las minas y pagar a los trabajadores.

La sugerencia radical del libro: los gobiernos deben dejar de gravar el trabajo y los ingresos y, en lugar de eso, gravar la contaminación, los residuos, los combustibles a partir del carbono y la explotación de los recursos. El resultado sería un nuevo orden en el que los recursos se emplearían de una forma radicalmente mejor, lo que a su vez redirigiría el gasto público hacia los problemas sociales y la reparación de los espacios dañados. Sin los impuestos sobre el trabajo, se animaría el mercado laboral (y en el proceso se minimizarían los problemas sociales relacionados con el desempleo y el subempleo), mientras que la demanda de recursos preciosos caería.

EL CARBONO Y EL CLIMA

Sobre este tema, es interesante leer las opiniones de los autores sobre el cambio climático, escritas antes de que el problema realmente aflorara en la consciencia pública. El lector se hace una idea de la fragilidad y delgadez de la atmósfera terrestre en relación con la masa del planeta, y se le informa de que si bien el dióxido de carbono representa solo el 0,03% de la atmósfera, basta con que su cantidad se vea ligeramente alterada para que tengan lugar unos efectos de calentamiento significativos.

A diferencia de la mayoría de los ambientalistas, los autores reconocen el poder de los mercados a la hora de evitar una catástrofe climática. En lugar de la implantación de regulaciones duras, apoyan el comercio de carbono entre las empresas para reducir las emisiones y hacen la siguiente observación optimista:

> *[En] la siguiente mitad del siglo, los problemas climáticos podrían constituir un recuerdo tan difuso como lo constituyen hoy las crisis energéticas de los años setenta, porque el cambio climático no es un resultado inevitable de la actividad económica normal, sino un producto de llevar a cabo esta actividad de formas irracionalmente ineficientes.*

Este punto de vista –el de que un comportamiento más responsable y un mejor uso de la tecnología pueden restablecer nuestro capital natural– resume todo el argumento de *El capitalismo natural*.

Comentarios finales

El capitalismo natural es inspirador, porque dice que no necesitamos abandonar las comodidades modernas y volver a vivir en los bosques. En realidad, la culminación de la civilización tendrá que ver en parte con disfrutar de grandes avances tecnológicos que a su vez consuman mucha menos energía. Las formas alternativas de vida, transporte y trabajo no son necesariamente comprometedoras.

Este libro nos lleva a pensar en la prosperidad en el sentido más amplio, es decir, en el sentido de lo que les dejamos a las generaciones futuras. Ya no podemos seguir creyendo, desde la arrogancia, que estamos separados de la naturaleza o que somos más grandes que ella. Al igual que ocurre con el capital financiero, el uso racional de nuestro capital natural nos aportará grandes beneficios.

Biografía de los autores en el Apéndice, página 440.

2004

PIDE Y SE TE DARÁ

Cuando sabes que quieres algo y te das cuenta de que no lo tienes, asumes que hay algo fuera de ti mismo que lo está manteniendo fuera de tu alcance, pero esto nunca es cierto. Lo único que siempre impide que recibas lo que deseas es que tu hábito de pensamiento difiere de tu deseo.

Cuando tus emociones te hacen sentir bien –independientemente de si son fuertes o débiles–, estás permitiendo el cumplimiento de tu deseo. Cuando tus emociones te hacen sentir mal –independientemente de si son fuertes o débiles–, te hallas en un estado en que no permites que tu deseo se cumpla.

En pocas palabras

Mientras permanezcas en un estado mental y del ser que esté listo para recibir, puedes tener todo lo que quieras.

En la misma línea

Genevieve Behrend. *Tu poder invisible* (pág. 54)
Rhonda Byrne. *El Secreto* (pág. 86)
Charles Fillmore. *La prosperidad* (pág. 144)
John Randolph Price. *El libro de la abundancia* (pág. 320)

Capítulo 25

Esther Hicks y Jerry Hicks

La mayoría de la gente ha oído hablar de la «ley de la atracción» a través de la película y el libro *El Secreto* (ver el capítulo 9), pero en el momento del lanzamiento de esta obra, en 2006, Esther y Jerry Hicks ya habían pasado veinte años viajando por Norteamérica enseñando este concepto. Es fácil ver la influencia de sus escritos en *El Secreto* y otros libros que están en la misma línea.

¿Por qué, entonces, no son ellos los escritores más vendidos en este campo? El motivo debe de ser en parte su pretensión de que tan solo están «canalizando» información procedente de la esfera espiritual. Este hecho disuade a muchos lectores potenciales. Como era de esperar, al principio del libro tratan de explicar cómo llegaron a sus insólitas vocaciones.

La historia comienza en 1985, cuando ambos visitaron a un sanador en Phoenix (Arizona). El sanador estaba, supuestamente, recibiendo mensajes espirituales por parte de un espíritu guía llamado Theo. Para sorpresa de Esther (que solo había ido a instancias de Jerry), Theo le dijo que ella también tenía un guía espiritual que quería darse a conocer. Le aconsejó a la pareja que meditaran. Algunos meses más tarde, Esther comenzó a «recibir» información por parte de este guía, que se identificó a sí mismo como Abraham y representaba a un colectivo de seres espirituales. Esther se encontró frente a su máquina de escribir, tecleando mensajes.

Ella, que tenía por entonces treinta y tantos años, nunca había meditado y se sentía feliz con su vida. Esta «ausencia de opiniones o angustia» aparentemente la convertía en una buena receptora de información de otro mundo. Los guías se habían puesto en contacto con ella con el fin de recordarle a la gente «las leyes del universo que gobiernan todas las cosas», incluida la materialización de los deseos a través de la ley de la atracción. Le dijeron que, distraídos por el hecho de vivir en una «realidad espacio-temporal», los humanos habíamos olvidado de dónde venimos y cómo utilizar las leyes.

La pregunta que hay que hacerse es: ¿están los Hicks cometiendo un gran engaño, o Esther le da realmente voz a verdades eternas del mundo espiritual? En su prólogo al libro, el autor Wayne Dyer, experto en desarrollo espiritual (ver el comentario a este autor en *50 clásicos de la autoayuda*), le otorga credibilidad al describirlo como un «hito editorial» que contiene poderosas verdades universales. Puedes decidir por ti mismo mediante la lectura del libro, sin duda el trabajo más completo de los Hicks, que contiene todas las enseñanzas básicas de «Abraham» y, en la segunda mitad, veintidós «procesos» o ejercicios para ponerlas en práctica.

ENTENDER LA LEY

En pocas palabras, la ley de la atracción (una ley universal que nunca admite contradicciones) consiste en que aquello en lo que pongas tu atención por medio del pensamiento o el deseo se hará realidad. Cada vez que te centras en lo que no tienes, esta situación de *no tener* también será tu realidad. Atraes hacia ti los objetos, las personas o las situaciones que son el equivalente a tu estado actual de ser, o «vibración».

En el primer capítulo, que versa sobre «El poder de sentirse bien ahora», Abraham señala que la decisión de elevar tu estado de ánimo o tu sentir en cada momento es vital para elevar tu vibración, lo que a su vez atrae los objetos, las personas y los sentimientos de vibración similar. Dice:

Es nuestro fuerte deseo que estés satisfecho con el lugar donde te encuentras ahora mismo, en este momento, sin importar dónde te halles. Somos conscientes de lo extrañas que deben de sonarte estas palabras si estás en un lugar que parece no tener nada que ver con donde quieres estar. Pero te prometemos, absolutamente, que cuando entiendas el poder de sentirte bien ahora, no importa lo que esté ocurriendo, tendrás la llave para obtener cualquier estado de ánimo, cualquier estado de salud, cualquier grado de riqueza o cualquier grado o estado en relación con cualquier cosa que desees.

Tratar de fingir que te sientes estupendamente cuando esto no es así no va a funcionar. Eso no va a cambiar tu vibración. La idea es que elijas una emoción que sea ligeramente superior a la que estás experimentando en el momento. Cuanto más en positivo pienses y sientas en cada ocasión, más abierta estará tu conexión con la Fuente, proveedora de todas las cosas y todo amor. Cuanto peor te sientas, más cerrada estará esta conexión.

CONFÍA EN TUS EMOCIONES

Si te sientes deprimido, estar enojado con alguien o algo es en realidad un sentimiento «más alto», ya que te sacará de tu estado depresivo. Es un alivio. Una vez que hayas elegido el enfado para aliviar tu depresión, estarás capacitado para escoger otro pensamiento o emoción que esté más arriba en la escala. Si optas deliberadamente por sentirte decepcionado en lugar de desesperado, habrás vuelto a elevar tu vibración por medio de la elección. Una vez que sepas cómo elevar deliberadamente tu estado emocional, aunque solo sea un poco, ya no te hallarás impotente frente a tus emociones.

Debido al hecho de que tus emociones indican tu frecuencia vibratoria, son un indicador infalible de si estás alineado con la Fuente. Si estás alineado con tu Fuente, te encuentras en camino de recibir lo que quieras. Tus emociones son tu guía perfecta; te dicen exactamente cómo está operando la ley de la atracción en tu vida.

Detrás de cada deseo está el deseo de sentirse bien, de sentir alegría. Los objetos de deseo, indica Abraham, son menos importantes que el hecho de permitir que fluya la energía vital. Cuando tienes aprecio por las personas y las cosas y te amas a ti mismo, estás operando en una vibración más alta. Esto cambia cuando empiezas a criticar o a culpar. Cuanto mejor te sientes contigo mismo, más tienes por dar a los demás. Esto no es egoísmo. Son solo las personas que viven ajenas a su verdadero ser las que son celosas, las que cometen actos de violencia o las que son inseguras.

HAS NACIDO PARA DESEAR Y SATISFACER TUS DESEOS

La pregunta que hace la gente con mayor frecuencia a Hicks/Abraham es: «¿Por qué me lleva tanto tiempo conseguir lo que quiero?». La respuesta es que no es porque no lo quieres lo suficiente, o porque no seas digno de ello, o porque «el destino esté en tu contra». Lo que ocurre es que no te encuentras en un estado vibratorio que coincida con el de tu deseo. «Esta es la única razón, ¡siempre!», declara Abraham. Lo que te ha impedido conseguir lo que quieres eres tú mismo, tus pensamientos, que no están alineados con lo que quieres ser y adónde quieres ir. Cuando pides algo, siempre se te da, pero debes permitir mentalmente que acuda a ti; tu mente debe estar alineada con lo que deseas recibir.

Las personas se sienten culpables por tener deseos, pero Abraham afirma que estos son la esencia misma del ser humano, porque te hacen sentir lo que realmente eres y lo que pretendías ser cuando viniste a este mundo. Si tienes pensamientos y deseos de forma deliberada, puedes definir de forma más específica qué mundo pretendes crear para ti mismo. La vida es el proceso de pedir y recibir, y tú eres el creador de tu propia realidad, seas o no consciente de ello. Tienes que «sentir» tus pensamientos y deseos, estar agradecido por el hecho de que se verán satisfechos de maravillosas formas y después soltarlos. Es decir, siéntete entusiasta y optimista en relación con lo que está viniendo, y a la vez no sientas ni un ápice de impaciencia ni tengas ninguna duda acerca de su llegada. Si te sientes bien con algo que quieres y permites que venga, lo hará.

A menudo, lo que una persona piensa que es un deseo no lo es; es un «antideseo». Si tienes un coche muy viejo, por ejemplo, y quieres uno nuevo, tal vez estás resentido por el que actualmente estás conduciendo. Pero esto no es un deseo, sino que el enfoque está en la carencia. En vez de esto, siente gratitud por el hecho de que el universo te traerá pronto el coche nuevo. La clave para manifestar tus deseos es asumir que ya estás experimentando eso, que ya lo tienes y lo estás disfrutando. De esta manera, configuras un nivel de vibración que solo puede atraer su equivalente material.

Abraham apunta que cuando las personas descubren la ley de la atracción y la vibración, al principio se sienten incómodas con sus propios pensamientos y lo que pueden estar atrayendo. Pero puntualiza que los pensamientos no son como una pistola cargada a la espera de hacer estragos; siempre hay mucho tiempo para entender cómo funcionan las leyes y comenzar a cambiar la forma de pensar, un pequeño paso tras otro. Siempre se produce un desfase temporal entre el pensamiento que se tiene y su expresión en la realidad. No tengas miedo de los pensamientos descontrolados; en vez de eso, date cuenta de que cada intento que haces de cambiar tu forma de pensar a favor de opciones más positivas y que impliquen menos resistencia aporta beneficios reales.

Comentarios finales

Pide y se te dará es realmente una obra filosófica, porque intenta explicar la relación entre el pensamiento y la realidad, así como la medida en que creamos o controlamos nuestros mundos. Dice que no hay algo así como «el destino» o «los dioses» dirigiendo tu vida de acuerdo con algún patrón predeterminado. Eres un cocreador junto con la «Fuente» (Dios o la ley universal) y puedes modelar tu vida exactamente como desees. Puede parecer como si estuvieras en manos de un destino caprichoso, pero esto solo es así cuando no comprendes cómo funciona la ley de la atracción.

Algunos lectores encontrarán que la idea de que los mensajes son canalizados es más de lo que pueden aceptar, pero si podemos obviar esto, se puede argumentar que la ley de la atracción tiene mucho sentido. Todo el mundo sabe, por ejemplo, que si se piensa en algo durante mucho tiempo la probabilidad de que tenga un efecto real en la propia vida es muchas veces mayor que si se piensa en ello brevemente. También es de sentido común la idea de que los deseos se transforman en creencias y convicciones, y las creencias nos convierten en lo que somos. Cuando eliges deliberadamente tus deseos y creencias, es lógico que puedas empezar a dominar tu realidad.

El contenido del libro relativo a las emociones es fascinante, y en un sentido práctico equivale al de montones de volúmenes de psicología. Algunos de los títulos de los capítulos son intrigantes, como «Tratar de obstaculizar la libertad de otro siempre te cuesta tu libertad» o «Tan solo 17 segundos te separan de 68 segundos de plenitud». Si te gustaron los libros *Conversaciones con Dios*, de Neale Donald Walsch, o *Un curso de milagros* (ver el comentario en *50 clásicos espirituales*), que también son obras «canalizadas», este también lo vas a disfrutar. Algunas personas prefieren la versión en audio del libro (en inglés) porque encuentran que la voz de «Abraham» (Esther hablando con una voz extraña y con acento, robótica) es poderosa. De todos modos, la versión escrita es sin duda más clara y mejor.

Lee *El Secreto* después de *Pide y se te dará* y verás claramente lo mucho que Rhonda Byrne extrajo de las enseñanzas de Abraham. Esther Hicks fue una figura central en la película original de *El Secreto*, lo que impulsó en gran medida que las enseñanzas de Abraham fuesen conocidas. Sin embargo, más tarde pidió que la sacasen de la película porque sintió que la organización de Byrne estaba operando en una «vibración diferente». Ella y Jerry lanzaron posteriormente su propia película, *El secreto detrás del secreto*, que fue muy promocionada por Oprah Winfrey.

ESTHER HICKS Y JERRY HICKS

Esther Hicks creció en Park City, un pueblo de las afueras de Salt Lake City (Utah) en la década de los cincuenta. Su padre trabajaba en el sector del comercio de la madera. Jerry Hicks creció en San Diego y Arkansas, criado principalmente por su madre, antes de asistir a la escuela secundaria en Nueva Orleans.

La pareja se conoció en Fresno (California) en 1976 y se casaron en 1981. Jerry era veinte años mayor que Esther y había estado cuatro veces casado. Había sido acróbata de circo, músico itinerante, maestro de ceremonias y cómico. Más tarde hizo dinero a través de Amway (una red de comercialización y distribución) y atribuye su éxito a la lectura del libro Piense y hágase rico*, de Napoleon Hill. Cada uno tiene dos hijos de matrimonios anteriores.*

Otros libros suyos son The Amazing Power of Deliberate Intent: Living the Art of Allowing *(2005) (Intentar es conseguir: el sorprendente poder de la intención deliberada, 2006) y* The Law of Attraction: The Basics of the Teachings of Abraham *(2006) (La ley de la atracción: el secreto que hará realidad todos tus deseos, 2007).*

La organización Abraham-Hicks tiene su sede en San Antonio (Texas).

1965

La llave maestra de la riqueza

No se ha sabido nunca de nadie que haya logrado el éxito permanente sin hacer más que aquello por lo que se le pagaba.

Las riquezas –las verdaderas riquezas de la vida– aumentan de forma exactamente proporcional al alcance y la extensión de los beneficios que aportan a aquellos con los que se comparten. Sé que esto es cierto porque me he hecho rico a través del compartir. Nunca he beneficiado a nadie en cualquier aspecto sin haber recibido a cambio, procedente de una u otra fuente, diez veces más que aquello con lo que he contribuido con los demás.

En pocas palabras

La ley básica de la prosperidad es que para recibir debes proporcionar antes algo de gran valor.

En la misma línea

Rhonda Byrne. *El Secreto* (pág. 86)
Mark Victor Hansen y Robert G. Allen. *Millonario en un minuto* (pág. 204)

Capítulo 26

Napoleon Hill

Contando veinticinco años de edad y en calidad de periodista de la revista *Success*, Napoleon Hill fue enviado a entrevistar al hombre más rico de Estados Unidos, el magnate del acero Andrew Carnegie (ver el capítulo 10). Carnegie se ofreció a darle «la mayor parte de su fortuna», que resultó no ser dinero, sino la sabiduría que había acumulado sobre cómo uno puede llegar a ser rico.

Hill asumió el reto y entrevistó a todos los magnates de su época a lo largo de un período de veinte años, a raíz de lo cual escribió la monumental *Las leyes del éxito*. Su famoso *Piense y hágase rico* era esencialmente una versión resumida de este trabajo más completo, y llegó a vender más de veinte millones de ejemplares.

¿Qué lugar ocupa *La llave maestra de la riqueza* dentro del conjunto de su producción? Mientras que *Piense y hágase rico* ofrece una receta pura para el éxito financiero, *La llave maestra de la riqueza* es un manual más amplio, más filosófico, sobre todo tipo de riqueza, incluida la felicidad y la satisfacción con la vida. Habida cuenta de que lo escribió siendo ya octogenario, es inevitablemente un libro más bien acabado, que subraya el hecho de que la prosperidad es mucho más que la riqueza monetaria.

ABRE LAS PUERTAS A LA RIQUEZA

Estilísticamente, el libro es un poco «infomercial», pues invita al lector a pasar las páginas sin descanso con el fin de averiguar cuál es la «llave maestra». De hecho, Hill nunca la menciona, pero sí proporciona diecisiete principios o «puertas» a través de las cuales debe pasar el lector para llegar a la cámara interior donde se encuentra la fuente de las riquezas. Algunos de dichos principios son los siguientes.

La precisión del objetivo

Según Hill, todo tipo de éxito comienza con un propósito definido. Las ventajas de tener claro el objetivo es que inspira a otras personas a ayudarte; engendra fe, la cual destierra la duda y el miedo; permite superar la dilación, y genera una actitud mental positiva. Los esfuerzos de todos los grandes industriales, minoristas e inventores a quienes estudió, incluidos Woolworth, Armour, Edison y Bell, podrían resumirse en este principio. La claridad de propósito «cambia la bioquímica de la mente», afirma Hill, lo cual hace difícil que se sucumba al miedo o al fracaso.

Realizar un esfuerzo adicional

La naturaleza hace que sea difícil para cualquier ser vivo ganarse el sustento fácilmente. Si la naturaleza no actuase así, los seres no habrían desarrollado un fuerte instinto de supervivencia. «Realizar un esfuerzo adicional», lo que significa poner mucho esfuerzo en algo sin tener la garantía de un retorno, es en realidad la forma natural de ser de los humanos.

Este era el rasgo clave que Andrew Carnegie buscaba en sus trabajadores. Si se esforzaban por encima y más allá de la llamada del deber, se lo pagaba con creces. Pero el esfuerzo extra tenía que venir primero. El director general de Carnegie, Charles Schwab, había sido un sencillo jornalero en una de sus plantas de acero. Pero era conocido por hacer siempre más de lo que se le pedía, y ascendió rápidamente en el escalafón hasta llegar a ganar 75.000 dólares al año, que por aquel entonces era el salario más alto que se pagaba en Estados Unidos. Más tarde se le dio una bonificación de 1 millón de dólares por la suma de los muchos esfuerzos adicionales que había realizado.

Hill señala que la filosofía de Carnegie puede parecer que atañe meramente al ámbito económico, como una forma de progresar. Sin embargo, también tiene que ver con tratar de forma ética a las personas; es decir, se puede hacer un esfuerzo adicional en las relaciones (se puede ayudar o proteger a aquellos que no son capaces de protegerse a sí mismos) independientemente de si uno piensa que se verá o no recompensado.

Nos cuenta la historia de una anciana que entró en una tienda en la ciudad de Nueva York; su intención era claramente no comprar nada, sino tan solo guarecerse de la lluvia. Un joven empleado le ofreció su ayuda; le ofreció una silla para que se sentase. Cuando dejó de llover, la acompañó de vuelta a la acera. Obviamente, lo que hizo ese joven no conllevó ningún beneficio económico. Algún tiempo después, la mujer contactó con la tienda para pedir los servicios de aquel joven. Quería que viajara a Escocia para ayudar a amueblar una casa. Esta petición dio lugar a la compra de muebles y accesorios por valor de cientos de miles de dólares. La «casa» era de hecho el castillo de Skibo, la famosa mansión de verano de Andrew Carnegie, y la anciana era su madre.

Hill incluye varias historias como esta para mostrar cómo los trabajadores promedio pueden cosechar enormes recompensas por el hecho de ayudar a los demás sin quejarse. Sin embargo, uno no debe realizar el esfuerzo adicional con la sola esperanza de recibir una recompensa monetaria; parte del valor de este esfuerzo es el entusiasmo y la energía a los que da lugar. Hacer más de lo que se espera de ti te hace brillar, por dentro y por fuera.

La fe aplicada

Tan solo quienes reconocen los poderes espirituales del Infinito y los usan logran grandes éxitos. Esa es nuestra creencia y no pedimos disculpas por ella.

Hill explora la importancia de la fe, no en términos religiosos estrictos, sino como la relación entre la mente humana y la gran mente universal, dueña de la «Inteligencia Infinita». La fe es el motor de los presuntos milagros, y es vital para obtener riquezas en la vida.

La fe aplicada es sencillamente la creencia de que los «imposibles» pueden hacerse realidad. De los pensamientos imposibles provienen cosas imposibles. Hill habla de la visión implacable de grandes empresarios que imaginaron algo y creyeron en ello mucho antes de que se materializara. Esta fe vale más que el dinero, porque te pone en contacto con las riquezas intangibles del universo y su poder, que pocas personas entienden realmente. Hill apunta:

> *Una de las características extrañas [de la fe] es que por lo general aparece debido a alguna emergencia que obliga a los hombres a mirar más allá del poder del pensamiento ordinario para obtener una solución a sus problemas.*

Es decir, les parece tan imposible resolver sus problemas que tienen que ponerse en manos de alguna fuerza superior a ellos mismos, o que tienen en su interior; no hay ninguna prueba de que puedan salir del agujero, y aun así se adhieren, con calma, a una creencia aparentemente insensata. Este es el famoso «salto de fe» que tuvieron que dar muchas grandes empresas.

LAS RIQUEZAS DE LA VIDA

Hill enumera «doce riquezas» de la vida: la actitud mental positiva, la buena salud, la armonía en las relaciones, estar libre de miedos, la esperanza de obtener el logro, la capacidad de tener fe, la voluntad de compartir los propios talentos, realizar un trabajo que amas o tener un propósito, una mente abierta a todos los temas, la autodisciplina, la capacidad de entender a la gente y la seguridad económica.

Señala también algo que puede parecer un aspecto extraño de la riqueza y la prosperidad: la disposición a recibir. Habla de un «activo de valor incalculable» que, si eres consciente de cómo funciona, puede entregarte lo que quieras. Se trata de tu «centro vibratorio», que emite continuamente tu estado de ánimo al resto del universo y también, inconscientemente, recibe mensajes de él. Tú tienes dos yoes, uno negativo y otro positivo. Cuando el yo negativo está al mando, atraes mentes que se hallan en sintonía con él y situaciones negativas; cuando el yo positivo está al mando, ocurre lo contrario. Hill escribió:

«Una actitud mental positiva es el punto de partida de todas las riquezas, ya sean de naturaleza material o bien intangibles».

Pero ¿no hay muchas personas negativas y tacañas que se han hecho ricas? Sí, pero no tenían las riquezas intangibles de la vida, que según Hill incluyen el amor, la amistad, la camaradería, la armonía en el hogar, el disfrute con el propio trabajo, la salud, la libertad respecto del miedo, la esperanza en el futuro y el aprecio por la naturaleza. Si tu objetivo es ser rico y feliz, señala, debes convertir la actitud mental positiva en un hábito de vida básico.

LA LEY DE COMPENSACIÓN

Hill habla de lo que él llama el «gran plan cósmico» de la compensación, según el cual es imposible proporcionar un servicio a los demás sin recibir el beneficio correspondiente. Ya sea que se reciba de forma inmediata, en el futuro o de manera inesperada, esta ley es infalible. Para lograr cualquier tipo de riquezas, para «obtener», primero debes dar. Puesto que la vida demuestra la verdad de esta regla una y otra vez, es un misterio el hecho de por qué tantas personas tratan de ignorarla.

Las riquezas son una calle de doble sentido: descansan en gran parte sobre el conocimiento o la ayuda de los demás (por ejemplo, el éxito del propio Hill como escritor y orador se apoyaba en la sabiduría de Andrew Carnegie y de los cientos de otros empresarios de quienes aprendió los secretos del éxito). En contrapartida, las leyes universales te obligan a ayudar a los demás y transmitir tu conocimiento. Eres un vehículo para el círculo interminable del dar y el recibir. Las grandes riquezas van a parar a las manos de aquellos que proporcionan las cosas de más valor, y ellos a su vez deben transferir esas riquezas.

Comentarios finales

Este es uno de esos viejos libros de motivación que son fáciles de subestimar a primera vista. Le falta un verdadero final y parece un poco inconexo, y Napoleon Hill no se considera de ninguna de las maneras una gran figura en el ámbito de la literatura sobre el éxito. Sin embargo, sus libros merecen concentración y reflexión, y si los lees con atención, te verás recompensado.

Hill es interesante porque sus conceptos de *vibración* y *transmisión* podrían proceder de las páginas de un manual de prosperidad de la Nueva Era; sin embargo, esas ideas procedían de las estrategias secretas de los hombres de negocios más relevantes de la Norteamérica de su tiempo. Si dudas de la validez de todas «esas cosas de la mente» en relación con la prosperidad, el hecho de que ocupen un lugar central en la obra de este gran escritor del ámbito de la creación de riqueza puede hacer que reconsideres tu perspectiva. Hill no inventó las leyes de la atracción o de la compensación, pero tuvo un papel importante a la hora de destacarlas entre un público más amplio que pudo no haberlas digerido tras haber sabido de ellas por medio de alguien menos puritano.

NAPOLEON HILL

Napoleon Hill nació en 1883 en una cabaña compuesta por una sola habitación en el condado de Wise (Virginia). Su madre murió cuando él contaba solo diez años. Era considerado uno de los chicos más «brutos» del condado, pero su madrastra le animó a alfabetizarse. A los quince años comenzó a escribir artículos para periódicos locales.

Hill había trabajado para el presidente Woodrow Wilson como consejero de relaciones públicas, y regresó a la Casa Blanca con Roosevelt para ayudar a escribir las famosas «charlas informales» que se difundieron por la radio a los estadounidenses durante la Gran Depresión. También fue asesor personal de Manuel Quezon antes de que este se convirtiera en el primer presidente de Filipinas.

Hill comenzó la revista Success Unlimited *con W. Clement Stone y escribió el bestseller* Success through a Positive Mental Attitude *(1960) (La actitud mental positiva, un camino hacia el éxito). Su último trabajo completo fue* Grow Rich with Peace of Mind *(1967) (Cómo hacerse rico sin preocupaciones).*

Murió en 1970, y la Fundación Napoleon Hill está prosiguiendo con su trabajo.

1957

SEA USTED MI HUÉSPED

Para lograr grandes cosas estoy convencido de que en primer lugar debes tener grandes sueños. Es cierto que tu sueño debe estar en consonancia con el progreso, humano y divino, o estarás desperdiciando tu intento. Tiene que estar respaldado por el trabajo y la fe, o no tendrá manos ni pies. Tal vez incluso hay que tener algo de suerte... Pero ahora estoy seguro de que sin este plan maestro no tienes nada.

Yo tenía veintitrés años. Llevaba once años trabajando. Hasta ese momento había logrado ser socio de una tienda en la ciudad en la que nací. Pero era la tienda de mi padre. A. H. Hilton & Son. «¿A. H. Hilton & Su Sombra?», se cuestionó una pequeña voz en mi interior. ¿No había llegado el momento de que concibiese mi propio sueño? Tenía una idea...

En pocas palabras

Tener un sueño y pensar en grande son los elementos básicos de todas las grandes empresas y fortunas.

En la misma línea

Richard Branson. *Perdiendo la virginidad* (pág. 70)
Anita Roddick. *Otra forma de hacer negocios: Anita Roddick y The Body Shop* (pág. 340)
Howard Schultz. *Pon tu corazón en ello: cómo Starbucks creó una empresa un vaso tras otro* (pág. 354)
Donald Trump. *El arte de la negociación* (pág. 386)

Capítulo 27

Conrad Hilton

Hoy día Conrad Hilton es una figura histórica, desconocida para la mayoría de las personas en comparación con su célebre biznieta Paris. Nos es muy fácil olvidar que nuestra prosperidad a menudo tiene como base el trabajo duro y la visión de nuestros padres o abuelos.

Teniendo en cuenta que su nombre es sinónimo de la gran ola de éxito empresarial que tuvo lugar en la posguerra estadounidense, la autobiografía de Hilton es menos célebre de lo que debería ser. Mucha gente la descubre en un cajón de la mesilla de noche durante una estancia en un hotel Hilton. Y es una de las más apasionantes entre los cientos de autobiografías de empresarios que nos cuentan «cómo lo hicieron», una historia que merece ser disfrutada junto con títulos como *Made in America*, de Sam Walton. Y a diferencia de la mayoría de los libros de este tipo, Hilton lo escribió él mismo.

Sea usted mi huésped nos permite asomarnos de forma fascinante a la vida de una familia norteamericana afincada cerca de la frontera a finales del siglo XIX y principios del XX, y es una historia apasionante sobre la creación de una de las mayores empresas y marcas del mundo. También es una excelente obra de motivación acerca de por qué es importante pensar en grande.

EL JOVEN CONRAD

Conrad Hilton nació el día de Navidad de 1887. Su padre, Gus, era un inmigrante noruego que se ganaba la vida vendiendo suministros a los hombres que trabajaban en los bosques de Nuevo México. Gracias al rendimiento de su tienda en la pequeña localidad de San Antonio, llegó a tener el dinero suficiente para que la familia pudiera dejar atrás la polvorienta frontera suroeste. Se mudaron a Long Beach (California), donde era de esperar que la señora Hilton pudiera disfrutar de una vida más fácil.

Pero con la crisis financiera de 1907 Gus Hilton se encontró con una gran cantidad de existencias que nadie compraría. La familia regresó a Nuevo México a regañadientes y echó una mirada a sus activos: una gran casa de adobe junto a una importante línea ferroviaria, así como la gran habilidad de la señora Hilton como cocinera; y al tener varios hijos, había muchas manos que podían ayudar. Los Hilton decidieron convertir su casa en un hotel. La habitación y todas las comidas costaban solamente 2,50 dólares al día, de modo que el negocio fue bien.

A los veintitrés años de edad, Conrad había estado trabajando para su padre durante once años. Finalmente logró ser socio del negocio, pero estaba ansioso de emprender algo por su cuenta. No estando especialmente interesado en el comercio o en los hoteles, se presentó para la legislatura estatal en Santa Fe, pero su sueño era ser dueño de una cadena de bancos. A los veintiséis había recaudado suficiente dinero para iniciar un pequeño negocio por su cuenta.

Sin embargo, sobrevino la Primera Guerra Mundial, y Conrad se alistó en 1917. Prestó la mayor parte del servicio en Francia, hasta que lo destinaron de vuelta a Estados Unidos, donde recibió la noticia de que su padre había muerto en un accidente de automóvil. Al regresar a Nuevo México, su pueblo natal parecía entonces «una aldea de juguete de adobe y madera rodeada por el vacío».

Hilton echó cuentas. Tenía ahorrados 5.011 dólares (alrededor de 50.000 en dinero de hoy) y «grandes ideas», pero no estaba seguro de qué hacer. Un amigo de su padre le dio un consejo: «Si quieres botar grandes barcos, tienes que ir adonde el agua sea profunda». Empezó por ir a Albuquerque, donde continuó persiguiendo su sueño de ser propietario de una cadena de bancos; luego otro amigo de su padre le dio la instrucción de que fuera a Texas, donde, le aseguró, «vas a hacer fortuna». Así que en 1920, con treinta y tres años, Hilton se trasladó a Cisco, donde intentó comprar algún pequeño banco. Una vez más, sus esfuerzos resultaron en balde, y un día, agotado, entró en un pequeño hotel, muy concurrido, en búsqueda de una habitación donde pasar la noche.

Cayó en la cuenta de que ese bullicioso hotel deteriorado, el Mobley, podría ser una mejor propuesta que ser dueño de un banco. Fue a hablar con el dueño, quien a pesar del buen volumen de negocio y margen de beneficios estaba desesperado por vender. La ciudad estaba enloquecida por la posibilidad de la riqueza petrolera y el propietario quería hacer fortuna en el mundo del petróleo. El Mobley fue la primera de varias «viudas viejas» que compró Hilton: propiedades decrépitas pero que generaban buenos ingresos y que tenían potencial.

El sueño de Hilton era ahora ser dueño de una cadena de hoteles en todo Texas. Compró uno, el Waldorf (no el famoso Waldorf-Astoria) en el centro de Dallas. Entre los libros de la biblioteca del gerente había un conjunto de volúmenes obra del influyente e inspirador autor Elbert Hubbard, *Little Journeys to the Homes of the Great*. Si bien Hilton ya era ambicioso, su idea acerca de lo que era posible lograr se acrecentó a través de las historias de financieros y empresarios como Meyer Rothschild, Andrew Carnegie, Stephen Girard y Peter Cooper, además de las historias de grandes estadistas, artistas, científicos y filósofos.

BUENOS Y MALOS TIEMPOS

Hilton dirigió su colección de hoteles en mal estado durante varios años, pero comenzó a querer algo más: su propio hotel «Hilton». El hotel Hilton, en Dallas, era un proyecto mucho más grande que cualquiera que hubiera acometido antes. Tuvo que correr contra el tiempo para recaudar 1 millón de dólares, y en 1924 comenzó la construcción. Después de quedarse sin dinero en dos ocasiones, en agosto de 1925 por fin se abrió el hotel.

Con la moral alta, Hilton se casó y tuvo dos hijos, Nick y Barron. Cuando cumplió cuarenta y un años, la cadena tenía nueve hoteles, incluido el nuevo El Paso Hilton. Inaugurado en otoño de 1929 y construido a un alto coste, parecía la corona de un imperio en crecimiento. Sin embargo, como escribe Hilton con tristeza: «Diecinueve días más tarde, la bolsa se derrumbó».

Mirando hacia atrás, Hilton se maravilla de cómo logró atravesar los torturadores años de la Gran Depresión. Muchas veces pareció como si estuviera a punto de ir a la bancarrota, pero luego «sucedía algo» (un amigo de la familia o un empresario conocido intervenían en el último momento para proporcionarle una inyección de fondos) que le permitía seguir adelante.

Al reflexionar sobre su fe católica, comenta que en esos años parecía que esta fuera «la única seguridad dorada» de la que disponía. Sin embargo, el tiempo, la energía y los constantes viajes requeridos para mantener las cosas a flote también significaban tiempo lejos de su familia, y esto le costó el matrimonio.

LA NECESIDAD DE UN SUEÑO

En las profundidades de la Gran Depresión, lleno de deudas, con una sentencia judicial en contra y su ropa en la casa de empeños, Hilton había recortado una foto del hotel Waldorf-Astoria, recién acabado de construir en Nueva York. Más adelante, cuando tuvo suficiente dinero para volver a comprar un escritorio, puso esa imagen bajo la encimera de cristal. En ese momento ser propietario del hotel parecía una fantasía ridícula, pero para él constituía un recordatorio de que uno debe tener sueños a los que aspirar.

Hilton recuerda que el consejo de su madre para el éxito en la vida podía resumirse en una palabra: «Rezar». La filosofía de su padre podía reducirse a otra: «Trabajar». Cuando él y sus hermanos fueron mayores, habían oído el mantra «reza y trabaja» cientos de veces, pero su hermano Barron había señalado: «Tiene que haber algún otro ingrediente, pero no doy con él».

Hilton, que escribió el libro a los setenta años, se recuerda sentado en el salón de baile del Waldorf-Astoria, hotel que ya poseía, preguntándose si había algo que añadir a la sabiduría de sus padres. Fue entonces cuando se le ocurrió: «¡Tienes que soñar!».

Comentarios finales

A pesar de ser conocido más adelante como el fundador de una cadena hotelera internacional, Hilton tenía casi cincuenta años cuando compró el primer hotel fuera de Texas. Sin embargo, lo que en el momento pudo parecer lentitud tuvo sus ventajas. Al comprar y dirigir todos esos otros hoteles antes de que la franquicia Hilton se consolidara, pudo llegar a dominar verdaderamente el negocio y evitar poner en riesgo el nombre Hilton.

Su historia también es inspiradora para cualquier persona que todavía no sepa lo que quiere hacer pero esté sedienta de una gran oportunidad. La historia de Hilton nos sugiere que mantengamos los ojos y oídos abiertos, ya que la próxima reunión, compra o viaje fortuitos pueden ser el punto de inflexión de nuestras vidas, al igual que el descubrimiento del hotel Mobley lo fue para él. La moraleja del libro es que no importa si todavía no has encontrado la misión de tu vida o si aún no has logrado realizar el sueño de hacerte rico, siempre y cuando estés preparado para agarrar dicha misión o dicho sueño cuando se presente.

1973

El camino hacia la riqueza para los perezosos

Nunca más vas a mirar a una persona particularmente exitosa y suspirar diciendo: «¡Qué suerte tiene!». Porque sabrás que «la suerte» o «el destino» no tienen absolutamente nada que ver con el éxito o el fracaso. Lo que llamamos «suerte» es, de hecho, un resultado directo de la aplicación correcta o incorrecta de leyes naturales que cualquier persona puede utilizar con eficacia si sabe cómo hacerlo.

La mayoría de la gente está demasiado ocupada ganándose la vida como para poder ganar dinero.

En pocas palabras

El condicionamiento mental es la base de la riqueza; una vez que tus objetivos han sido programados, el éxito acude fácilmente.

En la misma línea

Robert G. Allen. *Múltiples fuentes de ingresos* (pág. 30)
Michael E. Gerber. *El mito del emprendedor* (pág. 188)
Robert Kiyosaki. *El cuadrante del Cash Flow* (pág. 258)

CAPÍTULO 28

Joe Karbo

Joe Karbo vivía de alquiler en una casa destartalada de un mal barrio, junto con su esposa y sus ocho hijos. Debía 50.000 dólares y había tenido que refinanciar su coche. En tal situación, señala, estaba dispuesto a intentar cualquier cosa «aunque pareciera tonto y ridículamente fácil».

Un amigo le habló de un sistema de condicionamiento mental que obtuvo resultados sorprendentes cuando se aplicó a ejecutivos de varias corporaciones. Sin nada que perder, Karbo comenzó a implementar sus principios. En primer lugar, escribió sus objetivos, entre ellos: «Soy dueño de una casa de 75.000 dólares sobre el agua», «Mis facturas se pagan» y «Gano 100.000 dólares al año». Usando el sistema, todos estos deseos pasaron a formar parte de su realidad con notable rapidez, y resolvió escribir un libro sencillo que describiese lo que había descubierto.

Autopublicada, *El camino hacia la riqueza para los perezosos* anunciaba que daba a los lectores «cualquier cosa del mundo que realmente quisieran» y llegó a vender más de tres millones de ejemplares, con la ayuda de los anuncios de Karbo, hoy famosos, y sus cartas de ventas. Esto hizo que algunas personas pensaran que todo ello no era más que un gran despliegue publicitario. Pero ¿contenía el libro algo de auténtico valor?

UN SISTEMA CIENTÍFICO PARA LLEGAR AL ÉXITO

Karbo pasó doce años dirigiendo una agencia publicitaria para la industria de la televisión. Le fue bien, pero perdió un dineral cuando trató de producir su propio programa. El fracaso, explica, fue «lo mejor que me haya pasado nunca. Estuve tan desesperado que me dispuse a intentar cualquier cosa, y encontré Dyna/Psyc».

Dyna/Psyc era el término que él mismo inventó (dinámico + psicología/mente) para el sistema de establecimiento de objetivos que descubrió. Así es como lo define:

> *[...] el estudio programado y la práctica de lograr el éxito mediante la aplicación planificada de leyes naturales importantes pero poco comprendidas.*

Estas leyes son como la electricidad: una fuerza neutral que puede utilizarse bien o mal, pero cuyo desarrollo consciente puede marcar el comienzo de grandes cambios en tu vida.

El primer elemento del sistema es identificar exactamente lo que quieres.

INDICA TU DESTINO

Tú no vas al aeropuerto, comenta Karbo, y compras un billete a «alguna parte». Hay un lugar exacto al que necesitas llegar. Por tanto, hace que te preguntes a ti mismo: «¿Qué quiero?». Tener que responder a esto de manera concreta puede ser una actividad desalentadora, porque si bien una cosa es decirte a ti mismo: «Sería bueno tener esto» o «Me gustaría poder hacer lo otro», algo muy distinto es sentarte y escribir lo que quieres en la vida. Es sorprendente que la gente no lo haga, ya que se ha demostrado que las personas que tienen metas por escrito tienden a vivir de acuerdo con ellas. Quienes no lo hacen, van a la deriva.

Además de enumerar las cosas específicas que necesitas y deseas, Karbo te pide que pongas en blanco y negro los atributos personales que quieres para ti –quién te gustaría ser, así como lo que te gustaría tener–. Estas listas se convierten después en objetivos concretos y «supersugerencias» utilizando una lista de verificación.

Lo extraño de los objetivos es que, una vez que están escritos, inmediatamente empiezan a parecer más realistas. De hecho, Karbo te advierte que te asegures de que tus objetivos son lo suficientemente elevados. Esta es tu oportunidad no de pedir 5.000 dólares extra en tu salario, sino de llegar a eso que realmente haría que tu vida fuese increíble. De cualquier manera, señala: «Sin unos objetivos claros y bien definidos, el éxito es imposible».

LLEGAR ALLÍ

Un efecto interesante de este proceso es que descubres que algunas cosas que pensabas que realmente querías, de hecho no las quieres. Trabajar con tus metas de esta manera tiende a aislar y resaltar lo que realmente te importa.

La mayoría de las personas trabajan muy duro y no tienen auténticas metas. No saben que si tienen unos objetivos muy claros, estos llegarán a ellas sin que tengan que esforzarse tanto. Esta es la esencia del «camino del perezoso». Pero aún tienes que hacer algún trabajo. Debes leer, estudiar, visualizar y ejecutar, y con un poco de tiempo y esfuerzo podrás obtener grandes dividendos.

Los objetivos que establezcas se apuntan en una página de «declaraciones diarias»; lo ideal es leerlos en voz alta a primera hora de la mañana y antes de acostarse, visualizando cada meta como si se hubiese hecho realidad. La forma en que se escriben los objetivos es vital. Karbo subraya que deben estar en tiempo presente y ser específicos (por ejemplo: «Tengo un Lexus LS400 plateado»).

Lo que lees puede que no parezca posible en ese momento, pero a través de la repetición te autocondicionarás a aceptarlo con notable rapidez. Karbo describe el inconsciente como la «mente idiota», que acepta sin rechistar lo que afirmas como un hecho. Tu vida comienza a reflejar entonces lo que crees y esperas.

CREA UNA NUEVA IMAGEN DE TI MISMO

La mayoría de las personas tienen una pobre imagen de sí mismas, observa Karbo; sin embargo, la percepción de ti mismo es probablemente el mayor determinante de tu fracaso o tu éxito en la vida. El miedo arraiga en los individuos desde muy temprana edad, y ayuda a dar lugar a quienes son. Pero puesto que el miedo es desagradable, la mente consciente tiende a sumir los temores en la mente subconsciente. El resultado es que el miedo es llevado «a la clandestinidad», pero se hace aún más fuerte, porque la mente subconsciente no es lógica o crítica, sino que acepta todo lo que va a parar a ella. Por lo tanto, los miedos que adquieres en tu infancia dan forma a tus acciones décadas más tarde, a menos que hagas algo para cambiar este condicionamiento. Una parte vital del sistema Dyna/Psyc es que pases a creer en ti mismo como alguien seguro, eficaz y enérgico. Karbo muestra cómo hacer esto.

Las personas se amoldan a las expectativas que tienen sobre sí mismas. En el pasado, él había trabajado en una agencia de publicidad donde tenía un concesionario de coches Ford como cliente. El gerente de dicho concesionario le dijo que cada vendedor ganaba aproximadamente la misma cantidad en comisiones cada mes, y que lo que ganaban de año en año no variaba mucho. Sus sueldos siempre coincidían con sus expectativas. La lección: las expectativas determinan los resultados. Pero las expectativas se pueden cambiar fácilmente.

CÓMO TOMAR DECISIONES

Karbo incluye un capítulo muy útil que trata sobre cómo conseguir que tu mente subconsciente te ayude a tomar decisiones importantes. El proceso, sostiene, funciona de una manera aparentemente mágica, y ha sido utilizado por muchas de las grandes mentes de la historia. Incluye tres pasos:

1. Anota el problema tan concisamente como puedas en una hoja.
2. Trata de obtener una respuesta haciendo una lista en una columna de las razones para emprender una acción en particular, y en otra las razones en contra de ello. A menudo, el solo hecho de llevar a cabo estos dos pasos va a permitir resolver el problema sin mayor esfuerzo.
3. Si no llegas a una respuesta satisfactoria, pídele a tu «ordenador subconsciente» que resuelva el problema por ti. Dale un marco de tiempo definido; por ejemplo: «Mañana, a las cuatro

> de la madrugada voy a saber exactamente qué hacer respecto...». Si es realmente un gran problema, dale más tiempo al ordenador. Después, olvida el problema por completo.

¿Cómo sabrás que has obtenido la respuesta? Simplemente lo «sabrás»; va a aparecer en tu cabeza mientras conduces, mientras te estés ocupando del jardín o al despertarte. Pero Karbo hace una advertencia: cuando llegue la respuesta, ¡actúa a partir de ella! De lo contrario, te encontrarás con que tu ordenador subconsciente está menos dispuesto a colaborar la próxima vez.

CRÉATE UNA VIDA

La primera mitad de *El camino hacia la riqueza para los perezosos* cubre los temas anteriormente expuestos. Después, el libro toma un rumbo sorprendente. En la segunda parte, Karbo relata sus secretos duramente adquiridos relativos al éxito en la gestión de una empresa de *marketing* de respuesta directa y cómo escribir grandes anuncios. Es un cambio de orientación que se le hace extraño al lector, hasta que recuerda el título del libro. El «camino del perezoso» no se refiere solo a condicionar la mente para el éxito, sino también a proporcionar al lector una forma práctica de ganar dinero que no implique un trabajo regular vinculado a un sueldo y una ubicación fijos. Él promueve el *marketing* de respuesta directa como profesión porque «es una de las últimas áreas en que un individuo puede empezar algo nuevo, vivir donde le plazca y trabajar donde quiera».

Mucho del material de estos capítulos ha quedado obsoleto, ya que fue escrito más de veinte años antes de la llegada de Internet. El equivalente actual a enviar pedidos por correo tradicional o a las ventas de respuesta directa es poner una tienda en la Red. De todos modos, gran parte de lo que dice Karbo en relación con iniciar tu propio negocio y hacer que la gente acuda a comprar tus productos tiene una validez intemporal. Los redactores publicitarios todavía rinden homenaje al poder de su pensamiento sobre lo que atrae a la gente a tu producto y lo que no lo hace. Karbo promete al lector:

> *Si sigues los principios que he descrito en este libro, seguro que vas a tener una idea. Tu idea por lo menos va a duplicar o triplicar tus ingresos actuales, incluso si no consiste más que en una forma de hacer mejor lo que ya estás haciendo.*

En esencia, su mensaje es que para que te vaya bien con tu negocio tienes que resolverle problemas a la gente. Si te has encontrado con algo molesto o difícil, lo más probable es que otras personas también se hayan encontrado con ello, y puedes ganar mucho dinero ahorrándoles tiempo y esfuerzo.

Comentarios finales

Siendo como es una extraña mezcla de libro de desarrollo personal, manual para establecer metas y libro de instrucciones sobre cómo administrar un negocio de venta por correo y escribir anuncios magnéticos, *El camino hacia la riqueza para los perezosos* es hoy día un clásico en más de un ámbito: la prosperidad y el desarrollo personal, y también el *marketing* y la redacción de textos publicitarios.

Fue un libro autoeditado y vendido por medio de anuncios, un libro de aspecto muy poco profesional que podía descartarse fácilmente como fraude publicitario. Se dice que Karbo no lo escribió hasta después de haber recibido 50.000 dólares en pedidos. En caso de ser cierto, ¡es una buena manera de escribir un libro! Y el sistema Dyna/Psyc, de dondequiera que proceda y a pesar del estilo relajado con que se presenta –en plan conversación–, muchos han encontrado que es muy potente para ayudar a alcanzar las propias metas, financieras o de otro tipo.

Hay cientos de libros sobre la manera de fijarse metas, pero es la claridad del sistema de Karbo lo que parece hacer que funcione. Su afirmación de que «sin unos objetivos claros y bien definidos el éxito es imposible» es difícil de probar. Todo el mundo conoce seguramente a personas de éxito que no tenían sus objetivos puestos por escrito; sin embargo, esas personas probablemente lograron el éxito *a pesar* de no tener objetivos, no *a causa* de ello. Dyna/Psyc nos muestra que al tener los objetivos claros ponemos certezas en la mente, y es la convicción lo que mueve montañas.

JOE KARBO

Nacido en 1925, Joe Karbo creció en California. Tras terminar la educación secundaria sirvió durante casi tres años en las Fuerzas Armadas de Estados Unidos como farmacéutico de tercera clase. Una vez licenciado del servicio en 1945, se casó, y con su esposa, Betty, tuvo el primero de sus hijos. Tenía la intención de matricularse en la Universidad de California, pero en vez de eso tuvo que buscar un empleo. Después de rechazar uno consistente en hacer patines, comenzó a comprar cajas de cartón no deseadas en grandes almacenes y revenderlas a pequeñas empresas.

Karbo pasó doce años dirigiendo una agencia de publicidad en el mundo de la televisión, pero pasó a tener deudas después de realizar una incursión como productor de televisión. Tenía cuarenta años y le aconsejaron que se declarase en quiebra, pero decidió pagar todas sus deudas. Diez años más tarde era millonario, en parte gracias a las ventas de sus libros y también gracias a los rendimientos de una empresa de venta de vitaminas por correo. Murió en 1980.

2004

El arte de empezar

La mejor razón para comenzar una organización es hacer una contribución, es decir, crear un producto o servicio que haga del mundo un lugar mejor. Así pues, tu primera tarea es decidir qué contribución puedes realizar.

Sé específico. Cuanto más precisamente puedas describir tu perfil de cliente, mejor. Muchos empresarios tienen miedo de quedar confinados a un «nicho» de clientela y no poder expandirse. Sin embargo, las empresas de mayor éxito empezaron orientándose a mercados específicos y crecieron (a menudo de forma inesperada) por medio de abordar otros segmentos. Pocas arrancaron con unos objetivos grandiosos y los cumplieron.

En pocas palabras

Antes de cualquier otra cosa, el propósito fundamental a la hora de poner en marcha cualquier empresa es realizar una contribución. Empieza abasteciendo a un pequeño sector de mercado, y si lo que estás haciendo vale la pena, surgirán otras oportunidades.

En la misma línea

Richard Branson. *Perdiendo la virginidad* (pág. 70)
Peter Drucker. *La innovación y el empresario innovador* (pág. 116)
Michael E. Gerber. *El mito del emprendedor* (pág. 188)
Anita Roddick. *Otra forma de hacer negocios: Anita Roddick y The Body Shop* (pág. 340)
Howard Schultz. *Pon tu corazón en ello: cómo Starbucks creó una empresa un vaso tras otro* (pág. 354)

Capítulo 29

Guy Kawasaki

Hay cientos de libros sobre cómo poner en marcha un negocio o una organización. La mayoría ofrecen consejos de calidad a lo largo de cientos de páginas. Pero cuando se sentó a escribir *El arte de empezar*, Guy Kawasaki –fundador de varias empresas de *software*, capitalista arriesgado y exjefe de promoción de Apple Computer– partió del supuesto de que toda persona que desea iniciar una nueva empresa no desea enredarse en la teoría, sino que quiere cambiar el mundo. Su objetivo era ir al grano y proporcionar una información que fuese realmente útil. Una de sus primeras ideas es que ser empresario es más una mentalidad que un cargo, de manera que cubre el aspecto psicológico y espiritual de ser empresario y revela asimismo estrategias prácticas vitales.

Kawasaki señala que escribió el libro no solo para la gente de Silicon Valley, sino para cualquiera que desee crear una gran organización. Esto incluye a las personas que, dentro de las empresas existentes, deseen introducir grandes productos o servicios nuevos al mercado, e incluso a los «santos» que desean poner en marcha escuelas e iglesias o a las organizaciones sin ánimo de lucro. Las empresas pueden o no establecerse con el fin de ganar dinero, pero lo que deben tener todas es una razón de ser significativa.

CONTRIBUCIÓN Y MANTRA

Kawasaki dice que la mejor razón para comenzar algo nuevo es hacer una contribución. La «contribución» puede consistir en tratar de hacer del mundo un lugar mejor, pero también puede implicar reparar un daño o evitar el fin de algo bueno.

Cuando entró en Apple, la compañía encontró su sentido en reemplazar las máquinas de escribir de IBM por sus ordenadores Macintosh. Más tarde, fue impulsada por el deseo de superar a Microsoft y su sistema operativo Windows. Su argumento es que necesitas tener una razón de ser que te dé ganas de levantarte para ir a trabajar, un gran desafío válido por sí mismo, independientemente del dinero o los beneficios.

El mundo está lleno de aburridas declaraciones de misiones corporativas, pero ¿quién se acuerda de ellas o cree en ellas? Es mucho mejor, asegura Kawasaki, tener un mantra (una «fórmula verbal sagrada» o conjuro que implica poder y emoción) que encapsule el significado de la organización. Debe ser lo suficientemente corto como para que todos lo sepan y crean en él, y ni siquiera tiene que ser escrito. La declaración de la misión de Coca-Cola, por ejemplo, es: «La compañía Coca-Cola existe para beneficiar y refrescar a todo aquel a quien toque». Pero su mantra, si tuviera uno, mantiene Kawasaki que sería un sencillo y poderoso: «Refrescar el mundo». Hay una diferencia entre los mantras (que son para los empleados) y los eslóganes, que son para los clientes. El eslogan de Nike es: «Just do it», pero su mantra es: «Auténtico rendimiento deportivo».

Kawasaki ofrece muchos consejos para que puedas reclutar y seleccionar a las personas adecuadas para tu organización, pero el principal es contratar a quienes crean en tu contribución o visión, incluso si carecen de titulaciones o experiencia. Las grandes organizaciones se construyen por medio de estas «almas gemelas», no –como sugiere el mito– a través de un solo individuo. Muchas empresas tienen una fuerza impulsora o un mascarón de proa, pero si se cava un poco más profundo, se descubre que esas personas tenían almas gemelas empresariales que convirtieron el sueño en realidad.

LO QUE HACES, ¿CÓMO LO HACES?

El arte de empezar señala que los buenos modelos de negocio (a menudo pasados por alto en el mundo «punto com») son fundamentales para el éxito. Puedes llevar a cabo infinitas innovaciones en otras áreas, pero tu modelo de negocio (o la forma fiable en que ganas tu dinero) debe tener los pies sobre la tierra. Es probable que tu modelo de negocio sea una variante de uno que ya exista. Deberías ser capaz de resumirlo en diez palabras o menos. El inusitado consejo de Kawasaki es que primero sea una mujer la que ejecute el concepto de tu modelo de negocio. Ha descubierto que ellas son mucho más realistas y perspicaces en cuanto a las posibilidades económicas reales de una idea.

Tal vez tengas miedo de crear un nicho demasiado pequeño para tu producto, pero Kawasaki indica que todas las empresas grandes y exitosas se desarrollaron inicialmente a partir de productos muy específicos dirigidos a pequeños mercados. Estos segmentos crecieron y revelaron otros mercados, por lo general inesperados. Incluso Microsoft eligió un «trocito» de mercado (un lenguaje de programación específico, BASIC, destinado a un sistema operativo en particular), que se expandió y reveló nuevos clientes y productos potenciales. Este es el camino que lleva realmente al éxito, asegura, no tener metas grandiosas.

Kawasaki sugiere que los negocios se basen en un tejido compuesto de hitos, supuestos y tareas: necesitas tener claras las metas que deseas alcanzar, conocer los supuestos que forman parte de tu modelo de negocio y saber qué tareas tienen que llevarse a cabo para crear una gran organización.

PLANES Y LANZAMIENTOS

En la era de los argumentos de venta y de arrastrarse frente a los posibles financiadores, Kawasaki hace una sugerencia radical: no te enfoques en planes ni lanzamientos; comienza por hacer y vender tu producto. Consigue clientes casi antes de empezar tu negocio.

Encabezando un capítulo sobre planes de negocio, cita a Dwight Eisenhower: «A la hora de preparar las batallas, he encontrado que los planes son inútiles, pero que la planificación es indispensable». Contra la sabiduría convencional, señala que los planes de negocio para las empresas de nueva creación tienen un alcance limitado, ya que todos ellos están basados en incógnitas. No se puede predecir el futuro de algo que no tiene antecedentes. Es su implementación y ejecución lo que importa. Aunque los planes de negocio pueden ser un buen ejercicio para las personas involucradas en aclarar los objetivos y los inversores los exijan, de hecho es poco probable que un plan convenza a un inversor en un sentido o en otro. Lo más probable es que ya haya tomado su decisión previamente, y el plan sencillamente lo lleva a confirmar su postura.

Aconseja Kawasaki que siempre que lleves a cabo un lanzamiento o presentación imagines a un pequeño hombre sentado en tu hombro que cada vez que dices algo pregunta: «¿Y qué?». Esto evitará que presupongas que lo que estás diciendo sea evidente por sí mismo, impresionante o incluso interesante. Cada vez que hagas una afirmación general, apóyala con un ejemplo. La gente quiere saber cómo funcionan las cosas en la práctica.

LA AUTOSUFICIENCIA

La alternativa a recibir un colchón de dinero por parte de capitalistas arriesgados u otros inversores para tu empresa es la autosuficiencia: empezar con muy poco y tener los gastos mínimos.

La consideración primordial para que una empresa sea autosuficiente, escribe Kawasaki, no es establecer la cuota de mercado, el crecimiento o las ganancias sobre el papel, sino el cash flow. También deben aprovecharse los productos o servicios que ya están teniendo éxito, lo que mitiga el riesgo. Por lo menos en las primeras etapas, necesitas ingresar efectivo de forma regular, incluso a expensas de otras ventas más rentables a largo plazo. Esto significa sacar el producto al mercado tan pronto como sea posible, aunque no sea perfecto. Si estuvieses dispuesto a permitir que tus propios padres utilizasen el producto en su estado actual, te sugiere que lo lances al mercado. Incluso si solo lo vendes a un mercado o área limitados, estarás recibiendo ingresos en efectivo, y además estarás obteniendo una retroalimentación por parte del mundo real. Esto te permitirá sacar pronto una versión mejor del producto. La desventaja es que arriesgas tu reputación.

De cualquier forma, es mejor tener una reputación por arriesgar que ningún negocio en absoluto.

Todo esto hace que tu empresa sea una máquina «austera», centrada en los resultados y la ejecución. Si comienzas con una gran cantidad de capital de riesgo detrás de ti, dice Kawasaki, puede ocurrir como con los esteroides: puede darte un impulso inicial, pero también puede matarte. Financia tu negocio con el dinero en efectivo, y será muy fuerte desde el principio.

NORMAS DE COMERCIALIZACIÓN

Para vender mucho de lo que sea que estés haciendo, el producto en sí tiene que ser eficaz, simple y centrado en un solo uso. En palabras de Peter Drucker, una leyenda de la innovación, «[el producto] solo debe hacer una cosa; de lo contrario, confunde [a la gente]. Si no es simple, no va a funcionar».

Al lanzar algo nuevo, la palabra clave es *contagio*. Es decir, una vez que la gente lo conoce o lo utiliza, no puede dejar de hablar de ello a otros, y esto hace que corra la voz. Pero para llegar a la mayor cuota de mercado posible, debes reducir los obstáculos para entrar en dicho mercado; debes hacer que tu producto sea más barato o más fácil de usar, para que más personas sepan de él y lo adquieran. Estas personas crean una ola de emoción en relación con el producto, lo cual atrae a la prensa, que va a escribir acerca de ti, proporcionándote publicidad gratuita y generando mayor confianza entre el público hacia el producto.

Muchos cometen el error de tomarse su empresa demasiado en serio. Kawasaki aconseja que el *marketing* «logre ser humano». Esto puede incluir presentar a los usuarios del producto en los materiales de *marketing*, burlarte de ti mismo en la publicidad, elegir como blanco a los jóvenes o desviar algunos de los recursos a los más necesitados. También aconseja: «Hacer amigos antes de que los necesites, e incluso antes de que puedan ayudarte». Cuando estaba en Apple, Kawasaki ayudó a periodistas de medios de los que nadie había oído hablar, periodistas que no eran de *The New York Times* o la revista *Forbes*, por poner dos ejemplos. Más tarde, muchos de ellos pasaron a trabajar en medios más grandes y recordaron la ayuda de Kawasaki. También da estos consejos a la hora de ponerle el nombre a la empresa:

- Dicho nombre debe comenzar con una letra del principio del alfabeto; así está siempre en la parte superior de cualquier lista.
- No debe incluir números.
- Debe poder convertirse en verbo (por ejemplo, *googlear*).
- Evita las tendencias ultramodernas (por ejemplo, escribir el nombre solamente en letras minúsculas).

EL ARTE DE SER UN MENSCH

Mensch es una palabra judía que significa «alguien que hace lo que es correcto y ayuda a las personas». Si quieres construir una gran empresa, apunta Kawasaki, debes tener unos principios morales y éticos elevados para ser un modelo para los demás. Por ejemplo, respeta el espíritu de los acuerdos y paga siempre por lo que recibas, se te cobre o no por ello.

Lo correcto no es siempre lo más fácil de hacer, pero hay que crearse un buen karma. Ayudar a personas que no tienen manera de devolver el favor es un modo de dar las gracias al universo por los muchos regalos que has recibido, entre ellos tu familia y amigos, tu buena salud y tu éxito económico.

Comentarios finales

La riqueza y la prosperidad siempre comienzan con una idea, pero las ideas por sí solas no valen mucho. Como señala Kawasaki, el arte de conseguir que una empresa empiece bien combina lo práctico y lo psicológico. No hay muchos libros de este tipo que exhorten al lector a centrarse en «contribuir» y en «ser un *mensch*», a la vez que le empujan a tener un modelo de negocio confiable y un buen cash flow. Pasar por alto cualquier elemento de esta ecuación asegurará que el negocio muera o sea más pequeño de lo que pudo haber sido. Para prosperar a largo plazo, debes tener claro el sentido de la empresa y tus intenciones han de ser nobles, y debes ser inteligente desde el punto de vista empresarial para gestionar bien los asuntos prácticos. Esta visión holística es lo que hace que *El arte de empezar* sea una lectura que valga especialmente la pena.

A pesar de que el libro se enfoca fuertemente en el sector tecnológico, la mayor parte de sus lecciones se pueden aplicar a otros emprendimientos. De hecho, su subtítulo reza así: «La guía probada por el tiempo y curtida en la batalla para cualquier persona que empiece cualquier cosa». Esto incluye tener hijos, nada menos. Kawasaki señala en su dedicatoria: «Un hijo es el emprendimiento definitivo. Yo tengo tres. Esto me hace rico». Así como la decisión de tener un hijo no debe tomarse a la ligera, puesto que requiere años de atención amorosa y trabajo duro, tampoco debe emprenderse un negocio sin contar con la motivación suficiente. Esta es la razón por la que el sentido con que se emprende algo tiene una importancia capital. Si tienes un «porqué» (una poderosa razón para hacer lo que estás haciendo), serás capaz de hacer frente a cualquier tipo de «cómo» (obstáculos y dificultades que la vida te presente) y ver más allá de ello.

GUY KAWASAKI

Guy Kawasaki nació en 1954 en Honolulu (Hawái). Su madre era ama de casa y su padre fue muchas cosas: bombero, agente inmobiliario, funcionario y político. Tras finalizar sus estudios escolares, Kawasaki fue a la Universidad Stanford, donde se licenció en Psicología en 1976. Asistió por poco tiempo a la facultad de Derecho antes de hacer un máster de Administración de Empresas en la Universidad de California, en Los Ángeles. Siendo aún estudiante, comenzó a trabajar en el negocio de la joyería, para Nova Stylings. Su éxito con las ventas, además de su creciente interés por el software*, lo llevaron a ser contratado por Apple.*

Kawasaki es consejero de Canva (administradora de la Fundación Wikimedia) y socio ejecutivo en la Escuela de Negocios Haas de la Universidad de California, en Berkeley. También ha creado varias empresas de software *(entre ellas, Fog City Software) y ha vendido para este tipo de empresas.*

Orador destacado, otros libros suyos son The Macintosh Way *(1990);* Selling the Dream (1991) (Venda su sueño); How to Drive Your Competition Crazy (1995) (Cómo volver locos a tus competidores, 1998); Rules for Revolutionaries (1999) (Reglas para revolucionarios, 2001); Enchantment (2012) (El arte de cautivar, 2013); The Art of Social Media (2014) *y* The Art of the Start 2.0 (2015).

1998

EL CUADRANTE DEL CASH FLOW

La razón principal por la cual la mayor parte de las personas tienen problemas económicos es que nunca fueron educadas en la ciencia de la gestión del cash flow. Se les enseñó a leer, a escribir, a conducir coches y a nadar, pero no se les enseñó cómo gestionar su corriente de efectivo. Sin esta formación acaban teniendo problemas de dinero; a continuación trabajan más duro, creyendo que tener más dinero va a resolver su situación. Como decía mi padre a menudo (él era rico): «Más dinero no va a resolver el problema si la gestión del Cash Flow es el problema».

La idea de «estudiar duro y encontrar un puesto de trabajo fijo, seguro» nació en la era industrial. Ya no estamos en esa era [...] Muchos piensan que el cuadrante «yo» no es su responsabilidad. Siguen pensando que el gobierno, o las grandes empresas, o el sindicato, o su fondo de inversión, o su familia se harán cargo de ellos cuando su vida laboral haya concluido. Por su bien, espero que tengan razón.

En pocas palabras

La mentalidad y los patrones de ingresos de los ricos son totalmente distintos de los de los pobres y las clases medias.

En la misma línea

Robert G. Allen. *Múltiples fuentes de ingresos* (pág. 30)
T. Harv Eker. *Los secretos de la mente millonaria* (pág. 126)
Michael E. Gerber. *El mito del emprendedor* (pág. 188)
Joe Karbo. *El camino hacia la riqueza para los perezosos* (pág. 242)
Andrew McLean y Gary W. Eldred. *La inversión en el sector inmobiliario* (pág. 272)
William Nickerson. *Cómo convertí mil dólares en tres millones en el sector inmobiliario (en mi tiempo libre)* (pág. 290)
Thomas J. Stanley y William D. Danko. *El millonario de la puerta de al lado* (pág. 378)

Capítulo 30

Robert Kiyosaki

Dada la enorme importancia que tiene el dinero en nuestras vidas, es increíble que se nos dé poca o ninguna educación sobre materias económicas en la escuela. El resultado: millones de personas económicamente analfabetas, que viven de paga en paga, a la merced de otras que son financieramente inteligentes.

La falta de conocimiento se ve agravada por problemas psicológicos que tienen que ver con el dinero: nos resulta difícil ser lógicos en relación con algo que atañe a la esencia misma de nuestra supervivencia. En el lugar de la lógica está el miedo, una expresión del cual es que no queremos conocer el verdadero estado de nuestros patrones de gastos e ingresos.

Hoy día hay una gran cantidad de autores y oradores que se ganan la vida tratando de llenar los vacíos de conocimiento de las personas en relación con el dinero, y también tratan de que afronten los problemas emocionales que tienen con respecto a ello. Quizá el más famoso de ellos es Robert Kiyosaki, cuyo libro *Rich Dad, Poor Dad* (*Padre rico, padre pobre*) vendió millones de ejemplares (ver el comentario de dicho libro en *50 libros clave para vivir mejor*).

Kiyosaki creció en Hawái, donde su padre era profesor. No le gustaba la idea de ser él también un profesor asalariado, de modo que se introdujo en el mundo de los negocios. La ironía, que no pasa por alto, es que más tarde se convirtió en un maestro apasionado a través de sus escritos y seminarios financieros. Sus ideas, sin embargo, no provenían de su padre real, sino de su «padre rico», un mentor capitalista acaudalado.

El argumento de *Padre rico, padre pobre* es que todo el mundo vive en uno de cuatro cuadrantes financieros, que describen tanto una mentalidad como una forma de ganar dinero. Continuando con ese mensaje, *El cuadrante del Cash Flow* es también una buena lectura que puede hacerte reconsiderar tus ideas acerca de la seguridad financiera.

LOS CUADRANTES

Los cuatro cuadrantes están representados por las letras T, A, E e I.

T: Trabajador o empleado, alguien que trabaja para el sistema	E: Empresario, que posee una parte del sistema
A: Autónomo, cuyas actividades son efectivamente el sistema	I: Inversor, que se hace rico sin intervenir en el negocio, esperando un retorno del dinero que ha puesto en el sistema

Kiyosaki explica los cuadrantes de esta manera: cuando un «T» necesita dinero, automáticamente busca un empleo. Su palabra clave es *seguridad*, y cree que un trabajo asalariado se la ofrece. Una persona «A», por el contrario, va a hacer algo para ganar dinero por su cuenta. Sus palabras clave son *perfeccionismo* y *control*; tiene que asegurarse de que las cosas se hacen bien, lo que significa hacerlas a su manera. A causa de esto, su negocio no crece. Por su parte, una persona «E» pondrá en marcha o comprará un sistema que genere dinero, y un «I» depositará dinero en un sistema que producirá más dinero sin tener que participar directamente en él.

¿CUÁL ES TU PATRÓN DE CASH FLOW?

Kiyosaki identifica los patrones de cash flow básicos de los pobres, la clase media y los ricos. En el caso de los dos primeros, la mayor parte de lo que ganan procede de un empleo, y tan pronto como reciben el dinero este sale de nuevo, a causa de los gastos y las deudas. Lo único que varía es la cantidad que ganan. Este es el patrón de flujo del dinero (*cash flow*) de la persona «T». La mayoría de los ingresos de los ricos, en cambio, provienen de los activos. Todos los pasivos se pagan a medida que surgen con el efectivo que generan los activos.

El patrón de cash flow de la clase media se considera normal en nuestra sociedad. Visto desde fuera parece como si te estuviera yendo bien (tienes uno o dos coches, una casa y te vas de vacaciones), pero en realidad estás viviendo mes a mes. Si dejaras de trabajar, ¿cuánto tiempo podrías sobrevivir? La mayoría de las personas, incluso las que tienen un salario alto, trabajan sobre la «línea roja» financiera. Su dinero sale de su cuenta bancaria tan pronto como entra en ella. La regla de oro de las finanzas personales, advierte Kiyosaki, es «págate a ti mismo primero», pero la mayoría de la gente trabaja continuamente para ganar dinero, mientras otros, incluidos su jefe y el gobierno, viven de su trabajo. Como el padre rico de Kiyosaki le dijo: «Las personas que no pueden controlar su cash flow trabajan para las que sí pueden hacerlo».

El patrón de cash flow de la clase media era la norma en la era industrial, pero en la era de la información, comenta Kiyosaki, es una locura depender de un salario para casi todos los ingresos. Para volver a ser dueño de tu tiempo y tomar el control de tu destino financiero, el dinero tiene que proceder de activos que generen efectivo. Según su opinión: «En la era de la información, las personas que trabajen físicamente más duro serán las peor pagadas». Sin embargo, la mayoría de la gente todavía cree en el estilo de vida basado en «trabajar duro y gastar».

¡PERO SOY DUEÑO DE MI CASA!

Tu respuesta al tema que se está tratando es probablemente esta: «Sí, pero yo sí poseo un activo: mi casa». Sin embargo, ¿es tu casa realmente un activo? El padre rico define un activo como algo que «pone dinero en mi bolsillo», pero cuando la mayoría de la gente compra una casa suscribe una hipoteca a largo plazo, que es efectivamente un agujero en el que van a verter dinero durante los siguientes veinte o treinta años (en inglés, *hipoteca* es *mortgage*, al igual que en francés, idioma en el cual significa literalmente «acuerdo hasta la muerte»).

Tu casa *es* un activo, apunta Kiyosaki, pero ¿qué activo? Para el banco que te prestó el dinero es de hecho un activo maravilloso, que genera efectivo en forma de intereses durante años. No solo eso, sino que está prácticamente libre de riesgos: si el «dueño» de la casa deja de satisfacer los pagos de la hipoteca, el banco puede mover ficha, vender la casa y recuperar su dinero.

Tu casa no es un activo a menos que la poseas del todo y estés a punto de venderla, pero en este caso tienes que comprar otro lugar donde vivir de todos modos. De lo contrario, es un pasivo. El patrón familiar es que si tus ingresos aumentan, adquieres una casa más grande y asumes más deuda. Te ves más rico, pero nada ha cambiado: aún sigues poniendo todo tu dinero en algo que está haciendo ganar dinero a otros.

DEJA DE SER UN ANALFABETO FINANCIERO

La gente del lado izquierdo del cuadrante (personas «T» y «A») tienden a culpar a otros de su difícil situación, cuando la verdadera razón de esta es su falta de conocimiento sobre el dinero. Basan sus vidas financieras en opiniones como «tu casa es un activo» o «necesitas dinero para ganar dinero», sin realmente mirar los hechos.

La gente del lado derecho del cuadrante, por el contrario (personas «E» e «I»), han logrado el éxito por medio de confiar en los hechos. Piensan en números; no en palabras. Si quieres trabajar para los demás durante toda tu vida, no es necesario que seas preciso con los números o que estés bien informado al respecto. La mayoría de la gente pone el dinero en lo que le parece bueno visual o emocionalmente, pero el inversor inteligente, dice el padre rico, se crea su propia imagen de una inversión solo a partir de los números.

Los individuos ricos dedican mucho más tiempo a sus inversiones, y como resultado obtienen mejores rendimientos. Son expertos en encontrar problemas financieros causados por aquellos que tienen menos conocimientos que ellos; a continuación toman esos problemas, sabiendo que contienen grandes beneficios potenciales.

Para Kiyosaki, las personas cultas tienden a burlarse del poder y la libertad de los ricos. Quienes poseen un título importante creen que tienen derecho a ello. Pero el capitalismo favorece a los que disponen de inteligencia *financiera*. El padre rico hizo leer a Kiyosaki libros sobre historia de la economía, incluidas las biografías de los Rockefeller, J. P. Morgan y Henry Ford, y también acerca de los más importantes economistas y las grandes tendencias económicas.

Su conclusión: la riqueza, con el tiempo, fluye desde las personas que están en el lado izquierdo del cuadrante hacia las que están en el derecho. Cuando cambia la legislación o se produce un colapso financiero, los de la derecha están listos para aprovechar los activos. El mismo Kiyosaki lo hizo en 1986, cuando se produjo un crac inmobiliario en Estados Unidos y compró bienes inmuebles a muy buen precio.

EFECTUAR LA TRANSICIÓN

El mismo Kiyosaki estaba «paralizado por el miedo» cuando dimitió de su trabajo a tiempo completo en Xerox, sin tener nada seguro a lo que acudir. Pero estaba decidido a dejar el cuadrante «T» y pasar al «E».

Su padre rico le dijo: «El dinero es una droga». La gente se vuelve adicta al trabajo remunerado. Es feliz cuando recibe su paga, y se siente desdichada y ansiosa cuando no la recibe. Las personas con una mentalidad «E» o «I», por el contrario –la mentalidad de los ricos–, pueden permanecer confiadas y optimistas incluso cuando tienen poco, pues saben que las cosas van a cambiar. Su intención es la de crear sistemas de negocios que generen dinero. Cuando Kiyosaki y su esposa solo podían permitirse el lujo de vivir en su coche, y luego en un sótano (mientras elaboraban un seminario de negocios), sus amigos y familiares se preguntaban por qué no salían a tratar de conseguir un trabajo. De hecho, se sintieron muy tentados de volver al empleo remunerado, pero se recordaron a sí mismos que ese impulso era una adicción de la que tenían que librarse si realmente querían ser ricos.

PRIMERO, CAMBIA QUIÉN ERES

Cuando una persona «T» trata de convertirse en una persona «E», a menudo experimenta una reacción interna violenta, ya que este movimiento parece ir en contra de su propia supervivencia. Como dice el padre rico: «La parte de ti que todavía busca la seguridad está en guerra con esa parte de ti que quiere la libertad». Es fácil que olvides lo que te propusiste hacer, aquello a lo que aspiras, cuando las emociones de miedo se amontonan. Llegados a este punto, señala el padre, tienes que recordar la pasión que tenías por cambiar: «La pasión construye negocios, no el miedo».

Cambiar de un cuadrante a otro implica dar un gran paso mental. El consejo de Kiyosaki es empezar por dar pequeños pasos en lugar de tratar de dar uno grande. Por encima de todo, debes pensar a largo plazo y tener una visión. No se trata de hacerse rico de forma rápida. La gente acude a Kiyosaki preguntándole qué deben hacer en la situación en la que están. Él no les dice qué hacer; solo les dice en qué tipo de persona deben convertirse para alcanzar la independencia financiera a largo plazo. Antes de poder «tener», tienen que «ser».

Muchas personas creen que intentar copiar cómo vive la gente rica las hará ricas. Esto no es así; ocurrirá todo lo contrario. Es mucho más importante *pensar* como los ricos. Cámbiate primero a ti mismo, y con el tiempo tu estilo de vida se transformará.

LA INTELIGENCIA FINANCIERA ES SOBRE TODO INTELIGENCIA EMOCIONAL

La principal diferencia entre los ricos y todos los demás es su actitud distinta ante el fracaso. El padre rico le dice a Kiyosaki:

> *La razón por la cual hay pocos ricos hechos a sí mismos es que pocas personas pueden tolerar la decepción. En lugar de aprender a afrontar la decepción, se pasan la vida evitándola.*

Si puedes aprender a esperar la decepción y seguir adelante hacia el cumplimiento de tus metas sin que dicha decepción te importe, tienes el éxito prácticamente asegurado, aunque en el momento no lo parezca. La gente intenta llevar a cabo nuevas ideas de negocio; al principio se entusiasman con ello pero se rinden pronto, y maldicen la idea. Lo que ha ocurrido en realidad, según Kiyosaki, es que ganó la decepción, y venció con demasiada facilidad. La mentalidad del empresario y la del inversor es diferente: saben que el éxito requiere tiempo y están preparados para los altibajos. Escribe Kiyosaki: «La inteligencia financiera es en un 90% inteligencia emocional y solo en un 10% es información técnica sobre finanzas o dinero». La gente del lado derecho del cuadrante también tiene miedos, pero trata de dominarlos activamente en pos de un sueño.

Comentarios finales

Kiyosaki es controvertido. Algunos se quejan de que no hay suficiente información en sus libros sobre cómo pasar de ser un empleado a una persona con mentalidad empresarial. Sin embargo, proporcionar esta información nunca fue su intención. Sus escritos están dirigidos a que el lector consolide una nueva forma de pensar, y *El cuadrante del Cash Flow* incluye muchas advertencias sobre el trabajo duro y no lanzarse a nada con demasiada rapidez. La clave, sentencia en varias ocasiones, es la formación, que puede costarte poco pero traerte millones.

El otro punto polémico es el padre rico, quien, a pesar de ser la fuente de la sabiduría del libro, tal vez no existió realmente. Pudo haber sido Richard Kimi, propietario de un hotel de Hawái, cuyo hijo Michael se menciona varias veces en el libro. Otro candidato es Marshall Thurber, estudiante del científico visionario Buckminster Fuller, a cuyos cursos de desarrollo personal y bienes raíces asistió Kiyosaki en la década de los ochenta. Quizá el padre rico es una fusión de ambos.

Si puedes disculpar algunas molestias menores, como los errores tipográficos (en el libro original) y la publicidad del *marketing* en red, esta es una obra fascinante, una formación financiera valiosa que puede inspirarte a pensar más sobre el cuadrante en que quieres estar. Como señala Kiyosaki, está bien ser un asalariado, siempre y cuando estés percibiendo también dinero procedente de inversiones; pero ser solamente un empleado es, en el mundo de hoy, una opción arriesgada.

Biografía del autor en el Apéndice, página 441.

1989

UN PASO POR DELANTE DE WALL STREET

Veinte años en este negocio me han convencido de que cualquier persona normal que utilice el habitual 3% del cerebro puede escoger las acciones igual de bien, si no mejor, que el experto promedio de Wall Street.

Lo mejor es que definas tus objetivos y aclares tus actitudes de antemano, porque si estás indeciso y te falta convicción, eres una víctima potencial del mercado de valores: la típica persona que abandona toda esperanza y razón en el peor momento y vende para perder. Es la preparación personal, tanto como el conocimiento y la investigación, lo que distingue al selector de acciones que tiene éxito del perdedor crónico.

En pocas palabras

Los inversores atentos que se centran en los aspectos fundamentales y no se dejan llevar por los sentimientos del mercado bursátil pueden superar a los profesionales.

En la misma línea

John C. Bogle. *El pequeño libro de la inversión con sentido común* (pág. 62)

Warren Buffett. *Los ensayos de Warren Buffett: lecciones para el mundo empresarial* (pág. 78)

Benjamin Graham. *El inversor inteligente* (pág. 196)

Capítulo 31

Peter Lynch

Cuando se publicó *Un paso por delante de Wall Street* en 1989, Peter Lynch era el vicepresidente de Fidelity Management & Research Company y el gestor de la cartera del fondo Fidelity Magellan. Bajo su dirección, la discreta Fundación Magellan creció desde los 20 millones de dólares en 1977 hasta los 14.000 millones en 1990, convirtiéndose en la más rentable del mundo, con una tasa de beneficio anual del 29,2%.

A pesar de su éxito estelar como gestor de fondos, Lynch quiso escribir un libro que «ofreciese apoyo e información básica al inversor individual» que no necesariamente quisiese ceder el control de su dinero a otros. Le tomó por sorpresa que se convirtiera en un éxito de ventas. *Un paso por delante de Wall Street* ha sido objeto de treinta reimpresiones desde entonces y se han vendido más de un millón de ejemplares. Publicado durante el período de pesimismo que siguió a la caída del mercado de valores de 1987, el libro incita a considerar las inversiones en acciones como una opción seria, siempre y cuando cada acción sea cuidadosamente elegida.

Informal y muy legible, el buen humor que desprende hace que sea más fácil que sus serias lecciones lleguen a los hogares. Incluso teniendo en cuenta los altibajos y las modas del mercado de valores, sus consejos son relativamente intemporales, y su cobertura de todos los aspectos de la inversión en valores hace que sea un manual perfecto para las personas que van a entrar por primera vez en este mercado. De hecho, una reacción habitual de los lectores del libro es desear haberlo leído años atrás, antes de haberse pillado los dedos.

LOS PARTICULARES PUEDEN SUPERAR AL MERCADO BURSÁTIL

Es fácil creer que invertir en el mercado de valores es una actividad compleja y arriesgada que es mejor dejar a los genios y los expertos. Por lo tanto, el mensaje principal de Lynch viene por sorpresa: cree en ti mismo. Si bien no es su intención disuadir a la gente de invertir en fondos de inversión, después de haber sido testigo de todo tipo de errores y locuras en este negocio no ve ninguna razón por la que un individuo no pueda superar a los profesionales en su propio juego. *Decaembolsarse* (*tenbagger*) es un término que utiliza a menudo, para referirse a las acciones que rinden diez veces el dinero que se invirtió originalmente. Estas oportunidades abundan; aprovecharlas es solo cuestión de tener las antenas puestas para detectarlas.

Lynch aconseja entrar en el mercado de valores solamente si se cumplen tres requisitos: antes debes haber invertido en una casa, no debes tener necesidad de disponer de fondos de forma urgente y has de poseer las cualidades mentales que permiten tener éxito en este mercado. Advierte contra quedar atrapados en las teorías que tratan de predecir las tendencias de la bolsa, y aconseja asimismo renunciar a comprar a partir de «magníficas recomendaciones». La única estrategia ganadora es identificar la acción correcta que hay que comprar, y hace hincapié en varias ocasiones en la importancia de entender la empresa en la que se está invirtiendo.

El libro está dividido en tres partes. «Preparándote para invertir» es una clase orientativa que conduce al lector a aprender las diferencias existentes entre los bonos, las acciones y otros valores, e intenta disipar algunos de los temores de los inversores principiantes. «Eligiendo ganadores» es una guía para encontrar las buenas empresas, saber cuáles evitar y aprender a obtener los datos importantes de los informes anuales. El libro explica los términos técnicos, tales como *relación precio-beneficio*, *valor contable* y *cash flow*. Y en «La visión a largo plazo» muestra cómo diseñar una cartera que pueda maximizar los beneficios y minimizar los riesgos, además de sugerir los mejores momentos para comprar y vender.

HACER EL TRABAJO DE CAMPO

Lynch reprende a los inversores «que se pasan los fines de semana en busca de las mejores ofertas de tarifas aéreas a Londres, pero compran quinientas acciones de KLM sin haber dedicado ni cinco minutos a informarse sobre esa compañía». Su consejo: pon tanto esfuerzo en elegir tus acciones como el que pones a la hora de escoger tus alimentos.

El autor divide las empresas en categorías, lo cual constituye una información útil: de crecimiento lento (en este caso hay que comprar por sus dividendos); las que son baluartes (estas no van a ir a la quiebra); de crecimiento rápido (hay que investigarlas a fondo, pero pueden reportar grandes beneficios); cíclicas (hay que vigilarlas de cerca, pero pueden suponer unos beneficios interesantes); de activos ocultos (empresas con activos infravalorados o escondidos en su hoja de balances), y las imprevisibles (las que parecen a punto de doblar una esquina). Lynch comenta: «Aunque es fácil de olvidar, tener acciones no es como tener un boleto de lotería. Es ser en parte propietario de una empresa».

Aconseja al lector que se sienta cómodo mirando los informes anuales de las empresas y haciendo unos cuantos cálculos y que se familiarice con factores como la relación precio-beneficio (baja para las empresas de crecimiento lento y alta para las de crecimiento rápido), la situación de caja, el factor de deuda, el registro de dividendos, el valor contable, etc. También le sugiere que, si puede, visite la empresa en la que desea invertir. No hay nada mejor que la experiencia de primera mano combinada con el análisis del informe anual.

EVITA LAS MODAS DEL MERCADO BURSÁTIL

Haciéndose eco de Benjamin Graham y Warren Buffett, Lynch comenta: «Yo no creo en predecir la evolución de los mercados. Creo en comprar grandes empresas». Y propone una lista de los trece atributos que se deben buscar, algunos de ellos sorprendentes. Te aconseja que empieces por interesarte por una empresa que suene aburrida (por ejemplo, Automatic Data Processing), haga algo aburrido (como Crown Cork and Seal, que elabora latas y tapones de botellas), haga algo desagradable (como Safety Kleen, que lava la grasa de las estaciones de servicio), sea una empresa derivada (de una compañía con fundamentos sólidos), no sea propiedad de instituciones o seguida por los analistas, o tenga algún aspecto deprimente (por ejemplo, SCI, que gestiona entierros).

Asimismo, busca empresas que se encuentren en un nicho que implique que las personas tengan que seguir comprando sus productos, o empresas que vuelvan a comprar sus propias acciones.

En cuanto a las que se deben evitar, Lynch aconseja mantenerse alejado de las acciones más sexis de las que esté hablando todo el mundo, de las empresas que se estén diversificando en áreas no relacionadas con su negocio principal y de las que suministran la mayor parte de sus productos a un solo cliente.

CONFÍA EN LOS FUNDAMENTOS

Si tu cartera de inversiones es pequeña, Lynch te propone que tengas entre tres y diez valores distintos. Ahora bien, ampliar la actuación a empresas desconocidas por el mero hecho de querer diversidad sería una tontería. Una vez que hayas establecido tu cartera, confía en el trabajo que has hecho y no compres y vendas basándote solamente en los sentimientos del mercado, a menos que exista una razón de peso para creer que a esa empresa le está yendo bien o mal.

Comentarios finales

Lynch argumenta de manera convincente que el mercado bursátil no debe ser visto ni como una casa de apuestas ni como un refugio de inversión segura. Si acudes a él con la actitud adecuada y una estrategia bien pensada, y si tus inversiones se basan en una investigación exhaustiva y un buen conocimiento de las empresas en las que invertir, es gratificante estar ahí.

Aunque hay poco en *Un paso por delante de Wall Street* que no se haya dicho antes, las ideas se presentan de una manera agradable e inolvidable, y por supuesto están respaldadas por la excelente trayectoria de su autor. La ironía del libro, y parte de la razón de su popularidad, es que un famoso gestor de fondos está previniendo al lector acerca de su propio sector, pues le advierte que no es necesario que participe en fondos gestionados para asegurarse su futuro financiero. De hecho, cualquier persona con dos dedos de frente puede manejarse bastante bien por sí misma si es diligente, cuidadosa y considera sus compras de acciones como inversiones en lugar de jugadas especulativas.

PETER LYNCH

Peter Lynch nació en 1944, y sus padres desconfiaban fuertemente del mercado de valores. Tenía seis hermanos y perdió a su padre cuando contaba siete años de edad. Debido a ello, asumió empleos a tiempo parcial para complementar los ingresos familiares; uno de ellos fue como cadi de hombres de negocios y corredores de bolsa en el club de golf de su localidad, en Massachusetts. Compró sus primeras acciones cuando aún estaba en la universidad; invirtió en Flying Tiger Airlines, y esta inversión pagó sus estudios. Después de servir durante dos años en el Ejército de Estados Unidos, empezó a trabajar en Fidelity como becario, y más tarde fue contratado como analista.
Otros libros suyos son Beating the Street *(1995) y* Learn to Earn *(1996), escritos en coautoría con John Rothschild. Actualmente pasa la mayor parte de su tiempo desembolsando fondos de su Fundación Lynch.*
Ha escrito para Time, Fortune *y* The New York Times Book Review. *También es autor de* A Fool and His Money *y* Going for Broke.

2005

La inversión en el sector inmobiliario

Puedes especular con acciones. Incluso puedes especular con bienes raíces. Puedes comprar boletos de lotería. Puedes jugar a los dados en Las Vegas. Quizá cualquiera de estas actividades, o todas ellas, te saldrán a cuenta. Pero las probabilidades están en tu contra. Por el contrario, adquiere selectivamente solo cuatro o cinco propiedades (residenciales o para uso comercial) y alquílalas, y tendrás una fuente de ingresos para toda la vida, un cash flow mensual que financiará generosamente la calidad de vida de la que quieres disfrutar.

Para obtener unos ingresos futuros con los que puedas vivir bien durante el resto de tu vida, ninguna inversión se aproxima, en cuanto a seguridad y rendimiento, a los ingresos que proporcionan las propiedades de alquiler. La inflación no devora tus ingresos como arrendador porque [...] el precio de los alquileres tiende a aumentar con el tiempo.

En pocas palabras

Comprar propiedades para alquilarlas es una de las formas de inversión menos arriesgadas y más rentables.

En la misma línea

Benjamin Graham. *El inversor inteligente* (pág. 196)
Robert Kiyosaki. *El cuadrante del Cash Flow* (pág. 258)
William Nickerson. *Cómo convertí mil dólares en tres millones en el sector inmobiliario (en mi tiempo libre)* (pág. 290)
Donald Trump. *El arte de la negociación* (pág. 386)

Capítulo 32

Andrew McLean y Gary W. Eldred

En *El inversor inteligente*, el gurú de las acciones Benjamin Graham estableció una conocida distinción entre inversión y especulación, y señaló que las dos actividades eran mundos aparte. *La inversión en el sector inmobiliario* hace la misma distinción, pero les dice a los lectores que se mantengan al margen de cualquier tipo de inversión en acciones. Andrew McLean y Gary Eldred sostienen que la propiedad constituye fácilmente la mejor forma de inversión y proporcionan una casuística convincente (con multitud de ejemplos) para apoyar su punto de vista; declaran que la propiedad es «un camino más seguro hacia la riqueza y los ingresos».

El libro fue escrito para el público estadounidense, y si no vives en Estados Unidos, algunos de los términos y estrategias no te resultarán útiles. La esencia de la inteligencia inmobiliaria es, después de todo, el conocimiento de la zona. De todos modos, *La inversión en el sector inmobiliario* es considerado una biblia moderna en el sector y ofrece una gran cantidad de ideas que pueden mantenerte desvelado pensando en las posibilidades de ejecutar esta forma de inversión en el lugar donde vives. También puede hacer que cambies radicalmente tus prioridades de inversión.

LA PROPIEDAD FRENTE A LA INVERSIÓN EN BOLSA

McLean y Eldred examinan la opinión ampliamente aceptada en el mundo de la inversión de que las acciones dan los mejores resultados a largo plazo. ¿De dónde vino esta idea? Se basa en parte en los hechos, pero cuando se mira más de cerca, en términos de los activos que ponen realmente dinero en el bolsillo, se ve que se trata de una apreciación errónea. Dadas las comisiones que perciben y lo que cobran para gestionar los fondos de inversión, es una creencia que legiones de asesores financieros desean perpetuar, pero el efecto ha sido que tenemos a demasiadas personas poniendo demasiado dinero en los mercados de valores, lo que da lugar a una «exuberancia irracional», a las típicas «burbujas». A algunos les irá bien en bolsa, admiten los autores, pero son los afortunados. La mayoría acaba sufriendo una decepción.

Consideremos, en cambio, los muchos beneficios de invertir en bienes raíces. McLean y Eldred dan un ejemplo de cómo es difícil *no* ganar dinero con los activos inmobiliarios. Digamos que compras una propiedad por 250.000 dólares, haciendo una aportación inicial de 50.000 y contrayendo una hipoteca de más de veinte años. Durante este período, la propiedad no genera excedentes de efectivo para ti, pues toda la renta del alquiler va destinada a pagar la hipoteca. Al concluir los veinte años, cuando la hipoteca ya está pagada, vendes la propiedad por el mismo precio que pagaste por ella: 250.000 dólares. Es muy poco probable que no se haya revalorizado, pero aun suponiendo que no lo haya hecho, cuentas ahora con un activo cinco veces superior a tu inversión original. Y este es el peor de los casos. Vas a obtener mucho más si la propiedad se ha revalorizado, si la reformaste bien o si la compraste a un buen precio. Es cierto que, con la inflación, después de veinte años los 250.000 dólares no equivaldrán al mismo poder adquisitivo, pero es raro que la revalorización del capital no vaya pareja con la tasa de inflación o la supere. En el transcurso de veinte años, su valor original puede duplicarse o triplicarse.

Y la propiedad tiene un beneficio aún más atractivo: beneficios en forma de flujo asiduo de efectivo. McLean y Eldred hacen la siguiente observación: «Los inversores nunca compran activos *per se*. Compran flujos de ingresos futuros». Y una vez que hayas pagado la hipoteca de una propiedad, tienes un activo generador de efectivo permanente, una «mina de oro».

En contraste, los beneficios de las inversiones en acciones (los dividendos) se mantienen bajos a propósito, lo que significa que la mayoría de las personas cuyos ingresos de jubilación estén vinculados a dividendos tendrán que gastar dinero de sus ahorros para seguir viviendo cómodamente. También deberán hacer frente a la volatilidad del mercado de valores, que históricamente es mucho mayor que las oscilaciones de precios de las propiedades.

TAN SEGURO COMO LAS CASAS

En el mercado de bienes raíces también se producen altibajos, pero el hecho es que la gente tiene que alquilar incluso en los períodos de recesión, y si bien los precios de los inmuebles o los alquileres pueden mantenerse estáticos durante un tiempo, no tienes que preocuparte de las «burbujas» en la misma medida que en el caso del mercado de valores, en que los precios pueden caer el 50% o más prácticamente de la noche a la mañana. El precio de una propiedad también puede caer, pero casi nunca precipitadamente, y aun así puedes seguir percibiendo los ingresos del alquiler. Lo importante de la inversión en bienes raíces, a diferencia de la inversión en acciones, es la seguridad del capital.

Por el contrario, las acciones ofrecen muy poco a cambio de la cantidad de riesgo que implica invertir en ellas. Puedes replicar que estás comprando acciones a causa principalmente del incremento de su valor, pero la historia demuestra que invertir en el sector inmobiliario ofrece tanto una buena rentabilidad como una muy buena revalorización del capital.

Muchas personas compran bonos para tener garantizados sus ingresos futuros. En relaidad, los bonos a menudo rinden más que las acciones, pero también rinden mucho menos que los alquileres, y tienden a no seguir el ritmo de la inflación. Los ingresos por alquiler casi siempre lo hacen.

¿Qué ocurre con las tasas de desocupación y las dificultades a la hora de percibir el alquiler? La mayoría de las personas todavía se aferran a la inversión en acciones debido a las creencias erróneas que sostienen en relación con los peligros de ser propietarias (por ejemplo, temen que las llamen en mitad de la noche para que acudan a arreglar un inodoro atascado). Pero McLean y Eldred señalan que aun siendo dueños de muchas propiedades de alquiler nunca han tenido que hacer esto. Los problemas surgen con menos frecuencia de lo que piensas, y puedes pagar a otras personas para que los resuelvan, empleando el dinero de los ingresos del alquiler. En una propiedad bien administrada y bien ubicada, los imprevistos serán muy pocos.

Una última razón para invertir en propiedades en lugar de hacerlo en acciones: están menos sujetas a los impulsos repentinos de la persona. «No se pueden comprar, poseer o vender bienes raíces haciendo clic con un ratón», apuntan McLean y Eldred. La inversión en bienes raíces requiere más reflexión, creatividad y tiempo por tu parte del que requiere entregar tu dinero a un fondo de inversión, pero también significa que tienes mucho más control sobre tu inversión. Paradójicamente, un mayor control puede significar una menor preocupación y al mismo tiempo unos mayores beneficios.

LA FINANCIACIÓN PARA UN ALTO RENDIMIENTO

McLean y Eldred se muestran recelosos de los mercaderes del «nada a cuenta» que prometen a las personas que pueden hacerse ricas con los bienes raíces sin necesidad de invertir nada de su propio dinero. Admiten que esto es posible, pero se preguntan si se trata de una buena práctica.

Comprar una propiedad sin efectuar un depósito inicial es una forma de financiación creativa que, si siempre funcionase, habría hecho que muchos más millones de individuos hubiesen logrado el éxito como inversores inmobiliarios. De hecho, la mayoría de estas personas están buscando una manera rápida e indolora de saldar su deuda o resolver cualesquiera otros problemas económicos. Quieren adquirir una propiedad sin la necesidad de poner dinero por una razón: para empezar, tienden a no tener dinero. En cualquier caso, el libro señala que cada vez es más difícil obtener financiación sin una aportación inicial. La mayoría de los bancos y prestamistas exigen un depósito, lo cual es bastante razonable: el hecho de que la persona a la que están prestando disponga de él les indica que tiene sentido financiero y disciplina.

Si quieres llegar a ser un verdadero inversor en bienes raíces, el libro aconseja que empieces por seguir el ejemplo de los «millonarios de al lado» de los que hablan Stanley y Danko (ver el capítulo 46) y vivas bien con tus medios, ahorrando todo el tiempo para que tengas capital para invertir cuando se presente una buena oportunidad. Muchos compradores de propiedades del tipo «nada a cuenta» pretenden hacer su agosto de forma rápida, pero McLean y Eldred advierten que a la hora de invertir en cualquier activo (ya sea vino, obras de arte, acciones o una propiedad) no se dependa nunca de la tasa de revalorización para que esa inversión salga a cuenta. En lugar de esto, céntrate en lo que te está costando *ahora* poseer ese activo. Si da lugar a un cash flow negativo (por ejemplo, si el alquiler de una propiedad no iguala la cantidad que estás pagando para amortizar la hipoteca), ese activo es un «cocodrilo» que consumirá rápidamente tus reservas. Probablemente se trató de una mala inversión.

Si quieres gozar de la financiación más ventajosa, asegúrate de que adquieres una ganga, de que puedas mejorar fácilmente la propiedad para aumentar el precio del alquiler y de que suscribes un préstamo a bajo interés. Estos factores te proporcionarán un colchón mucho mejor si la propiedad permanece vacante durante un tiempo, si afrontas costes inesperados o si las tasas de interés suben.

Si no tienes una gran cantidad de dinero para invertir, compra una casa con financiamiento hipotecario como vivienda propia, que por lo general requiere un depósito mucho menor. Para obtener esta financiación tienes que vivir en la propiedad durante al menos un año, pero después ya puedes alquilarla. Pusiste poco de tu propio dinero para obtenerla, pero acaba convertida en una propiedad de inversión. Es posible hacer esto varias veces de una forma totalmente legal, por lo que puedes tener una cartera de activos en un espacio bastante corto de tiempo.

¿QUÉ FUTURO SE AUGURA A LOS BIENES RAÍCES?

El apartado «Por qué los alquileres solo pueden aumentar» contiene los siguientes datos demográficos:

- La población de Estados Unidos crecerá en cuarenta millones de personas en los próximos veinte años (una tasa de crecimiento similar se puede esperar en muchos otros países).
- El tamaño del hogar se reducirá de 2,3 personas a solo 2,0, lo que significa que habrá mayor necesidad de viviendas por habitante.
- Es probable que los ingresos sigan subiendo y que aumente el número de propietarios de segundas residencias.

Estos factores harán que la demanda de propiedades de alquiler supere la oferta. ¿Satisfarán la demanda las nuevas viviendas que se construyan? No, porque faltan terrenos adecuados donde la gente quiera vivir, los constructores tienen que pasar por infinidad de trámites burocráticos para edificar nuevas propiedades y las infraestructuras no son lo suficientemente buenas para dar servicio a los nuevos hogares. El resultado es que los constructores están continuamente procurando «ponerse al día».

En un capítulo adicional sobre las futuras tendencias y desarrollos, incorporado en la última edición del libro, se hace una referencia a la obra de Richard Florida *The Rise of the Creative Class* (*La clase creativa*), que identifica las ciudades estadounidenses que es probable que experimenten un crecimiento a largo plazo gracias a las personas inteligentes y creativas que quieren vivir en ellas. Florida sugiere que la gente ya no va adonde están los empleos, sino que los puestos de trabajo «van» adonde les gusta vivir a estas personas «creativas».

¿Qué significa esto para el inversor en bienes raíces? Que no basta con ver los indicadores tradicionales que señalan lo bien que le está yendo a una zona o ciudad, sino que hay que averiguar si se están abriendo ahí cafeterías, cines y librerías, y si hay muchos festivales o actividades que atraigan a la gente: «En otras palabras: busca zonas que estén adquiriendo cierto prestigio». Este factor hará que los precios suban de forma inevitable. Es probable que si tú o tus amigos queréis vivir en alguna parte, otros también lo quieran. ¿Cuáles de estos lugares deseables permanecen todavía un poco secretos? Compra en ellos ahora y es probable que obtengas un buen rendimiento. Son inversiones «en el lugar correcto, en el momento oportuno».

Comentarios finales

La inversión en el sector inmobiliario afirma que a medida que la gente descubra las ventajas de invertir en propiedades, las tasas de beneficio caerán. En lugar de un 10%, por ejemplo, solo podrás obtener un 5%. Pero este rendimiento sigue siendo superior al de la mayoría de las inversiones en acciones. Puedes sentir que has perdido el tren del mercado inmobiliario, ya que los precios son muy altos y han aumentado mucho en los últimos diez años. Sin embargo, McLean y Eldred sostienen que habrá épocas aún peores para comprar: «Dentro de cinco años, dentro de diez años o cualquier otro momento en el futuro previsible».

A principios de la década de los noventa, dos economistas de Harvard publicaron un documento que predecía que para el año 2005 los precios inmobiliarios en Estados Unidos serían un 40% más bajos. McLean y Eldred argumentaron todo lo contrario, y se demostró que tenía razón. En la actualidad, los precios se han estabilizado o han disminuido en la mayor parte de Estados Unidos, lo que ha dado lugar a la creencia generalizada de que la propiedad está sobrevalorada. *La inversión en el sector inmobiliario*, sin embargo, predice que los precios se revalorizarán entre ahora y 2020 tanto como lo hicieron entre 1990 y 2005.

Con la reciente caída de los precios de los inmuebles, tal vez pienses que esto no puede suceder. No obstante, recuerda el mensaje del libro de que es difícil que la inversión en bienes raíces resulte demasiado mal, es decir, si compras pensando a largo plazo y capeas los tiempos de mayor inestabilidad. La idea de «invertir en valor» según la establecieron Graham y Buffett, magos de la inversión en acciones, es igualmente aplicable a la compra de bienes raíces: si vas con cuidado, te preparará para la auténtica prosperidad, no solo sobre el papel sino como dinero en efectivo que fluirá hacia ti cada mes durante el resto de tu vida.

Si adquieres *La inversión en el sector inmobiliario* encontrarás un tratamiento integral de prácticamente todos los temas relacionados con la propiedad, incluidos la organización de las finanzas, la búsqueda de excelentes propiedades, la maximización de los cash flow (o flujos de efectivos), cómo beneficiarte de las ejecuciones hipotecarias, el *flipping* (comprar y vender una propiedad rápidamente para obtener un beneficio), la negociación de los contratos, la redacción de las cláusulas del contrato de alquiler y cómo pagar menos impuestos. Se dan muchas referencias de lecturas adicionales, incluidos sitios web recomendados.

ANDREW MCLEAN Y GARY W. ELDRED

Solo la primera edición de La inversión en el sector inmobiliario *es el producto de ambos autores. Todas las revisiones y los apartados añadidos con posterioridad son obra de Gary Eldred.*

Eldred efectuó su primera inversión inmobiliaria cuando contaba veintiún años de edad, y ha combinado una carrera académica sobre economía de la tierra e inversión en bienes raíces con su éxito como inversor en edificios de oficinas, viviendas y centros comerciales. Ha ocupado cargos docentes en la Universidad Stanford, la Universidad de Illinois, la Universidad de la Columbia Británica, la Universidad Americana de Sharjah (en Dubái) y la Universidad Trump.

Además de tres libros de texto universitarios, otras obras de Eldred son The Complete Guide to Second Homes for Vacations, Retirement, and Investment *(1999),* Make Money with Condominiums and Townhouses *(2003),* The 106 Common Mistakes Homebuyers Make (and How to Avoid Them) *(4.ª edición, 2005),* Trump University Real Estate 101 *(con Donald Trump, 2006), y* Make Money with Affordable Apartment Buildings and Commercial Properties *(2008).*

Otros títulos de McLean son Making a Fortune Quickly in Fix-Up Properties *(1997),* The Home Buyer's Advisor *(2004) y* Making Money in Foreclosures *(2006).*

1988

Cómo superar sus deudas

Paul ya es libre. A los cuarenta años de edad, este agente inmobiliario de Chicago debía 36.000 dólares y estaba al borde de la quiebra cuando comenzó este programa. Ahora, cinco años más tarde, ha pagado a todos sus acreedores y sus ingresos han pasado de ser de entre 40.000 y 70.000 dólares [...] Vivian, de sesenta años, trabaja en el sector de la alta moda en Nueva York, y aún no es libre. Todavía debe 80.000 dólares. Pero debía 240.000 cuando empezó, hace cuatro años. Hay muchísimos más. Con este programa, si lo deseas, tú también puedes hacer lo que ellos han hecho.

No se lanzarán misiles. La sangre no está corriendo por las calles. Debes algo de dinero, eso es todo. No te van a fusilar al amanecer. No hay una cárcel para los deudores.

En pocas palabras

Tus deudas pueden parecer infranqueables, pero existe un camino fiable, muy trillado, que puede sacarte de la desesperación.

En la misma línea

Joe Domínguez y Vicki Robin. *La bolsa o la vida* (pág. 108)
Catherine Ponder. *Abre tu mente a la prosperidad* (pág. 312)
Dave Ramsey. *La paz financiera* (pág. 326)

Capítulo 33

Jerrold Mundis

Cuando empezó a practicar los principios de *Cómo superar sus deudas*, Jerrold Mundis debía 50.000 dólares y tenía unos ingresos garantizados de solo 350 al mes. Una enfermedad, un divorcio y el carácter poco fiable de la escritura independiente se encontraban entre los factores a los que él atribuía encontrarse en un lío financiero. Fue solo más tarde, después de haber pasado por el programa Back to the Black («Volver a lo negro») de Deudores Anónimos cuando se dio cuenta de que el hecho de que cambiaran las circunstancias rara vez era la causa de los problemas con las deudas.

Para tratarse de un libro sobre finanzas personales, y en particular sobre el atemorizante tema del endeudamiento, *Cómo superar sus deudas* es una obra sorprendentemente fascinante y agradable. Mundis es un novelista experimentado que en esta ocasión aplica sus habilidades a un tema diferente, pero lo que hace que este libro sea una gran lectura es el hecho de que el autor pone su propia alma y las finanzas al desnudo. Si él fue capaz de dejar de tener deudas, cualquiera puede.

A pesar de que Deudores Anónimos no avala el libro de ninguna manera, muchas de las estrategias y conceptos que utiliza la organización, y que han sido probados por miles de personas, están incorporados en él. Si bien se trata de una obra escrita para el público estadounidense, los principios que revela son universales.

¿QUÉ ES LA DEUDA Y CUÁNDO CONSTITUYE UN PROBLEMA?

Mundis define la deuda como cualquier cosa que hayas utilizado o estés obligado a pagar, pero por la cual aún no has pagado: saldos de tarjetas de crédito, saldos de tarjetas de tienda, préstamos personales, impuestos, el alquiler, facturas de teléfono, préstamos de amigos, la manutención de los hijos, matrículas, etc., básicamente, todo lo que debes que no está respaldado por una garantía. Los préstamos hipotecarios no son realmente deuda, ya que cuentan con la vivienda como aval: si dejas de satisfacer los pagos de la hipoteca, la casa vuelve al banco y no debes nada.

La primera idea equivocada acerca de la deuda creciente, señala, es que solo atañe a las personas menos pudientes. De hecho, la deuda de los consumidores (que ha aumentado de forma constante desde el lanzamiento del libro de Mundis) es un problema que afecta a todos los sectores sociales y a gente con cualquier nivel de ingresos, ya se trate de carpinteros, maestros, médicos, ejecutivos... Si bien el nivel de la deuda puede diferir en gran medida entre los distintos individuos, en todos los casos provoca los mismos sentimientos: una desesperación que revuelve el estómago, que envenena la vida del deudor y, en los peores escenarios, puede incluso conducirle a la depresión clínica o al intento de suicidio.

Por supuesto, nada de esto tiene que ver *contigo*. Tienes deudas, seguro, pero no se han apoderado de tu vida... aún. Las deudas a menudo crecen a hurtadillas a lo largo de muchos años, comenta Mundis a partir de su experiencia, hasta que se alcanza un punto de inflexión en que uno se ve obligado a adoptar medidas extremas.

LAS SEÑALES DE ALERTA

Mundis repasa los signos de advertencia de que existe un problema con las deudas:

- Haces constantemente malabarismos con las facturas; aún estás haciendo frente a las del mes anterior cuando llegan las nuevas.
- Eludes regularmente los requerimientos de pago y debes satisfacer pagos atrasados.

- Dejas de abrir el correo por miedo a lo que contiene.
- Ya no quieres saber cuánto queda en tu cuenta bancaria, temiendo siempre lo peor.
- Desconoces los términos de tus varios préstamos y tarjetas de crédito; todo lo que sabes es cuál es tu límite y cuánto puedes gastar antes de alcanzarlo.
- Rara vez pagas más del mínimo requerido como devolución de tus tarjetas de crédito, y cuando llegas al límite de una tarjeta, usas otras.
- Donde una vez pagaste en efectivo la mayoría de los artículos, ahora utilizas la tarjeta de la tienda.
- Al comprar productos a crédito, optas por los términos de amortización más largos disponibles.
- Utilizas tu tarjeta de crédito para adelantos de efectivo, y a menudo pides prestadas pequeñas cantidades a tus amigos para poder llegar hasta la siguiente nómina.
- Estás encantado cuando el banco aumenta el límite de tu tarjeta de crédito o se ofrece para darte una nueva, ya que esto te hace sentir como una persona «de valía, de éxito y responsable».
- Tienes una sensación de logro por el solo hecho de cubrir los gastos básicos de alimentación, vivienda y ropa.
- Dispones de pocos ahorros o inversiones, o no los tienes en absoluto; no cuentas con un respaldo si pierdes el empleo o caes enfermo.
- Tienes poca idea de tus gastos mensuales o de cómo están en relación con lo que ganas.

ADMITE QUE TIENES UN PROBLEMA

Uno de los puntos del programa de Deudores Anónimos (haciéndose eco del credo de Alcohólicos Anónimos) es: «Solo por hoy, por un día, no incurras en ninguna nueva deuda». Como descubrió Mundis, la gente suele entrar en la espiral de la deuda como resultado de un pensamiento compulsivo, impulsado por las emociones. Aterrorizados ante la perspectiva de quedarse sin dinero, obtienen un préstamo más grande para cubrir gastos básicos de la vida, pero cuanta más deuda contraes, más tienes que pagar para satisfacerla. Con menos ingresos y menos disponibilidad de efectivo, tu calidad de vida se resiente. El temor y la desesperación asociados con tus finanzas crecen. Si bien algunos se endeudan debido a circunstancias inusuales, en la mayor parte de los casos la deuda es resultado de una forma de pensar compulsiva.

Como ocurre con cualquier programa de recuperación, el primer paso es que admitas que tienes un problema «que ha causado mucho dolor y complicaciones en tu vida». La gente teme este momento; creen que reconocer esto las hará sentirse débiles, inútiles, malas personas. De hecho, lo que generalmente ocurre es lo contrario. Cuando haces una lista con tus deudas y las sumas, por lo general tienes una sensación de liberación. Ya no te estás escondiendo, y con los números en mano puedes empezar a emprender alguna acción. Es más, te das cuenta de que tus deudas no son «tú», y de que puedes gestionarlas y reducirlas. Tu situación es temporal, y con el tiempo volverás a gozar de la prosperidad que te corresponde, una situación totalmente merecida por haber afrontado valientemente tus deudas (pues esto requiere agallas).

«PERO YO SOY UN CASO ESPECIAL»

El enfoque de Deudores Anónimos, como era de esperar, se centra en el individuo antes que en nada. La causa fundamental de tu deuda son las actitudes disfuncionales que has acumulado en cuanto al dinero, actitudes que ningún golpe de suerte o aumento salarial van a cambiar. Una de estas creencias es: «Cuando las cosas se ponen duras, los duros se van de compras». Al utilizar las compras como un sustituto del amor, o para curar la ansiedad o como recompensa, estás en camino de tener un problema con las deudas.

Muchas personas justifican su endeudamiento con la creencia de que una gran cantidad de dinero va a llegar pronto para acabar con sus deudas. Recibirán una fortuna procedente del mercado de valores, recibirán una herencia, ganarán un caso judicial, conseguirán un aumento de sueldo, obtendrán ese puesto de trabajo, encontrarán un pozo de petróleo… Sin embargo, cuando los deudores de repente ganan más, contraen mayores niveles de deuda, y la espiral continúa.

Mundis recuerda que recibió un cheque con una cantidad importante por escribir una popular novela, cantidad que fue rápidamente devorada por las deudas que había contraído. A raíz de ello, comenta con tristeza:

> *La entrada de dinero que debe constituir la gran solución rara vez llega. Si lo hace, no soluciona nada. Ese dinero se debía, o no sirve más que para comprar un poco más de tiempo. Tarde o temprano acabas en el mismo lugar.*

Otro error que comete la gente es creer que su caso es especial. Sus deudas tienen relación con la particular naturaleza de su empleo o profesión. Es decir, uno tiene deudas por ser clérigo, actor, propietario de una pequeña empresa, instructor de esquí, padre de cinco hijos, escritor, médico internista, trabajador no cualificado, y así sucesivamente. Otros atribuyen su endeudamiento a los costes de ser joven, ser viejo, tener un problema de salud, haberse divorciado o tener unos ingresos irregulares.

El hecho es, escribe Mundis, que nadie te obligó a endeudarte y nadie te está obligando a contraer más deuda. El día en que tomes la firme decisión de no tomar más dinero prestado –sean cuales sean tus circunstancias– será el comienzo de tu recuperación.

LA REMONTADA

Salir de la deuda por lo general no significa trabajar hasta caer rendido mientras no tienes nada de lo que vivir, sino más bien cambiar tus actitudes hacia el dinero y modificar (no cambiar drásticamente) tus hábitos diarios. Como señala Mundis: «No se trata de comer comida para gatos y trabajar más duro».

Incluso si estás significativamente endeudado, recuerda siempre que en el día de hoy tienes qué comer y un techo sobre tu cabeza. No te vas a morir de hambre y nadie va a llevarse a tus hijos. Siempre dispones de más tiempo del que crees para hacer frente a tu situación y de muchas más opciones de las que piensas para resolverla. Es fácil quedar atrapado en un torbellino emocional cuando se tienen deudas, hacer menos cosas de las que a uno le gustan, ver a menos gente. Puedes comenzar a creer que no vales nada y que las cosas no tienen remedio. Pero haciéndose eco de los psicólogos cognitivos, Mundis subraya que «los sentimientos no son hechos». La forma en que la gente se siente en relación con una situación es a menudo mala, sobre todo si han vertido su miedo y su angustia en ella. Le recuerda al lector:

> *No eres propiedad de tus acreedores. Les debes dinero, no tu vida.*

El primer paso para liberarte de las deudas es llevar a cabo un registro de gastos, una herramienta que se describe como «casi tan buena como la rueda». *Cómo superar sus deudas* muestra cómo llevar a cabo este registro y perseverar en él, para que nunca más vuelvas a ser una de esas personas que se preguntan qué pasó con los cincuenta dólares que sacaron del banco el día anterior. Mundis advierte que si no llevas a cabo un registro de todo el dinero que gastas, es casi imposible que dejes de estar endeudado. Puesto que la mayoría de los deudores tienen –deliberadamente– una apreciación muy brumosa de sus finanzas, saber exactamente qué es aquello en lo que estás gastando tu dinero te ayudará a ser un tipo de persona distinto: no alguien tacaño, sino sencillamente alguien que tiene el control de sus finanzas.

Una de las primeras cosas que haces a la hora de elaborar tu registro de gastos es destinar dinero para ti mismo: para cortarte el pelo, comprar flores, ver una película, comprarte un libro... El solo hecho de que tengas deudas no significa que tengas que dejar de vivir y que tengas que sufrir, y estos pequeños gastos te indican que estás en vías de volver a ser próspero; te dicen que tú no eres la suma de tus deudas.

Comentarios finales

Cómo superar sus deudas ofrece muchos buenos consejos sobre temas como los peligros de los créditos de agrupación de deudas, por qué una mala calificación crediticia no es algo tan malo como piensas, la importancia de contar con un fondo para contingencias –especialmente si trabajas por cuenta propia– y por qué ya no hay ninguna razón para que nadie tenga una tarjeta de crédito.

La última parte del libro da un giro sorprendente. Tras haber tratado sobre todo los aspectos prácticos del endeudamiento, Mundis pasa a las cuestiones más espirituales en relación con la prosperidad y la abundancia; subraya cómo liberarse de la deuda es, ante todo, un «trabajo interno» que requiere cambiar la forma de ver el mundo: se trata de pasar de la percepción de «nunca hay suficiente» a la de «siempre hay suficiente, y más». Es tu deber como ser humano regresar a tu naturaleza próspera.

Entre otros conceptos que se discuten en el libro está el principio de vacío: si quieres más dinero o más cosas en particular, primero tienes que pagar lo que debes o dar gratuitamente. Mundis relata un período, durante su recuperación respecto de la deuda, en que decidió pagar sus facturas tan pronto como entraban, a pesar de que esto le dejaría con poco para vivir durante los siguientes meses. Tuvo que dar el salto de fe de pasar a creer que el dinero que salía se vería reemplazado. Y en los meses siguientes recibió dinero de fuentes inesperadas que lo mantuvieron a flote. Como tenía que ser.

¿Cómo y por qué funciona esto? Él admite que no lo sabe, pero afirma que parece ser algo infalible. Es casi como si Dios optase por ayudar a las personas que están decididas a verse libres de la deuda.

Tanto si aceptas esto como si no, *Cómo superar sus deudas* sigue siendo uno de los mejores libros sobre el tema. Vale la pena que lo leas incluso si eres una persona solvente o acomodada, aunque solo sea para que estés familiarizado con la forma de pensar y las estrategias que pueden ayudar a que un familiar o amigo regrese a la senda de la prosperidad.

Biografía del autor en el Apéndice, página 442.

1969

CÓMO CONVERTÍ MIL DÓLARES EN TRES MILLONES EN EL SECTOR INMOBILIARIO (EN MI TIEMPO LIBRE)

Después de trabajar doce años más para la empresa y de gestionar operaciones de alquiler de propiedades como actividad secundaria, habíamos elevado piramidalmente el valor de nuestro patrimonio hasta el medio millón de dólares [...] Me retiré a los cuarenta y dos años para concentrarme en la gestión de mi propiedad; pasé a disponer de considerable tiempo libre para dedicarme a cultivar nuestro parcela de tierra soleada en el valle de San Ramón, nadar en la piscina del patio trasero, cazar, pescar y viajar.

Aunque el máximo éxito exige un esfuerzo constante, el camino hacia la riqueza por medio de los bienes raíces no requiere ni un esfuerzo sobrehumano ni estar dotado de una inteligencia excepcional. Los principales atributos para el éxito en la inversión en bienes raíces son la imaginación, la iniciativa y la persistencia.

En pocas palabras

A lo largo de un período de veinte años, es difícil no hacerse rico con los bienes raíces si sigues una sencilla fórmula.

En la misma línea

Robert G. Allen. *Múltiples fuentes de ingresos* (pág. 30)
Mark Victor Hansen y Robert G. Allen. *Millonario en un minuto* (pág. 204)
Robert Kiyosaki. *El cuadrante del Cash Flow* (pág. 258)
Andrew McLean y Gary W. Eldred. *La inversión en el sector inmobiliario* (pág. 272)
Donald Trump. *El arte de la negociación* (pág. 386)

Capítulo 34

William Nickerson

Es divertido leer el primer párrafo de *Cómo convertí mil dólares en tres millones en el sector inmobiliario*, en el que William Nickerson señala que, una década después de que se publicase la primera edición del libro, la gente le preguntaba si todavía era posible ganar dinero en el sector inmobiliario. Era el año 1969.

Si has comprado bienes raíces en prácticamente cualquier parte del mundo desarrollado en 1969 y los has conservado, ahora serás una persona acomodada. La gente siempre piensa que ha perdido el tren de la inversión inmobiliaria; sin embargo, el tiempo aumenta inexorablemente el valor de las propiedades. Es la forma más sencilla de acumular riqueza.

En la época en que Nickerson escribió su libro, había noventa mil millonarios en Estados Unidos. Hoy en día, algunas estimaciones apuntan a que hay nueve millones (el valor de la casa familiar no se computa). Hemos experimentado una eclosión de la riqueza personal, y en gran parte se debe a la inversión en bienes raíces.

A pesar de su ostentoso título, esta obra es en realidad (visto desde los patrones de «financiamiento creativo» actuales) una guía de inversión inmobiliaria bastante sensata. Nickerson asume que el lector hará un depósito del 25% en el momento de formalizar la compra (una cantidad que le ha llevado algunos años ahorrar) y a continuación no promete riquezas hasta que hayan pasado un total de veinte años.

La edición original, de 1959, se titulaba *Cómo convertí mil dólares en un millones en el sector inmobiliario (en mi tiempo libre)*. Como reflejo de la inflación y la creciente fortuna de Nickerson, en la edición de 1969 el millón de dólares se convirtió en «tres millones», y en la tercera edición (1980) pasó a ser «cinco millones». Ninguna de las tres ediciones se imprime ya, pero el lucrativo mercado con los ejemplares de segunda mano constituye un indicio de que el libro sigue siendo valorado.

BUENAS RAZONES PARA COMPRAR

Cuando Nickerson tenía veinticinco años y trabajaba en una compañía telefónica, él y su esposa, Lucille, tardaron tres años en ahorrar 1.000 dólares, que fue el depósito que tuvieron que abonar para tener su primera casa. Vendieron la casa un par de años más tarde para comprar dos apartamentos. Él continuó en su puesto de trabajo durante otros doce años, y en su tiempo libre fue adquiriendo propiedades cada vez más grandes. Señala que a los cuarenta y dos años, «casi por accidente», había acumulado un patrimonio por valor de medio millón de dólares (mucho dinero a principios de la década de los cincuenta). Al no ver ninguna razón por la que seguir trabajando por un sueldo, se retiró.

Después de que sus amigos comenzaron a preguntarle por el secreto de su éxito, se decidió a escribir un libro que contuviera todo lo que había aprendido, más la sabiduría de otros inversores. El resultado fue una «biblia de los bienes raíces» que todavía es muy buscada por los inversores inmobiliarios perspicaces.

Nickerson nunca tuvo la intención de hacerse rico con los bienes raíces; tan solo quería percibir unos ingresos modestos de forma regular procedentes de una propiedad de alquiler cuando se retirase a los sesenta y cinco años. Pero enseguida descubrió el «poder piramidal» de pedir dinero prestado para comprar propiedades para alquilar, y sin ningún esfuerzo especial acumuló pronto una cartera valiosa. Tanto él como su esposa habían alcanzado la mayoría de edad cuando llegó la Gran Depresión; en esos tiempos, la conclusión «inteligente» (también la de su profesor de Economía) era que todas las grandes oportunidades de adquirir riqueza habían pasado; lo más a lo que la persona promedio podía aspirar era a tener una pensión modesta y permanecer dentro de la sociedad del bienestar.

Pero con su sueldo fijo como garantía y sus ahorros acumulados, Nickerson ignoró el consejo de su banquero en plena Gran Depresión y compró pisos. Se le advirtió que los alquileres no le cubrirían la hipoteca, pero gracias al hecho de que adquirió propiedades a precios muy bajos pudo satisfacer las cuotas sobradamente. Cuando comenzó la Segunda Guerra Mundial, los banqueros aconsejaron una vez más que no se comprase, en esa ocasión sobre la base de que los controles sobre el alquiler harían que los ingresos derivados de este se mantuvieran bajos. Sin embargo, los controles no hicieron más que reducir la competencia, e implicaron que el mantenimiento de las propiedades no fuese muy caro.

Si bien hay muchas lecciones por aprender de la historia de Nickerson, la primera es esta: siempre hay «buenas razones» para no comprar, pero también hay más y mejores razones para hacerlo.

CÓMO GANAR UN MILLÓN

Cómo convertí mil dólares en tres millones en el sector inmobiliario tiene diez partes, pero la primera es la más importante. En ella, Nickerson revela su fórmula para ganar un millón. La fórmula se basa en el precio de compra de una casa de 10.000 dólares. Hoy día, por supuesto, con esta cantidad apenas se puede adquirir un coche, pero hay que recordar que Nickerson escribió hace décadas. Puedes sustituir esta cifra por 100.000 o 200.000 dólares; lo que importa son las operaciones matemáticas. En esencia, esta es la fórmula:

- Ahorra el dinero suficiente para efectuar el pago inicial del 25% de una propiedad y toma prestado el 75% restante, hasta llegar al total de 10.000 dólares (Nickerson señala que es probable que puedas conseguir pagar una entrada de solo el 10%, y que si bien los compradores experimentados como él a menudo pueden conseguir un 100% de financiación para la propiedad, escribió el libro para el comprador ordinario, inexperto, que normalmente tiene que abonar un depósito decente).

- Compra una propiedad para alquilar en la que tengan que hacerse reformas. En algún momento dentro de los siguientes dos años, utiliza una parte de tus ahorros, además de las ganancias netas procedentes del alquiler, para pintar y renovar la vivienda (sin dejar de alquilarla).
- Dos años más tarde, vende la propiedad mejorada por 14.000 dólares. Paga el préstamo de 7.500 dólares, y después del costo de vender la propiedad, habrás ganado 5.800. Gracias al uso de dinero prestado, estos 5.800 dólares te han dado unos beneficios de alrededor del 67% de lo que invertiste (o de un 33% anual).
- Toma los 5.800 dólares y pide prestada tres veces esta cantidad. Con los 23.200 dólares, compra un bloque de apartamentos de cuatro unidades que requiera reformas. Durante los próximos dos años invierte 1.200 dólares, más algo de los ingresos recibidos por los alquileres, para hacer reformas en la propiedad, mientras sigues alquilando las unidades.
- Vende la propiedad dos años más tarde por 30.500 dólares, y has vuelto a obtener un beneficio bruto del 25%. Después de pagar el préstamo y los costes de la venta, has obtenido un beneficio de 4.575 dólares. En total, ya has ganado 11.575.
- Una vez más, toma este dinero y pide prestada tres veces esta cantidad, para comprar una propiedad de ocho unidades por valor de 46.000 dólares. Tras efectuar las reformas pertinentes, véndela dos años más tarde por 59.000. El total de tus ganancias ascenderá ya a unos 21.000 dólares.

Si se repite este proceso durante un período de veinte años, se traduce en lo siguiente:

En ocho años	39.363 dólares
En diez años	70.548 dólares
En doce años	124.884 dólares
En catorce años	219.972 dólares
En dieciséis años	386.376 dólares
En dieciocho años	677.583 dólares
En veinte años	1.187.195 dólares

Por lo tanto, después de veinte años eres millonario, y disfrutas de una renta anual muy atractiva, por los intereses que te generan estos ahorros (que pueden ser de un 6%).

Ten en cuenta que tu capital crece exponencialmente, así como tus ahorros si se benefician del interés compuesto, lo cual da lugar a unos rendimientos sorprendentes. Esto ocurre sin que tengas que dedicar ya más tiempo ni esfuerzo a los bienes raíces. Nickerson afirma que lo anterior se puede lograr dedicando a ello solo una parte del propio tiempo.

La fórmula que ofrece, señala, se basa en un retorno conservador de la inversión y en tasas de interés razonables. Con algunas propiedades obtendrás más que un beneficio del 25% y con otras puede ser que ganes tan solo un poco de dinero o incluso que salgas perdiendo. Pero sea cual sea el beneficio que percibas año tras año, no transgredas ninguno de estos cuatro principios:

1. No pidas prestado más de lo que puedas pagar de forma segura con los rendimientos de los alquileres.
2. Compra solo propiedades en las que haya que hacer reformas.
3. Haz únicamente mejoras que aumenten el valor de la propiedad.
4. Sigue vendiendo para obtener beneficios y reinvirtiendo dichos beneficios.

El resto del libro ofrece una gran cantidad de detalles sobre cómo poner en práctica estos principios, incluido cómo hacer para encontrar buenas propiedades y tratar con los inquilinos problemáticos.

EL MITO DEL RIESGO INMOBILIARIO

Nickerson sostiene que todos los emprendimientos conllevan algún riesgo, pero que invertir en propiedades para alquilar utilizando dinero prestado es una actividad sorprendentemente poco arriesgada. Al tomar dinero prestado, no estás haciendo más que utilizar los ahorros improductivos de otras personas con fines productivos. Nickerson describe el «poder piramidal del dinero prestado» como la «fuerza secreta del capitalismo», utilizada por todo gran empresario. Sin embargo, los rendimientos que producen los bienes raíces son mucho más fiables que los que producen los negocios. Si bien la mayoría de las empresas fracasan en los primeros años, las posibilidades de que tenga lugar una ejecución hipotecaria sobre una de tus propiedades son estadísticamente muy pocas. Incluso si los precios no suben y no obtienes ningún beneficio, no habrás perdido nada.

En la actualidad, las tasas de ejecuciones hipotecarias se han disparado, pero si obedeces la ley de Nickerson de pedir prestado solamente lo que puedas pagar de forma segura, esto no te va a suceder. Se pregunta por qué la gente está dispuesta a poner sus ahorros en algún negocio sin contar con la certeza del éxito, solamente sobre la base de su optimismo y sus habilidades. Las inversiones inmobiliarias, aunque requieren investigación y esfuerzo, no se basan en la mera esperanza, y los bancos y las agencias tributarias tienen la misma opinión: no ven la propiedad como un pequeño negocio sino como una forma de inversión; los bienes raíces son valiosos independientemente del carácter o las habilidades de su titular, mientras que el éxito de una empresa depende mucho de ello. Además, mientras que la mayoría de las empresas requieren la estrecha participación del propietario para asegurar su éxito, los bienes raíces solamente precisan una supervisión y una implicación limitadas para obtener buenos rendimientos.

Por supuesto que existe cierto riesgo asociado a la propiedad, pero no es tan grande como el que propugnan normalmente las personas temerosas. Algunos individuos contratan todos los seguros posibles con el fin de obtener «seguridad», pero al hacerlo se pierden el potencial del rendimiento del capital. Las compañías de seguros, apunta irónicamente Nickerson, invierten gran parte de sus ganancias en el sector inmobiliario.

Comentarios finales

Al evaluar el éxito de Nickerson, debemos recordar que su riqueza partió de unos ahorros originales. Algunos escritores sobre inversiones inmobiliarias propugnan actualmente los tratos «sin ninguna cantidad a cuenta» incluso para los compradores primerizos, pero nada es mejor que la disciplina y la satisfacción de ahorrar para ese primer pago inicial, ya sea para tener tu propio hogar o para comprar una propiedad para alquilar. Como señala Nickerson, el dinero más difícil de reunir es a menudo el destinado a satisfacer esta cantidad inicial, pero de ahí en adelante ese dinero puede trabajar para ti y su rendimiento puede ser asombroso.

En el libro, pronostica acertadamente que el aumento de la población de Estados Unidos requeriría más millones de viviendas, y que buena parte de estas serían alquiladas. Escribe:

> *Cuando inviertes en la vivienda, estás comprando algo que es de primera necesidad [...] Las posibilidades de venta pueden fluctuar con la inflación y la recesión. Pero tus propiedades inmobiliarias conservarán siempre un valor intrínseco que las fuerzas económicas no podrán destruir.*

Si bien la fortuna favorece a los pioneros, dada esta verdad básica nunca es demasiado tarde para comenzar a hacer fortuna con los bienes inmuebles. Hoy en día, el promedio de vida sigue aumentando, y puede ser que goces de una larga jubilación. Incluso si ya has cumplido los cincuenta puedes, como hizo Nickerson, vivir otros cuarenta años, y necesitarás dinero. Teniendo en cuenta que puedes no querer trabajar largas horas a medida que te hagas mayor o arriesgar tus ahorros en la compra o en la creación de un negocio, la inversión inmobiliaria es la solución menos arriesgada.

Los amigos de Nickerson se quejaron de que si ponía su fórmula en un libro, esto acabaría con sus posibilidades de ganar un millón. Les respondió que el crecimiento de la población y de los ingresos, más el deterioro de las viviendas con el tiempo, daba como resultado que siempre había muchas oportunidades de hacerse rico con su fórmula.

Biografía del autor en el Apéndice, página 443.

2007

LAS MUJERES Y EL DINERO

No puedo decirlo de forma más sencilla o enfática: la manera en que nos comportamos con nuestro dinero, en que tratamos nuestro dinero, dice mucho acerca de cómo nos percibimos y valoramos a nosotras mismas. Si no somos poderosas con el dinero, no somos poderosas. Punto.

Por el bien de todas las madres que vinieron antes y por el bien de las hijas que vendrán después de ti, te estoy llamando a salir del pasado y a entrar en el futuro, armada con el conocimiento y la confianza. Esto significa dejar atrás las viejas actitudes, excusas y coartadas por no ser tan plenamente competente y capaz en el área de las finanzas personales como lo eres en cualquier otra área de tu vida.

En pocas palabras

Para asegurarse la libertad financiera, las mujeres necesitan tener un nuevo respeto por su relación con el dinero y desafiar el condicionamiento cultural.

En la misma línea

David Bach. *El millonario automático* (pág. 38)
Dave Ramsey. *La paz financiera* (pág. 326)
Sanaya Roman y Duane Packer. *Cómo crear dinero* (pág. 346)

CAPÍTULO 35

Suze Orman

Con poco más de veinte años, Suze Orman abandonó la universidad para irse de viaje con unos amigos. Tomando prestado algo de dinero de su hermano, compró una camioneta para poder dormir tumbada y se fue de Chicago con el objetivo de llegar a California.

Después de trabajar durante un par de meses en una explotación maderera, se encontró haciendo de camarera en una cafetería panadería en Berkeley, cerca de San Francisco. Seis años más tarde, todavía estaba allí, viviendo con el salario de una camarera, que era de 400 dólares al mes. A los veintinueve años, sin embargo, decidió que quería abrir un restaurante. No tenía capital, pero un cliente bondadoso de la cafetería le prestó 20.000 dólares para que pusiese el negocio en marcha. Le aconsejó que guardara el dinero en un fondo de Merrill Lynch hasta que estuviese lista para usarlo, y así lo hizo.

Por desgracia, al no tener conocimientos financieros, Orman permitió que su agente pusiese el dinero en inversiones de alto riesgo. Obtuvo grandes beneficios durante un tiempo... antes de perderlo todo. Incapaz de devolver el dinero, se dio cuenta de que tendría que empezar a ganar más y se preguntó si podría hacerlo como agente de bolsa. Al ver que «el enemigo» (Merrill Lynch) había puesto un anuncio solicitando trabajadores en prácticas, decidió optar al empleo. Para su gran sorpresa (ella cree que debido al hecho de que la empresa debía satisfacer un índice de participación femenina), consiguió el trabajo. Le fue bien, y más tarde demandó con éxito a su propio empleador para recuperar el dinero que había perdido.

¿Por qué relata Orman su propia historia? Lo hace para mostrar su propia ignorancia casi total sobre asuntos financieros durante las tres primeras décadas de su vida. No se consideraba una gran triunfadora haciendo de camarera, y además sentía vergüenza por haber abandonado la universidad. Sin embargo, con el tiempo se convirtió en una de las autoridades más respetadas de Estados Unidos en el área de las finanzas personales, con un negocio próspero de planificación financiera, ocho libros de su autoría y un popular programa de televisión. Su convicción es que la falta de conocimiento financiero puede hundir económicamente o endeudar a cualquier mujer; no obstante, si está dispuesta a aprender y a tomar medidas audaces, puede transformar sus circunstancias.

¿POR QUÉ LAS MUJERES Y EL DINERO?

Al comienzo del libro, Orman señala que nunca antes se le había ocurrido escribir sobre la relación de las mujeres con las finanzas personales, ya que ella creía fervientemente que la administración del dinero no tenía nada que ver con el sexo. Pero se sorprendió al descubrir que mujeres cercanas a ella, que por otra parte eran inteligentes y capaces, y estaban seguras de sí mismas, no tenían «ni idea» de cómo administrar su dinero. En parte por vergüenza, habían logrado que los demás no supiesen cuál era su situación real.

Orman subraya la «gran desconexión» que existe entre el orgullo de las mujeres por lo lejos que han llegado económica y laboralmente en los últimos treinta años y la dura realidad de la situación financiera de la mayoría. Gran parte de ellas vierten tanta energía en las necesidades de los demás –hacen tantos malabarismos con los niños, la pareja, los padres, los amigos y el trabajo– que dedican poco tiempo o energía a administrar su dinero. Tienen un agujero negro psicológico en relación con ahorrar e invertir para sí mismas. Señala:

> *Tanto si estoy en una sala llena de ejecutivas como si se trata de mamás amas de casa, creo que el problema de base es universal: cuando se trata de tomar decisiones en relación con el dinero, te niegas a ser dueña de tu propio poder, a actuar en tu mejor interés [...] Tu cuidadora interna reina; lo haces para todo el mundo antes de hacerlo para ti misma.*

La cuestión no es tanto *la cantidad de dinero* que ganan las mujeres, sino la manera en que gestionan sus finanzas. Cuando Orman comenzó su carrera financiera en Merrill Lynch, su jefe dirigía hacia ella a todas las clientas. Se encontró con que prácticamente a ninguna le gustaba la tarea de administrar su dinero, tanto si lo habían ganado ellas mismas como si lo habían obtenido a través de un divorcio o una herencia. La mayoría de las mujeres se ocupan del tema del dinero solo cuando se ven obligadas a ello. Las razones de que esto sea así, cree Orman, son sociales y culturales. Las mujeres aprenden de sus madres cómo administrar el dinero y perpetúan estas formas de actuar, ya sea de forma consciente o no. Están muy centradas en las relaciones, pero su relación con el dinero es a menudo descuidada o disfuncional. Y es vital respetar también esta relación si se quiere disfrutar de seguridad, tanto psicológica como financiera.

EL DINERO Y EL AMOR

> *La gran mayoría de las mujeres que llaman a mi programa de televisión tienen problemas no con el dinero en sí, sino con las relaciones. El problema con el dinero suele ser un síntoma o una consecuencia del problema con las relaciones.*

Muchas mujeres dependen económicamente de su esposo o compañero, lo que a menudo les quita el valor de «decir su verdad». Las amas de casa tienen generalmente miedo de pedir más dinero a sus maridos porque ellas no lo están «ganando». Pero como señala Orman, estás haciendo al menos el equivalente a media jornada laboral al cuidar del hogar, por lo que el dinero es de ambos, no solo de él.

Muchas mujeres también tienen dificultades para decir no, pues quieren ser vistas como dadoras. Pero si esto significa que tienes que utilizar la deuda de la tarjeta de crédito para comprar cosas para los demás, o agotar tus propios ahorros para rescatar los de otros, o suscribir préstamos, esto tendrá un impacto, tanto emocional como financiero.

Cuando tu marido tiene una crisis de la mediana edad y quiere arriesgar el efectivo que entra en casa para poner en marcha un negocio, debes ser lo suficientemente fuerte como para decir que no. Cuando tienes que apoyar a tus padres hasta el punto de no poder pagar tus propias facturas, en algún momento tienes que decir que no. Cuando tu hermano te pide un préstamo significativo para ayudarle a salir de una situación difícil, una de las muchas en que se ha encontrado, tienes que poner un límite. Decir que no en todos los casos puede poner en riesgo las relaciones, pero es mejor tener autoestima que verse arrastrado por la negligencia o falta de fiabilidad de otras personas con el dinero. Como apunta Orman a partir de la experiencia de quienes se han encontrado en la situación, cuando uno toma decisiones financieras con el fin de salvar una relación, nunca funciona.

Muchas mujeres todavía aman a sus parejas, pero ya no les *gustan*, debido a su irresponsabilidad financiera y sus exigencias irrazonables. Cuanto más habléis tú y tu pareja acerca de vuestras finanzas y dilucidéis su verdadero estado, antes podréis tener una relación basada en la verdad. Recuerda esto: «Se necesita más poder para decir no por amor que para decir sí por debilidad». Tienes que hacer lo que es correcto, no lo que es fácil.

En cuanto a los hijos, sé honesta con ellos si no tienes el dinero para comprarles unos vaqueros de 150 dólares. Acaso no puedan valorar aún tu negativa, pero te ganarás más su respeto por el hecho de ser un progenitor solvente y que mira hacia el futuro. Muchas mujeres se sienten muy mal si no tienen los medios para pagar la educación universitaria de sus hijos, pero Orman afirma que si tienes que elegir entre tu seguridad financiera durante la jubilación y los gastos de su matrícula, tu prioridad debes ser *tú*. Ayuda a tus hijos a investigar desde el principio todas las posibilidades de ayudas y becas que puedan encontrar y pídeles que intenten trabajar en empleos de media jornada para acostumbrarse a costearse sus gastos.

EL DINERO Y LA FELICIDAD

Orman sorprende con la afirmación de que «nada afecta más directamente a tu felicidad que el dinero». Y se imagina la reacción de sus lectoras: que la felicidad viene de las cosas que el dinero no puede comprar *nunca*. Sin embargo, señala que tu calidad de vida real, una vez que cuentas con un nivel básico de amor, salud y respeto, está altamente influenciada por la cantidad de dinero de que dispones. No puedes vivir la vida al máximo o alcanzar la cima de tu potencial si sigues siendo pobre.

Millones de mujeres permanecen en relaciones donde no hay amor solamente porque no podrían manejarse financieramente por su cuenta o no pueden imaginar tener el control de sus propios asuntos. Pero Orman pide a las lectoras que vean las cosas de otra manera: si puedes identificar aquello que realmente valoras, vas a tomar medidas para protegerlo y tener más de ello en tu vida.

Sea lo que sea aquello que ames (hacer), haz de ello tu motivación para arreglar tus finanzas. Orman asesoró a una compositora de canciones que estaba tan concentrada en «ser creativa» que, a pesar de que ganaba bastante dinero, estaba descuidando sus finanzas. Le hizo entender que si administraba bien su dinero, podría en realidad concentrarse más en su trabajo.

PON ORDEN EN TU VIDA

Una de las «ocho cualidades de la mujer rica» a las que se refiere Orman es la limpieza o la necesidad de poner orden en los propios asuntos, de organizarse:

> *Cuando no sabes dónde está tu dinero, cuando no tienes un sistema para archivar los documentos importantes, cuando hurgas en tu bolsillo para sacar tiques arrugados, cuando tu coche parece un cubo de basura, cuando tus armarios están llenos de trastos y en desorden… lo siento, pero no puedes ser una mujer rica.*

Sugiere que des a caridad la ropa que no te has puesto en el último año y tires cualquier producto de belleza que no hayas usado. Además, debes tener un buen sistema para organizar tus documentos, porque solo de esta manera puedes tomar buenas decisiones financieras. Si llevas tus cosas de forma caótica: «La riqueza te eludirá».

DI TU APELLIDO

Debido a que solo las mujeres cambian su apellido en el matrimonio (o pasan a ser llamadas «señora de»), se asume inconscientemente, a nivel social, que los apellidos de las mujeres no son tan importantes como los de los hombres. Si no eres capaz de decir tu apellido con confianza y mirar a la gente a los ojos cuando se lo dices, te falta poder.

Cuando Orman habla en organizaciones de mujeres, a menudo les pide a las personas implicadas en la creación del evento que se pongan de pie ante el público para que todos puedan aplaudirles. La mayoría se levantan y se vuelven a sentar en menos de un abrir y cerrar de ojos y se retuercen en sus asientos. ¿Por qué tiene la mujer promedio tanto miedo de que se reconozcan sus méritos y de escuchar su nombre?

Orman explica que Julie Grau, la editora de sus libros anteriores, fue invitada, junto con su colega Cindy Spiegel, a poner en marcha un nuevo sello dentro de una gran editorial. Esto iba a suponer un gran avance tanto personal como profesional para ellas; sin embargo, cuando surgió el tema, desestimaron la sugerencia de denominar el sello con su apellido. Se trataba de una reacción típica femenina, opuesta a la de los hombres, a quienes les *encanta* tener cualquier cosa a su nombre. Al final sí que bautizaron el sello como Spiegel & Grau, y se alegraron de hacerlo: habían aprendido el poder de decir su apellido.

Comentarios finales

¿Por qué muchas mujeres siguen lidiando con los asuntos de dinero? En el contexto de la historia humana, Orman señala que el tiempo durante el cual se ha esperado que las mujeres generen ingresos y tengan el control de su dinero es un pequeño bache, una nueva experiencia. Pero ella les pide a todas las lectoras que reescriban esta historia, que se vean a sí mismas como agentes del cambio en su propia vida y a escala global. Apunta al hecho de que las mujeres generalmente viven más tiempo que sus compañeros y que otras se casan más tarde o no se casan nunca, por no mencionar la continua alta tasa de divorcios. Esto significa que el número de años en los que la mujer promedio es la única responsable de sus finanzas está aumentando. Las mujeres no pueden seguir «dejando el asunto (del dinero) en manos de los hombres».

Una parte importante del libro está constituida por el «plan para salvarte a ti misma», un plan de cinco meses encaminado a lograr que todas las lectoras pongan orden en sus finanzas. Este plan abarca todo, desde los ahorros hasta las tarjetas de crédito, las calificaciones crediticias, los testamentos y los seguros.

Si bien este tipo de consejos necesitarán ser actualizados en el futuro, otros aspectos del libro, como las «ocho cualidades de una mujer rica» y la necesidad de «decir tu apellido», no tienen fecha de caducidad.

Orman ha escrito tres o cuatro libros que podrían considerarse clásicos modernos, pero *Las mujeres y el dinero* está destinado a ser su título más importante, ya que combina todos los aspectos positivos de sus escritos anteriores a la vez que se enfoca en un tema de interés vital para al menos la mitad de la población.

Biografía de la autora en el Apéndice, página 443.

1995

DIOS QUIERE QUE SEAS RICO

La suposición incorrecta de que vivimos en un mundo de recursos escasos ha hecho algo más que excluir a la mayoría de los individuos del éxito económico. A través de los siglos, esta visión de suma cero ha sido responsable de guerras, revoluciones, estrategias políticas y sufrimiento humano en unas proporciones inimaginables.

Desde 1750, la producción mundial bruta se ha incrementado más de mil setecientas veces, mientras que la población mundial ha aumentado solo seis veces.

En pocas palabras

El mundo fue diseñado como un lugar repleto de abundancia, y la tecnología se ha erigido como el motor que lleva los mayores beneficios al mayor número de personas.

En la misma línea

Milton Friedman. *Capitalismo y libertad* (pág. 162)
Thomas Friedman. *La Tierra es plana* (pág. 170)
Paul Hawken, Amory B. Lovins y L. Hunter Lovins. *El capitalismo natural* (pág. 212)
Catherine Ponder. *Abre tu mente a la prosperidad* (pág. 312)
Sanaya Roman y Duane Packer. *Cómo crear dinero* (pág. 346)
Adam Smith. *La riqueza de las naciones* (pág. 370)

CAPÍTULO 36

Paul Zane Pilzer

Durante cientos de años la gente creyó que la Tierra era el centro del universo. Este supuesto implicaba que los calendarios estaban siempre desajustados, a pesar de su importancia para la regulación de la agricultura. Solo con el modelo de Copérnico que ponía el Sol en el centro del universo y los planetas girando alrededor de él todo empezó a cobrar sentido.

Paul Zane Pilzer comienza el libro con la información anterior para hacer una analogía. Escribe que durante los últimos doscientos años hemos estado trabajando bajo un error similar en relación con la economía, que tradicionalmente se ha definido como «el estudio de cómo la gente elige emplear unos recursos escasos». Bajo este punto de vista, la riqueza de una sociedad viene determinada fundamentalmente por su provisión de medios materiales, como tierra, petróleo y minerales, y la vida económica es un juego de suma cero en que las personas o países ganan por medio de tomar recursos de otros. Esta visión del mundo, como es natural, ha dado lugar a infinidad de guerras y sufrimiento.

Por el contrario, Pilzer y los otros economistas «de la abundancia» creen que los recursos físicos no están en absoluto limitados. De hecho, han demostrado estadísticamente que el precio de todas las materias primas disminuye con el tiempo gracias a su abundancia, y que la amenaza de la escasez es suficiente por sí sola para que los seres humanos encuentren materiales distintos o hagan un mejor uso de los ya existentes.

Subtitulado *Una teología de la economía*, el libro de Pilzer pregunta: ¿seguro que nos pusieron en la Tierra para competir y obtener beneficios a expensas de los demás? Si Dios es amoroso y abundante, ¿no habría diseñado el universo de tal manera que hubiera más que suficiente para todo el mundo?

LAS BENDICIONES DE LA TECNOLOGÍA

Teniendo en cuenta que el objetivo de la economía es encontrar la distribución más equitativa de unos recursos escasos, no es de extrañar, señala Pilzer, que se la haya bautizado como «la ciencia lúgubre». De hecho, la economía tiene poco en cuenta dos factores que son, de hecho, fundamentales para comprenderla: las *personas*, que tienen una creatividad ilimitada para crear nuevos productos y servicios que hacen la vida mejor, y la *tecnología*, que nos permite producir con mayor facilidad y a menor costo.

Para muchos, *tecnología* es una palabra que significa que millones de personas se quedan sin sus puestos de trabajo. Pilzer admite que la mayor parte del desempleo se presenta como el resultado de que las nuevas tecnologías hacen que muchos productos, o las formas de hacerlos, ya no sean necesarios. Sin embargo, esto es solo una parte de la historia. Por ejemplo, en 1930 los treinta millones de agricultores estadounidenses que había por aquel entonces cultivaban apenas suficiente comida para una nación de cien millones de habitantes. Gracias a los enormes avances en la productividad agrícola, en 1980 solo tres millones de agricultores producían comida para alimentar a trescientos millones de personas. ¿Qué pasó con los hijos de todos los agricultores? Salieron de las granjas y consiguieron trabajo en nuevas industrias. La nación no estaba en peor situación, ya que tenía más gente a la que emplear en sectores emergentes que estaban generando mucha riqueza. Puede ser doloroso que haya trabajadores que pierdan sus puestos de trabajo, pero la sociedad en su conjunto sale beneficiada.

Pilzer apunta que «las mayores oportunidades económicas del mañana, casi por definición, están en los sectores de nuestra economía que hoy en día acaso ni siquiera existen». Las nuevas tecnologías, al reducir el coste de lo que se necesita para hacer algo, dan lugar a una demanda que no estaba allí antes. No existen límites para la demanda de productos más baratos, más nuevos o mejores, y por lo tanto no existen límites para la creación de nuevas fortunas y mayor riqueza. Mientras se permita que esto siga siendo así, vamos a tener unos bajos índices de desempleo.

La competencia industrial fuerza la sustitución constante de la tecnología para producir los productos mejores y más baratos para el consumidor, un proceso que el economista Joseph Schumpeter llamó «destrucción creativa». Pilzer describe este proceso como «la grasa que [mantiene] las ruedas de la prosperidad en movimiento».

NO NOS VAMOS A QUEDAR SIN NADA, ESPECIALMENTE SIN INGENIO

La industria ballenera fue vital para la economía mundial durante cientos de años. El aceite de ballena se utilizaba para la iluminación y la calefacción, y con otras partes de la ballena se hacían velas, lubricantes e incluso corsés para las mujeres. Sin embargo, hacia mediados del siglo XIX las poblaciones de ballenas comenzaron a menguar rápidamente, y en 1859 tuvo lugar la primera «crisis energética» del mundo, a causa de la falta de disponibilidad de aceite de ballena. Se predijo una convulsión terrible para Estados Unidos, epicentro mundial de la caza de ballenas. En el mismo año, sin embargo, el primer pozo de petróleo fue perforado con éxito en Pensilvania, lo que dio inicio a la era del petróleo. Se había encontrado otra fuente de energía «justo a tiempo».

A lo largo de la historia, muchos han predicho el fin de la prosperidad debido a la próxima escasez de un recurso en particular, y por desgracia las predicciones calamitosas son las más escuchadas. Sin embargo, el mundo en general ha tenido mucho éxito a la hora de acoger un gran aumento de la población. La esperanza de vida se ha disparado en la mayor parte de los lugares, miles de millones de personas han salido de la pobreza y muchas más se han hecho ricas. Contra la marea de malos augurios, Pilzer ofrece este dato: desde 1750 la población mundial se ha multiplicado por seis, pero en el mismo período la producción mundial, o riqueza, se ha incrementado más de mil setecientas veces.

¿POR QUÉ QUIERE DIOS QUE SEAMOS RICOS?

Pilzer admite que la perspectiva «de la abundancia» ha tenido dificultades para encontrar adeptos entre quienes no son ricos. La razón es que, a pesar de la lógica de la economía de la abundancia, la gente aún vive según arraigadas creencias teológicas sobre la riqueza. Hoy en día, la mayoría de los cristianos, musulmanes y judíos todavía creen que Dios no quiere que sean ricos, y es fácil entender por qué: si vives en un mundo de escasez, para hacerte rico tienes que tomar recursos de otras personas, lo cual tiene que ser algo malo a los ojos de Dios.

Sin embargo, Pilzer argumenta que la esencia de Dios es la nueva creación constante. Las cosas siempre se están formando a partir de lo que no existía antes. Por lo tanto, si crees que la naturaleza de Dios es la abundancia, puedes empezar a creer en la posibilidad de que haya riqueza ilimitada en la Tierra.

Comentarios finales

Dios quiere que seas rico se escribió a la sombra de una profunda recesión en la que millones de empleos se perdieron a causa de la decadencia de viejas industrias. El libro se alzó contra una avalancha de terribles advertencias sobre la economía y el futuro de la humanidad. A tenor del masivo incremento de la riqueza mundial en los últimos veinte años, la creencia en la prosperidad sin límites gracias al ingenio ilimitado de la gente y la difusión de las nuevas tecnologías estaba justificada, aunque de entrada pareciese una visión muy de color de rosa.

Por otra parte, ¿cómo se sostiene la economía de la abundancia de Pilzer en la era del cambio climático? ¿Ha quedado obsoleta cualquier teoría que propugne que los recursos son ilimitados? Las predicciones catastrofistas relativas al clima mundial se basan en la forma en que actualmente usamos la energía, y en lo que usamos. Pero las fuentes de energía han cambiado a lo largo de la historia (generalmente han pasado de más sucias a más limpias) y seguirán cambiando. Ya hay una fuerte demanda de los productos que causan el menor daño ambiental posible y a medida que crezca la conciencia «verde», esta demanda no hará más que aumentar. El mensaje de este libro es que no te creas todo lo que lees en los periódicos. Vivimos en un mundo de abundancia, y prácticamente todo problema tiene solución si ponemos nuestra intención en ello.

PAUL ZANE PILZER

Nacido en 1954, Paul Zane Pilzer pasó sus años universitarios en la Universidad de Lehigh antes de obtener un máster por parte de la Escuela Wharton de la Universidad de Pensilvania. Fue contratado por Citibank y tres años más tarde se convirtió en el vicepresidente más joven de la empresa. A los veinticuatro años fue nombrado profesor adjunto en la Universidad de Nueva York. Empezó varios negocios, y antes de cumplir los treinta había ganado ya diez millones de dólares. Ha fundado o hecho públicas varias compañías de salud y de software y ha sido asesor económico en dos administraciones presidenciales estadounidenses.

Otros libros suyos son The Wellness Revolution: How to Make a Fortune in the Next Trillion Dollar Industry *(2002) y* The Next Millionaires *(2005). Vive en Utah con su familia.*

1971

Abre tu mente a la prosperidad

La limpieza o purificación es el primer paso hacia la prosperidad. Sin soltar en el nivel mental, emocional y en nuestro mundo visible no puede haber una prosperidad satisfactoria ni permanente [...] Junto con la limpieza de los armarios, limpia tu vida. Si quieres gozar realmente de prosperidad, tienes que sacar los esqueletos del armario.

Una vez que has llevado a cabo el trabajo en el plano mental, puedes estar seguro de que el bien que imaginas se manifestará en el plano exterior tan pronto como el tiempo, la gente y los acontecimientos se hayan organizado en consecuencia.

No estás tratando de hacer que Dios te dé nada. Solamente estás abriendo tu mente para recibir la abundancia que Dios te ha prometido desde el principio.

En pocas palabras

Si transformas tus creencias acerca de la espiritualidad y la riqueza, puedes dar la bienvenida a un gran bienestar y a una gran prosperidad en tu vida.

En la misma línea

Rhonda Byrne. *El Secreto* (pág. 86)
Charles Fillmore. *La prosperidad* (pág. 144)
Esther Hicks y Jerry Hicks. *Pide y se te dará* (pág. 220)
Sanaya Roman y Duane Packer. *Cómo crear dinero* (pág. 346)

Capítulo 37

Catherine Ponder

Catherine Ponder creció en una zona de América del Sur donde los niños a menudo no almorzaban y no tenían zapatos que ponerse. Ella les daba su dinero para el almuerzo, su comida y su ropa a sus compañeros de clase más pobres. Cuando fue mayor, quiso librar una «guerra contra la pobreza», pero se forjó la opinión de que era mejor entender las fuentes de la prosperidad e instruir a la gente al respecto. Así empezó su carrera como profesora destacada de la mentalidad de la prosperidad.

Mientras que su primer libro, *Las leyes dinámicas de la prosperidad* (ver el capítulo al respecto en *50 libros clave para vivir mejor*), presentó todos los principios generales de la consciencia de la prosperidad, su secuela *Abre tu mente a la prosperidad* ofrece una fórmula más directa, sencilla y potente para la prosperidad que es fácil de seguir.

NO TE SIENTAS CULPABLE

Ponder comenzó a dar charlas y clases sobre la prosperidad a finales de la década de los cincuenta, como ministra recién ordenada de la Iglesia unitaria. En esos tiempos estaba lejos de ser rica. Vivía en una casa de una sola habitación y sentía vergüenza por impartir esa materia, pero al mismo tiempo también sentía que abrir su mente a la abundancia del universo sería su puerta de entrada a algo mejor. Tres años más tarde se mudó a una bonita vivienda nueva, pero dice que lo habría hecho antes si hubiese sabido entonces lo que más tarde formuló en este libro.

Muchos de los primeros alumnos de Ponder se sentían culpables por el mero hecho de estudiar esta materia, en la creencia de que la búsqueda de la prosperidad era pecado, incluso aunque estuvieran luchando para salir adelante en medio de una profunda recesión. Pero tan pronto como ella les dijo que la prosperidad era «espiritualmente correcta», lo cual avaló con muchos ejemplos extraídos de la Biblia, de repente se abrieron las compuertas de la buena fortuna para ellos.

Ponder describe la Biblia como «el mayor libro de texto jamás escrito sobre la prosperidad». Señala que, entre los líderes hebreos, Abraham, Isaac, Jacob y José eran hombres acomodados, incluso millonarios. El Génesis nos dice que Abraham, por ejemplo, «era muy rico en ganado, en plata y en oro». La palabra *oro* aparece más de cuatrocientas veces en la Biblia, y entre las tres mil o cuatro mil promesas que hace este libro sagrado, muchas son promesas literales de prosperidad. Jesús llevó a cabo muchos milagros de prosperidad, como la multiplicación de los panes y los peces y la conversión del agua en vino en una fiesta en Canaán.

LA VERDADERA FUENTE DE LA PROSPERIDAD

Muchos argumentarán que Jesús solo utilizó el simbolismo del dinero en sus parábolas para mostrar las riquezas espirituales, pero Ponder insiste en que vio la prosperidad y la espiritualidad como una misma cosa. Todo lo bueno llega cuando estamos alineados con Dios, les dijo a sus estudiantes, y es solo el apego a las posesiones lo que es pecaminoso. El secreto último de la prosperidad es que *Dios es la fuente de tu abastecimiento*. Como Moisés dijo a los hebreos (Deuteronomio, 8,18): «Te acordarás del Señor tu Dios, porque es él quien te da el poder para adquirir riqueza». Cuando te enfocas en las personas y las circunstancias como la fuente de tu prosperidad, tiendes a perderla.

Ponder pregunta: ¿es realmente práctico afirmar que una entidad no física (Dios) es la fuente de tu prosperidad? E incluye ejemplos de personas que se han puesto en contacto con ella a lo largo de los años, asombrada de lo perfectamente que funciona esta creencia. Por ejemplo, un médico luchador que afirmó que su aprovisionamiento no dependía de sus pacientes o de las condiciones económicas fue capaz de abrir una nueva clínica inteligente en unos meses. Ponder relata con gracia cómo las dos mecanógrafas de su primer libro abandonaron el trabajo a causa de los efectos tan positivos que tuvieron sobre ellas las lecciones que estaban transcribiendo. La primera se fue porque, tras haber procedido según las lecciones del libro, la carrera de su marido como vendedor floreció hasta tal punto que ella ya no tenía que trabajar. El marido de la segunda mecanógrafa había estado en el paro, pero de repente obtuvo el trabajo de sus sueños como ingeniero, lo cual hizo que tuvieran que trasladarse a otro estado. La ama de llaves de Ponder, a quien ella había explicado las leyes de la prosperidad, también se fue, para perseguir su sueño de ser modista. Tuvo mucho éxito.

Esta apertura no significa solamente apertura a recibir dinero. La prosperidad, tal como la concibe Ponder, es paz interior, armonía con los demás y salud física. Muchas de las personas que asistían a sus clases se sorprendían al constatar mejoras en estas áreas de sus vidas, además de recibir demostraciones de abundancia financiera.

Por otra parte, si el uso de las técnicas te parece un poco egoísta, Ponder señala que pueden utilizarse con la misma eficacia para la prosperidad de otras personas. Imaginar el bien de un ser querido, o afirmarlo con la palabra hablada, puede tener enormes efectos.

ANTES QUE NADA, PURIFÍCATE

La práctica de la purificación antes de recibir algo bueno es un antiguo secreto de la prosperidad. El principio consiste en limpiar la mente de pensamientos desordenados y emociones negativas. Al crear un vacío, permites que lo bueno se apresure a llenarlo.

Puedes empezar por despejar el desorden presente en tu casa, automóvil y lugar de trabajo. Muchas personas se resisten a tirar objetos caros, incluso si ya no los están utilizando, por el solo hecho de que son caros. Pero si quieres que acudan a tu vida cosas valiosas, debes deshacerte de lo que no quieres, independientemente de su valor económico.

Ponder señala que el universo está perfectamente ordenado; por lo tanto, la persona que se ocupa de sus propios asuntos de forma más ordenada está en sintonía con la riqueza universal. Dios tiende a contener su generosidad hasta que uno toma medidas para ocuparse de sus propósitos aplicando un orden. Una vez que lo haces, suceden tres cosas: las personas y situaciones pierden su naturaleza caótica, las que no son adecuadas para tu desarrollo salen de tu vida y las que son necesarias para tu realización son atraídas hacia tu vida.

Una forma importante de limpiar tu mente es perdonar. Cuando estás resentido, «estás atado a esa persona o condición con un vínculo emocional que es más fuerte que el acero –señala Ponder–. La práctica del perdón es la única manera de disolver ese vínculo y ser libre». Si perdonas a alguien, te puedes sentir como si «perdieses». Pero ella asegura que si algo es realmente tuyo por «derecho divino» nunca puedes perderlo, y por medio de soltar a una persona o una emoción haces espacio para la manifestación de lo bueno de formas que no puedes imaginar.

TRES PASOS HACIA LA PROSPERIDAD

La prosperidad se crea mentalmente en tres pasos: escribir tus deseos, crear imágenes del bien que deseas y la palabra hablada.

Escríbelo

Dios te ha dado los deseos que tienes, pero para que se manifiesten, primero han de tomar forma como palabra escrita. Una vez que tienes claro lo que quieres y lo escribes, el universo o Dios puede ser preciso a la hora de entregártelo.

Crea imágenes

Ponder da esta instrucción: «En vez de luchar contra los problemas, *imagina* la manera de salir de ellos». La mejor forma de hacer esto es crear una «rueda de la fortuna»: pegar imágenes de todo lo que deseas que aparezca en tu vida en un tablero. Si lo miras y gozas con ello todos los días, estas imágenes serán absorbidas por tu mente subconsciente y esta empezará a ayudarte a dar forma a tu realidad.

No tienes que crear una rueda de la fortuna muy elaborada para manifestar tus deseos; incluso si la haces de una manera casual puede funcionar: de niña, Ponder anhelaba tener un anillo de piedras preciosas con forma de corazón, puesto que había nacido el Día de San Valentín; lo recreaba en su mente. Nunca lo pidió, ya que la suya no era una familia acomodada. Décadas más tarde, una mujer que había estudiado sus libros la llamó desde la otra punta del país. Acababa de heredar una gran finca y quería darle a Ponder algo por ello. A pesar de los muchos objetos más valiosos que le podía ofrecer, la mujer se sintió impulsada, por alguna razón, a regalarle un anillo de amatistas. Como la amatista era su piedra de nacimiento, Ponder estuvo encantada. Pero la mujer dijo: «Sí, pero puede ser que no quieras este, porque es diferente. Tiene forma de corazón». El incidente le confirmó a Ponder que, por encima del tiempo o la distancia, imaginar lo que se desea tiene un poder increíble.

La magia de la palabra hablada

No basta con leer acerca de la prosperidad. Es a través de las palabras que dices como acude a ti. Formular en voz alta afirmaciones diarias tales como: «Estoy rodeado de sustancia divina y se manifiesta ahora para mí bajo la forma de la riqueza apropiada» puede desencadenar resultados rápidos. (Un conocido de Ponder vio duplicado su salario al cabo de seis semanas después de pronunciar exactamente estas palabras).

¿Cuál es el motivo exacto de que las afirmaciones de prosperidad sean tan poderosas? Los antiguos sabían que determinadas disposiciones de palabras producen vibraciones que resuenan con la Inteligencia Infinita que permea el universo. Las declaraciones emitidas al universo atraen una cierta realidad, y con el tiempo se expresan como hechos.

El mensaje de Ponder: no luches innecesariamente cuando el poder que tienen las palabras de proporcionarte prosperidad está disponible para ti. Úsalo. Si eres de mentalidad cristiana, reza con frecuencia el padrenuestro, porque constituye esencialmente un conjunto de afirmaciones poderosas que pueden cambiar tu vida.

CONFÍA EN EL PLAN DIVINO

Si no estás del todo seguro de lo que quieres, puedes obtener prosperidad de otra manera: afirmando que hay un plan divino para tu vida que está desplegándose a la perfección. Hacer esto es una especie de atajo que «quita toda sensación de confusión, incertidumbre y comisión de errores» de tu vida.

Pero estate preparado para los cambios, advierte Ponder, puesto que la velocidad a la que se manifiesta el plan divino para ti puede ser impresionante. Por otro lado, si nada parece cambiar mucho, esto no significa que el plan no esté desarrollándose: lo está haciendo, pero de acuerdo con el tempo divino. Las flores eclosionan cuando están listas para hacerlo, y no antes.

EL NÚMERO MÁGICO DE LA PROSPERIDAD

El capítulo del libro sobre el diezmo es muy inspirador. Un hombre le confesó a Ponder que, aunque adoraba sus libros, evitaba discretamente actuar de acuerdo con lo que escribía sobre este tema. La gente quiere recibir, pero no quiere dar. Sin embargo, la práctica del diezmo es sanadora.

¿Por qué dar el 10% de lo que ganas? Los antiguos sabían que el número 10 tenía el poder mágico de aumentar y que dar un poco de lo que nos llega nos asegura que recibiremos más. Con el diezmo, ponemos «a Dios primero financieramente». Mientras que muchos dan de una manera casi mecánica, por un sentido del deber, el diezmo solo tiene el poder de hacer prosperar a quien lo da cuando se entrega con amor, de buena gana y con gratitud. Debería entregarse a cualquier organismo u organización que te dé a ti y a los demás inspiración espiritual, que ayude a «elevar a la humanidad».

Comentarios finales

Lo comentado hasta aquí atañe a la mitad del libro, como máximo. Otras leyes de la prosperidad que revela Ponder, como el «concepto de amor» y el «concepto de la sabiduría», pueden ser tremendamente potentes si estás dispuesto a usarlas, y el increíble capítulo final, «La prosperidad a través de la restauración divina», debería elevar a cualquier lector.

A la gente le encantan los escritos de Ponder no solo por lo que dice, sino por cómo lo dice. Sus ejemplos parecen venir de otra época. Por ejemplo, el libro empieza así: «Ataviada con un traje de moda, una atractiva mujer de negocios del sur de California le dijo una vez a la autora...». El estilo cálido y agradable de escritura, a menudo en tercera persona, es quizá típico de una afable mujer sureña.

Sin embargo, esta imagen puede ser engañosa, ya que Ponder fue una verdadera emprendedora de ideas, las cuales elaboró a partir de varias fuentes (la Biblia, los filósofos del Nuevo Pensamiento, enseñanzas esotéricas, etc.) para crear libros de fácil digestión que ampliaron considerablemente el conocimiento y la conciencia de las leyes de la prosperidad por parte de la persona promedio.

Si bien está fuertemente influido por el libro *La prosperidad* de Charles Fillmore, la obra de Ponder es un manual completo y de personalidad independiente sobre el tema, en el que vas a subrayar muchas ideas.

Todos los escritos de Ponder proporcionan una sensación de paz. Ponen los problemas en perspectiva, y el corazón se eleva al leer historias de personas que han experimentado un milagro de prosperidad tras haber conocido solo tiempos difíciles. Sin embargo, no son escapistas; te proporcionan las herramientas para llevar tu vida a un nuevo nivel si estás dispuesto a abrir tu mente al lado espiritual de la prosperidad.

Ponder era una madre viuda que trabajaba como secretaria cuando se embarcó en su viaje hacia la prosperidad. ¿Dónde estás ahora y dónde podrías estar si practicas las leyes que ella destaca?

Biografía de la autora en el Apéndice, página 444.

1987

EL LIBRO DE LA ABUNDANCIA

El dinero es un efecto. Cuando te concentras en el efecto, estás olvidando la causa, y cuando olvidas la causa, el efecto comienza a disminuir. Cuando centras tu atención en obtener dinero, en realidad estás cortando el suministro. Debes comenzar, en este mismo momento, a dejar de creer que el dinero es tu sustancia, tu sustento, tu apoyo o tu seguridad. El dinero no es nada de eso, ¡pero Dios sí lo es!

Si consideras que tu trabajo, tu patrono, tu cónyuge o tus inversiones son la fuente de tu suministro, te estás aislando de la fuente real.

Tú eres el descendiente de la Abundancia Infinita del universo.

En pocas palabras

La vida es en parte una prueba para ver si podemos aprender las leyes de la abundancia, específicamente la ley de la plena suficiencia.

En la misma línea

Rhonda Byrne. *El Secreto* (pág. 86)
Charles Fillmore. *La prosperidad* (pág. 144)
Napoleon Hill. *La llave maestra de la riqueza* (pág. 228)
Catherine Ponder. *Abre tu mente a la prosperidad* (pág. 312)
Lynne Twist. *El alma del dinero* (pág. 394)

Capítulo 38

John Randolph Price

Lo primero que llama la atención de *El libro de la abundancia* es su tamaño. Suficientemente pequeño como para caber en el bolsillo, tiene menos de ochenta páginas. La intención de Price era que los lectores tuvieran acceso a ideas alentadoras sobre la prosperidad a cualquier hora del día, y el libro condensa muchos de los grandes conceptos que se han escrito sobre este asunto. También proporciona algunos antecedentes interesantes en cuanto a los orígenes de esta materia.

Muchas personas adquieren el libro por una sola razón: el «plan para obtener la prosperidad en cuarenta días» que se presenta en la segunda parte. Aquí no hay espacio para ofrecer los detalles al respecto, pero el plan se basa en la idea de que la mente humana necesita cuarenta días para convertir una idea en una verdad aceptada.

Aquí nos centramos en el resto del libro, incluida la explicación de Price del viejo principio de la «plena suficiencia» y su distinción entre los símbolos de la riqueza («los efectos») y la realidad espiritual más profunda de la abundancia que hay detrás de ellos.

LOS SECRETOS DEL PODER DE MANIFESTAR

¿De dónde salieron las ideas que hay detrás de la consciencia de la prosperidad? En la primera parte de *El libro de la abundancia*, Price discute el concepto de «plena suficiencia», que según él subyace a todos los sistemas religiosos y filosóficos originarios.

Las antiguas escuelas de misterios de Asia, Egipto, Persia y Grecia enseñaron que a través de la comprensión de uno mismo se podía entender a Dios. La meditación era el medio para descubrir el poder de «transmutar la discordia en armonía, la ignorancia en sabiduría, el miedo en amor y la carencia en abundancia». Al profundizar más en el ser, paradójicamente uno descubre las leyes universales de la manifestación en el mundo real. Al convertirse la persona en una encarnación del amor y la paz –Price utiliza el término *inocuidad*–, puede romper con todas las limitaciones.

Este conocimiento sobre «la armonía y la plenitud» se puede encontrar en los libros sagrados y las enseñanzas de la cábala hebrea, en los místicos hindúes y budistas, en los cristianos gnósticos e incluso en las primeras versiones de la Biblia. Todos ellos comparten la idea de la unidad entre Dios y los seres humanos, que cada persona tiene en su interior la esencia divina. El evangelio gnóstico de Tomás, descubierto como un pergamino en Egipto en 1945, establece que el autoconocimiento abre la puerta al conocimiento de Dios –y, por ende, a los poderes «divinos». La Iglesia cristiana posterior, sin embargo, se opuso a todas las ideas acerca del poder personal y del espíritu que mora en el hombre, y las sustituyó por el poder eclesiástico y dogmático. Al empezar la Edad Media, las técnicas relativas a la consciencia de la prosperidad y la manifestación fueron empujadas a la clandestinidad.

Afortunadamente, los rosacruces y los masones mantuvieron vivo este conocimiento, y en el siglo XIX había surgido de nuevo con el trascendentalismo de Emerson y Thoreau, los teósofos dirigidos por Madame Blavatsky, la Ciencia Cristiana de Mary Baker Eddy, el movimiento del Nuevo Pensamiento de Charles Fillmore y Ernest Holmes, Rudolf Steiner y su Sociedad Antroposófica y la Self-Realization Fellowship de Paramahansa Yogananda.

PRIMERO, BUSCA EL REINO

Según Price, el dinero no es más que un «símbolo externo del abastecimiento interno». Sin embargo, si persigues solamente el símbolo, el abastecimiento interno se seca.

La mayoría de la gente piensa que su trabajo, su patrono, su cartera de inversiones o su cónyuge es la fuente de su dinero, pero al enfocarse en estos «factores externos» se olvidan de la fuente real de la que todo esto procede. El dinero no te proporciona seguridad; lo que sí te la proporciona es un profundo conocimiento de Dios y del poder del universo para proveer.

No obstante, es un error pensar que puedes obtener más dinero si te vuelves más espiritual. Price sostiene que este enfoque místico para obtener riqueza no va a funcionar. En lugar de esto, tu intención debe ser entender y valorar realmente la causa espiritual de la abundancia. Busca este saber en primer lugar, y lo que necesitas vendrá a ti. El «camino espiritual hacia la abundancia –señala– «se amaña» a favor de las personas que tienen pureza de intención».

CADA ALMA DEBE PASAR LA PRUEBA

Mucha gente todavía piensa que es poco espiritual buscar la riqueza, pero, de hecho, cuanto más nos acercamos a Dios, más difícil es alejarse de ella. Esto se debe a que la comprensión espiritual nos revela automáticamente las leyes de la manifestación. La Madre Teresa, por ejemplo, solo pensaba en el trabajo que tenía que hacer, y confiaba en que el dinero que necesitaba para seguir haciéndolo acudiría a ella. Con la fuerza de su fe, el dinero siempre acudió.

Tú también puedes vivir con una certeza similar acerca de este suministro continuo de amor y cosas materiales. Price afirma que llega el punto en que toda persona está obligada a creer que el dinero llegará aun cuando parece que no hay pruebas de ello. Si no haces este acto de fe, seguirás sintiendo que nunca tienes suficiente durante el resto de tu vida. Price enfatiza:

> *Cada alma debe aprender esta lección, y mientras no lo haga, se le dará una oportunidad tras otra en forma de aparentes carencias y limitaciones.*

Si pasas la prueba, no tendrás que volver a pasarla. Tu certeza en cuanto al flujo inagotable de la prosperidad estará contigo para siempre, constituyendo un activo de un valor incalculable.

GANAS LO QUE ERES

El libro proporciona una nueva forma de entender el dinero: como un acrónimo. *Money*, «dinero» en inglés, puede entenderse que significa *My Own Natural Energy Yield* («mi propia cosecha natural de energía»). Con esto, Price quiere indicar que lo que atraes es el resultado directo de tu estado interno.

El universo requiere que expreses tu verdadera esencia a través de la meditación, la visualización de tus deseos, un amor y una gratitud gozosos y la acción correcta. Todo esto crea y atrae la energía afín del dinero. Cuanto más amoroso es tu estado, más te acercas a la verdadera realidad del universo. En este estado, es natural que fluya hacia ti más amor y abundancia. Practicar la «inocuidad» en tus pensamientos y palabras acabará con todas las limitaciones presentes en tu vida. Por el contrario, si constantemente criticas, abusas u odias, estas actitudes «oscurecen el alma [...] y te sacan del Camino hacia la Plenitud».

Sin embargo, Price no se muestra siempre tan etéreo en relación con la abundancia. Citando uno de sus libros anteriores, *The Manifestation Process*, hace la observación de que si estás sin blanca encuentres alguna forma de ganar algo de dinero. El universo quiere mostrarte la abundancia, pero tú tienes que recorrer la mitad del camino hacia ella, como «cocreador».

Comentarios finales

Sería fácil descartar *El libro de la abundancia* por su brevedad. A pesar de ello, gracias a sus largos años de búsqueda de conocimiento en el campo de la prosperidad espiritual, Price tiene la capacidad de transmitir verdades eternas en unas pocas páginas. Algunos sentirán que sus escritos son demasiado etéreos o «Nueva Era», pero ten la mente abierta y obtendrás mucho de ellos.

La advertencia implícita en el libro es que nunca debemos tratar de obtener dinero de alguien o algo como si nuestra prosperidad dependiera de ello. Dios provee muchas fuentes de ingresos, y por medio de la fe y la confianza se harán evidentes. Incluso si no piensas en ti mismo como alguien religioso, hay una parte en todos (Price la llama el «Yo Maestro») que reconoce las leyes y verdades eternas del universo. La vida es, en parte, una prueba para ver si puedes reconocer la ley infalible de la abundancia, incluso cuando podrías fácilmente optar por creer en la escasez.

JOHN RANDOLPH PRICE

Antes de llegar a ser autor y conferenciante, John Randolph Price ocupó altos cargos en la industria de la publicidad en Chicago y Houston. Tiene una licenciatura en Radio y Televisión por la Universidad de Houston. En 1981 dejó el mundo de la empresa para crear la Fundación Quartus para la Investigación Espiritual con su esposa, Jan. Afincado en Boerne (Texas), Quartus publica una revista y organiza seminarios.

Es autor, entre otros, de los títulos The Superbeings *(1987),* The Success Book *(1998) (*El libro del éxito*, 2002),* The Jesus Code *(2000) (*El código Jesús*, 2005),* The Alchemist's Handbook *(2000),* Removing the Masks that Bind Us *(2000), y* Nothing Is Too Good To Be True *(2003).*

2003

La paz financiera

«Hay quienes creen que las finanzas no son más que una ciencia matemática exacta. Así es como se enseñan en las universidades. De hecho, las finanzas son una ciencia matemática exacta –hasta que viene un ser humano y las toca–. Las finanzas personales son lo que eres. Las fortalezas y los problemas personales, filosóficos y emocionales que tengas se reflejarán en tu uso del dinero».

En pocas palabras

Más que el dinero propiamente dicho, lo que la mayor parte de la gente necesita es tranquilidad de espíritu. Si tú no tomas el control de tus finanzas, estas te controlarán a ti (no importa cuánto ganes).

En la misma línea

James Allen. *El camino de la prosperidad abundante* (pág. 22)
David Bach. *El millonario automático* (pág. 38)
Joe Domínguez y Vicki Robin. *La bolsa o la vida* (pág. 108)
Jerrold Mundis. *Cómo superar sus deudas* (pág. 282)
Suze Orman. *Las mujeres y el dinero* (pág. 298)

Capítulo 39

Dave Ramsey

A mediados de la década de los ochenta, Dave Ramsey era un «joven pez gordo» del sector inmobiliario en Nashville (Tennessee), especializado en el mercado de las ejecuciones hipotecarias. A los veintiséis años había construido una empresa que poseía propiedades por valor de 4 millones de dólares. Él y su esposa se iban de vacaciones a lo grande, conducían coches caros y vestían ropa de diseño. Ramsey era del agrado de los banqueros y le concedían muchos créditos. Tenía una licenciatura en finanzas, así que sabía lo que hacía.

Sin embargo, un par de años después la economía se enfrió y los bancos comenzaron a restringir el crédito y a pedir la devolución de los préstamos. Le dieron a Ramsey un plazo de tres meses para devolver 1,2 millones de dólares. Consiguió reunir el dinero, pero estuvo a punto de costarle el negocio. Tan solo le quedaban su casa y su ropa; se ponía a llorar en la ducha cada mañana y pensaba en el suicidio, calculando que la millonaria póliza de su seguro de vida permitiría al menos que su familia saliese adelante. Su «desmoronamiento» se prolongó a lo largo de tres años y medio, y acabó en bancarrota.

A medida que fue reconstruyendo su negocio y se las iba arreglando para salvar su matrimonio, socios del mundo de los negocios y amigos (que estaban atravesando por sus propios problemas) acudieron a él para pedirle consejo, y también empezó a brindar asesoramiento en su iglesia. La gente quería elementos que la ayudasen y así fue como Ramsey elaboró un plan de «paz financiera» que se convirtió en un libro. Regaló la mayor parte de los primeros ejemplares, pero tras hacerse un lugar en un programa de radio local, su mensaje llegó a un público más amplio. El programa se transmitió posteriormente a escala nacional, y una versión revisada del primer libro se convirtió en un éxito de ventas.

Con comentarios adicionales por parte de su esposa Sharon, nuevos capítulos y estadísticas actualizadas, *La paz financiera revisada* encaja firmemente dentro de los cánones de los clásicos de las finanzas personales, y ha ayudado a mucha gente a ser solvente.

UNOS HECHOS ALARMANTES

La primera parte del libro revela lo siguiente:

- La familia típica estadounidense tiene deudas por valor de unos 40.000 dólares, y el 71% de los cabezas de familia afirmaron que la deuda estaba generando infelicidad en la vida familiar.
- Una gran proporción de los fracasos matrimoniales son atribuibles a los problemas económicos.
- La deuda hipotecaria se ha más que duplicado en los últimos quince años.
- Desde 1980, las ejecuciones hipotecarias aumentaron un 200% antes de la crisis del mercado hipotecario estadounidense, que agravó la situación.
- La quiebra típica no tiene que ver con «un hombre debajo de un puente», sino con un hijo del *baby boom* de clase media que «ha vivido demasiado a lo grande».
- La deuda del consumidor se ha triplicado desde 1980. Con mil millones de tarjetas de crédito en circulación en Estados Unidos, hoy día se te considera un poco raro si no tienes una.
- El 37% de las personas han avanzado efectivo con una tarjeta de crédito con el fin de saldar un pago vinculado a otra tarjeta de crédito.

- Más de dos tercios de las personas viven «al día», con el dinero de su sueldo del mes.

Ramsey dice que, en resumen, nuestros bisabuelos estarían atónitos ante nuestra irresponsabilidad financiera. Nos centramos demasiado en ser consumidores y no lo suficiente en ser productores. No somos dueños de «objetos», asegura, sino que los «objetos» nos poseen.

LA PELIGROSA DEUDA

La deuda se ha convertido en una forma de vida para la mayoría de la gente, y la idea de no tener ninguna deuda en absoluto es radical. Pero Ramsey trata de convencer al lector de que es posible llegar a estar libre de deudas en el plazo de unos pocos años.

El autor dedica unas cuantas páginas a los males de las tarjetas de crédito. Explica que una tarjeta de oro, de platino o negra puede hacer que su propietario se sienta bien consigo mismo, pero lo que hace es enriquecer a quien la ha emitido. Trata de pagar en efectivo la mayor parte de lo que adquieras, o por lo menos con una tarjeta de débito. Vas a gastar menos.

Te advierte que nunca pidas un préstamo para pagar un coche, ya que lo normal es que tengas que ir pagando las cuotas a lo largo de cinco años, y tendrás que hacerlo incluso si atraviesas tiempos difíciles. En lugar de esto, ahorra algo de dinero y compra un coche más barato, de forma que tengas que abonar solamente 100 dólares al mes en lugar de 300. Pon los 200 que no gastes cada mes directamente en una cuenta de ahorros que rinda buenos intereses, lo que te permitirá comprar un coche nuevo cada siete años, y aún te sobrarán miles para invertir.

Si tienes que pedir dinero prestado, Ramsey te suplica que lo hagas sobre el menor plazo posible y para invertirlo en algo que aumente en valor. La mayoría de la gente tiene que endeudarse para comprar una casa, pero él aconseja que pagues tu hipoteca tan pronto como te sea posible. Pone el ejemplo de un préstamo de 80.000 dólares para adquirir una propiedad, con un interés del 10%. Puedes devolverlo a lo largo de treinta años, efectuando trescientos sesenta pagos de 702 dólares al mes (en total, 252.720 dólares), o pagar 860 al mes durante quince años (en total, 154.800). El préstamo a quince años te permitiría ahorrar tanto como 97.920 dólares. Si ya estás atado por una hipoteca larga, puedes efectuar pagos adicionales cada año, lo cual también te permitirá ahorrar mucho.

Ramsey es bien conocido por promocionar la técnica de la «bola de nieve» de la reducción de la deuda. En esencia, consiste en pagar la deuda más pequeña primero (sea cual sea la cantidad de interés que se esté pagando en el caso de las de mayor cuantía), para destinar a continuación el dinero que normalmente se habría pagado cada mes por esa deuda a la siguiente deuda más grande. Cuando esta se ha saldado, se pasa a la siguiente. Y ocurre algo sorprendente: la cantidad que se puede pagar al mes para satisfacer la deuda comienza a hacerse cada vez más grande, como una bola de nieve, lo que ayuda a satisfacer las obligaciones de pago con mayor rapidez de lo que se pensaba. Esta técnica ha ayudado a muchas personas a demoler su montaña de deudas en dos o tres años.

SALVARSE POR EL AHORRO

Para muchas personas, el concepto de ahorro es tan novedoso como lo es el de librarse de las deudas. Ramsey señala tres razones para ahorrar: para crear un fondo para emergencias, para disponer de dinero y no tener que utilizar el crédito en lo que adquirimos y para crear riqueza a largo plazo.

Un fondo para emergencias es una reserva de dinero en efectivo en una cuenta de ahorros (a la que puedas acceder de inmediato, pero que te genere intereses) que te permita cubrir los gastos normales de la vida durante un período de tres a seis meses. Si ganas 36.000 dólares al año, por ejemplo, tendrás que invertir entre 9.000 y 18.000. Sharon Ramsey señala a los lectores masculinos que un fondo de este tipo (aparte de la finalidad para la que está diseñado) es también una inversión en su matrimonio. Los hombres se sienten generalmente más felices con mayores niveles de riesgo, pero las mujeres (con toda la razón) valoran un cierto margen de seguridad.

Cuando, después de haber creado un fondo para emergencias y pagado tus deudas, tengas un dinero extra para invertir, Ramsey aconseja seguir la regla KISS: *Keep It Simple, Stupid* («póntelo fácil, insensato»). Hay individuos a quienes les gusta demostrar que son genios que entienden de inversiones complicadas, pero Ramsey advierte que deberías olvidarte de las «asociaciones exóticas con impuestos al abrigo de rendimientos del 200%». Si no ves de un modo totalmente claro cómo vas a ganar tu dinero, no inviertas, y si pones dinero en bienes raíces que no son tu propia casa, asegúrate de contar con el respaldo de unos ahorros que te permitan cubrir los meses vacantes y todos los demás gastos.

En una ocasión, Ramsey agasajó a algunos hombres ricos con el fin de obtener de ellos los secretos de su éxito. Le dijeron que «la forma más rápida de hacerse rico rápidamente es *no* enriquecerse rápidamente». Es decir, la disciplina del ahorro, y no tratar de perseguir elaboradas fórmulas para reducir al mínimo los impuestos, te hará rico a largo plazo.

GASTA MENOS... Y PLANIFICA TUS GASTOS

Ramsey señala: «Siempre podemos gastar más de lo que podemos ingresar». Si no eres rico, no trates de vivir como los ricos.

Cuando, por ejemplo, deseas comprarte un reloj caro, piensa en el valor que tendrá ese dinero para tu familia en diez años si recibes intereses por él. Toma lentamente las decisiones relativas a las grandes adquisiciones. Todas las técnicas de ventas están diseñadas para que compres en el acto. Tómate tu tiempo e, invariablemente, vas a ahorrar dinero y a obtener exactamente lo que quieres.

Alrededor del 90% de las familias no tienen un registro escrito de sus ingresos y gastos. Cualquier negocio que se gestionase de esta manera quebraría rápidamente. Si no te gusta la idea de llamarlo «presupuesto», Ramsey sugiere que lo denomines «plan de cash flow». Tener un plan escrito significa que tienes que «reunir, organizar, categorizar y analizar la información acerca de tu situación económica». Debes hacerte dueño de tus datos e información. De este modo, si te comprometes a llevar a cabo este control durante noventa días, habrás puesto rumbo hacia la paz financiera. No es algo que requiera mucho tiempo, pero sus efectos pueden ser tu libertad. Por fin podrás tomarte esas vacaciones –sin tener que cargarlas en una tarjeta de crédito.

EL DINERO Y EL MATRIMONIO

Aunque nunca se propuso trabajar en aras de los matrimonios, Ramsey encontró que cuando una pareja se esfuerza conjuntamente hacia el dominio de sus finanzas, esto puede tener efectos maravillosos sobre su relación.

Por lo general, en una relación una persona es la que contiene los gastos y lleva el presupuesto, y la otra es la que gasta. Los opuestos se atraen. Pero el matrimonio no es una «empresa mixta» con cuentas, facturas y deudas separadas, sino que su objetivo es la *unidad*. Para tener paz financiera, ambos necesitáis saber en qué estáis gastando el dinero, y a pesar de que hacer un plan de gastos puede ser difícil al principio, es algo que acabará por acercaros más. El libro señala que el 97% de las mujeres han expresado que desean que haya mayor comunicación en su matrimonio, y Sharon Ramsey asegura que ella y su marido sanaron muchas de sus heridas matrimoniales por medio de trabajar juntos en su presupuesto. Y su marido remacha: «Nunca subestimes el poder de los consejos de tu cónyuge». En una ocasión su esposa le dijo que había tomado una decisión equivocada al comprar una vivienda en ruinas. De camino a casa desde ese lugar, él le explicó todos los motivos por los que ella estaba equivocada. Más adelante, tras perder 25.000 dólares con esa propiedad, apreció la sabiduría intuitiva de su mujer.

AMA TU TRABAJO

Por último, Ramsey señala que las personas que aman su trabajo crean un «círculo de excelencia» que inevitablemente les trae más ingresos en comparación con las personas que no lo aman. Pero si no eres feliz en tu trabajo actual, no lo dejes hoy. Rinde al máximo en tu actual empleo (aflojar el ritmo es estar robando a la empresa para la que trabajas), mide tus aptitudes como emprendedor y a continuación explora la posibilidad de cambiar de carrera.

Cuando encuentres el trabajo que te gusta, dice Ramsey, *trabaja duro*. El placer combinado con el esfuerzo asegurará tu prosperidad.

Comentarios finales

Como nuestra cultura aplaude el dinero, si tenemos problemas financieros preferimos no decírselo a nadie. ¿Puede haber algo más embarazoso que el hecho de que tu tarjeta de crédito sea rechazada en el momento de pagar una comida, o más vergonzoso que el hecho de que te quiten la casa o te embarguen el coche? La mayoría de las personas no tienen el control de sus finanzas y viven en un estado de miedo día tras día. Esto podría ser muy diferente solo con un poco de autoformación y autodisciplina.

Ramsey remarca que las finanzas son solamente un sujeto impersonal «hasta que un ser humano las toca». Es decir, los problemas con el dinero no tienen que ver generalmente con el dinero en sí, sino con el individuo. Demasiado dinero, o demasiado poco, acentúa las deficiencias personales, o bien revela el buen carácter que ya estaba allí. Por lo tanto, en relación con tu vida financiera, trabajar contigo mismo siempre vale la pena.

La paz financiera revisada ofrece sabios consejos sobre muchos temas, como tu calificación crediticia, tu plan de jubilación, inculcar a tus hijos sensatez financiera, un ahorro efectivo de impuestos para su educación y cómo encontrar gangas y negociar. Aunque la versión revisada fue publicada en la cúspide de un período próspero de una década o más que parecía que no iba a tener fin, el libro parece ahora más clarividente que nunca, al haberse doblado las ejecuciones hipotecarias en los últimos tiempos y haberse llegado a niveles récord de deuda personal. A pesar de la seriedad del tema, Ramsey se las arregla para inyectar un poco de humor en su obra, y tanto si tus finanzas se encuentran en buen estado como si no, es una lectura agradable.

Ramsey es cristiano y no tiene miedo de decirlo. Pero esto no hace que el suyo sea un «libro cristiano». Al respecto, solamente dice que estar espiritualmente enraizado y dedicar algún tiempo cada día a la meditación y la oración harán más que cualquier otra cosa para ponerte en la senda de la salud financiera. ¡Y no te olvides de dar dinero! Cita al fundador metodista John Wesley: «Gana todo lo que puedas, ahorra todo lo que puedas, da todo lo que puedas». Dar dinero tiene mucho sentido financiero, ya que nos recuerda lo importante que es en la vida y que no existimos aislados de los demás.

Biografía del autor en el Apéndice, página 444.

1966

Capitalismo: el ideal desconocido

«Ningún sistema político-económico de la historia ha demostrado su valor con tanta elocuencia o ha beneficiado a la humanidad tan grandemente como el capitalismo –y ninguno ha sido atacado tan salvajemente, con tanta saña y tan a ciegas–. La avalancha de desinformación, tergiversación, distorsión y puras mentiras sobre el capitalismo es tal que los jóvenes de hoy no tienen ni idea (y prácticamente no hay manera de que lleguen a tener ni idea) de su verdadera naturaleza».

«Lo que tienen que descubrir, lo que todos los esfuerzos de los enemigos del capitalismo están dirigidos frenéticamente a ocultar, es el hecho de que el capitalismo no es solamente el sistema «práctico», sino también el único sistema moral de la historia».

En pocas palabras

En el capitalismo, la riqueza es creada por mentes individuales y libres, sin que tenga lugar ningún tipo de coerción. Esto hace que sea un sistema moral de economía política.

En la misma línea

Milton Friedman. *Capitalismo y libertad* (pág. 162)
Thomas Friedman. *La Tierra es plana* (pág. 170)
Paul Zane Pilzer. *Dios quiere que seas rico* (pág. 306)
Adam Smith. *La riqueza de las naciones* (pág. 370)

Capítulo 40

Ayn Rand

Ayn Rand es autora de la famosa novela filosófica de mil cuatrocientas páginas *Atlas Shrugged* (1957) (*La rebelión de Atlas*, 2004), que glorifica la libertad individual y la capacidad de crear riqueza sin obstáculos por parte del gobierno (ver el comentario en *50 libros clave para vivir mejor*). *Capitalismo: el ideal desconocido* es esencialmente una versión de no ficción de la novela, que expone la filosofía objetivista de Rand de la importancia de los motivos personales por encima de cualquier tipo de perspectiva colectivista o tribal. El poder del libro se basa en su sorprendente afirmación de que el capitalismo es un sistema moralmente superior a cualquier otro, construido sobre la libertad personal y que genera una riqueza asombrosa; sin embargo, afirma también que sigue siendo el sistema más incomprendido de la economía política.

Escribió el libro porque estaba confundida por el hecho de que los jóvenes culpaban al capitalismo de todos los males de la sociedad; esto era muy extraño, ya que no habían vivido bajo ningún otro sistema. En el momento en que estaba escribiendo Rand, el socialismo y el comunismo tenían legiones de promotores y defensores, mientras que los ideales capitalistas parecían ser pisoteados por todos lados y se veían como el mal. Como inmigrante estadounidense que había sido testigo de la miseria económica y los ataques a la dignidad individual que definieron a la Rusia comunista, Rand decidió, a temprana edad, ser una defensora del capitalismo.

Los veinticuatro ensayos del libro aparecieron originalmente en *The Objectivist Newsletter* de Rand. Si bien la mayoría son de su pluma, hay dos de Alan Greenspan, quien entonces era un acólito y llegó a ser presidente de la Junta de la Reserva Federal de Estados Unidos, y un par de Nathaniel Branden, a quien los lectores de libros de autodesarrollo conocerán como la autora de *La psicología de la autoestima* (ver el comentario de este libro en *50 clásicos de la autoayuda*).

El primer ensayo, «¿Qué es el capitalismo?», contiene la mayor parte del pensamiento de su autora. Sus principales puntos se discuten a continuación.

¡CUIDADO CON «EL BIEN COMÚN»!

Rand se rebela contra la definición que la *Enciclopedia británica* ofrecía del capitalismo, y más por el hecho de que esta se considera por regla general una fuente de información impecablemente objetiva. Dicha fuente describía el capitalismo simplemente como una manera más en que una sociedad se organiza a sí misma para producir un «excedente social», y no hacía ninguna mención a la riqueza que era creada por las mentes individuales. La riqueza se describía más bien como un agregado impersonal producido por la distribución eficiente de los recursos.

Esto enfureció a Rand, puesto que en su opinión no existe el excedente social. Toda riqueza es creada por *alguien* y, por lo tanto, le pertenece. En la sociedad moderna, está muy claro quién ha contribuido a qué. Ver la riqueza como una especie de bien social producido por la tribu era «moralmente obsceno». En sus palabras:

> *Cuando «el bien común» de una sociedad se considera como algo aparte y superior al bien individual de sus miembros, esto significa que el bien de algunos hombres tiene prioridad sobre el bien de los demás, y estos otros quedan relegados a la condición de animales sacrificados.*

Rand observa que cuando el bien de la mayoría prevalece sobre los derechos individuales, puedes no tener ningún derecho en absoluto. La lógica del bien de la mayoría conduce a regímenes como la antigua Unión Soviética, donde «el mayor bien de todos» significa miseria para casi todas las personas. En aquel país se le pedía a la gente que soportara muchas dificultades para llegar a tener un estado industrializado próspero. Las condiciones difíciles eran solo temporales; pronto iban a superar al Occidente capitalista. Pero mientras los ciudadanos esperaban la llegada de los tractores y los generadores, el gobierno gastaba fortunas en la energía atómica y en llevar al hombre al espacio. Rand señala que en una sociedad socialista o comunista todo lo que se gana es a expensas de otra cosa.

Esto no sucede en un sistema capitalista. Estados Unidos se enriqueció no gracias al sacrificio de la gente en aras de algún «bien común», sino por la libertad que tenían los individuos de utilizar sus cerebros para perseguir sus propias fortunas. Nadie tuvo que pasar hambre para que el país se industrializase. De hecho, la libertad que tenían los innovadores condujo a «mejores empleos, salarios más altos y productos más baratos con cada máquina nueva que inventaron, con cada avance científico o tecnológico».

DAR RIENDA SUELTA A LOS PENSADORES

La civilización se ha construido sobre el pensamiento de las personas, los «innovadores intransigentes», como los denomina Rand. Describe las nuevas creaciones como «la aplicación de la razón al problema de la supervivencia». La prosperidad requiere que estas personas tengan absoluta libertad para pensar y que no se vean frenadas por quienes no piensan, por quienes no son más que seguidores ciegos. Las culturas que han tenido más éxito desde el punto de vista económico han sido siempre las políticamente más libres.

Los derechos de propiedad son muy importantes en un sistema capitalista, porque la gente que piensa tiene que poder disponer de los productos de sus esfuerzos libremente con el fin de tener una vida mejor. No deben rendir cuentas ante la tribu, el estado, la sociedad o el colectivo. Rand comenta que cuando la gente gana dinero en un mercado libre «no lo toma de quienes no lo han creado». La ley debe apoyar su naturaleza soberana.

El progreso económico del mundo libre tuvo lugar precisamente porque nadie tuvo que hacer nada obligado por algún sistema de planificación central. En lugar de esto, los grandes logros derivaron del pensamiento y la acción voluntarios, no motivados solo por la búsqueda de la fortuna financiera, sino también por los valores individuales. El capitalismo no puede verse únicamente como un sistema práctico que trabaja para ofrecer el mayor rendimiento económico para todos, sino como el sistema más moral para lograr este objetivo.

Comentarios finales

La mayoría de los «anticapitalistas» de hoy en realidad saben muy poco sobre el sistema en el que nacieron. Tienen ojos solo para algunos actores que se hallan dentro del sistema (como las grandes empresas) y su aparente avaricia, mientras que están ciegos frente a las fantásticas libertades y la maravillosa prosperidad que han heredado. Creen que los mercados libres significarán una «carrera descendente» hacia una explotación cada vez mayor de los trabajadores. Estos argumentos no tienen en cuenta que los trabajadores explotados en los países en desarrollo que elaboran los productos que se venden en el mundo rico por lo general han llegado allí por elección, tras dejar atrás unas vidas agotadoras en medio de la pobreza rural. Sus salarios pueden ser una miseria, pero representan el comienzo de una salida para ellos; sus condiciones parecen malas, pero son poco distintas a las sufridas por nuestros abuelos o bisabuelos cuando sus países se estaban industrializando.

La acusación habitual que se hace a Rand y sus seguidores es que son unos extremistas. Una visión más inteligente es que era una racionalista suprema que valoraba la libertad personal en el más alto grado. El capitalismo era para ella mucho más que un sistema para que las personas se hicieran más ricas: era el único sistema en el que eran libres de actuar de acuerdo con sus mejores intereses. Hoy en día, dado que damos nuestras cómodas vidas por sentadas, damos también el capitalismo por sentado.

AYN RAND

Ayn Rand nació con el nombre de Alissa Rosenbaum en 1905 en San Petersburgo (Rusia). Su padre había sido propietario de una empresa que fue adquirida por el Estado después de la irrupción de la Revolución bolchevique. Se graduó en la Universidad de Petrogrado (Leningrado) en 1924 y después hizo un curso de escritura de guiones. Al año siguiente viajó a Chicago aparentemente para visitar a un primo, y jamás regresó a su país de origen. A los seis meses se mudó a Hollywood para ser guionista y cambió su nombre por el de Ayn Rand. «Ayn» era el nombre de pila de una escritora finlandesa y «Rand», el modelo de su máquina de escribir de la marca Remington. En su segundo día en Los Ángeles tuvo un famoso encuentro con Cecil B. de Mille, quien le ofreció trabajar como extra en una película en cuyo equipo estaba el futuro esposo de Rand, Frank O'Connor.

Nunca destacó como guionista, pero en 1935 su obra Woman on Trial *se estrenó en Broadway como* Night of January 16th. *Sus novelas* We the Living *(1936) (*Los que vivimos, *2007) y* Anthem *(1938) (*Himno, *2009) fueron bien acogidas por la crítica, pero no se convirtieron en bestsellers. La suerte de Rand cambió con el éxito de* The Fountainhead *(1943) (*El manantial, *2008), una historia de setecientas páginas sobre un arquitecto modernista que lucha por hacer realidad su visión.* Atlas Shrugged *(La rebelión de Atlas) también fue un éxito de ventas instantáneo. En 1958, ella y Nathaniel Branden (que fue su amante durante varios años) abrieron en Nueva York el instituto que extendería la filosofía objetivista. Rand murió en 1982.*

2000

Otra forma de hacer negocios: Anita Roddick y The Body Shop

Nunca he creído que los negocios estuviesen en un compartimento separado del acto de civilizar el mundo. Es por eso por lo que siempre he sido una activista, una agitadora y una emprendedora en lugar de una líder empresarial convencional. Por otro lado, me las arreglé para fundar y construir una empresa que se dice que es una de las treinta mejores marcas de todo el mundo. Actualmente cuenta con más de dos mil tiendas en cincuenta y un países que atienden a unos ocho millones de clientes al día, así que algo debo de haber hecho bien.

No estoy interesada en la forma de siempre de hacer negocio. Son las formas inusuales de hacer negocio lo que me emociona.

En pocas palabras

Cuando empieces un negocio, haz lo contrario que las empresas convencionales. Haz que tu empresa sea un fuerte impulsor del cambio social.

En la misma línea

Richard Branson. *Perdiendo la virginidad* (pág. 70)
Lynne Twist. *El alma del dinero* (pág. 394)
Muhammad Yunus. *El banquero de los pobres* (pág. 406)

Capítulo 41

Anita Roddick

A pesar de que era considerada uno de los principales empresarios de nuestro tiempo, Anita Roddick nunca estuvo obsesionada con los negocios o el dinero. La cadena The Body Shop que fundó creció hasta llegar a tener más de dos mil tiendas en cincuenta y un países, y sus formas de hacer en cuanto a la conciencia social han tenido una influencia significativa en el aspecto político de la venta al por menor, en particular en la industria de la higiene y la cosmética.

En *Otra forma de hacer negocios*, lo más parecido a una autobiografía que escribió, Roddick dedica tanto espacio a hablar de cuestiones de conciencia como a narrar lo que ocurrió durante los años en que estuvo levantando la empresa. Aunque la obra está organizada al azar, los aspirantes a emprendedores aprenderán en sus páginas cómo la singularidad puede ser una potente herramienta empresarial y cómo «hacer lo correcto» puede tener muchos efectos positivos a largo plazo para una empresa, no solo de puertas adentro sino también para todos sus clientes y proveedores.

HEREDERA DE LA DIFERENCIA

La madre italiana de Roddick y su padre estadounidense tenían una próspera cafetería en Littlehampton, una población obrera en la costa sur de Inglaterra. Allí aprendió acerca de tener «un sentido teatral» a la hora de llevar un negocio, así como la importancia de la personalidad de los propietarios. A su madre, aunque era católica, no le gustaban los sacerdotes, y les enseñó a sus hijos a desafiar todo tipo de autoridad. Les dijo: «Sed especiales. Sed todo menos mediocres».

Anita se formó como maestra y disfrutaba con su trabajo, pero luego emprendió «la vía jipi» y viajó por todo el mundo durante dos años. A su regreso, su madre la había asociado con un joven escocés llamado Gordon Roddick, que estaba tratando de ganar dinero escribiendo cuentos infantiles. Cuatro días después, Anita se fue a vivir con él.

La pareja abrió un hotel que ofrecía cama y desayuno, que fue bien, y a continuación un restaurante, que hizo aguas. Cambiaron la decoración para que se pareciese a una hamburguesería de estilo norteamericano y el restaurante floreció. Después de tres años de dirigir ambos establecimientos, Gordon emprendió la aventura de montar a caballo desde Buenos Aires hasta Nueva York, mientras que Anita decidió abrir una tienda en la que trabajar durante cinco horas (en vez de nueve, como antes) para poder pasar más tiempo con sus hijos. Centró su negocio en el cuidado de la piel, a partir de leer todo lo que pudo encontrar sobre el tema. En esos momentos no tenía intención de emprender un gran negocio:

> *No se trataba de hacer negocio; se trataba solamente de crear un medio de vida para mí misma. Quería ser dueña de mi propio tiempo y espacio.*

En marzo de 1976, la primera sucursal de The Body Shop abrió en Brighton. Roddick había pagado 25 libras esterlinas a un artista para el logotipo y había pintado el local de color verde oscuro, no para hacer una declaración medioambiental, sino porque «era el único color que podía cubrir todas las manchas de humedad de las paredes». Todo, escribe, lo hizo para ahorrar dinero, incluido el uso de botellas de plástico de hospitales para contener jabón y champú que los clientes podían rellenar. Pero también quiso ser fiel a la filosofía de ser honesta con los clientes en cuanto a los productos y lo que podían lograr. Para ella, que se consideraba hija de las movidas de la década de los sesenta, cualquier cosa que oliese a «corporación» era un anatema. No tenía organigramas o planes quinquenales; solamente algunos valores fundamentales y el deseo de expandirse.

GANANCIAS CON PRINCIPIOS

Roddick quería tener una tienda que fuera todo lo contrario a lo que ofrecía la industria de los cosméticos, «ofrecer más que unas simples burbujas de baño». Pasaron algunos años antes de que se diese cuenta de que su empresa podía ser una plataforma para las creencias políticas que profesaban ella y Gordon.

La ventaja única de The Body Shop ha sido la historia que hay detrás de cada uno de los productos que vende. Hoy día, las personas compran rutinariamente artículos a partir de lo que saben acerca de la empresa que los produjo, pero la emergencia de The Body Shop estaba en perfecta sintonía con el aumento de la conciencia de los consumidores en cuanto a cuestiones tales como la experimentación con animales para diseñar los cosméticos y el pago de precios justos a los proveedores de los países en vías de desarrollo.

Por encima de todo, Roddick quería crear una comunidad de personas de ideas afines. Sí, los gerentes tenían que saber algo acerca de champús y cremas hidratantes, además de sobre la manera de llevar una tienda, pero lo más importante era compartir la visión de que The Body Shop podía ser el microcosmos de un mundo más bondadoso y conectado, de manera que las decisiones de compra de la gente del Reino Unido o Estados Unidos afectaran positivamente a comunidades ubicadas a miles de kilómetros de distancia.

Esta conciencia social condujo a algunas decisiones empresariales bastante poco ortodoxas. Cuando el crecimiento de la empresa requirió que empezase a elaborar su propio jabón, Roddick eligió una de las zonas más deprimidas de Gran Bretaña, Easterhouse (un barrio de Glasgow), para construir una fábrica, pues sabía que proporcionaría empleo seguro a muchas personas. Se trató de «una decisión empresarial moral que funcionó», dice.

RODDICK LA EMPRENDEDORA

A la hora de hacer una lista de los atributos del emprendedor, entre ellos la «locura» y un «optimismo patológico», Roddick hace hincapié en que debe ser un gran contador de historias: la historia que haya detrás de tu negocio y sus productos hará que se distinga de los demás.

Ella afirma que siempre estuvo más preocupada por construir una empresa mejor, más impulsada por los valores, que por crear algo cada vez más grande, y que su motivación eran las ideas y no el dinero. Pero también le encantaba comprar, vender y conectar con los clientes, y más allá de sus preocupaciones sociales era obviamente una empresaria muy inteligente.

Resulta fascinante leer en *Otra forma de hacer negocios* cómo la compañía se expandió por Estados Unidos y los desafíos que tuvo que afrontar. Atrajo a una gran cantidad de cadenas imitadoras que no tenían que seguir sus estrictas normas éticas; también tuvo problemas para suministrar toda la gama de productos, ya que aproximadamente la mitad de las materias primas entonces disponibles habían sido probadas en animales. The Body Shop se vio presionada a seguir el camino de otras empresas de cosméticos, y Roddick incluso tuvo que luchar contra los altos directivos de su propia empresa que querían centrarse más en los resultados finales que en la cultura única de la compañía. Más tarde se arrepintió de dejar que consultores y gente externa resolvieran los problemas, ya que nunca podrían estar en sintonía con el espíritu de la empresa. Y hace una advertencia a los emprendedores:

> *¡No permitas las manipulaciones de los demás! No dejes que nadie toque o cambie el ADN de tu empresa a menos que sea para pulir las diferencias y cantar esas diferencias desde cada tejado.*

Comentarios finales

Muchas personas consideran que es la mayor de las ironías el hecho de que en 2006 The Body Shop fuese adquirida por la compañía de cosméticos más grande del mundo, L'Oréal. La cadena fue vendida por 652 millones de libras esterlinas, y Anita y Gordon Roddick recibieron 130 millones por su participación del 18%. Puesto que L'Oréal aún experimenta con animales, el cambio hirió y sorprendió a muchas personas fieles a The Body Shop. Sin embargo, Roddick señaló que las maneras de ensayar los productos que tenía The Body Shop, así como otras políticas de conciencia social de la empresa, estaban «protegidas» en virtud de la venta.

Hasta su prematura muerte en 2007 a causa de una hemorragia cerebral, Roddick sostuvo de alguna manera la consciencia de la empresa, y es probable que sus empleados (muchos de los cuales sintieron un profundo pesar con su muerte) luchen para mantener vivos sus principios. Gordon Roddick sigue siendo miembro del consejo de la fundación caritativa The Body Shop, que la pareja fundó en 1990.

Puede ser que no todos los lectores hubiesen apoyado todas las causas de Roddick, pero hay que admirar su descaro en el intento de crear una «revolución de la responsabilidad» que hizo que los negocios dieran voz a los pobres e indefensos en lugar de explotarlos. Hoy en día, tener una conciencia social es casi de rigor para las grandes empresas que quieran ser bien vistas, pero The Body Shop empezó a aplicar esta filosofía hace años y no solo como una estrategia de *marketing*.

Al querer utilizar su negocio como un instrumento para cambiar el mundo, Roddick siguió la estela de los grandes empresarios cuáqueros del siglo XIX, para quienes la riqueza era solamente verdadera riqueza cuando beneficiaba a todos los implicados. Desde esta perspectiva, la mejor empresa es una comunidad intencional que también resulta que gana dinero.

1988

CÓMO CREAR DINERO

El dinero es energía, y la energía existe en todos los ámbitos. Las leyes espirituales del dinero son leyes universales de la energía que crean abundancia: los principios de flujo y reflujo, el pensamiento ilimitado, dar y recibir, el aprecio, honrar la propia valía, los acuerdos claros, el magnetismo y más cosas.

Lo que sea que pienses que tener más dinero te va a dar –vitalidad, paz, autoestima– es la cualidad que necesitas desarrollar para atraer más el dinero y la abundancia. Contempla el dinero y las cosas no como algo que creas para llenar un vacío, sino como herramientas para ayudarte a expresarte más plenamente y realizar tu potencial.

En pocas palabras

Si sabes que el universo es abundante, no vas a temer no contar con los recursos para perseguir tu propósito o misión en la vida.

En la misma línea

T. Harv Eker. *Los secretos de la mente millonaria* (pág. 126)
Charles Fillmore. *La prosperidad* (pág. 144)
Esther Hicks y Jerry Hicks. *Pide y se te dará* (pág. 220)
Napoleon Hill. *La llave maestra de la riqueza* (pág. 228)
Marsha Sinetar. *Haz lo que amas; el dinero te seguirá* (pág. 362)
Lynne Twist. *El alma del dinero* (pág. 394)
Max Weber. *La ética protestante y el espíritu del capitalismo* (pág. 400)

Capítulo 42

Sanaya Roman y Duane Packer

Cuando uno ve un libro con el título *Cómo crear dinero*, puede preguntarse si su tema es el funcionamiento de una casa de moneda. Porque a menos que trabajes en una casa de moneda –o seas un falsificador– no creas dinero, sino que lo *ganas*. Es algo separado de ti, que se genera a tu lado como resultado de tu duro trabajo.

El libro de Sanaya Roman y Duane Packer, un importante título de la prosperidad moderna, presenta una visión alternativa: el dinero puede «manifestarse» una vez que se han aprendido las leyes espirituales que gobiernan su flujo. Aquello que quieres puede verse atraído «magnéticamente» hacia ti por medio de la práctica de ciertos ejercicios.

El objetivo del libro es dar a los lectores «una sensación de seguridad y confianza en el universo» y recordarles que la abundancia no tiene que ver con la cantidad de sus posesiones, sino más bien con si esas posesiones lo llenan a uno. Estás alineado con las leyes espirituales del dinero si:

- Estás realizando el trabajo que naciste para hacer, que es algo que siempre ayuda a los demás, permite la expresión de tus talentos y satisface tus intereses, todo a la vez.

- Optas por la cooperación y no por la competición; buscas que todo el mundo gane en todas las situaciones.
- Inviertes, gastas o ganas dinero de una manera que no causa ningún daño y es beneficiosa para el planeta.

Sin embargo, los autores señalan acertadamente que hay dos conjuntos de leyes con respecto al dinero: las espirituales y las hechas por el hombre; estas últimas se refieren a la gestión financiera, la planificación, los impuestos, el cash flow y otras. Puedes lograr la abundancia siguiendo solamente las leyes espirituales del dinero, afirman los autores, pero también es conveniente estar en armonía con las normas de la sociedad para crear riqueza y conservarla. Puedes conocer ambos tipos de leyes, respetarlas y ajustarte a ellas.

EL DINERO ES ENERGÍA

Si tomas *Cómo crear dinero* pensando que es directamente un título sobre «prosperidad mental», puede echarte para atrás la afirmación de Roman y Packer de que es una obra «canalizada». No la escribieron *ellos*, aseguran, sino que les dieron las palabras unos espíritus guías (Orin y DaBen), que cuentan que habían estado en contacto con ellos durante muchos años.

Roman estaba luchando para llegar a fin de mes, y le pidió a su guía que le ofreciera algunas respuestas a su situación. Se le sugirió que diese clases sobre los principios de la abundancia y la manifestación, lo cual ella comenzó a hacer a partir de la sabiduría «recibida» por parte de los guías. Estas clases acabaron convirtiéndose en el libro *Cómo crear dinero*.

Roman se preguntó: ¿qué sabrían los guías espirituales, que no viven en el mundo real, acerca del dinero? La respuesta llegó: «El dinero es energía, y la energía existe en todos los reinos». Cuando los seres humanos aprenden que el dinero es una forma de energía, pueden empezar a apreciar que no es algo que haya que conseguir, sino que está a su alrededor esperando a ser atraído, aprovechado o canalizado.

MANTÉN EL FLUJO

El dicho de que «el dinero hace girar el mundo» es cierto, mantienen Roman y Packer. Se halla en un constante estado de flujo y circulación, y cuanto más fluye, mejor. Cuanto más factura una tienda, más sana está su economía; cuanto más dinero circula por una nación, más rica deviene. Cada vez que te molesta pagar una factura, estás deteniendo el flujo. Considera, en lugar de esto, dar una bendición mental a la institución a la que estás realizando el pago, deseándole prosperidad. Cuanto más felizmente gastes y des, más rápidamente y con mayor fuerza regresará a ti el flujo. Cuando eres pobre, sientes que estás fuera de la corriente del dinero; para regresar a ella, debes volver a empezar a dar o gastar.

Al ir de compras, sugiere el libro, es mejor adquirir algo bueno, de calidad, que podrás disfrutar en lugar de una mayor cantidad de objetos cuya mediocridad vas a lamentar. Comprar algo bueno le da a tu mente subconsciente el mensaje de que te lo mereces. Es importante ser feliz y estar agradecido en cuanto a la forma de gastar el dinero, ya que la alegría es el catalizador para tener más dinero para gastar en el futuro. Sea cual sea la cantidad que estés ganando, muéstrate agradecido por lo alta que es dicha cantidad, y verás que aumenta. En cambio, si estás resentido, por más que tengas nunca será suficiente.

¿CUÁL ES LA ESENCIA DE LO QUE QUIERES?

Muchas personas creen que el dinero en sí mismo las hará felices, cuando en realidad lo que quieren es gozar de un determinado estado de ánimo. Crees que el dinero te hará sentirte seguro, cuando hay muchas maneras de engendrar un sentimiento de seguridad sin necesidad de tener una cuenta bancaria potente. Algunos piensan que el dinero les traerá la paz, pero actividades y actitudes como la meditación, la quietud y el perdón son de hecho mejores rutas hacia la paz que el dinero. Otros creen que el dinero les hará sentirse poderosos y les dará amor propio, cuando esto puede lograrse más fácilmente haciendo el trabajo que les gusta.

Cuando desees algo material, pasa tiempo contemplando la esencia de eso que deseas. ¿Quieres un coche nuevo porque el que tienes ahora no es fiable? Si a lo que aspiras es un transporte confiable, tal vez tomar el tren cubriría esta necesidad. Muchas personas compran una casa porque les encanta su aspecto, pero pronto encuentran que en realidad no se adapta a sus necesidades. Si primero hubieran pensado en la esencia de lo que querían, habrían sido conducidos a una vivienda que realmente les conviniera: «Al tener clara la esencia de lo que quieres –señalan Roman y Packer–, aumentas el abanico de las posibles formas y maneras en que esta esencia se manifiesta». Paradójicamente, la claridad que tengas acerca de tus deseos aumenta la variedad y calidad de opciones de que dispones para satisfacerlos.

MAGNETIZA TUS DESEOS

Cómo crear dinero contiene un capítulo titulado «Magnetizar lo que quieres» y otro llamado «Seguir tu guía interior».

«Magnetizas» algo para que acuda a ti por medio de visualizarlo en un estado de quietud. Al permanecer quieto, logras acceder a una variedad y profundidad de información mucho mayores, una información que se encuentra más allá de tu propia mente. Tus pensamientos e imágenes relativos a lo que quieres «van hacia el universo». Tu yo superior es el conducto hacia campos más vastos de pensamiento, y de forma natural resuelve la mejor manera de que realices tus deseos; esto a menudo incluye encuentros «casuales» con personas que te pueden ayudar en tu camino. Es por esto por lo que es tan importante, una vez que has establecido tus metas y propósitos, confiar en tu intuición y hacer caso a tus corazonadas espontáneas.

Deberías emprender la acción que te ponga en la dirección correcta. Por ejemplo, si quieres un coche en particular, obtén los folletos y aprende todo lo que puedas sobre él, o crea una cuenta bancaria especial para comprarlo. Esto le dará la «señal al universo» de que albergas la seria intención de tenerlo. Recuerda siempre que el universo responde al *intento* más que a la esperanza o al deseo.

Si te parece que no consigues lo que quieres mediante las técnicas de la magnetización, Roman y Packer advierten que esto puede obedecer al hecho de que tu ser superior considera que eso no es lo mejor para tus intereses en ese momento. Cuando estás tratando con las leyes espirituales del dinero, estás implicando a fuerzas que son mayores y más sabias que tú, así que permite que todo se procese según el ritmo natural. Como dice un refrán: «Los retrasos de Dios no son negativas de Dios».

TRANSFORMA TUS PENSAMIENTOS SOBRE EL DINERO

Es posible que en estos momentos no goces de prosperidad a causa de tus creencias acerca de si «mereces» ser una persona acomodada. Al afirmar que tienes tanto derecho a la abundancia como cualquier otro individuo, independientemente de cuál sea tu historial financiero, este cambio de percepción puede ser todo lo que necesitas para atraer un nivel de vida más alto. A veces basta con que *permitas* el éxito.

Tus deudas no determinan tu valor; puede ser que sencillamente no hayas «monetizado» lo que vales. Ciertamente, este es el caso de los estudiantes que han contraído préstamos para pagarse la educación. Su valor está en el conocimiento, las habilidades y el tiempo que pueden ofrecer, lo que se expresa inevitablemente en su equivalente financiero.

No te sientas demasiado perturbado si has estado viviendo durante muchos años en el nivel de la mera supervivencia. Es probable, dicen Roman y Packer, que esto tenga por objetivo que aprendas algunas lecciones de vida. Una de estas lecciones puede ser que siempre parece haber suficiente, a pesar de todas las presiones financieras. Esta lección atañe más que al dinero, ya que garantiza tu prosperidad independientemente de la cantidad de dinero que tengas. Adquieres el conocimiento de que el universo es intrínsecamente abundante.

Puesto que el dinero es una forma de energía, fluye y refluye. No te preocupes cuando está en la fase de reflujo, puesto que las leyes de la naturaleza dictan que va a fluir de nuevo. Cuando puedes apreciar lo que ya tienes cuando la marea está baja, es probable que el dinero se apresure más a regresar: «Céntrate en la abundancia que tienes –escriben Roman y Packer–, en vez de enfocarte en todas las facturas». Si no estás recibiendo suficiente dinero de tus fuentes habituales, pídele al universo que acuda desde lugares inesperados.

ENCUENTRA EL TRABAJO DE TU VIDA

La mayoría de las personas no persiguen el trabajo que las hace sentirse más vivas a causa del temor de que no les va a traer el dinero suficiente. Pero en *Cómo crear dinero* se afirma: «Encontrar y crear el trabajo de tu vida te traerá más abundancia que cualquier otra acción que puedas emprender». Al ser más tú mismo, atraerás la verdadera riqueza. Y no te preocupes por el estado de tus finanzas, si esta es una de las razones que te detienen. En lugar de esto, cree que puedes modificar el estado de tu economía por medio de lo que creas.

Algunas personas creen que es «espiritual» cobrar menos por lo que hacen; sin embargo, la forma en que el universo funciona es que intercambiamos cosas de valor con los demás a partir de los talentos o productos especiales que tienen por ofrecer. Si estás siguiendo tu verdadero propósito en la vida, eso significa que eres único, y la singularidad atrae el premio.

Si eres autónomo o propietario de un pequeño negocio, el capítulo titulado «Honra tu valía y lo que te mereces» debería hacerte desconfiar de la estrategia de reducir demasiado tus costes con el fin de realizar ventas. Es más importante que pongas un precio adecuado a lo que haces, y el resultado final será que tendrás buenos y fieles clientes que te respetarán. Roman y Packer afirman: «Honra tu integridad, y te verás recompensado con creces con una mayor prosperidad».

Comentarios finales

Cómo crear dinero fue una obra fundamental que precedió la ola de libros sobre «dinero y espiritualidad» que surgió en la década de los noventa. A pesar de su fecha de publicación aún no está obsoleto, puesto que sus ideas, incluida la de que vivas tu propósito de vida y actúes solo de modo que no dañes el planeta, están realmente muy en sintonía con nuestros tiempos.

Si has leído libros sobre la prosperidad extravagantes en el pasado y renunciaste a seguir leyendo después de un rato, *Cómo crear dinero* es un buen título para volver a inspirarte. Aunque puedas pensar que la idea de la «sabiduría canalizada» sea extraña, en general el libro contiene mucho sentido común, es fácil de leer y entender y está repleto de ejercicios útiles. Por lo menos debería disuadirte de la creencia de que el dinero y las cosas son difíciles de manifestar, porque si eres consciente de las leyes espirituales del dinero y si lo que deseas está al servicio de un propósito mayor, tan solo verás pruebas de la abundancia. Aportando su granito de arena para la paz y la sostenibilidad del mundo, Roman y Packer hacen este comentario:

La mayor parte de las guerras y los conflictos provienen de la creencia en la escasez. Las personas que creen en la escasez también tratan de exprimir más y más la naturaleza, y despilfarran los recursos del planeta. Si quieres contribuir a la paz planetaria, puedes empezar por creer en la abundancia para ti y los demás.

Confiar en que hay suficiente para todos puede parecer que requiere dar un gran salto de fe. Puede ser difícil que te limites a «confiar en el universo» cuando necesites dinero o recursos, pero al ser muy claro acerca de la esencia de tus necesidades puedes encontrar innumerables formas de satisfacerlas.

SANAYA ROMAN Y DUANE PACKER

Sanaya Roman está graduada por la Universidad de California en Berkeley, donde estudió Matemáticas y Sociología.
Duane Packer tiene un doctorado en Geología y Geofísica y ha viajado por el mundo como geólogo antes de dedicar su tiempo a efectuar trabajos de sanación a partir de su capacidad de ver los campos de energía alrededor del cuerpo.
Ambos están afincados en Oregón y realizan seminarios. Tienen otro libro de autoría conjunta, Opening to Channel: How to Connect with Your Guide *(1993).*

1997

PON TU CORAZÓN EN ELLO: CÓMO STARBUCKS CREÓ UNA EMPRESA UN VASO TRAS OTRO

Yo creo en el destino. En el idioma yidis lo llaman bashert. *En ese momento, volando a diez mil seiscientos metros sobre la Tierra, pude sentir el tirón de Starbucks. Había algo mágico en ello, una pasión y una autenticidad que nunca había experimentado en los negocios.*

Se trata también de cómo una empresa se puede crear de una manera diferente. Se trata de una empresa completamente distinta de aquellas para las que mi padre trabajaba. Es la prueba viva de que una empresa puede liderar con su corazón y alimentar su alma y aun así ganar dinero.

Si quieres levantar una gran empresa, has de tener la valentía de tener grandes sueños. Si tienes sueños pequeños, puedes tener éxito a la hora de crear algo pequeño. Para muchas personas, esto es suficiente. Pero si quieres lograr un impacto generalizado y un valor perdurable, sé audaz.

En pocas palabras

Nada grande se consigue nunca sin personas que den saltos de fe atemorizantes. Pueden erigirse enormes empresas a partir de la idea de aportarle a la gente un pequeño momento de felicidad en su día.

En la misma línea

Richard Branson. *Perdiendo la virginidad* (pág. 70)
Conrad Hilton. *Sea usted mi huésped* (pág. 236)
Anita Roddick. *Otra forma de hacer negocios: Anita Roddick y The Body Shop* (pág. 340)

Capítulo 43

Howard Schultz

Starbucks se ha convertido en el McDonald's del mundo de las bebidas; está aparentemente por todas partes. Por tanto, sería fácil considerar la empresa como otro símbolo de las corporaciones norteamericanas, empeñadas en obtener beneficios y dominar el mundo. Sin embargo, la verdadera historia de Starbucks es más compleja e interesante.

Inicialmente Starbucks fue una comercializadora de café molido durante una década antes de empezar a servir el café como bebida. Sus fundadores eran unos verdaderos amantes del café que estaban más interesados en educar a la gente acerca de los placeres del auténtico café que en ganar dinero.

De una forma no muy diferente a aquella en la que Ray Kroc descubrió a los hermanos McDonald y su notable restaurante en una pequeña ciudad de California, Howard Schultz, que por aquel entonces era un vendedor de artículos de cocina y para el hogar, tuvo una revelación cuando visitó por primera vez las tiendas originales de Starbucks en Seattle, a principios de la década de los ochenta. Acostumbrado a la «bazofia» de café filtrado de Estados Unidos, se enamoró del auténtico café, y supo al instante que quería trabajar para esa empresa insólita y apasionada.

Pon tu corazón en ello narra la historia del papel de Schultz a la hora de convertir Starbucks en una marca importante, lo que por sí mismo ya sería una lectura interesante, pero es también un relato autobiográfico de cómo la relación del autor con su padre configuró, de forma inesperada, el carácter distintivo de una compañía global. Si eres un cliente habitual de Starbucks, encontrarás que la historia de la empresa es fascinante, y si tienes aspiraciones empresariales, este es un libro para estudiar.

ENAMORARSE

Schultz se crio en un alto bloque de viviendas subvencionadas en una zona pobre de Brooklyn, en Nueva York. Incluso aunque eran de construcción reciente, esas viviendas llevaban un estigma social. Su padre nunca terminó los estudios básicos y durante toda su vida trabajó en empleos no cualificados para patronos explotadores. Particularmente en su etapa de adolescente, Schultz lo juzgó con dureza por su escaso éxito social.

Con este telón de fondo, ser aceptado en la universidad –por su modo de jugar al fútbol más que por sus habilidades académicas– fue un acontecimiento importante para la familia. Nunca habían salido de Nueva York, y condujeron más de mil quinientos kilómetros hasta el campus de la Universidad del Norte de Michigan. Schultz se especializó en comunicaciones y también asistió a clases de hablar en público, comunicación interpersonal y gestión empresarial.

Después de graduarse, sin tener una idea clara de lo que quería hacer, obtuvo un trabajo como vendedor de procesadores de texto para Xerox; hacía cincuenta llamadas en frío al día. Hizo esto durante tres años, lo que le permitió pagar sus préstamos universitarios, y después fue contratado por una empresa sueca llamada Perstorp. Con el tiempo llegó a ser el gerente nacional (para Estados Unidos) de Hammarplast, una marca de artículos para la cocina y para el hogar con estilo, trabajo por el que percibía 75.000 dólares al año, además de disponer de un coche y una cuenta para gastos; gestionaba la labor de veinte representantes de ventas. Él y su reciente esposa, Sheri, diseñadora de interiores, se deleitaban con el estilo de vida de Manhattan y compraron un apartamento tipo *loft*.

Siendo gerente de Hammarplast, Schultz estaba intrigado por los grandes pedidos de un determinado tipo de cafetera de goteo por parte de una empresa no muy importante ubicada en Seattle. Salió a investigar y descubrió Starbucks, una pequeña cadena de tiendas de café molido cuyos clientes apreciaban un buen aparato para hacerse sus cafés. Se reunió con los fundadores, Jerry Baldwin y Gordon Bowker, dos hombres cultos que abastecían a un pequeño nicho de mercado de consumidores que sabían apreciar el buen café. Además de querer saber más sobre ese café, Schultz estaba intrigado por la historia y la idiosincrasia de esa empresa.

Baldwin y Bowker eran amantes de la literatura, y antes de abrir su primera tienda en Seattle en 1971 tuvieron que pensar en un nombre para ella. Starbuck era el primer oficial del *Pequod*, el barco de la novela *Moby Dick*, de Herman Melville, un nombre que sentían que evocaba la tradición marinera de los primeros comerciantes de café. Su logotipo, una sirena con una larga cabellera rodeada por el texto *Starbucks Coffee, Tea and Spice* («Café, té y especias Starbucks»), estaba inspirado en un grabado en madera nórdica que encontraron en un viejo libro. Desde el principio, entrar en una tienda Starbucks significaba entrar en otro mundo; el aroma del oscuro café tostado combinado con los muebles de madera evocaba lugares exóticos y lejanos.

SALTOS DE FE

A pesar de lo que ganaba y de las ventajas de las que disfrutaba, Schultz estaba cada vez más inquieto en su trabajo: «Sentía que faltaba algo. Quería estar a cargo de mi propio destino». En 1982, para consternación de sus padres, dejó su puesto y se unió a Starbucks, después de haber convencido a los fundadores de que le contratasen como director de *marketing*. La seguridad había sido reemplazada por la pasión.

En los primeros meses del nuevo trabajo le enviaron a una feria de comercio de café en Milán. Le encantó la atmósfera de las cafeterías atestadas de Italia, y parecía que había una en cada esquina. De repente se dio cuenta de que la clave del futuro de Starbucks no estaba solamente en tostar y vender café, sino también en servirlo. En ese viaje tomó su primer café con leche, una mezcla de café expreso y leche caliente y espumosa que en ese momento era casi desconocida en Estados Unidos.

De regreso a Estados Unidos, la idea de Schultz de abrir cafeterías Starbucks fue descartada como el capricho de un gerente de *marketing* sobreexcitado. Finalmente le permitieron abrir una pequeña cafetería en la esquina de una de las tiendas, pero a pesar de las fuertes ventas los fundadores seguían sin querer extender la idea. Estaban decididos a «no entrar en el negocio de los restaurantes»; las cafeterías no encajaban de ninguna de las maneras con el concepto global de la empresa.

Dividido entre su amor por Starbucks y su visión de abrir cafeterías al estilo italiano por todo Estados Unidos, Schultz se dio cuenta de que solo podría hacer realidad su visión si se iba y creaba su propia empresa. Esto sería un salto de fe aún más grande que el que supuso unirse a Starbucks.

LA VENTA DE UNA VISIÓN

Schultz recorrió las calles de Seattle durante un año presentando la idea a los posibles inversores. Entre las doscientas cuarenta y dos personas a las que se acercó, doscientas diecisiete le expresaron un rechazo total. Le dijeron muchas veces que el café no era una industria en crecimiento, que su consumo en Estados Unidos había ido disminuyendo desde mediados de la década de los sesenta, superado por el consumo de refrescos, y que la manera de ganar dinero era invertir en las nuevas empresas de tecnología.

Finalmente, recabó el dinero suficiente para abrir la cafetería Il Giornale en el distrito financiero de Seattle. Fue un éxito y empezó a abrir otras sucursales. Hasta que en 1987 le llegó una noticia interesante: los fundadores de Starbucks querían vender su negocio. El amor de Schultz por esa empresa no se había desvanecido y estaba desesperado por comprarla.

Ya le había resultado bastante difícil reunir 1.250.000 dólares para Il Giornale. ¿Cómo iba a llegar a 4 millones para Starbucks? Prometió a los inversores abrir más de cien cafeterías en todo Estados Unidos en un plazo de cinco años, y aunque parecía una previsión disparatada, obtuvo el dinero. Il Giornale y Starbucks se fundieron en uno.

GENTE DE NEGOCIOS SIRVIENDO CAFÉ

En diez años, Starbucks pasó a tener más de mil trescientos establecimientos y veinticinco mil empleados. Aunque en los primeros tres años perdió dinero, a partir de entonces ha crecido un 50% al año, lo que lo ha convertido en un negocio hipervalioso. Al salir a bolsa en 1992 pasó a ser uno de los valores favoritos; por lo general las ganancias superaban las expectativas, gracias a que se abría una nueva cafetería casi cada día hábil.

Sin embargo, para Schultz, el fenómeno Starbucks no consistía solamente en «crecer» y «tener éxito» en un sentido comercial. Por encima de todo, quería crear una compañía que cuidase de su personal y lo tratase con respeto. Aunque el cliente era importante, era aún más importante para la salud a largo plazo de la empresa asegurarse de que los *baristas* y resto del personal eran felices y se mantendrían fieles.

Starbucks se convirtió en la primera compañía que ofrecía atención médica integral para todos los empleados, incluidos los que trabajaban a tiempo parcial, tan solo veinte horas a la semana, e ideó un plan de opciones sobre acciones para enriquecer al empleado promedio, no solo a los ejecutivos. Starbucks se convirtió en «un legado vivo de mi padre», señala Schultz, con una ética y unas prácticas laborales que su padre nunca había disfrutado. Su visión era esta:

> *Si tratas a tus empleados como los engranajes intercambiables de una rueda, estos te tendrán el mismo afecto.*

La generosidad de la compañía dio sus frutos no solo en términos de la alta moral y dedicación de los empleados, sino también en que tiene unas tasas de rotación de personal mucho más bajas que la media. Claramente, la prosperidad de la empresa a largo plazo se basaba en tratar a los trabajadores no como meros «empleados» sino como *socios*, un término que la empresa sigue utilizando.

ROMANTICISMO COTIDIANO

Schultz se pregunta acerca de la clave del éxito de Starbucks: ¿era solo el café, o algo más?

Si se les da un nuevo giro importante, señala, incluso lo cotidiano puede convertirse en oro. De la misma manera que Nike tomó una mercancía, las zapatillas deportivas, y las convirtió en algo especial, Starbucks cambió la forma en la gente tomaba café: por un dólar o dos más, podían tener una auténtica experiencia sensorial. Su objetivo era «mezclar el café con lo romántico», por medio de crear un ambiente cálido y agradable donde junto con un café podías escuchar un poco de *jazz* o reflexionar sobre los interrogantes de la vida.

Un viaje a Starbucks se convirtió en un lujo asequible en un día que de otra manera habría sido otro más; un local Starbucks constituía un «tercer lugar» donde estar además del lugar de trabajo y el hogar. Como todas las grandes innovaciones, ofrecía a las personas algo que no sabían que querían. Como la primera de una nueva categoría, se convirtió en líder del sector y atrajo a muchos competidores. Schultz también habla largo y tendido sobre el laboratorio de investigación y desarrollo de la empresa, que él cree que la ayudará a conservar su liderazgo en el futuro.

Comentarios finales

Por momentos, *Pon tu corazón en ello* tiene el carácter de un libro de motivación. Schultz nunca esperó lograr lo que logró, por lo que parte de su objetivo es decirle a la gente qué es posible conseguir cuando te atreves a soñar. Cuando ves cosas que los demás no ven pero crees firmemente en ellas, tienes que soltar las precauciones. Tendrás un montón de detractores, pero actúa de todos modos. Su regla es: «Si eso atrapa tu imaginación, cautivará a otras personas».

A diferencia de la imagen «musculosa» creada por ejecutivos como Jack Welch, de General Electric, Schultz se muestra sorprendentemente sensible, siempre preocupado por que su compañía no se asocie con un rostro y sea muy corporativa. A pesar de que ahora tiene una fortuna personal de más de 1.000 millones de dólares, está claro que el dinero no fue su única motivación. Como hijo de la década de los sesenta, estaba más interesado en ayudar a la gente a descubrir los placeres del buen café, en crear una marca querida y respetada y en ser un empresario responsable que realmente valorara a las personas. Por cierto, todas las ganancias de *Pon tu corazón en ello* fueron donadas a la Fundación Starbucks, que aporta dinero para programas de alfabetización y otras causas.

En el momento en que se escribió el libro, Starbucks tenía solo un puñado de cafeterías en el extranjero. Ahora está en cuarenta países, y su número total de cafeterías (autogestionadas y con licencia) es de unas trece mil. Cuando algo se extiende tanto, podemos engañarnos pensando que su ascenso era inevitable. Muchos dirán que el consumo de café *gourmet* estaba a punto de eclosionar en Estados Unidos de todos modos, y que Starbucks sencillamente se subió a la ola. Pero en última instancia su éxito se forjó a través de la atención al cliente y de proporcionarle una buena experiencia. Sin un presupuesto significativo para publicidad, su reputación realmente tenía que construirse «un vaso tras otro».

1987

HAZ LO QUE AMAS; EL DINERO TE SEGUIRÁ

La razón de que el título de este libro contenga la frase «el dinero te seguirá» es precisamente que primero tenemos que hacer el trabajo, invertir en nosotros mismos. Primero tenemos que efectuar pasos pequeños, constantes y progresivos dentro del trabajo que hayamos elegido, y después obtendremos los frutos de nuestros esfuerzos (de la misma manera que una cosecha de cultivos abundantes sigue de forma natural a la siembra, el riego y el proceso de cuidado constante de las semillas).

La biología avala la lógica del recto medio de vida. Cada especie del mundo natural tiene un lugar y una función que se adaptan específicamente a sus capacidades. Esto también es cierto para las personas.

En pocas palabras

Si bien no podemos controlar cuándo, la decisión de hacer lo que amamos brinda buenos resultados tarde o temprano.

En la misma línea

P. T. Barnum. *El arte de obtener dinero* (pág. 46)
Joe Domínguez y Vicki Robin. *La bolsa o la vida* (pág. 108)
Anita Roddick. *Otra forma de hacer negocios: Anita Roddick y The Body Shop* (pág. 340)
Sanaya Roman y Duane Packer. *Cómo crear dinero* (pág. 346)

Capítulo 44

Marsha Sinetar

Marsha Sinetar tenía un empleo seguro y bien remunerado, una buena casa y un círculo de familiares y amigos cercanos. A pesar de que su trabajo no era muy satisfactorio, las promociones y el éxito material la detuvieron de hacer algo diferente; su empleo le permitía llevar un buen estilo de vida. Tenía la molesta sensación, sin embargo, de que debería estar haciendo otra cosa, y aunque creía en mantras del autocrecimiento como «lo que el hombre puede concebir, lo puede lograr», se mantenía aferrada a lo familiar.

No obstante, un día estaba conduciendo por Los Ángeles cuando un pensamiento, casi una voz fuerte, le dijo: «Haz lo que amas, y el dinero te seguirá». No mucho tiempo después, cambió su rumbo profesional y se mudó al campo. En los años que siguieron, trabajó solamente en los proyectos que amaba, y encontró siempre cubiertas sus necesidades financieras.

Sinetar escribió *Haz lo que amas; el dinero te seguirá* como un manual sobre «cómo» hacer lo que amas y también como una guía de los aspectos espirituales del trabajo, que a veces se denomina «el correcto sustento». Con su portada llamativa y su clásico título de autoayuda, es fácil descartarlo, pero les ha dado a miles de personas el empujón necesario para dejar un trabajo que no las llenaba en favor de uno que les permitía expresar quiénes eran realmente.

PRIMERO EL AMOR...

Parte de lo interesante de la obra son los muchos ejemplos de gente que se hallaba en la misma situación que Sinetar. La autora señala que no se trataba de personas «que se despertaron un día y se encontraron con un trabajo divertido y ganando mucho dinero», sino de individuos que se embarcaron en un viaje del alma en su deseo de hallar un «sustento correcto».

Explica que la idea del sustento correcto es budista, y que se refiere a «trabajar en algo elegido conscientemente, hecho con plena conciencia y atención y que conduce a la iluminación». El trabajo que se elige conscientemente expresa de forma natural los intereses y capacidades de la persona y, al realizarlo, dicha persona pasa a ser un individuo seguro de sí mismo y satisfecho.

A partir del título del libro, muchos lectores esperan poder renunciar a su trabajo un día y comenzar a ganar mucho dinero en su nueva profesión al cabo de un mes o dos; pero las cosas rara vez funcionan de esta manera. El dinero sigue con el tiempo el camino emprendido, observa Sinetar, pero uno tiene que estar preparado para afrontar un período de espera, para pagar sus deudas.

Hacer lo que amas no siempre significa hacer lo que te apetece hacer. Para lograr una nueva profesión es posible que tengas que dedicar primero cientos de horas a formarte, o realizar empleos a tiempo parcial para pagar las facturas mientras llevas a cabo la transición. Sin embargo, acometerás todo esto con mucho gusto si te permite hacer lo que estabas destinado a hacer.

...Y LUEGO EL DINERO

Las personas con baja autoestima a menudo requieren ciertas garantías de éxito antes de emprender cualquier cosa. Lo que sea que emprendan debe dar lugar a algún tipo de «victoria llamativa». La realidad es que estas victorias pueden tardar años en llegar, y la persona debe conservar un sentimiento de autoestima incluso cuando tiene un éxito limitado; ha de confiar en sí misma y en sus capacidades ante presiones significativas que la inducirán a regresar a lo que estaba haciendo antes. Si te enfocas en la cantidad de dinero que puedes ganar con tu nueva profesión, no es probable que perseveres en ella más allá de los primeros días.

Sin embargo, si pones el énfasis en el sustento correcto, encontrarás que tienes siempre el dinero suficiente para seguir cultivándolo. Puede ser que te sorprenda descubrir que te sientes rico, mientras que otros que trabajan una cantidad desmedida de horas para hacerse ricos te parecerán pobres (este es un ejemplo de «haz lo que amas y el dinero no será tan importante»).

Sinetar contrató los servicios de un carpintero para su casa que, a diferencia de otros profesionales cuyos servicios había contratado, trabajaba despacio pero con esmero. Sintió que era alguien que confiaba en lo de que «el dinero seguirá» y habló con él. Ese hombre tenía un máster en lengua inglesa y había comenzado una carrera académica, pero no le apetecía subirse a la cinta de correr del «triunfar o morir». Así que optó por dejarla y aprender el oficio de carpintero. Al principio ganaba un sueldo bajo como ayudante, pero aprendió lo suficiente como para establecerse por su cuenta al cabo de unos años. Y en esos momentos, dijo, «confío en que soy capaz de ganar todo el dinero que necesito».

Alguien así es casi un rebelde en contra de una cultura del dinero en que un alto valor neto se equipara a menudo con el valor personal. Ese hombre estaba seguro de su valor, aun cuando no tenía la esperanza de hacerse rico. La paradoja es que al aplicarnos en lo que amamos accedemos a una fuente de energía que nos proporciona el entusiasmo que nos lleva a hacer un trabajo excelente, único. Entonces el trabajo de uno, inevitablemente, es reconocido por los demás, quienes están dispuestos a pagar bien por él.

DA EL SALTO

En otro ejemplo, escribió a Sinetar un hombre que había tenido una carrera segura como docente pero que lo dejó todo para convertirse en alfarero. Describió el paso que dio como «lanzarse por un precipicio». No estaba seguro de su éxito y no sabía cómo iba a pagar las facturas, pero sentía que era eso lo que tenía que hacer. El «universo» pareció ayudarle a asentarse, y diez años después pudo decir lo agradecido que estaba por haber dado el salto.

Sinetar comenta el hecho de que la mayoría de las personas que abandonan formas seguras de ganarse la vida experimentan esta misma sensación de precipitarse al abismo. Sin embargo, si sienten la necesidad de hacer eso nuevo por lo que han optado, esto las ayudará a superar sus miedos. También resulta de ayuda mirar hacia atrás y ver el éxito que se tuvo en otras áreas; uno puede recordarse lo siguiente: «Di ese paso a pesar de mis miedos, y mira lo bien que me fue».

No obstante, es mejor que veas la elección de tomar el camino que amas como una opción más que como un riesgo, una opción que conviene que tomes después de haber sopesado plenamente todos los factores (tu talento para ello, un posible mercado para lo que vas a hacer, etc.). Debes apostar por tu propio ingenio, capacidades e inteligencia para resolver los problemas que se te planteen y recurrir a la confianza que tienes en ti mismo y en tu autoestima. Si puedes capear los desafíos y pasar a tener el control de tu trabajo y tu vida, habrá valido la pena.

NO SEAS TAN DURO CONTIGO MISMO

Sinetar afirma que cuando a alguien no le gusta su trabajo ello se debe, habitualmente, al hecho de que no es un trabajo adecuado para esa persona. En una ocasión intentó vender aspiradoras puerta a puerta en barrios desconocidos. Para alguien introvertido, esa tarea era horrible, y a pesar de que necesitaba el dinero para seguir pagándose los estudios, dejó ese trabajo al cabo de un día. Comenta:

> *No hemos nacido para luchar por la vida. Estamos hechos para trabajar en aquello que se nos da mejor, en función de nuestros talentos y habilidades naturales, y como una forma de expresarnos y contribuir con los demás.*

Los seres humanos no son distintos de los animales en el sentido de que han sido diseñados y creados para ciertos propósitos.

Las personas con una autoestima elevada creen que tienen derecho a hacer un trabajo que les resulte gratificante y agradable y que las haga felices. Hay poca diferencia entre el trabajo que realizan y el ocio para ellas, y ni siquiera tienen necesidad de irse de vacaciones a lugares exóticos cuando disfrutan tanto con su trabajo. ¡Les resulta más divertido quedarse en casa! Sinetar cita al novelista André Gide:

> *Lo que te parece que tienes de distinto es lo especial que posees. Es lo que nos da nuestra valía a cada uno de nosotros, y es justo lo que tratamos de reprimir. ¡Y decimos que amamos la vida!*

Muchas personas que tratan de subir por el mástil resbaladizo de sus carreras anhelan tener una ocupación menos estresante y una vida más sencilla. Han tomado el camino que han tomado a causa de la presión de sus padres o conocidos, de la idea de «éxito» que transmiten los medios de comunicación o de sus propias expectativas. Sinetar sugiere que estas personas tienen que ser más amables consigo mismas. El mundo no se vendrá abajo si ganan menos dinero; por el contrario, florecerán cuando se den cuenta de que el fin de la vida tiene que ver con la autoexpresión, no con el autoengrandecimiento.

EL TRABAJO COMO FORMA DE ILUMINACIÓN

En el último capítulo, «El trabajo como amor y como devoción», Sinetar escribe:

> *[...] en algún lugar dentro de su tradición de conocimiento, todas las grandes culturas han comprendido esta verdad primordial: que el trabajo, realizado correctamente, ofrece al individuo una comprensión de los principios clave de la vida y del universo.*

Si amas tu trabajo, reconocerás la verdad de esta afirmación. Aunque lo que haces da lugar a un resultado o producto tangible, lo que te atrae más de ello es la manera en que un mayor conocimiento de tu especialidad arroja comprensión, de alguna manera, sobre otras cuestiones. Amas tu trabajo no solo porque te enseña mucho sobre ti mismo, sino porque se convierte para ti en una clave para entender la vida, el universo y todo cuanto existe.

Comentarios finales

Algunos lectores sentirán que esta obra contiene demasiada psicología barata, demasiado discurso acerca de la autoestima y de la influencia de la infancia sobre la edad adulta. Sin embargo, dado que la decisión de hacer lo que se ama se alcanza a menudo después de pasar por contorsiones psicológicas, el enfoque de Sinetar es comprensible. No es un manual seco sobre cómo emprender una carrera; trata de las preguntas más grandes acerca de lo que somos y lo que realmente nos trae felicidad en la vida. No se trata tan siquiera de cuestiones psicológicas, sino metafísicas, e intentar eludirlas se traducirá inevitablemente en infelicidad. Los ejemplos que ofrece Sinetar de personas que siguieron su voz interior son fascinantes, y sin embargo no son excepcionales. Todo lector es capaz de hacer lo mismo. La clave está en darse cuenta de que hacer lo que uno ama no es un lujo sino una necesidad si se quiere vivir una vida verdaderamente próspera.

MARSHA SINETAR

Marsha Sinetar fue maestra durante cinco años en una escuela pública de California y durante otros cinco años fue la directora de otra escuela. Fue consultora del currículo escolar y mediadora de la Junta Estatal de Educación de California.

También ha impartido programas de desarrollo de gestión en el Centro de Relaciones Industriales de la Universidad Loyola, en Los Ángeles, y tiene una consulta privada en la que ofrece servicios de psicología organizacional, mediación y formación en liderazgo empresarial.

Otros libros suyos son Monjes y místicos en la vida cotidiana *(ed. S. A. Mirach),* Work as a Spiritual Path *(1993),* To Build the Life You Want, Create the Work You Love *(1995) y* The Mentor's Spirit *(1998).*

1778

La riqueza de las naciones

Toda la riqueza del mundo fue comprada originalmente no por el oro o la plata, sino por la mano de obra.

No es de la benevolencia del carnicero, del cervecero o del panadero como esperamos obtener nuestra cena, sino de la atención que ponen en sus propios intereses. No nos dirigimos a su humanidad, sino a su amor propio, de modo que nunca les hablamos de nuestras necesidades, sino de las ventajas [de sus productos o servicios]. Tan solo los mendigos eligen depender principalmente de la benevolencia de sus conciudadanos.

Prohibir a muchas personas [...] hacer todo lo que puedan de cada parte de sus propios productos, o invertir sus excedentes y trabajo de la manera que juzguen más ventajosa para sí mismas, es una violación manifiesta de los derechos más sagrados de la humanidad.

En pocas palabras

La riqueza de una nación es la de sus personas, no la de su gobierno. La riqueza se consigue por medio de la división del trabajo y la especialización cada vez mayor de las habilidades. La base de toda prosperidad futura son los ahorros actuales.

En la misma línea

Milton Friedman. *Capitalismo y libertad* (pág. 162)
Ayn Rand. *Capitalismo: el ideal desconocido* (pág. 334)
Max Weber. *La ética protestante y el espíritu del capitalismo* (pág. 400)

CAPÍTULO 45

Adam Smith

Adam Smith no fue el primer economista político en modo alguno (se inspiró, por ejemplo, en los fisiócratas franceses), pero al identificar la economía como un campo de estudio en sí mismo, separado de la política, la filosofía, el derecho y la ética, *Una investigación sobre la naturaleza y causas de la riqueza de las naciones* (a menudo abreviada como *La riqueza de las naciones*) estableció una nueva disciplina. Fue el primer libro sobre economía que atrapó realmente la atención del público, y es también una gran obra de la literatura. El estilo informal de Smith y su valentía al criticar la locura de los gobernantes y los efectos corruptores de los intereses creados lo convirtieron en una figura popular.

Le llevó toda una década escribir el libro, y no se publicó hasta que ya había sobrepasado los cincuenta años; el original inglés es una obra en dos volúmenes formada por unas trescientas ochenta mil palabras. Smith expone de forma exhaustiva detalles que hoy día son de interés académico, relativos a la producción del trigo, la cerveza y la cebada en la Inglaterra del siglo XIII, los tipos de rentas percibidas por los señores y los reyes de la tierra agrícola, la caída del precio de la plata después de la conquista de América del Sur por parte de España, y cómo un gobierno puede gravar impuestos justos sobre la sal, el cuero, el jabón y las velas.

Más allá de los detalles históricos, sin embargo, esta obra es sorprendentemente fascinante y relevante. Escrita para el lector no especializado interesado, asume que quien la lee no sabe nada del tema, y más de doscientos años después sigue proporcionando valiosas lecciones de economía básica. Y, lo más importante, ofrece una receta para la prosperidad nacional que no se ha mejorado desde entonces, basada en un gobierno pequeño y la libertad de los ciudadanos para actuar en beneficio propio.

EL EFECTO DEL INTERÉS PROPIO

Smith sostiene que no importa si las sociedades están impulsadas principalmente por su propio interés, ya que el efecto general de este comportamiento es bueno. La «mano invisible» del mercado libre asegura que las personas que actúan en beneficio propio acaban por elevar el conjunto. Esto no ofrece una excusa para los comportamientos codiciosos o injustos; solamente significa que el trabajo honrado de una persona para progresar en la vida por su propio bien o el de su familia dará lugar a un buen uso de los recursos. Una sociedad a la que se permita actuar de esta manera sacará inevitablemente el máximo provecho de lo que tiene, y con el tiempo será próspera. Su famosa frase sobre el carnicero, el cervecero y el panadero no refleja solamente una visión de la naturaleza humana, sino que subraya su filosofía de la autosuficiencia: somos más propensos a ayudar a los demás, y estamos en condiciones de hacerlo, cuando tenemos cubiertas nuestras propias necesidades.

LA ESPECIALIZACIÓN COMO AGENTE DE RIQUEZA

No es casualidad que Smith empezara su libro con el tema del trabajo. Creía que lo rico que llegaba a ser un país dependía más que nada de la organización de su fuerza de trabajo; en concreto, según sus propias palabras, de la «habilidad, destreza y juicio con que se aplique generalmente en el trabajo». La riqueza de los países también depende de la proporción de población que tengan ocupada en trabajos útiles.

Comenta que en los países ricos, a pesar de que muchas personas no trabajan, la sociedad en su conjunto cubre abundantemente las necesidades de la mayoría de la gente. Esto se debe a que tienen la característica de contar con una «división del trabajo» mucho mayor que los más pobres. Esos países son muy eficaces a la hora de dividir las tareas entre aquellos que son más capaces de realizar cada una de ellas, con lo que se ahorra tiempo al no tener que pasar una misma persona de una tarea a otra. Smith da el ahora famoso ejemplo de la fabricación de alfileres. En un taller en el que varias etapas de la elaboración de los alfileres están divididas (es decir, un hombre realiza la operación de sacar el alambre, otro lo endereza, otro lo corta, y así sucesivamente), se pueden hacer muchos miles de alfileres más en una semana que en un taller donde una sola persona tiene que realizar todas estas tareas.

Pero el principio de la división del trabajo no se aplica solamente a la producción física. En las sociedades avanzadas, escribe Smith, la filosofía o la creación de nuevas ideas se convierte en el «comercio» de todo un grupo de personas, que coexiste al lado de los trabajos más mundanos. Con esta especialización: «Cada individuo se vuelve más experto en su propia rama de especialidad, se realiza más trabajo en total y la cantidad de ciencia se ve considerablemente incrementada por ello». En una sociedad bien gobernada, la división del trabajo conduce a la «opulencia universal», de modo que incluso los trabajadores más humildes pueden ver cubiertas todas sus necesidades.

AQUELLO QUE DETERMINA EL VALOR

> *El precio real de cada cosa, lo que cada cosa cuesta realmente al hombre que quiere adquirirla, es el esfuerzo y las dificultades que conlleva adquirirla.*

Según Smith, es la cantidad de trabajo que ha requerido la creación de algo, que ha ahorrado al comprador tener que realizar ese mismo trabajo, lo que determina su valor. Las personas llegan a ser ricas por medio de proporcionar algo sumamente útil que ahorra a otras personas el trabajo de tener que hacerlo ellas mismas. Por ejemplo, algo que un maestro en ello puede crear en una hora, pues ha pasado veinte años perfeccionando su técnica, puede valer más que algo producido «con el trabajo de un mes, en el contexto de un empleo ordinario».

CÓMO SE ENRIQUECEN LAS NACIONES

Smith ofrece una receta simple para el enriquecimiento de los países, que comienza con que sus ciudadanos sean buenos ahorradores. Señala que los derrochadores son «enemigos públicos», mientras que toda persona austera es un «benefactor público». Estos ahorros se invierten en fines productivos, lo que aumenta de forma natural la cantidad de individuos que tienen empleos útiles.

Esta fórmula de la riqueza consistente en ahorrar, invertir y crear empleo puede parecernos obvia hoy en día, pero en la época de Smith no era en absoluto la visión predominante acerca de cómo las naciones podían enriquecerse. El punto de vista mercantilista sostenía que el objetivo económico de una nación era construir sus reservas de oro, plata y otros metales preciosos, ya fuera a través del comercio o de la guerra. La receta de Smith, por el contrario, parecía más bien orientada hacia las clases medias y modestas. Se basaba en la ética protestante de la austeridad, el trabajo y ocuparse cada uno de lo suyo.

La otra vía por la que los países pueden enriquecerse es el comercio. Smith señala que las culturas más prósperas del pasado se basaban en el comercio, por lo general el marítimo. Los países que comercian siempre serán más ricos que los que no lo hacen, ya que los primeros pueden comprar materias primas que no tienen y convertirlas en productos manufacturados –que son mucho más valiosos que los productos no elaborados–, los cuales pueden vender a otros países y obtener grandes ganancias. El punto esencial acerca de la riqueza de las naciones es que crece cuando los bienes y el dinero circulan y se intercambian. Esto lo entendieron bien las ciudades medievales europeas como Florencia, que amasaron enormes fortunas por medio de hacer negocios no solamente con su entorno rural, sino también con «los rincones más remotos del mundo». En cambio, las ciudades y países que, de forma miope, no salían de sus propias fronteras, estaban destinados al fracaso.

LO QUE NO DEBE HACERSE: SAQUEAR, EMPRENDER GUERRAS Y GASTAR EN LUJOS

Si una persona gasta su dinero en lujos en lugar de dedicarlo a construir capital, el día del ajuste de cuentas financiero vendrá. Del mismo modo, escribe Smith, un soberano que gasta enormes sumas en palacios, en el boato de la corte y en guerras innecesarias se está buscando problemas.

Igualmente grave es el caso de la nación que cree que puede hacerse rica no por medio de explotar sus tierras o fomentar su industria sino por medio de saquear aquello que otros países tienen de valor. Smith señala que fue «la sed sagrada de oro» la que llevó a los españoles al Nuevo Mundo, pero que el resultado final fue apenas beneficioso para la prosperidad a largo plazo de España. En lugar de saquear en busca de ganancias fantásticas, un país hará mejor en desarrollar lentamente sus propios recursos y en utilizar el comercio para vender sus excedentes y comprar lo que necesita para elaborar productos de alto valor.

Smith se muestra escéptico respecto a las empresas comerciales monopolizadoras (como la East India Company) que eran utilizadas por los equipos de gobierno para hacer fortunas para sus miembros, y no estaba interesado en la colonización de otras tierras. El libro fue escrito en una época en que Estados Unidos era todavía un conjunto de colonias británicas, y Smith aboga por que Gran Bretaña se retire por sí misma. Escribe que los gobernantes británicos siempre habían imaginado que América sería una mina de oro, pero que en realidad no había pasado nunca de ser «el proyecto de una mina de oro». La colonización les había costado demasiado a los contribuyentes; ya era hora, a su juicio, de asumir ambiciones más modestas.

LIBERTAD NATURAL

En la época de Smith, la frustración con la burocracia gubernamental estaba en su punto álgido. Legiones de funcionarios se aseguraban de que el Estado recaudase cada centavo posible a través de diversos impuestos, aduanas, impuestos especiales y reglas arbitrarias. El libro de Smith fue un gran éxito porque apuntaba al principio de la libertad natural, que asumía que la gente debía ser libre de perseguir sus intereses económicos con una interferencia mínima por parte del gobierno.

Smith insistió en que solamente había tres áreas en las que los gobiernos debían tener un papel:

- Proteger a la sociedad de «la violencia y la invasión por parte de otras sociedades independientes».
- Proteger a los ciudadanos de «la injusticia o la opresión ejercida por cualquier conciudadano» y establecer el sistema judicial correspondiente.
- Construir y mantener obras públicas e instituciones que van más allá de lo que puede asumir la iniciativa privada, pero cuya existencia es muy beneficiosa para el conjunto de la sociedad.

Todo esto debe costearse por medio de los impuestos. Sin embargo, cuando algo beneficia solamente a una parte de la sociedad en lugar de favorecer a la totalidad, ha de pagarse de forma privada o mediante un impuesto a los usuarios –por ejemplo, poniendo peajes en algunos caminos–. Aunque Smith abogó por la creación de un sistema de educación básica que garantizara que todo el mundo pudiese leer, escribir y sumar, sugirió que quienes se beneficiaban más de la educación debían estar dispuestos a pagar por ella.

Comentarios finales

Aunque puede ser un tema aburrido para algunos, el papel de los gobiernos es un asunto de vital importancia a la hora de pensar acerca de la creación de riqueza y la prosperidad, ya que todos vivimos en sociedades que se rigen por leyes y políticas.

Cuando se publicó *La riqueza de las naciones*, Europa estaba entrando en una nueva era industrial, y la naturaleza de los gobiernos debía cambiar rápidamente si se quería evitar que estallaran revoluciones. La gente estaba harta y quería ser libre de perseguir sus destinos económicos. A primera vista, los gobernantes sin duda pensaron que el título del libro hacía referencia a la riqueza de los estados, cuando en realidad Smith utilizó el término *nación* para referirse a la *gente* de los países. Creía que los gobiernos más inteligentes no ponían la fe en sí mismos a la hora de crear prosperidad, sino más bien en el ingenio de sus ciudadanos.

La sencillez y el sentido común con que Smith delimita el papel del gobierno han resistido en gran medida el paso del tiempo. Hoy en día, los gobiernos tienen tendencia a crecer y expandirse en áreas que realmente no les atañen, pero con el tiempo esto hace que, inevitablemente, los ciudadanos en general sean más pobres. A pesar de que a menudo creen en su capacidad de «escoger ganadores» a la hora de dar subsidios a determinados sectores con el fin de crear puestos de trabajo, Smith advierte que estas inversiones tienden a corromper la tendencia natural de la sociedad de distribuir los recursos de la mejor manera.

Recomiendo a los lectores que no se sientan inclinados a abordar esta gran obra de Smith pero que estén fascinados por el tema de cómo a algunos países les va mejor que a otros que lean el clásico moderno de David Landes *La riqueza y la pobreza de las naciones* (ver el comentario de este libro en *50 libros clave para vivir mejor*).

ADAM SMITH

Adam Smith nació en 1723 en Kirkcaldy (Escocia). Su padre fue el inspector de aduanas del pueblo, pero murió seis meses antes del nacimiento de su hijo. A los quince años Smith fue a la Universidad de Glasgow para estudiar Filosofía Moral, y luego a la Universidad de Oxford. En 1748 comenzó a impartir conferencias públicas en Edimburgo, y en 1751 fue nombrado catedrático de Lógica, y posteriormente de Filosofía Moral, en la Universidad de Glasgow.

Renunció a su trabajo en la universidad en 1763 para convertirse en el tutor privado de un joven noble escocés, el duque de Buccleuch. Ambos viajaron por Europa y conocieron a intelectuales como Turgot, Helvetius y Quesnay. A su regreso a Escocia, pasó la mayor parte de la década siguiente escribiendo La riqueza de las naciones. *Siguiendo los pasos de su padre, en 1778 fue nombrado comisario de aduanas en Edimburgo.*

A su muerte, en 1790, dejó la mayor parte de su considerable patrimonio para caridad. Nunca se casó.

1996

El millonario de la puerta de al lado

«Sea cual sea tu nivel de ingresos, vive siempre por debajo de tus posibilidades».

«¿Qué hemos descubierto a partir de toda nuestra investigación? Principalmente, que la creación de riqueza requiere disciplina, sacrificio y trabajo duro».

«¿Qué puedes dar a tus hijos para mejorar las probabilidades de que lleguen a ser adultos productivos desde el punto de vista económico? Además de una educación, puedes crear un ambiente que honre los pensamientos y acciones independientes, aprecie los logros individuales y premie la responsabilidad y el liderazgo».

En pocas palabras

La mayor parte de las personas no se hacen millonarias por medio de una herencia o de ganar la lotería, sino de obtener unos buenos ingresos a partir de un trabajo que disfrutan, vivir muy por debajo de sus posibilidades e invertir sus ahorros.

En la misma línea

David Bach. *El millonario automático* (pág. 38)
T. Harv Eker. *Los secretos de la mente millonaria* (pág. 126)
Suze Orman. *Las mujeres y el dinero* (pág. 298)
Dave Ramsey. *La paz financiera* (pág. 326)

Capítulo 46

Thomas J. Stanley y William D. Danko

Cuando Thomas Stanley y William Danko comenzaron su investigación sobre la vida y las costumbres de los estadounidenses ricos en la década de los setenta, se sorprendieron al encontrar que existía muy poca información al respecto. Ambos eran profesores universitarios del ámbito empresarial y, como la mayoría de la gente, creían que los millonarios eran personas ostentosas con un gusto cultivado por las cosas buenas de la vida. En consecuencia, su método de investigación inicial consistió en centrarse en los barrios de lujo. Pero se llevaron una sorpresa: muchos habitantes de esos barrios no eran de hecho ricos y, por otra parte, muchos de los realmente ricos vivían en zonas más modestas.

Stanley y Danko describen el esfuerzo de investigación que hay detrás de *El millonario de la puerta de al lado* como «el más completo jamás realizado sobre quiénes son los ricos de Estados Unidos –y cómo lograron serlo». Su estudio está elaborado a partir de entrevistas a más de quinientos millonarios, además de unas mil encuestas respondidas que incluían unas doscientas preguntas. El dúo investigó no solo a los pequeños millonarios sino también a los «decamillonarios» –cuyo patrimonio neto supera los diez millones de dólares–. En una escena reveladora de su investigación, reunieron a un grupo de decamillonarios, para lo cual se aseguraron de servirles un bufé de aperitivos *gourmet* y vinos de calidad, para que se sintieran como en casa. Sin embargo, los visitantes apenas tocaron aquellos aperitivos; tan solo mordisquearon las galletas. ¡Resultó que los únicos *gourmets* de la escena estaban entre los miembros del equipo de investigación!

Estas observaciones inesperadas «cambiaron la vida» de los autores. Stanley, por ejemplo, dejó el mundo académico, escribió varios libros sobre cómo vender a la gente rica y se convirtió en asesor de empresas de servicios financieros que querían responder a las necesidades de los ricos. *El millonario de la puerta de al lado* es la versión popular de su investigación (muy popular, con dos millones y medio de ejemplares vendidos en inglés), y constituye una lectura interesante.

DEFINICIÓN DE LA RIQUEZA

Si tienes la suerte de percibir cada año unos ingresos elevados, ¿esto te hace rico? Según Stanley y Danko, definitivamente no. La medida adecuada de la riqueza es el *patrimonio neto*. Señalan:

> *La mayoría de la gente tiene un concepto totalmente equivocado de la riqueza [...] Riqueza no es lo mismo que ingresos. Si percibes unos buenos ingresos anuales y lo gastas todo, no te estás enriqueciendo. Sencillamente, estás viviendo por todo lo alto. La riqueza es lo que acumulas, no lo que gastas.*

A partir de esta definición, en la investigación encontraron que solo el 3,5% de los hogares estadounidenses superaban la marca del millón de dólares; sin embargo, casi la mitad de toda la riqueza del país se concentraba en esos hogares. Mientras que la mayoría de la gente vive de paga en paga, estas personas tenían suficiente riqueza acumulada para vivir sin trabajar durante al menos diez años. Es decir, disponían de un «colchón de mandar al infierno», en palabras de los autores, en referencia a que no tenían por qué soportar trabajos en los que estuvieran a disgusto.

Los millonarios encuestados poseían un patrimonio neto medio de 1,6 millones de dólares y un promedio de 3,7 millones. Tan solo el 6% era dueño de un patrimonio neto de más de 10 millones de dólares. Es evidente que no se trataba de gente extraordinariamente rica, sino de personas promedio a quienes les había ido bien en la vida. En la mente de Stanley y Danko esto tiene la mayor importancia, ya que sugiere que este nivel de riqueza es alcanzable para muchas personas que empiezan desde cero.

¿CÓMO LO LLEVAS?

Para medir tu progreso en el camino hacia la riqueza, Stanley y Danko sugieren que la mejor manera de evaluar tu riqueza es comparar tu patrimonio neto con tus ingresos y tu edad. Proporcionan una regla útil: tu patrimonio neto de base (excluida cualquier herencia) debería ser al menos igual a tus ingresos anuales multiplicados por tu edad, todo ello dividido por diez.

Si lo llevas especialmente bien y te las has arreglado para tener al menos dos veces esta cantidad, eres un «acumulador prodigioso de riqueza» (las siglas en inglés son PAW); estás entre el 25% de la población que sabe acumular mejor la riqueza. En cambio, si tu patrimonio neto de base es de menos de la mitad del resultado de aplicar la fórmula, eres un «infraacumulador de riqueza» (un UAW); entonces estás entre el 25% de la gente que reúne menos riqueza.

EL PERFIL DEL MILLONARIO

Si los millonarios típicos no son tan glamurosos como podríamos haber supuesto, ¿cómo son en realidad? El siguiente perfil da una idea:

> *Por lo general, el individuo rico es un hombre de negocios que ha vivido en la misma localidad durante toda su vida adulta. Esa persona es dueña de una pequeña fábrica, una cadena de tiendas o una empresa de servicios. Se ha casado una vez y permanece casado. Vive al lado de gente que tiene tan solo una fracción de su riqueza. Es un ahorrador e inversor compulsivo. Y ha ganado el dinero por su cuenta. El 80% de los millonarios de Estados Unidos son ricos de primera generación.*

Stanley y Danko condensan el perfil de las personas acaudaladas en siete denominadores comunes:

1. Viven muy por debajo de sus posibilidades.
2. Gestionan su tiempo, energía y dinero eficazmente, de maneras que conducen a la creación de riqueza.
3. Creen que la independencia económica es más importante que presentar un alto estatus social.
4. Sus padres no les proporcionaron dotaciones de dinero.
5. Sus hijos adultos son económicamente autosuficientes.
6. Son expertos en dar en el blanco en cuanto a las oportunidades del mercado.
7. Eligen la profesión adecuada.

El libro tiene capítulos que profundizan en cada uno de estos rasgos. Subrayamos a continuación algunos puntos clave.

VIVIR MUY POR DEBAJO DE LAS PROPIAS POSIBILIDADES

Las tres palabras que mejor caracterizan a los ricos, escriben Stanley y Danko, son «austero, austero, austero». La austeridad es la base de toda creación de riqueza y constituye el principal rasgo que distingue a los PAW de los UAW. El millonario promedio logra invertir un total del 20% de sus ingresos familiares anuales, año tras año, mientras que los no millonarios gastan todo o casi todo el dinero que entra en la casa.

La austeridad también resulta ser un rasgo familiar. Si tus padres eran austeros, es muy probable que tú también lo seas, y los cónyuges de la mayoría de los millonarios son a menudo incluso más austeros que ellos mismos. Evidentemente, es difícil llegar a ser rico si el cónyuge gasta todo el dinero de uno; resulta complicado llenar un cubo que tenga un gran agujero en la parte inferior.

Los millonarios también compran trajes baratos, y por supuesto esperan a comprarlos hasta que están de oferta. No suelen conducir coches llamativos importados, sino que lo habitual es encontrarlos en automóviles de fabricación nacional que cuentan con unos cuantos años; muchos millonarios prefieren incluso adquirir coches usados que sean gangas. En cuanto a la vivienda, el millonario típico compró su casa muchos años atrás y vive en un barrio modesto pero agradable. Son los millonarios de al lado; no están en Beverly Hills o los

Hamptons. En resumen: los millonarios tienen un firme control de sus finanzas, y por mucho que aumente su riqueza siguen con sus viejos hábitos de elaborar presupuestos.

CÓMO FUERON EDUCADOS LOS MILLONARIOS Y CÓMO EDUCAN A SUS HIJOS

La mayoría de los millonarios no asistieron a escuelas privadas, recibieron un apoyo financiero limitado siendo ya adultos trabajadores –incluso si sus padres eran gente acaudalada– y obtuvieron tan solo una pequeña herencia, o ninguna.

Stanley y Danko ofrecen buenos consejos, a partir de su investigación, en cuanto a lo que ha funcionado y lo que no ha funcionado a la hora de educar financieramente a los hijos. Sugieren lo siguiente:

- No regalar dinero a los hijos adultos. Esto hace que dependan económicamente de los padres y los anima a ser consumidores. En vez de eso, conviene enseñarles los propios hábitos de la austeridad y la disciplina.
- No revelar la propia riqueza a los hijos, al menos no totalmente, hasta que sean adultos establecidos financieramente. De lo contrario, pueden empezar a gastar más dinero del que deberían, y las discusiones acerca de la herencia pueden minar las relaciones familiares.
- Enseñar a los hijos que lo que importa son los logros, no los símbolos materiales del éxito. El dinero puede ser una medida del logro, pero no es la única.

El mensaje central es que el mejor regalo que se puede hacer a los hijos es ayudarles a desarrollar el *carácter*. Para ello, tienen que hacer frente a los desafíos de la vida y aprender de la experiencia; de esta manera van a cultivar la valentía, en lugar de verse protegidos por la riqueza de sus padres.

ELEGIR LA PROFESIÓN CORRECTA

La mayoría de los millonarios no jubilados son dueños de negocios. De hecho, los dueños de negocios tienen cuatro veces más probabilidades de ser millonarios que los empleados. Sin embargo, antes de que el lector salga corriendo a iniciar su propio negocio, Stanley y Danko se apresuran a señalar que la mayoría de los dueños de negocios no son millonarios, y que alrededor del 20% de los millonarios son empleados. Establecer un negocio y dirigirlo con éxito es un reto difícil, por lo que no es recomendable que dejes tu empleo si no estás seguro de ser capaz de hacerlo.

El denominador común entre quienes logran el éxito es su tolerancia al riesgo. Esto importa mucho más que elegir el tipo de negocio «correcto». De hecho, muchos millonarios poseen negocios de perfil relativamente bajo, como tintorerías y empresas de suministro de piezas. Al no estar agobiados por tener que aparentar, son felices de capitalizar las oportunidades allí donde las encuentran.

Tanto si son propietarios de empresas como empleados, la mayoría de los millonarios disfrutan enormemente con su trabajo; suelen dedicarle entre cuarenta y cinco y cincuenta y cinco horas semanales. Esto recuerda la máxima de Marsha Sinetar: «Haz lo que amas y el dinero te seguirá». Por el contrario, «una gran parte de los UAW trabajan para poder seguir con sus conspicuos hábitos de consumo».

¿EN QUÉ GASTAN SU DINERO LAS PERSONAS RICAS?

Los millonarios son austeros, pero ¿son unos avaros empedernidos? En realidad, gastan algo de dinero, pero por lo general lo hacen con criterio. Puesto que son personas lo suficientemente astutas como para haberse hecho ricas, tienden a gastar su dinero, de forma natural, de maneras que les permiten conservar y aumentar su riqueza, así como las perspectivas en cuanto a sus hijos. Esto incluye acudir a servicios profesionales de asesores de inversión expertos, contables, especialistas fiscales y abogados. También reconocen que una buena educación es una inversión sólida, y muchos están dispuestos a pagar matrículas caras en escuelas privadas a sus hijos y nietos, aunque algunos consideran que este tipo de gastos constituyen una frivolidad. Por último, pero no menos importante, los millonarios reconocen que la seguridad financiera tiene poco valor si no se goza de buena salud, así que por lo general optan por una atención médica y dental de alta calidad.

Comentarios finales

El millonario de la puerta de al lado puede parecer un manual de «cómo hacerse rico», pero la finalidad del libro no es esta. Stanley y Danko tan solo presentan los resultados de sus investigaciones sobre el tipo de personas que se han hecho millonarias y dejan que el lector saque sus propias conclusiones. Aunque a algunos les resultará un poco repetitivo, es una lectura agradable que también contiene viñetas para ayudar a resaltar los hallazgos más destacables del estudio. Puesto que se trata esencialmente de un informe de investigación destinado al público en general, presenta cierta cantidad de datos y tablas, pero esta base objetiva se agradece mucho, pues contrasta con la subjetividad de los libros escritos principalmente a partir de la experiencia personal de su autor.

El mensaje subyacente de Stanley y Danko es que el consumo y la opulencia no son en última instancia muy importantes en comparación con la paz que viene de hacer un trabajo gratificante y la disciplina de ir llenando, lentamente y con el tiempo, la cesta de los huevos. Aristóteles señaló que la felicidad era el resultado directo de este cultivo del carácter, y de hecho los autores indican que los millonarios de al lado gozan de un mayor nivel de satisfacción vital que otras personas. Parece que la disciplina que los hace ricos también les proporciona una felicidad superior a la media.

THOMAS J. STANLEY Y WILLIAM D. DANKO

Thomas Stanley obtuvo el doctorado en Administración de Empresas en la Universidad Estatal de Georgia. Anteriormente había sido profesor de Marketing en esa institución y también dio clases en la Universidad Estatal de Nueva York en Albany. Otros libros suyos son Marketing to the Affluent *(1997),* Networking with the Affluent *(1997),* Selling to the Affluent *(1997),* The Millionaire Mind *(2001) y* Millionaire Women Next Door *(2004). Vive en Atlanta (Georgia) con su familia.*

William Danko tiene un doctorado por el Instituto Politécnico Rensselaer y es profesor asociado y catedrático de Marketing en la Universidad Estatal de Nueva York en Albany.

1987

El arte de la negociación

Me gusta pensar en grande. Siempre tengo. Para mí es muy sencillo: si vas a pensar de todos modos, puedes pensar en grande. La mayoría de la gente piensa en pequeño, porque la mayoría de la gente tiene miedo del éxito, miedo de tomar decisiones, miedo de ganar. Y eso les da una gran ventaja a los tipos como yo.

No lo hago por el dinero. Tengo suficiente; mucho más del que llegaré a necesitar. Lo hago por hacerlo. Los negocios son mi forma de arte. Otras personas pintan muy bien sobre lienzo o escriben una poesía maravillosa. Me gusta hacer negocios, preferiblemente grandes negocios. Así es como me divierto.

Siento una atracción casi perversa por las negociaciones complicadas, en parte porque tienden a ser más interesantes, pero también porque es más probable poder conseguir un buen precio en una negociación difícil.

En pocas palabras

Para tener éxito en los negocios, equilibra la audacia y la publicidad con paciencia, precaución y flexibilidad.

En la misma línea

P. T. Barnum. *El arte de obtener dinero* (pág. 46)
Felix Dennis. *Cómo hacerse rico* (pág. 100)
Conrad Hilton. *Sea usted mi huésped* (pág. 236)
Andrew McLean y Gary W. Eldred. *La inversión en el sector inmobiliario* (pág. 272)
William Nickerson. *Cómo convertí mil dólares en tres millones en el sector inmobiliario (en mi tiempo libre)* (pág. 290)

Capítulo 47

Donald Trump

Gracias a su autopublicidad, su estilo de vida extravagante y sus grandes negociaciones, Donald Trump ya era famoso cuando se publicó *El arte de la negociación*, un símbolo del capitalismo, de la ciudad de Nueva York y de la década de los ochenta, todo en uno. Sin embargo, el libro apareció oportunamente, justo antes de las dificultades que tuvo que afrontar Trump a finales de los ochenta y principios de los noventa y que lo acercaron peligrosamente a la ruina. Para disgusto de sus enemigos, superó los obstáculos y regresó más fuerte que nunca. Quien dijo que no hay segundas oportunidades en la vida estadounidense no contaba con el poder de una marca y, al igual que el gran *showman* P. T. Barnum un siglo antes, Trump debe gran parte de su fortuna a su nombre. Cuando en 2003 los productores de una nueva serie de televisión centrada en el espíritu empresarial, *The Apprentice*, se acercaron a él para que fuese el centro de ella, vio la oportunidad de extender su fama entre una nueva generación.

Sin embargo, a pesar de la serie de libros de Trump que se han publicado para capitalizar el éxito de ese espectáculo, *El arte de la negociación* sigue siendo la obra que más nos acerca al hombre; contiene las filosofías y métodos de trabajo esenciales que han sostenido su éxito durante tres décadas. La única diferencia es que entonces era un advenedizo impetuoso dispuesto a habérselas con todo y con todos y ahora es un sabio maestro de los negocios, si bien sigue gustándole dar espectáculo. La escala de sus operaciones puede haber crecido, pero el Trump de la década de los ochenta es en gran parte el mismo que el de hoy. Aquí vamos a fijarnos en algunas de las negociaciones, creencias y estrategias que le han visto prosperar incluso en los tiempos difíciles.

PENSAR EN GRANDE

El padre de Trump, Fred, era un promotor de viviendas de renta controlada en los barrios de Nueva York. A pesar de ser un campo de promoción poco glamuroso y que permitía escasos márgenes de beneficio, su tenacidad le condujo al éxito. Aunque el joven Donald pasó gran parte de su infancia acompañando a su padre por aquellos barrios, siempre soñó con Manhattan y en crear proyectos emblemáticos que tuvieran un impacto.

Su primer proyecto en Manhattan fue el Commodore, un hotel enorme y deteriorado en una zona modesta. En esos momentos, señala, «yo tenía solamente veintisiete años, y apenas había dormido nunca en un hotel», pero se embarcó en la construcción de un monstruo de mil cuatrocientas habitaciones, que fue el más grande de Nueva York durante veinticinco años.

LA IMPORTANCIA DE PROMOCIONAR

Trump afirma que es un mito la idea de que la ubicación lo es todo en el sector inmobiliario. Es importante, pero para sacar el máximo partido a cualquier propiedad (en especial los apartamentos) lo que se necesita es crear un sentido de valor o mística que haga que la gente quiera comprar. Comenta Trump:

> *La gente puede no pensar siempre en grande por sí misma, pero quienes sí piensan en grande pueden suscitar en ella grandes emociones. Es por eso por lo que un poco de exageración nunca viene mal. La gente quiere creer que algo es lo más grande y lo más espectacular.*

Para que tu proyecto llame la atención, debes ser diferente, incluso extravagante; así aumentan las posibilidades de que se fijen en ti los medios de comunicación. Trump no corteja la publicidad por amor a dar la nota (de hecho, afirma de sí mismo que es una persona muy reservada), sino que, señala, un pequeño artículo en *The New York Times* que hable de uno –incluso si no le deja a uno muy bien parado– es muchas veces más rentable que invertir 100.000 dólares en un anuncio de página entera.

TENER PACIENCIA Y, DESPUÉS, ESTAR LISTO PARA ABALANZARSE

A pesar de su imagen llamativa, un elemento importante en el éxito de Trump es su disposición a esperar. Por ejemplo, durante años anheló que el edificio comercial Bonwit Teller se convirtiese en la Torre Trump, y escribió en repetidas ocasiones a sus propietarios para estimular su interés. Mantuvo sus esfuerzos, señala, «porque con mucha más frecuencia de lo que parece la pura persistencia constituye la diferencia entre el éxito y el fracaso». Cuando el lugar cayó en manos de unos nuevos propietarios que se encontraban en una situación financiera difícil, fue a Trump a quien se dirigieron con el fin de vender.

En otra ocasión, leyó acerca de una empresa en una situación desesperada cuyos ejecutivos habían estado volando en un Boeing 727 propiedad de la compañía. En su momento, ese avión, nuevo, había costado 30 millones de dólares. Trump ofreció unos míseros 5 millones por él, y al final pagó 8, con lo cual obtuvo una ganga de todos modos. Si uno puede hacer ofertas aparentemente escandalosas sabiendo conservar la cara seria, obtendrá chollos, según él.

Muchos de sus éxitos se debieron a que se ofrecía a comprar activos antes de que estuvieran en el mercado. Resultó que, para muchos vendedores, pájaro en mano valía más que ciento volando. Escribe Trump: «Lo peor que puedes hacer a la hora de negociar un acuerdo es parecer desesperado por cerrarlo». Se necesita aplicar el efecto palanca: averiguar lo que el vendedor quiere o necesita y ofrecérselo además del precio de compra.

SECRETOS DEL NEGOCIADOR

En la ciudad de Nueva York, la construcción de grandes edificios es un asunto complejo. La ciudad cuenta con leyes de planificación y zonificación estrictas y bizantinas, lo que significa que la mayoría de las propuestas de urbanización, especialmente las más grandes, son desestimadas. La construcción de la famosa Torre Trump en la Quinta Avenida y en la Calle 57 (con su cascada de mármol en el vestíbulo, sus tiendas de lujo y sus apartamentos propiedad de estrellas y multimillonarios) resultó ser un gran éxito, pero para conseguir levantarla Trump tuvo que bregar con las autoridades de la ciudad sobre su altura, su estética (sería uno de los puntos de referencia de la ciudad) y qué utilidad pública tendría. Fueron necesarias negociaciones largas y a menudo frágiles para comprar el contrato de arrendamiento del edificio existente, para el terreno donde se construiría el edificio, para los derechos aéreos por encima de la tienda Tiffany de al lado y para una pequeña porción de terreno para hacer un patio trasero (otro de los requisitos de la ciudad). Trump tenía que conseguir el dinero para el proyecto, pero los bancos no estaban dispuestos a proporcionar financiación hasta que todo estuviese resuelto. Fue el éxito de su anterior proyecto, el hotel Commodore/Hyatt, lo que le permitió finalmente obtener una hipoteca.

Una clave para entender su éxito es que le gusta manejar la complejidad. Lo que a los demás les parecen grandes problemas para él son enormes oportunidades de desplegar sus poderes creativos. Todas sus negociaciones son malabares con muchas bolas en el aire, incluso antes de empezar a ponerse los primeros ladrillos. Trump señala que cuanto más compleja sea una negociación, a menos promotores atraerá, a la vez que reportará mayores gratificaciones si culmina con éxito. La mayoría de la gente no tiene estómago para tales incertidumbres, pero él se nutre de ellas.

Aunque una de sus características es la confianza arrogante, de hecho siempre acude a cualquier negociación con la vista puesta en lo que podría salir mal: «Protégete de los inconvenientes –comenta–, y los aspectos positivos prosperarán por sí mismos». En cada negociación hay que prever una posición de repliegue. Si se quiere comprar un emplazamiento o un edificio, por ejemplo, hay que estar listo para que los planes que uno lleva sean rechazados. Lo que se prevé que sea una torre de apartamentos puede pasar a ser un edificio de oficinas o un hotel si es necesario. El negociador debe estar dispuesto a dejar de lado sus preferencias personales para garantizarse un resultado rentable.

A LA MANERA DE DONALD

En el libro aprendemos otros datos sobre Trump, como los siguientes:

- En la universidad, mientras sus amigos leían cómics y las páginas de deportes, él estudiaba detenidamente los listados de ejecuciones hipotecarias.
- Su primera residencia en Manhattan fue un apartamento tipo estudio alquilado que daba a un patio.
- No está interesado en las fiestas ni en las charlas intrascendentes y se acuesta temprano.
- No le gusta programar demasiadas reuniones; prefiere ver cómo se desarrolla el día. En el contexto de su rutina, efectúa entre cincuenta y cien llamadas telefónicas diarias.
- Es un purista de la limpieza y se asegura de que todas sus propiedades brillen.
- Confía en su intuición y cancela negociaciones que no le den un buen pálpito, aunque sobre el papel parezcan muy buenos acuerdos. Por otro lado, a menudo ha seguido adelante con negociaciones en contra de la opinión de sus asesores (un ejemplo de esto último lo constituye su compra del casino Hilton en Atlantic City, operación que fue un gran éxito).
- Se interesó por el negocio del juego cuando descubrió que la corporación Hilton poseía ciento cincuenta hoteles en todo el mundo pero que los dos casinos que tenía en Las Vegas le proporcionaban el 40% de sus ganancias.
- El siguiente principio le infunde muchos ánimos: «Lucho cuando estoy fastidiado, aunque la empresa sea costosa y difícil e implique un riesgo elevado».
- Afirma que heredó de su madre su amor por el glamur y de su padre su ética del trabajo duro.
- Le gusta contratar a mujeres para muchos altos cargos.
- Su lugar favorito es Mar-a-Lago, una espectacular propiedad en Florida construida en la década de 1920 por la heredera de la fortuna de los cereales Post, que compró a precio de ganga. A día de hoy, Mar-a-Lago es un club privado.

- Está orgulloso de haber reconstruido la pista de hielo Wollman en Central Park, que llevó a cabo en cuatro meses después de años de retrasos por parte de las autoridades de la ciudad.

Comentarios finales

¿Quién es el verdadero Donald Trump? Aunque es famoso por estar abonado a la exageración y la autopromoción, debajo hay un verdadero empresario que ama su trabajo. En su biografía de Trump, Robert Slater escribe que es más indulgente y generoso de lo que sugiere su imagen y que pocas personas resultan despedidas en su organización. También es leal y cuenta con financieros de confianza y personas honradas que llevan años a su lado. Como señala el mismo Trump:

> *En mi vida, hay dos cosas en las que he descubierto que soy muy bueno: superar obstáculos y motivar a la gente buena a dar lo mejor de sí en el trabajo.*

En su actual renacimiento, es fácil olvidar que durante gran parte de las décadas de los setenta y los ochenta la ciudad de Nueva York estaba en una situación caótica, próxima a la bancarrota y con altos índices de criminalidad. Pero Trump amaba claramente su ciudad y pensaba que era el centro del universo, y como recompensa por su confianza fue capaz de cosechar valiosas propiedades a precios bajos. A menudo se le tilda de vanidoso, pero la otra cara de la moneda es que tiene una fuerte confianza en sí mismo. Sin ella, no habría sido más que un promotor inmobiliario pequeño o mediano.

Hacia el final de *El arte de la negociación* Trump se pone filosófico. Se pregunta cuál es, en última instancia, el sentido de haber construido todo su imperio. Su respuesta honesta: no lo sabe. Tan solo tiene claro que le encantan las negociaciones, en sí mismas, independientemente de la cantidad de dinero que posee ahora. La vida es frágil, comenta, por lo que uno debe pasárselo bien con cualquier cosa que haga.

El arte de la negociación está repleto de interesantes menciones a los personajes de la Nueva York de los años ochenta, como la novelista Judith Krantz, la personalidad televisiva David Letterman, los financieros Michael Milken e Ivan Boesky, Ian Schrager de Studio 54, el alcalde Ed Koch, el diseñador de moda Calvin Klein y el cardenal de la catedral de San Patricio. Constituye una lectura divertida, además de que proporciona valiosas lecciones. También es un libro muy bien estructurado, gracias en parte al asesoramiento estilístico de Tony Schwartz. Los fans de Trump también deben leer la secuela, *The Art of the Comeback*, escrita diez años después.

DONALD TRUMP

Nacido en Queens (Nueva York) en 1946, Donald Trump fue el cuarto de cinco hijos. Su madre, Mary, era una inmigrante escocesa de la isla de Lewis, y su padre era hijo de unos inmigrantes alemanes (su apellido original era Drumpf) que dirigían un hotel en la Columbia Británica. De niño, Trump era asertivo y agresivo. A los trece años fue a la Academia Militar de Nueva York, en el norte del estado de Nueva York, donde permaneció hasta el último curso. Después de graduarse, pensó en matricularse en la escuela de cine de California, pero optó por estudiar en la Universidad de Fordham, en el Bronx, porque prefería estar cerca de casa. Asistió a la Escuela de Finanzas Wharton de la Universidad de Pensilvania (sin duda la mejor escuela de negocios de Estados Unidos para los empresarios), donde se graduó en 1968. En 1971 comenzó a trabajar para la compañía de su padre, la Organización Trump, antes de emprender su propio camino.

En 1977 se casó con la modelo y esquiadora checa Ivana Zelnickova, que durante varios años trabajó como gerente en hoteles de Trump. Fue Ivana quien acuñó el apodo «El Donald» para referirse a él. Tuvieron tres hijos, Donald Jr., Ivanka y Eric, pero se divorciaron en 1992, después de la aventura de Donald con la modelo Marla Maples, con quien se casó en 1993 –y con la que tuvo una hija, Tiffany–. En 2004 contrajo matrimonio con la modelo eslovena Melania Knauss. Viven con su hijo Barron (nombre que le pusieron en honor a Barron Hilton) en la Torre Trump, en un ático valorado en más de 30 millones de dólares.

La Lista de los Ricos de 2006 de la revista Forbes *estimó la fortuna de Trump en 2.900 millones de dólares, lo que le hacía ocupar el puesto número noventa y cuatro entre las personas más ricas de Estados Unidos.*

2003

EL ALMA DEL DINERO

En cada cultura, ubicación geográfica e interacción personal he visto la poderosa influencia que tiene el dinero en nuestras vidas, las heridas y dificultades que puede imponernos y el inmenso poder sanador que tiene la más mínima cantidad de dinero cuando lo utilizamos para expresar nuestra humanidad –nuestros más altos ideales y nuestros compromisos y valores más profundos.

Así como la sangre debe fluir a todas las partes del cuerpo para seguir teniendo salud, el dinero es útil cuando se está moviendo y fluyendo, cuando se contribuye con él y se comparte, cuando se dirige e invierte en aquello que afirma la vida.

En pocas palabras

Generar, usar y gastar dinero de una forma coherente con tus valores más profundos tiene un efecto sanador, no solo sobre ti sino sobre el mundo.

En la misma línea

Charles Fillmore. *La prosperidad* (pág. 144)
Joel T. Fleishman. *Las fundaciones* (pág. 152)
Paul Hawken, Amory B. Lovins y L. Hunter Lovins. *El capitalismo natural* (pág. 212)
John Randolph Price. *El libro de la abundancia* (pág. 320)
Sanaya Roman y Duane Packer. *Cómo crear dinero* (pág. 346)
Muhammad Yunus. *El banquero de los pobres* (pág. 406)

Capítulo 48

Lynne Twist

En la década de los setenta, cuando los hijos de Lynne Twist eran pequeños, su marido era un ejecutivo bien remunerado y su familia se estaba dando la gran vida. Tenían una bonita casa repleta de arte y una bodega de vino, ropa cara, un coche deportivo y una niñera, y se iban de vacaciones a lugares lejanos. Sin embargo, a Twist le impactó el contraste entre la riqueza de su círculo social y la pobreza de muchos otros.

Su vida acogedora se rompió y abrió después de asistir a unas charlas del líder del potencial humano Werner Erhard, que había fijado la meta de acabar con el hambre en el mundo en veinte años. Twist y su marido decidieron reorientar su vida hacia causas en las que creían y se unieron al Proyecto Hambre (establecido en 1977). Más adelante, ella se implicó en otras iniciativas, como la protección de la selva tropical, los derechos indígenas y el liderazgo de las mujeres.

A lo largo de cuatro décadas, formó a unos veinte mil recaudadores de fondos en cuarenta y siete países, y ella misma recaudó unos 150 millones de dólares, la mayor parte procedentes de donaciones individuales. Su obra ha llegado al desierto del Sahel, en el Senegal, a aldeas y barrios pobres de la India, al gran valle del Rift, en Etiopía, a pueblos mayas de Guatemala, y a la selva amazónica en Ecuador, así como a países ricos como Suecia, Francia, Japón, Canadá, el Reino Unido y los Estados Unidos. En el camino conoció a personajes como la Madre Teresa y el Dalái Lama, y el científico y futurista Buckminster Fuller se convirtió en un mentor para ella.

La amplitud de su experiencia le otorgó una perspectiva única sobre cómo la gente ve el dinero en todo el mundo. Su idea principal en *El alma del dinero* es que este no es intrínsecamente malo o bueno, si bien usado con sabiduría tiene el poder de transformarnos a nosotros y al mundo.

EL YUGO DEL DINERO

Twist vivió durante un tiempo con el pueblo achuar, que durante miles de años ha disfrutado de una vida plena en la selva sin necesidad de dinero. Fue solo cuando un miembro de ese pueblo estuvo con ella en Estados Unidos cuando pudo ver, a través de sus ojos, hasta qué punto vivimos en una cultura basada en el dinero. Nos preocupamos incesantemente por no tener suficiente dinero, definimos nuestro valor como personas en función de la cantidad de dinero que tenemos, competimos unos con otros por él y somos adictos al consumo. El dinero nos controla, en vez de controlarlo nosotros. Afecta a nuestras relaciones, impulsa guerras y conduce a la destrucción del medio ambiente. La reunión que tuvo Twist con la Madre Teresa la impactó, porque le dijo que parte del trabajo de su vida debería consistir en compadecerse de los ricos, muchos de los cuales sufren aislamiento, desconfianza, deterioro en sus relaciones y «endurecimiento del corazón».

EL MITO DE LA ESCASEZ

La raíz de nuestro problema con el dinero, indica Twist, es la ilusoria mentalidad de la escasez, la creencia de que hay una cantidad limitada de todo –no solo de dinero sino también de bienes materiales, tiempo, descanso, ejercicio, poder y amor–. Esta mentalidad afecta a ricos y pobres y conduce a la competencia, la desconfianza, la explotación, la envidia y muchos otros síntomas, como la idea de que la adquisición incesante es la mejor manera de vivir.

La tragedia de este tipo de pensamiento es que nunca podemos bajar de la cinta de correr para apreciar lo que tenemos, y nos valoramos a nosotros mismos y a los demás en función de factores externos en lugar de hacerlo a partir de las cualidades internas. Sin embargo, Twist afirma que la escasez es un mito, un producto cultural:

> *La escasez es una mentira. Independiente de la cantidad real de recursos que haya, es un conjunto falso y no analizado de supuestos, opiniones y creencias a partir del cual vemos el mundo como un lugar donde estamos en constante peligro de no ver satisfechas nuestras necesidades.*

El Proyecto Hambre de Twist ha sido criticado por centrarse en la educación y la mentalidad en vez de hacerlo en dar alimentos. Sin embargo, ella nunca dice que la ayuda física sea innecesaria, si bien afirma que debemos tratar de comprender las raíces no físicas de la pobreza, un componente importante de las cuales es la creencia generalizada en la escasez.

LA VERDAD DE LA SUFICIENCIA

Twist pasa a hablar de la «sorprendente verdad» de la suficiencia. Rara vez es la cantidad real de lo que tienes, sino cómo lo usas y aprecias, lo que marca la diferencia en cuanto a la prosperidad. Ella establece un contraste entre las tribus que viven en la abundancia de su entorno natural y las altas directivas que conoció al trabajar en Microsoft Corporation, quienes a pesar de ser millonarias tenían una sensación constante de carencia en cuanto al tiempo que podían dedicar a sus familias.

Mientras que la mentalidad de la escasez conduce a la competencia, la mentalidad de la suficiencia fomenta la colaboración. Dentro de este segundo marco conceptual, la capacidad única de todo el mundo de contribuir es reconocida y valorada, y el resultado es uno de ganar-ganar. Twist menciona el éxito del Proyecto Hambre en Bangladés para demostrar el poder de la colaboración. Una serie de talleres ayudaron a que mucha gente pasase de sentirse desesperanzada a formular una nueva visión de las comunidades autosuficientes. Esta visión dio lugar a la construcción de carreteras, granjas y pesquerías, a una reducción de la delincuencia en un 70% en algunas zonas y a una duplicación de los ingresos en muchas áreas.

EL CASH FLOW

Twist ve el dinero como un recurso que fluye como el agua, que circula por todo el mundo y deja diversas consecuencias a su paso. Nuestra tarea es ser conscientes de este flujo, tanto en nuestras elecciones acerca de cómo ganarlo como en las de cómo gastarlo. Desaconseja la acumulación excesiva de dinero, ya que es como un charco de agua estancada: ya no puede fluir hacia fines beneficiosos y útiles. Tenemos un miedo natural a hacer esto, pero pone el ejemplo de la Madre Teresa, que al parecer nunca tenía reservas de efectivo: confiaba en que el dinero siempre acudiría cuando fuera necesario, y así era.

En este contexto, recaudar fondos no consiste en persuadir a la gente de que done dinero, tal vez incluso en contra de su voluntad, sino en ayudarla a «realizar su grandeza» a través del fluir efectivo de su dinero. En una ocasión, Twist devolvió un cheque de 50.000 dólares que recibió de una empresa porque percibió que era «dinero de culpa», destinado a desviar la atención de los fallos morales de la compañía. La conciencia real del fluir del dinero descarta la entrega de este o de comida a la gente sin más: a nivel práctico, esto puede en realidad empeorar sus perspectivas a largo plazo, pues hace a esas personas dependientes de dicha «ayuda». La mejor manera de proceder es ayudarles a alcanzar la autosuficiencia a través de la colaboración basada en el respeto mutuo.

COMENTARIOS FINALES

Tras haber pasado décadas viajando por el mundo y viendo lo mejor y lo peor del poder del dinero, Twist es optimista. Su libro refuerza la distinción entre la riqueza y el dinero por un lado, y la prosperidad por el otro. Mientras que una búsqueda ávida de los primeros puede causar un daño terrible a nuestras almas, el enfoque en lo segundo –que implica el reconocimiento de que hay suficiente para todo el mundo– puede enriquecernos espiritual y emocionalmente.

En la actualidad hay bastantes libros sobre el significado del dinero en nuestras vidas, pero lo que distingue a *El alma del dinero* es la experiencia de Twist de los extremos de la riqueza y la pobreza. Con muchas historias personales y un tono afectuoso, el libro no pretende ser un trabajo académico sobre el papel del dinero. Algunos pueden encontrarlo demasiado místico; sin embargo, es una lectura apasionante que te hará pensar más profundamente acerca de tus actitudes subconscientes y sobre cómo puedes utilizar el dinero como un poder sanador en lugar de destructivo.

LYNNE TWIST

Lynne Twist nació en 1945. Además de su papel en el Proyecto Hambre, con sede en Nueva York (que tiene al economista ganador del Premio Nobel Amartya Sen y a la reina Noor de Jordania en su junta directiva), también ha sido vicepresidenta del Instituto de Ciencias Noéticas, cofundadora de la Alianza Pachamama para empoderar a los pueblos indígenas con el fin de preservar la selva amazónica y presidenta de la Coalición para un Cambio de Tendencia.
Fundó el Instituto Alma del Dinero en 2003 y conduce talleres y seminarios. También fue una de los autores que colaboraron en el libro The Soul of Business. *Está casada, tiene tres hijos adultos y vive en San Francisco.*

1904-1905

La ética protestante y el espíritu del capitalismo

Él evita la ostentación y los gastos innecesarios, así como el disfrute consciente de su poder, y se siente turbado por los signos externos del reconocimiento social que recibe [...] No obtiene nada de su riqueza para sí mismo, excepto la sensación irracional de haber hecho bien su trabajo.

La avidez ilimitada de ganancias no se puede identificar en absoluto con el capitalismo, y mucho menos con su espíritu [...] Pero el capitalismo sí se puede identificar con la búsqueda de beneficios, y con un lucro permanentemente renovado, a través del emprendimiento continuo, racional y capitalístico.

En pocas palabras

El espíritu del capitalismo no es la avaricia y el consumo, sino la creación de orden y el mejor uso de los recursos.

En la misma línea

Andrew Carnegie. *El evangelio de la riqueza* (pág. 94)
Peter Drucker. *La innovación y el empresario innovador* (pág. 116)
Marsha Sinetar. *Haz lo que amas; el dinero te seguirá* (pág. 362)
Adam Smith. *La riqueza de las naciones* (pág. 370)

Capítulo 49

Max Weber

¿Alguna vez has pensado con cierta profundidad en el sistema económico en el que naciste? ¿Dirías que hay un «espíritu» moviéndolo? El sociólogo Max Weber quedó fascinado por la influencia que tienen los pensamientos y las creencias en la historia, y sobre todo por el hecho de que la religión parece ser un factor importante a la hora de determinar los niveles de riqueza.

Weber se dio cuenta de que en la Alemania de su tiempo los líderes empresariales y los dueños del capital, por no hablar de la mayoría de los trabajadores más cualificados y los directivos, eran protestantes y no católicos. Los protestantes también mostraban un rendimiento escolar superior. La explicación convencional era que en los siglos XVI y XVII poblaciones y regiones específicas de Alemania se habían despojado de las directrices de la Iglesia católica, y al encontrarse de pronto libres de un régimen represivo que controlaba todos los aspectos de sus vidas, fueron capaces de perseguir sus propios intereses económicos y tener prosperidad.

De hecho, señala Weber, fue la extrema laxitud de la Iglesia en cuanto a las reglas morales y sociales lo que hizo que las clases medias burguesas se giraran en su contra. Estos burgueses de hecho *celebraron* la tiranía del control protestante, que regulaba con fuerza sus actitudes y comportamientos. La pregunta de Weber era: ¿por qué las clases más ricas de Alemania, los Países Bajos, Ginebra y Escocia, y también los grupos que se convirtieron en los puritanos estadounidenses, quisieron avanzar en esa dirección? ¿Seguro que la libertad y la prosperidad tienen lugar cuando hay menos control religioso, y no más?

EL ESPÍRITU CAPITALISTA

Al comienzo de *La ética protestante y el espíritu del capitalismo*, Weber admite que hablar del «espíritu» del capitalismo parece pretencioso. Después de todo, habían existido formas de capitalismo en China, la India, Babilonia y el mundo clásico, y no habían tenido un *ethos* especial más allá del comercio y el intercambio.

Fue solo con el surgimiento del capitalismo moderno, sugiere Weber, con lo que inició una cierta ética que vinculaba la rectitud moral con el hecho de ganar dinero. No se trataba solamente de que los protestantes buscaran enriquecerse con mayor intención que los católicos, sino también de que mostraban «una tendencia especial a desarrollar el racionalismo económico», es decir, un enfoque particular de la creación de riqueza que estaba menos centrado en la obtención de comodidad que en la búsqueda del beneficio. La satisfacción no provenía del dinero obtenido para comprar productos (que es lo que siempre había impulsado la obtención de dinero en el pasado), sino de la creación de riqueza basada en una mayor productividad y un mejor uso de los recursos.

Weber había estudiado las religiones no cristianas y su relación con la economía. Señaló que el sistema de castas del hinduismo, por ejemplo, sería siempre un gran obstáculo para el desarrollo del capitalismo, porque la gente no era libre de gozar de movilidad profesional o social. La ética espiritual hindú consistía en tratar de *trascender* el mundo, una perspectiva no muy diferente a la que condujo, dentro del catolicismo, a la aparición de los monasterios y conventos con el fin de que las personas santas estuviesen apartadas de los pecados y tentaciones del mundo exterior. La ética protestante, por el contrario, implicaba vivir con los ojos puestos en Dios, pero totalmente en el mundo. Los fieles protestantes no recibían el mensaje de que los negocios eran una iniciativa inferior en comparación con la vida santa, sino que uno podía lograr la santidad a través del trabajo. Esto les otorgaba una tremenda ventaja económica.

LA DIFERENCIA PROTESTANTE

Weber se cuida de no afirmar que había algo intrínsecamente mejor en la teología del protestantismo. Pero sí que la perspectiva general sobre la vida y el trabajo que las primeras tradiciones protestantes –los calvinistas, metodistas, pietistas, bautistas y cuáqueros– derivaban de sus creencias les permitió adaptarse singularmente bien al capitalismo moderno, al que aportaron lo siguiente:

- Un deseo de progreso.
- El amor por el trabajo duro en sí mismo.
- El orden, la puntualidad y la honestidad.
- El odio a perder el tiempo a través de la socialización, las habladurías, el sueño, el sexo o el lujo (expresado en el sentimiento «cada hora perdida se pierde en trabajar por la gloria de Dios»).
- La atención al uso más productivo de los recursos, representada por el lucro.
- El control absoluto de sí mismo y la aversión al disfrute espontáneo.
- La creencia en una llamada, o en «demostrar la fe por medio de las actividades mundanas».

Muchos escritores calvinistas tenían el mismo desprecio por la riqueza que los ascetas católicos, pero cuando se examinan más de cerca sus escritos, señala Weber, se ve que su desprecio va dirigido al *disfrute* de la riqueza y a las tentaciones físicas que se derivan de ello. La actividad constante podía expulsar estas tentaciones; por lo tanto, el trabajo podía ser sagrado. Si la persona era capaz de expresar sus energías espirituales por medio del trabajo, este podía constituir su salvación. Esta combinación de «piedad intensa con la perspicacia para los negocios», como lo describe Weber, se convirtió en la piedra angular de muchas grandes fortunas.

Comentarios finales

Hoy día nos autocriticamos por estar demasiado implicados con la sociedad de consumo, con comprar y usar en lugar de ahorrar y crear. Vale la pena leer a Weber para recordar el verdadero espíritu del capitalismo: en realidad no consiste en una carrera alocada para gastar y consumir, sino en crear riqueza por medio de un buen uso de los recursos, incluidos nuestros propios talentos.

Siempre hay un abismo entre las personas que están poco preocupadas por la naturaleza del trabajo que realizan, siempre y cuando les aporte dinero y una cierta posición social, y aquellas que sienten que su trabajo debe permitirles realizar su potencial. Este es el grupo que insufla continuamente nueva vida a las economías y las sociedades. Si tienes una «vocación» o un sentido del deber en relación con el trabajo que haces, tu rendimiento alcanza, de forma natural, una dimensión extra, poderosa. Si se parte de la vocación, dice Weber, no hay ningún problema en absoluto en cuanto a la conciliación de los aspectos económicos y espirituales de la vida.

La ética protestante y el espíritu del capitalismo muestra cómo los rasgos del carácter, fuertemente conformados por la religión, pueden tener un papel enorme en la creación de riqueza. De todos modos, estos rasgos no dependen necesariamente de una religión en particular para florecer, y pueden observarse en todo el mundo allí donde las economías han despegado. Las economías asiáticas que han experimentado un auge tan espectacular en los últimos veinte años tienen solo un pequeño porcentaje de población protestante, pero sus ciudadanos trabajadores y concienciados tienen mucho en común con los burgueses obedientes y abnegados de la Alemania del siglo XVII.

MAX WEBER

Max Weber nació en 1864 en Erfurt (entonces Prusia) y era el mayor de siete hermanos. Su padre era un burócrata y político liberal cuya familia había hecho fortuna en la industria del tejido de lino. Su madre era una calvinista devota.

En 1882, se matriculó en la Universidad de Heidelberg para estudiar Derecho, y dos años más tarde se trasladó a la Universidad de Berlín, donde en 1889 se doctoró con una tesis sobre la historia agraria de Roma. Sus amplios intereses en el campo de la historia, la economía y la filosofía, además de su buena disposición a comentar sobre la política alemana, lo convirtieron en un intelectual destacado.

En 1896 su padre murió y él entró en un largo período de depresión. La ética protestante y el espíritu del capitalismo *fue uno de los primeros escritos que le permitieron resurgir de esa etapa.*

Después de la Primera Guerra Mundial, Weber ayudó a redactar la nueva Constitución de Alemania y jugó un papel en la fundación del Partido Demócrata Alemán. Murió en 1920, y en 1926 su esposa, Marianne Weber, feminista y socióloga, publicó una célebre biografía de su marido.

Max Weber fue un escritor prolífico; algunas de sus obras son Economía y sociedad, Sociología del poder: los tipos de dominación, El político y el científico *y* Conceptos sociológicos fundamentales.

1999

El banquero de los pobres

Cuando ella recibe ese préstamo de 15 dólares, está literalmente temblando. El dinero le quema los dedos. Las lágrimas resbalan por sus mejillas, porque nunca ha visto tanto dinero en toda su vida. Nunca imaginó tenerlo en la mano. Lo lleva como llevaría un pájaro delicado o un conejo, hasta que alguien le dice que lo guarde en un lugar seguro para que nadie se lo robe... Así son generalmente los comienzos de un prestatario Grameen.

El préstamo de Grameen no es solamente dinero en efectivo; se convierte en una especie de boleto para el autodescubrimiento y la autoexploración. El prestatario comienza a explorar su potencial, a descubrir la creatividad que lleva dentro. Yo diría que con los dos millones de prestatarios de Grameen se obtienen dos millones de historias emocionantes de autodescubrimiento.

Debemos juzgar la calidad de vida de una sociedad no por medio de observar la forma en que viven los ricos de esa sociedad, sino por la forma en que el percentil más bajo de las personas viven sus vidas.

En pocas palabras

Si se les da la oportunidad, los más pobres harán lo que haga falta para lograr la prosperidad.

En la misma línea

Andrew Carnegie. *El evangelio de la riqueza* (pág. 94)
Joel T. Fleishman. *Las fundaciones* (pág. 152)
Anita Roddick. *Otra forma de hacer negocios: Anita Roddick y The Body Shop* (pág. 340)
Lynne Twist. *El alma del dinero* (pág. 394)

Capítulo 50

Muhammad Yunus

En 1974, Bangladés estaba soportando una de sus peores hambrunas. Como profesor de Economía, Muhammad Yunus se encontraba en una posición confortable y no tenía necesidad de prestar mucha atención a lo que estaba sucediendo fuera de los muros de su universidad. Sin embargo, cuando «personas de aspecto esquelético empezaron a aparecer en las estaciones de ferrocarril y de autobuses de Dacca», la capital, comenzó a hacerse preguntas acerca de sus teorías económicas. ¿Qué valor tenían cuando había bebés que podían morir por la mera falta de alimentos?

Decidió ir a un pueblo cercano, Jobra, para informarse acerca de la pobreza de primera mano. Lo que descubrió le dejó asombrado.

UN CICLO DE ESCLAVITUD ECONÓMICA

Una de las primeras mujeres con las que habló Yunus, Sufia Begum, confeccionaba taburetes de bambú para venderlos, pero tenía que pedir prestado continuamente dinero a los comerciantes a un alto interés para comprar la materia prima. A continuación, tenía que vender los taburetes a esos comerciantes. Sus ganancias eran de solo 2 centavos de dólar al día, con lo que nunca sería capaz de reunir suficiente dinero para comprar su propio bambú. Dependía tanto de los comerciantes que apenas tenía suficiente para comer. Escribe Yunus en *El banquero de los pobres*:

> *En mis cursos universitarios hablaba de millones y miles de millones de dólares, pero allí, delante de mis ojos, la diferencia entre la vida y la muerte venía dada por unos centavos. Algo estaba mal.*

El sistema garantizaba que esa mujer nunca pudiese ahorrar un centavo o invertir en sí misma o en su pequeño negocio. Personas como ella no eran pobres porque fuesen perezosas o incompetentes, pues trabajaban largas horas haciendo tareas complejas. Al no existir ninguna institución financiera que estuviese a su servicio, se había creado una situación de «*apartheid* financiero»: el mercado de los créditos para los pobres se había dejado en manos de los prestamistas, que cobraban tasas de interés escandalosas. Todo lo que les faltaba a esas personas era un poco de crédito para poder asumir el control de sus propios destinos. El capital, incluso en cantidades pequeñas, podía constituir la diferencia entre la autoestima y la desesperación, incluso entre la vida y la muerte.

Yunus se dio cuenta de que si prestaba pequeñas cantidades de dinero a personas como Sufia a bajo interés, instantáneamente podrían comenzar a salir del círculo de la pobreza. Sus primeros préstamos, a cuarenta y cuatro familias de Jobra, ascendieron a 27 dólares en total. Se trataba de individuos a quienes ningún banco se plantearía nunca conceder ningún préstamo, ya que no podían ofrecer ningún aval y eran en su mayoría analfabetos, de modo que ni tan siquiera sabrían rellenar un formulario de solicitud. Yunus no se consideraba un banquero, pero se hallaba ante una clara necesidad que podía resolverse aplicando unos ínfimos recursos.

LOS POBRES SON FINANCIABLES

El experimento de Yunus en Jobra fue el comienzo de una institución, el banco Grameen, que en 2007 había prestado en total más 6.000 millones de dólares a las familias más pobres del mundo, la mayoría de las cuales abandonaron la pobreza para siempre. La palabra *grameen* significa «pueblo», ya que al principio se consideraba un banco rural o de pueblo.

En sus esfuerzos por asentar Grameen, los mayores obstáculos que tuvo que afrontar Yunus fueron las actitudes y creencias sobre los pobres, entre ellas las siguientes:

- Necesitan mucha formación antes de poder llegar a hacer nada.
- No son capaces de ahorrar.
- Van a huir con cualquier cantidad de dinero que reciban.
- A raíz de su situación de pobreza han perdido toda ambición.
- Los créditos van a destruir a las familias, porque a los hombres no les va a gustar que sus esposas estén al cargo de las finanzas.

Contrariamente a estos prejuicios, el banco de Yunus sigue el principio de que «los pobres son financiables». No solo es moralmente correcto concederles préstamos, sino que pueden cosecharse beneficios con esta actividad.

En los primeros días, todos los banqueros con los que habló desestimaron su idea de conceder préstamos a los más pobres, ya que esto iba contra un principio sagrado de la banca: la necesidad de un aval. Sin embargo, para su sorpresa, descubrió que en realidad es mucho menos arriesgado conceder préstamos a los más pobres que a los más ricos; en el caso de los primeros, los índices de devolución de los préstamos son de más del 98%. Esto se debe, según él, al hecho de que sus propias vidas están en juego. Están desesperados por salir de la pobreza, por lo que un pequeño préstamo les parece una tremenda bendición y un voto de confianza. Devolver el dinero es lo que deben hacer para llegar a ser personas prósperas y respetables.

¿POR QUÉ LAS MUJERES?

Los mejores clientes de Grameen eran las mujeres indigentes. Desesperadas por mejorar la vida de sus hijos, anhelaban saneamiento, tres comidas al día y un techo sin goteras. Mientras que los hombres tienden a tener sus propias prioridades de gasto, cualquier cantidad de dinero de que disponga una mujer tenderá a ir destinada a sus hijos o al mantenimiento de la casa.

Los esposos y los mulás del pueblo eran contrarios a que Grameen concediera préstamos principalmente a las mujeres, pero la mayoría cambiaron de idea al ver cómo esta práctica podía transformar el destino de las familias. Entre muchos otros puntos a favor, era mucho menos probable que las mujeres que tomaban préstamos fueran golpeadas por sus maridos. Su creciente influencia financiera también condujo a una reducción de prácticas como el matrimonio infantil y el pago de dotes.

Yunus señala con frecuencia que los préstamos de Grameen son más que dinero: constituyen una clave para el crecimiento personal y la realización. Dice esto de la prestataria típica:

> *Toda su vida le han dicho que no era buena; que, al ser mujer, solo trajo miseria a su familia, porque ahora tenían que pagar una dote, que no podían permitirse [...] Pero hoy, por primera vez en su vida, una institución ha confiado en ella al prestarle todo ese dinero. Muy asombrada, se promete a sí misma que nunca defraudará a la institución que ha confiado tanto en ella. Luchará para asegurarse de devolver hasta el último centavo. Y lo hace.*

Un préstamo puede significar la dignidad, a menudo por primera vez en la vida de una mujer. La caridad, por el contrario, solo mantiene a las personas en la situación en que se encuentran; les quita la oportunidad de perseguir el desarrollo en sus propios términos.

MILES DE MILLONES DE EMPRENDEDORES

Grameen ha tenido a menudo una relación difícil con el Banco Mundial. Yunus señala que la mayor parte del dinero del Banco Mundial, así como el gestionado por las grandes organizaciones caritativas, no acaba en manos de quienes realmente lo necesitan. Tiende a gastarse en grandes proyectos o infraestructuras, como carreteras y puentes, los cuales, si bien pueden ser útiles, en realidad no hacen que una persona pobre sea más rica.

Aunque está muy a favor del capitalismo de libre mercado, Yunus observa que este sistema tiende a hacer que la gente ya acomodada sea más rica y que no necesariamente mejora el nivel de vida de los pobres. El presunto «goteo de la riqueza hacia abajo» es un mito, ya que a menudo hay dos o tres economías funcionando en paralelo. Además, si bien los empleos siempre son vistos por los gobiernos y las agencias de ayuda como la clave para que una economía llegue a ser rica, el autoempleo es en realidad más sostenible. Yunus argumenta que en lugar de tratar de aumentar el producto interior bruto de todo un país, debería ponerse la atención en aumentar la renta real del 25% de la población con menos recursos. Con el trabajo por cuenta propia las ganancias y los beneficios se quedan en el país, en lugar de ir a parar al extranjero. Además, estas microempresas son generalmente demasiado pequeñas para tener efectos negativos en el medio ambiente.

Como «banco de autoayuda del sector privado», Grameen aprovecha las fuerzas naturales del mercado para que los más pobres se suban al carro de la prosperidad. «Todos los seres humanos son emprendedores en potencia», comenta Yunus, pero para tener la oportunidad de expresar sus talentos a menudo requieren una financiación inicial. Los ricos no entienden que lo que para ellos son ínfimas cantidades de dinero pueden significar la diferencia entre la pobreza y la prosperidad para otras personas.

EL AUGE DE UNA INSTITUCIÓN

En 1983, Grameen se convirtió en una institución bancaria propiamente dicha, con la ayuda del Gobierno de Bangladés. Con los años, sus servicios han crecido para incluir préstamos para viviendas y financiación para inodoros y bombas de agua, seguros de salud y préstamos para la educación, e incluso el establecimiento de redes de telefonía móvil en aldeas. Hoy en día, unos sesenta países tienen clones de Grameen, que proporcionan microcréditos a su población más pobre además de llevar a cabo las operaciones propias de la entidad.

Sin embargo, quizá el aspecto más fascinante del auge del banco es que ha llegado a estar presente en países acaudalados. Bill y Hillary Clinton se interesaron en la fórmula de Grameen desde el principio y ayudaron a este banco con programas para prestar a la gente pobre en el estado de Arkansas. Grameen también ha ayudado a los nativos americanos y a personas pobres de raza negra residentes en ciudades a lograr el bienestar e iniciar negocios. Yunus señala que los microcréditos en los países ricos a menudo significan que lo que en ese momento son «apaños» pueden convertirse en negocios propiamente dichos.

¿Cuál ha sido el secreto del crecimiento tan fenomenal del banco? Sorprendentemente, cada vez que entra en una nueva comunidad o región, sus agentes tienen la instrucción de introducirse «poco a poco», sin asumir más de cien prestatarios en el primer año. Al comenzar de forma discreta y a pequeña escala, en lugar de endosar sus formas e ideas a esa comunidad, el banco genera confianza. Esta es una forma de capital que no se puede comprar.

Comentarios finales

En la Cumbre Mundial del Microcrédito de 1997, celebrada en Washington, D. C., Yunus dijo al público:

> *Creemos que la pobreza no tiene cabida en una sociedad humana civilizada. No debe estar más que en los museos.*

Comentó que si en tan solo sesenta y cinco años se progresó desde el primer vuelo de los hermanos Wright hasta la llegada del ser humano al espacio, era muy posible erradicar la pobreza en el curso de nuestras vidas.

En el plazo de veinte o treinta años es posible que nos sorprenda ver cómo muchas personas salieron de la pobreza para siempre, no gracias a la caridad, sino por medio del ingenio y la inventiva. La prosperidad real no es algo que pueda concederse o donarse, sino que se basa en el trabajo duro más los intangibles vitales de la confianza, la dignidad y un sentimiento de control. Estos equivalen a muchas veces el coste de un préstamo y, al haberse atrevido a cambiar la forma de hacer las cosas en el mundo de la banca, Grameen ha desatado el poder de creación de riqueza en individuos que de otra manera seguirían atrapados por las penurias.

El banquero de los pobres es una lectura inspiradora y muy interesante que entreteje la vida personal de Yunus con la historia del banco Grameen. También es una ventana a la fascinante historia de Bangladés, un país que muchas mentes asocian con la pobreza, pero que en el futuro podría ser visto como la cuna de una revolución de prosperidad.

MUHAMMAD YUNUS

Nacido en 1940, Muhammad Yunus fue el tercer hijo entre nueve y creció en Chittagong (Bangladés). Su padre era joyero. En la escuela, Yunus era siempre el mejor de su clase y ganó una beca para estudiar en la prestigiosa Escuela Universitaria Chittagong.
En 1957 empezó a estudiar Economía en la Universidad de Dacca y obtuvo un máster en 1961. Trabajó como profesor en la escuela universitaria donde había estudiado y en su tiempo libre estableció una planta de embalaje e impresión que dio trabajo a cien personas. Yunus ganó una beca Fulbright para estudiar en Estados Unidos, de modo que fue a la Universidad de Colorado en Boulder y luego a la Universidad Vanderbilt en Tennessee, donde obtuvo el doctorado. En Estados Unidos conoció a su primera esposa, Vera Forostenko, y regresó a Bangladés después de que el país obtuvo la independencia en 1971. Pasó a ser el director del Departamento de Economía de la Universidad de Chittagong y comenzó su trabajo de reducción de la pobreza después de la hambruna que tuvo lugar en 1974 en su país. Actualmente está casado con Afrozi Yunus, profesora de Física. Yunus y el banco Grameen recibieron conjuntamente el Premio Nobel de la Paz 2006. En 2007 fue nombrado miembro fundador de Global Elders, un grupo de liderazgo presidido por Desmond Tutu centrado en la paz mundial y los derechos humanos. El Financial Times *lo eligió como uno de los seis «pioneros de las finanzas». En la edición de 31 de marzo de 2015, en un artículo titulado «Pioneros empresariales de las finanzas», Yunus fue ubicado junto a Warren Buffett, Amadeo Giannini, Henry Kravis, J. P. Morgan y M. A. Rothschild como uno de los más grandes pioneros de las finanzas de todos los tiempos.*

Los principios de la prosperidad

A pesar de la diversidad de puntos de vista, el examen de la literatura al respecto permite identificar una serie de «principios de la prosperidad». El objetivo de este capítulo es proporcionar una concentración de la sabiduría destilada de las ideas, estrategias y filosofías de *50 clásicos de la prosperidad*. Para ello, los principios se han organizado en cuatro apartados: atracción, creación, gestión y compartición de la riqueza.

PRINCIPIOS PARA ATRAER LA RIQUEZA

- Paradójicamente, la riqueza (y la felicidad) acude con mayor facilidad a quienes se olvidan de sí mismos en el servicio a los demás. La ley del dar, de manera infalible, retribuye más al dador que a aquellos a quienes da.
- Cuando te enfocas en otras personas y circunstancias como la fuente de tu prosperidad, tiendes a perderla. Pero cuando reconoces a Dios, a un poder superior o al universo como la fuente de tu suministro, el dinero comienza a fluir. No es el dinero en sí mismo lo que nos hace estar seguros, sino un conocimiento profundo del poder que tiene el universo de proveernos.

- Para recibir cosas buenas, antes debes limpiar tu mente de desorden y emociones negativas. Al crear un vacío, permites la llegada de lo bueno. Cuando estás resentido, permaneces atado a la persona o situación que te molesta. Al perdonar, te liberas y permites que se abran las compuertas de la prosperidad.
- El universo está perfectamente ordenado; por lo tanto, la persona que lleva sus propios asuntos de forma más ordenada está en sintonía con las riquezas universales. Para recibir más dinero, primero debes demostrar que puedes administrar bien lo que ya tienes, por poco que sea.
- La ley básica del universo es que pasa a haber cosas que antes no existían. Cuando creas imágenes mentales de salud, riqueza y felicidad, no estás tratando de cambiar las leyes de la naturaleza, sino de cumplir tu promesa única de traer todo esto a la existencia.
- De acuerdo con la ley de la atracción, todo aquello en lo que pones la atención por medio del pensamiento o el deseo se convierte en realidad. Atraes los objetos, las personas o las situaciones que son el equivalente de tu estado actual de ser, o «vibración».
- El «proceso creativo» es la forma específica en que puedes utilizar la ley de la atracción para obtener lo que quieres. Implica lo siguiente: pedir al universo y ser muy claro en cuanto a lo que quieres; pensar, actuar y hablar como si ya hubieras recibido lo que has pedido, y recibir (sentirte genial por el hecho de que eso está viniendo a ti, lo cual establece la vibración necesaria para manifestar el deseo). Este proceso se resume así en la Biblia: «Todas las cosas que pidáis en oración, creed que ya las habéis recibido y las tendréis».
- La decisión de elevar el estado de ánimo o el sentimiento en cada momento es vital para incrementar la vibración, lo que a su vez atrae objetos, personas y sentimientos de vibración similar. Para ser rico y feliz, debes hacer de tu actitud mental positiva un hábito básico en tu vida.
- Si tu economía está floja, alaba y bendice todo lo que tienes e imagina que va aumentando. El hecho de bendecir tanto lo que tienes tú como lo que tienen los demás pone en marcha la ley del incremento.
- La gratitud es la clave de una vida abundante, porque te pone en un estado de ánimo que atrae aún más de aquello por lo que estás

agradecido. El amor, la valoración y el agradecimiento son la esencia de la prosperidad. Es correcto dar, pero también debes aprender a recibir.

PRINCIPIOS PARA LA CREACIÓN DE RIQUEZA

- La base de la vida próspera (consistente en riqueza material, salud y bienestar mental) es el carácter personal, forjado a partir del autocontrol y el cultivo de la virtud. Una persona íntegra, de confianza y con un buen carácter es «financiable»; sus riquezas crecen tanto a partir de lo que es como de lo que hace.
- La definición del propósito es esencial para el éxito del creador de riqueza. Un propósito claro permite ver los contratiempos como temporales, destierra los miedos y las dudas e inspira la ayuda de los demás.
- Haz más de lo que se te pida o se espera de ti; haz un esfuerzo adicional. Llevar a cabo un esfuerzo extraordinario sin la garantía de obtener ganancias es la base de la mayoría de las grandes fortunas.
- Sea lo que sea lo que hagas, proporciones o crees, asegúrate de ofrecer un resultado excepcional. Recuerda el dicho latino *in excellentia lucrum* –en la excelencia están las ganancias.
- El miedo al fracaso o a la vergüenza es el mayor obstáculo para la obtención de riqueza. El miedo pone freno a la acción. Si no estás dispuesto a correr el riesgo de fracasar, estarás siempre implicado en circunstancias que impliquen poco riesgo. Con poco riesgo solo hay pequeñas recompensas.
- Aprende; no culpes. Es fácil culpar a personas o acontecimientos cuando las cosas no están yendo bien, pero el creador de riqueza inteligente solo busca aprender en cada situación. No te quejes; busca oportunidades.
- Pensar en grande es la base de todas las mayores empresas y fortunas. Estás pensando constantemente, por lo que no te supone más esfuerzo pensar en grande que en pequeño.
- La riqueza fluye hacia la persona que tiene una alta tolerancia a la incertidumbre o a la decepción. Gestiona bien la decepción, y llevarás a cabo más intentos para lograr tus metas. Por la ley del promedio, donde otros se han rendido tú tendrás éxito.

- Las personas con mentalidad de ricas no tratan de evitar el riesgo o la complejidad. Incluso asumen grandes problemas, porque saben que resolverlos puede dar lugar a un valor significativo.
- No basta con que quieras ser rico; debes *comprometerte* a ello. La providencia lo mueve todo por la persona que toma la determinación de seguir hasta el final y que persevera en un emprendimiento arriesgado. Los que tan solo son medio entusiastas logran la mitad del éxito.
- Elige tu vocación con sabiduría. El amor a tu trabajo crea un «círculo de excelencia» que no puede dejar de proporcionarte grandes ganancias con el tiempo. Pero además de poner en ello tu amor y talento, tienes que trabajar duro.
- Si crees ver el futuro, actúa de acuerdo con ello. Las predicciones basadas en un profundo conocimiento suelen ser acertadas. Si algo atrapa tu imaginación, lo más probable es que también atrape la de otras personas.
- Alguien ha hecho una fortuna con todo lo que ves a tu alrededor. Todo lo que necesitas es una idea que pueda llevarte a ganar tu fortuna, y es probable que se encuentre en tu propio patio trasero.
- No tengas miedo de ser diferente. Al introducirte en cualquier terreno o profesión nuevos, ten la intención de convulsionar ese ámbito y proporcionar un nuevo valor.
- El camino más seguro hacia la riqueza consiste en crear un producto o servicio que incremente la facilidad y rapidez de los resultados.
- Por encima de todo, son los clientes quienes crean la riqueza. Ten clientes incluso antes de empezar tu negocio.
- La semilla del espíritu empresarial es el deseo de tener el control del propio destino.
- El propósito de la iniciativa empresarial es proporcionar nuevas satisfacciones y formas de valor. Se basa en éxitos inesperados que se capitalizan rápidamente.
- Las riquezas siguen a la propiedad. Sé propietario de algo, o al menos de parte de algo.
- Ten muchas fuentes de ingresos. No dependas de un solo salario para tu seguridad financiera.

- La gente rica crea sistemas que producen dinero. La gente de clase media trabaja dentro de estos sistemas y para ellos, por lo que nunca se hace rica.
- Toda riqueza se crea primero en la mente. Por lo tanto, un sistema político-económico que promueva y proteja la libertad de pensar, innovar, crear y prosperar, y que asegure la existencia de mercados libres y abiertos en los que comercializar los productos, es un sistema moral.

PRINCIPIOS PARA LA GESTIÓN DE LA RIQUEZA

- Vive dentro de tus posibilidades. Si no eres rico, no lleves el estilo de vida propio de una persona rica. Te harás rico por medio de imitar el modo de pensar de los ricos, no sus gastos.
- Los pobres se centran en gastar dinero; los ricos, en crearlo, ahorrarlo e invertirlo.
- La mayoría de la gente ve el dinero como efectivo en mano para usar y gastar. La gente rica entiende el dinero principalmente como semillas que sembrar que se convertirán en árboles de dinero.
- Planifica tus gastos. Nunca vayas de compras obedeciendo a un impulso. Generalmente, cuanto más tiempo dediques a planificar una compra, más dinero ahorrarás.
- Documenta tus gastos. Es el primer paso para obtener el control de tus finanzas.
- Ahorra de forma habitual. Págate el primer 10% de lo que ganes, antes de pagar los impuestos, e inviértelo. La disciplina del ahorro puede hacerte rico con el tiempo. No arriesgues tu paz mental o tus relaciones por perseguir el dinero fácil.
- Aprovecha la magia del interés compuesto. Es decir, reinvierte todos los intereses o dividendos que ganes.
- Los ahorros te permiten cosechar gangas y aprovechar oportunidades.
- Ganar más no va a resolver tu problema con las deudas (las deudas aumentan para emparejarse con las ganancias). Aprender a gestionar el dinero de manera responsable sí te permitirá resolver este problema.

- Las personas austeras disfrutan más de lo que poseen, obtienen el máximo provecho de ello y se complacen de tener la posibilidad de hacer regalos cuando lo desean.
- Ten un fondo de emergencia que cubra tus gastos durante tres o seis meses. Si ocurre algo y necesitas dinero, no tendrás que endeudarte o depender de la caridad de los demás.
- Resiste las invitaciones a poseer una tarjeta de crédito. Actualmente, con una tarjeta de débito ya puedes hacer lo mismo que hacías antes con la de crédito, pero no vas a caer en una espiral de deudas.
- Paga por la mayoría de las cosas con dinero en efectivo. Vas a gastar menos.
- Cuando pidas dinero prestado, asegúrate de que es para invertirlo en algo productivo o para algo que es probable que se revalorice, y paga el préstamo tan pronto como te sea posible.
- No seas alguien que «sabe el precio de todo y el valor de nada». A la hora de invertir en acciones, considérate copropietario de la empresa en la que estás invirtiendo, no un comerciante.
- No trates de ganarle al mercado o especular. Confía en la capacidad que tienen los mercados de valores de ofrecer un buen rendimiento general a largo plazo.
- Con el poder del efecto palanca y una modesta apreciación de los precios, además de un grado normal de paciencia, en dos o tres décadas puedes hacer una fortuna con el mercado inmobiliario.
- Demasiado dinero o demasiado poco magnifica los defectos personales o revela el buen carácter que ya estaba allí. Por lo tanto, en relación con tu vida financiera, el trabajo que llevas a cabo con tus cualidades personales nunca es en vano.

PRINCIPIOS PARA COMPARTIR LA RIQUEZA

- El dinero es un tipo de energía que está siempre activa. Para traer el mayor beneficio al mayor número de personas, debe fluir y circular.
- Generar, usar y gastar dinero de una manera coherente con tus valores más profundos tiene un efecto sanador, no solo para ti mismo sino también para el mundo.
- En realidad, nunca posees la riqueza; eres un mayordomo de ella hasta que mueres. Cuando alguien hace una fortuna, tiene la

obligación de dedicar por lo menos parte de ella a causas y proyectos que ayuden y eleven a los demás.

- Con unos objetivos claros y un enfoque en los resultados, la riqueza privada en forma de fundaciones puede cambiar el mundo.
- La base de la prosperidad es un medio natural sano. Sin un aire y un agua limpios y una tierra fértil, la humanidad no tiene nada. Invierte, gasta o gana dinero de formas que no sean dañinas y sí beneficiosas para el planeta.
- Si se les da acceso a financiación, las personas más pobres del mundo lucharán por la autosuficiencia y la prosperidad, y las lograrán.

50 clásicos más

1. William Bernstein. *The Four Pillars of Investing* (2002)/*Los cuatro pilares de la inversión* (2008), Barcelona, España: Deusto S. A. Ediciones.
   Aclamada como la mejor guía moderna para la inversión en valores. Los ejes centrales son saber algo sobre la historia del mercado de valores y darse cuenta de que invertir tiene mucho que ver con la psicología.
2. Victor Boc. *How To Solve All Your Money Problems Forever* (1997).
   Libro en la línea de Joe Karbo que proporciona una potente receta hacia la riqueza a partir de las afirmaciones y el «vivir contento».
3. Eric Butterworth. *Spiritual Economics* (1998)/*Economía espiritual: los principios y el proceso de la verdadera prosperidad* (2003), Unity Books.
   Explicación clara de los principios de la prosperidad del Nuevo Pensamiento, utilizados en muchos grupos de lectura de las iglesias.
4. Ron Chernow. *Titan: The Life of John D. Rockefeller Snr.* (2004).
   Biografía no superada del hombre que amasó más fortuna que cualquier otro norteamericano antes de Bill Gates, y sobre cómo la dio.

5. David Chilton. *The Wealthy Barber* (1998).
   Cuento popular que explica los fundamentos de las finanzas personales. Afirma que los lectores pueden llegar a ser personas acomodadas incluso con un salario normal. Ideas similares a las de David Bach en *El millonario automático*.
6. Deepak Chopra. *Creating Affluence* (1998)/*El camino de la abundancia*, Javier Vergara ediciones.
   Guía de la A a la Z sobre cómo manifestar riqueza a través de la conciencia de la física cuántica y los principios espirituales.
7. Yvon Chouinard. *Let My People Go Surfing* (2006)/*Que mi gente vaya a hacer surf* (2006), España: Desnivel.
   El fundador de Patagonia, empresa de productos para exteriores, muestra cómo ser verde y tener un buen comportamiento con los trabajadores pueden ser pilares de la construcción de una gran compañía.
8. Paul Collier. *The Bottom Billion* (2007)/*El club de la miseria* (2008), Madrid, España: Turner.
   El mundo jamás ha sido tan rico; entonces, ¿por qué hay todavía mil millones de personas desesperadamente pobres? La mirada de un profesor de Oxford sobre cómo las guerras civiles, la dependencia respecto de los recursos naturales y la corrupción siguen evitando la prosperidad en los países más pobres –y qué puede hacerse al respecto.
9. Robert Collier. *Riches Within Your Reach* (1947).
   Titulado originalmente *The Law of the Higher Potential* («La ley del potencial más alto»), habla de la aplicación de las leyes metafísicas al proceso de creación de riqueza.
10. Christine Comaford-Lynch. *Rules for Renegades* (2007)/*Reglas para irreverentes* (2009), Santillana USA Pub Co Inc.
    Emprendedora, ingeniera de *software* y exmonja budista, la autora proporciona grandes consejos para el éxito en los negocios y en la vida, a partir de la confianza en uno mismo para marcar la diferencia.
11. Nicholas Darvas. *How I Made $2,000,000 in the Stock Market* (1960)/*Cómo conseguí 2.000.000 de dólares en bolsa* (2004), Madrid, España: Open Project.

Narración divertida y aún popular sobre el desarrollo de un sistema para tener éxito a la hora de elegir las acciones en las cuales invertir, escrita mientras el autor estaba viajando por el mundo con una compañía de baile de salón.

12. Lee Eisenberg. *The Number: A Completely Different Way to Think About the Rest of Your Life* (2006).
    Este libro trata el tema de averiguar cuánto se necesita para tener una jubilación confortable. Le faltan consejos prácticos; es más una reflexión filosófica sobre objetivos y prioridades.
13. Tim Ferris. *The 4-Hour Workweek* (2007)/*La semana laboral de 4 horas* (2010), Barcelona, España: RBA Libros.
    Manifiesto para salir de la jornada laboral larga, por medio de la creación de negocios autogestionados que permitan viajar y trabajar desde cualquier parte. Ha atraído muchas críticas, pero proporciona infinidad de consejos prácticos.
14. Marc Fisher. *The Instant Millionaire* (1993)/*El millonario instantáneo* (2002), Empresa Activa.
    Cuento divertido y potente sobre el poder de los objetivos y la confianza en uno mismo a la hora de conseguir la abundancia.
15. Philip A. Fisher. *Common Stocks and Uncommon Profits* (1996)/*Acciones ordinarias y beneficios extraordinarios* (2009), Barcelona, España: Deusto.
    Fisher, que ha ejercido una fuerte influencia sobre Warren Buffett, muestra por qué es mejor pagar más por una compañía grande y en expansión que intentar encontrar empresas devaluadas que tal vez nunca serán grandes.
16. Edwene Gaines. *The Four Spiritual Laws of Prosperity* (2005)/*Las cuatro leyes de la prosperidad* (2.ª ed.) (2012), México: Lectorium.
    Con un espíritu en la línea de Catherine Ponder y Charles Fillmore, Gaines apunta al diezmo, el establecimiento de objetivos, el perdón y encontrar el propósito de vida como los caminos hacia la prosperidad.
17. Shakti Gawain. *Creating True Prosperity* (1997)/*Descubra la verdadera prosperidad* (1998), Barcelona, España: Plaza & Janés.

La autora de *Visualización creativa* disecciona la conexión entre dinero y espiritualidad, urgiendo a los lectores a identificar sus anhelos más profundos en vez de limitarse a intentar ganar más.

18. Charles J. Givens. *More Wealth Without Risk* (1995).
El «Dale Carnegie de las inversiones» murió en 1997, pero su obra sigue gozando de popularidad. Los lectores que siguieron su enfoque «a la contra» seguramente salieron ilesos del crac del año 2000.
19. Joel Greenblatt. *The Little Book that Beats the Market* (2005)/*El pequeño libro que bate al mercado* (2007), España: Empresa Activa.
El autor, gestor de éxito de fondos de cobertura y profesor, ofrece una «fórmula mágica» para invertir a partir de la visión de que las acciones solo valen lo que reportan al inversor de forma constante.
20. Rita Gunther McGrath e Ian McMillan. *The Entrepreneurial Mindset* (2000).
El mejor libro sobre la creación de nuevo valor en las empresas por medio de centrarse en el cliente, al estilo de Peter Drucker.
21. Charles F. Haanel. *The Master Key System* (1917)/*La llave maestra* (2007), Barcelona, España: Obelisco.
Incursión metafísica para la gente de negocios en la relación existente entre los pensamientos y la realidad. Corre el rumor de que este libro inspiró a Bill Gates a dejar Harvard para empezar Microsoft.
22. Friedrich von Hayek. *The Road to Serfdom* (1944)/*Camino de servidumbre* (2011), Madrid, España: Alianza Editorial.
Escrito mientras la Segunda Guerra Mundial todavía estaba en su apogeo, analiza con visión de futuro los males de la planificación central y el totalitarismo. Ejerció una gran influencia sobre los promotores de la libertad política y los mercados libres, entre ellos Milton Friedman.
23. James Hughes. *Family Wealth* (2004)/*La riqueza de la familia empresaria* (2005), Barcelona, España: Deusto.
Título autopublicado que se convirtió en un *bestseller* gracias a los sabios consejos que ofrece a las familias que han hecho dinero y que quieren evitar el síndrome del «abuelo trabajador, hijo millonario, nieto pobre».

24. George Kinder. *Seven Stages of Money Maturity* (2000).
Consideraciones profundas y a la vez prácticas sobre la psicología del dinero, por parte de un destacado planificador financiero. Ha ayudado a muchos a reconsiderar sus actitudes financieras y alcanzar la prosperidad.
25. Ray Kroc. *Grinding It Out: The Making of McDonald's* (1977).
Un clásico del emprendimiento que narra cómo un vendedor de batidos de cincuenta y dos años de edad creó uno de los iconos empresariales de nuestro tiempo.
26. Edwin Lefevre. *Reminiscences of a Stock Operator* (1935)/*Memorias de un operador de bolsa* (2009), Barcelona, España: Deusto.
Biografía novelada de Jesse Livermore, uno de los más grandes corredores de bolsa, que se centra en la psicología de masas y la oportunidad en el tiempo.
27. Rieva Lesonsky. *Start Your Own Business* (2010).
Título de ochocientas páginas sobre la creación de nuevas empresas, que ya va por la quinta edición.
28. Michael Losier. *Law of Attraction* (2003)/*La ley de la atracción* (2010), Barcelona, España: Planeta.
Esboza principios que se encuentran también en *Pide y se te dará* y *El Secreto*, pero explica en detalle la mecánica de la manifestación de los deseos.
29. Burton G. Malkiel. *A Random Walk Down Wall Street: A Time-Tested Strategy for Successful Investing* (2007, 9.ª ed.)/*Un paseo aleatorio por Wall Street: la estrategia para invertir con éxito* (8.ª ed.) (2003), Madrid, España: Alianza Editorial.
Libro escrito por un profesor de Economía de Princeton sobre dónde invertir, del que se han vendido más de un millón de ejemplares, leído por principiantes y profesionales por igual.
30. Kevin Maney. *The Maverick and his Machine: Thomas Watson Snr. and the Making of IBM* (2004).
Fascinante biografía de Thomas Watson y su creación de la auténtica primera empresa de la era de la información.
31. David McClelland. *The Achieving Society* (1961).
Interesantes ideas de un psicólogo de Harvard sobre la «motivación del logro» que impulsa a los emprendedores.

32. Joseph Murphy. *Your Infinite Power to Be Rich* (1966)/*Tu poder infinito para enriquecerte* (2011), Móstoles (Madrid), España: Arkano Books.
El autor de *El poder de tu mente subconsciente* se ocupa en esta ocasión del tema de la prosperidad. El libro contiene muchas ideas geniales.
33. John Nathan. *Sony: The Private Life* (2001).
Fascinante relato sobre los fundadores de Sony Corporation, quienes vieron solo oportunidad entre las cenizas de la derrota de Japón en la Segunda Guerra Mundial, y su *ethos* de ser diferentes para triunfar.
34. Jacob Needleman. *Money and the Meaning of Life* (1991)/*El dinero y el sentido de la vida* (1993), Madrid, España: Temas de Hoy.
Exploración filosófica de la idea de que el dinero no es tan solo un medio de intercambio sino que su persecución permite la realización del potencial humano.
35. Maria Nemeth. *The Energy of Money* (2000).
La exploración de una psicóloga de nuestras creencias y hábitos profundos sobre temas financieros y sobre cómo ver el dinero como una forma de energía puede liberarnos.
36. Michael Phillips. *The Seven Laws of Money* (1974)/*Las siete leyes del dinero* (1995), Madrid, España: Los Libros del Comienzo.
Un «jipi capitalista» muestra cómo el dinero fluye hacia aquellos que «hacen lo correcto» y respetan sus normas y leyes objetivas.
37. Daniel Pink. *Free Agent Nation* (2002).
Este libro explora la aparición de millones de «agentes libres» que quieren tomar el control de su destino laboral y alcanzar la prosperidad sin depender de ninguna empresa.
38. C. K. Prahalad. *The Fortune at the Bottom of the Pyramid: Eradicating Poverty through Profits* (2004)/*La fortuna en la base de la pirámide: cómo crear una vida digna y aumentar las opciones mediante el mercado* (2005), Barcelona, España: Granica.
Sobre el uso de técnicas prácticas del libre mercado, en vez de estrategias gubernamentales, para mejorar el nivel de vida en todo el mundo.

39. Joseph Schumpeter. *Capitalism, Socialism and Democracy* (1942)/*Capitalismo, socialismo y democracia* (2 vols.), (2015) España: Página Indómita.
    Introduce el concepto de destrucción creativa, por el que la innovación sacude economías bien asentadas. Los emprendedores son la fuerza motriz de este proceso.
40. Steven S. Scott. *The Richest Man Who Ever Lived* (2006).
    A partir del ejemplo de la vida del rey Salomón y de la sabiduría contenida en el Libro de los proverbios de la Biblia, proporciona muchas orientaciones sobre cómo alcanzar la riqueza y la felicidad.
41. George Soros. *Soros on Soros: Staying Ahead of the Curve* (1995).
    Filosofía y estrategias de operación por parte de uno de los grandes inversores de nuestro tiempo.
42. Jon P. Speller. *Seed Money in Action: Working the Law of Tenfold Return* (1964).
    Presenta la idea de que cualquier cantidad de dinero dada regresa siempre al dador multiplicada por diez, y que el hecho de dar, en sí mismo, constituye un camino fiable hacia la riqueza.
43. Barbara Stanny. *Secrets of Six-Figure Women* (2004).
    Basado en entrevistas a ciento cincuenta mujeres que ganan más de 100.000 dólares al año, ofrece consejos inspiradores sobre cómo romper con el patrón de los bajos ingresos.
44. Richard Templar. *The Rules of Wealth* (2006)/*Las reglas del dinero* (2007), Madrid, España: Prentice-Hall.
    Cien reglas para la prosperidad por parte de un hombre de negocios británico. No es una receta para hacerse rico de la noche a la mañana, sino que aboga por el trabajo duro, el autoconocimiento y copiar la mentalidad de los ricos.
45. Andrew Tobias. *The Only Investing Guide You'll Ever Need* (2005, edición actualizada).
    Una obra imperecedera que ofrece sólidos consejos sobre todos los aspectos de las finanzas personales y la inversión.
46. Elizabeth Towne. *How to Grow Success* (1904).
    El dinero no es sinónimo de éxito, pero el éxito incluye la capacidad de gestionar el dinero.

47. Joe Vitale. *The Attractor Factor* (2005).
Famosa interpretación de la ley de la atracción por parte del gurú del marketing, que combina la metafísica con muchos consejos prácticos.
48. William Walker. *Thought Vibration, or The Law of Attraction in the Thought World* (1906)/*La ley de la atracción* (2008), Málaga, España: Editorial Sirio.
Clásico del Nuevo Pensamiento que compara la ley de la atracción con la ley de la gravedad. Influyó en autores de la prosperidad posteriores.
49. Stuart Wilde. *The Trick to Money Is Having Some* (1995).
Con un estilo desenfadado, Wilde proporciona muchos consejos espirituales y prácticos sobre cómo tener más dinero, como estar agradecido por las más pequeñas cantidades que uno reciba o encuentre.
50. Bruce Wilkinson. *The Prayer of Jabez* (2000)/*La oración de Jabes* (2011), Editorial Unilit.
Revelación de un oscuro pasaje de la Biblia por parte de un pastor estadounidense, que ha sido un enorme éxito de ventas. Si se pronuncia a diario, la oración de Jabes promete prosperidad, la apertura de caminos y protección divina.

Referencias

Las ediciones que se relacionan a continuación son las que se usaron para la confección de este libro. Las fechas que se hacen constar son las de publicación originales. A continuación de la versión en inglés incluimos la más reciente en español, en caso de haberla.

Las obras disponibles gratuitamente en Internet (en inglés) van precedidas por un asterisco. Antes de descargarlas o usarlas, deberías comprobar si son legalmente de dominio público en el país donde vives.

*Allen, J. (1905) *The Path of Prosperity*, SpiritSite.com, www.spiritsite.com/writing/jamall/index.shtml. /(2014) *El camino de la prosperidad abundante*. Valdeavero (Madrid), España: Jorge A. Mestas. Ediciones Escolares.

Allen, R. G. (2005) *Multiple Streams of Income: How to Generate a Lifetime of Unlimited Wealth*. Hoboken (New Jersey), USA: John Wiley./(2011) *Múltiples fuentes de ingresos*. Time & Money Network Editions.

Bach, D. (2005) *The Automatic Millionaire: A Powerful One-Step Plan to Live and Finish Rich*. London, UK: Penguin./*El millonario automático*. Nueva York, EUA: Vintage (Random House, Inc.).

*Barnum, P. T. (1880) *The Art of Money Getting or Golden Rules for Making Money*. Project Gutenberg, www.gutenberg.org/etext/8581./(2012) *El arte de obtener dinero. Las reglas de oro para hacer dinero* (*e-book*). Editorial Imagen.

*Behrend, G. (1921) *Your Invisible Power: A Presentation of the Mental Science of Judge Thomas Troward*. New Thought Library, http://newthoughtlibrary.

com/behrendGenevieve/yip_01.htm./(2008) *Tu poder invisible*. Barcelona, España: Obelisco.

Bogle, J. C. (2007) *The Little Book of Common Sense Investing: The Only Way to Guarantee Your Fair Share of Stock Market Returns*. Hoboken (New Jersey), USA: John Wiley.

Branson, R. (2005) *Losing My Virginity: The Autobiography*. London, UK: Virgin Books /(2013) *Perdiendo la virginidad*. Barcelona, España: Alienta.

Byrne, R. (2006) *The Secret*. New York, USA: Atria Books. / (2007) *El Secreto*. Barcelona, España: Urano.

Carnegie, A. (2006) *The «Gospel of Wealth». Essays and Other Writings*, ed. e intr. David Nasaw. New York, USA: Penguin.

Cunningham, L. (ed.) (2002) *The Essays of Warren Buffett: Lessons for Investors and Managers*. Edición revisada. Singapore: John Wiley./(2015) *Los ensayos de Warren Buffett: lecciones para el mundo empresarial*. Madrid, España: Valor.

Dennis, F. (2006) *How to Get Rich*. London, UK: Random House.

Domínguez, J. y V. Robin, (1992) *Your Money or Your Life: Transforming Your Relationship with Money and Achieving Financial Independence*. New York, USA: Penguin./(1997) *La bolsa o la vida: cómo dejar de ser esclavo del dinero y mejorar la calidad de vida* (4.ª ed.). Barcelona, España: Planeta.

Drucker, P. F. (1985) *Innovation and Entrepreneurship: Practice and Principles*. New York, USA: Harper & Row./(1997) *La innovación y el empresario innovador: la práctica y los principios*. Barcelona, España: Edhasa.

Eker, T. H. (2005) *Secrets of the Millionaire Mind: Mastering the Inner Game of Wealth*. London, UK: Piatkus./(2011) *Los secretos de la mente millonaria* (edición especial). Málaga, España: Sirio.

*Fillmore, C. (1936) *Prosperity*, Unity on the Web, http://websyte.com/unity/pro.htm./(1998) *La prosperidad*. Unity Village (Misuri), EUA: Unity Books (Unity School of Christianity).

Fleishman, J. T. (2007) *The Foundation: A Great American Secret: How Private Wealth Is Changing the World*. New York, USA: PublicAffairs.

Friedman, M. (1962) *Capitalism and Freedom*. Chicago: University of Chicago Press./(2012) *Capitalismo y libertad*. Madrid, España: Síntesis.

Friedman, T. (2005) *The World Is Flat: A Brief History of the Twenty-First Century*. London, UK: Penguin./(2006) *La Tierra es plana: breve historia del mundo globalizado del siglo XXI*. Barcelona, España: Martínez Roca.

Gerber, M. E. (1995) *The E-Myth Revisited: Why Most Small Businesses Don't Work and What to Do About It*. New York, USA: HarperBusiness./(1997) *El mito del emprendedor: por qué no funcionan las pequeñas empresas y qué hacer para que funcionen*. Barcelona, España: Paidós Ibérica.

Graham, B. (1965) *The Intelligent Investor: A Book of Practical Counsel* (3.ª ed.). New York, USA: Harper & Row./(2007) *El inversor inteligente*. Barcelona, España: Deusto.

Hansen, M. V. y R. G. Allen (2002) *The One Minute Millionaire: The Enlightened Way to Wealth*. London, UK: Vermilion./(2003) *Millonario en un minuto*. Madrid, España: Temas de Hoy.

Hawken, P., Lovins, A. y L. H. Lovins (1999) *Natural Capitalism: Creating the Next Industrial Revolution*. London, UK: Earthscan.

Hicks, E. y J. Hicks (2004) *Ask and It Is Given: Learning to Manifest Your Desires*. London & Carlsbad (California): Hay House./(2005) *Pide y se te dará: Aprende a manifestar tus deseos*. Barcelona, España: Urano.

Hill, N. (1965) *The Master-Key to Riches*. New York, USA: Fawcett Crest./(2011) *La llave maestra de la riqueza*. Miami (Florida), EUA: Taller del Éxito.

Hilton, C. (1957) *Be My Guest*. New York, USA: Fireside./(1958) *Sea usted mi huésped*. Barcelona, España: Garriga.

Karbo, J. (1973) *The Lazy Man's Way to Riches*. Chippenham (UK): Success Classics Library.

Kawasaki, G. (2004) *The Art of the Start: The Time-Tested, Battle-Hardened Guide for Anyone Starting Anything*. London, UK: Portfolio./(2013) *El arte de empezar: el libro para emprendedores más útil escrito hasta la fecha*. Madrid, España: Ilustrae.

Kiyosaki, R. T. con Lechter, S. L. (1998) *Cashflow Quadrant: Rich Dad's Guide to Financial Freedom*. New York, USA: Warner./(2010) *El cuadrante del Cash Flow: guía del padre rico hacia la libertad financiera.* Punto de Lectura (Penguin Random House).

Lynch, P. con Rothchild, J. (1989) *One Up on Wall Street: How to Use What You Already Know to Make Money in the Market*. Harmondsworth (UK): Penguin./(2015) *Un paso por delante de Wall Street: cómo utilizar lo que ya sabes para ganar dinero en bolsa*. Barcelona, España: Deusto.

McLean, Andrew J. & Eldred, Gary W. (2005) *Investing in Real Estate* (5.ª ed.). Hoboken (New Jersey), USA: John Wiley.

Mundis, J. (1990) *How to Get Out of Debt, Stay Out of Debt and Live Prosperously (Based on the Proven Principles and Techniques of Debtors Anonymous)*. New York, USA: Bantam./(2004) *Cómo superar sus deudas*. Barcelona, España: Obelisco.

Nickerson, W. (1969) *How I Turned $1,000 into Three Million in Real Estate (in My Spare Time)*. New York, USA: Simon & Schuster.

O'Clery, C. (2007) *The Billionaire Who Wasn't: How Chuck Feeney Made and Gave Away a Fortune Without Anyone Knowing*. New York, USA: Public Affairs.

Orman, S. (2007) *Women and Money: Owning the Power to Control Your Destiny*. New York, USA: Spiegel & Grau./(2008) *Las mujeres y el dinero: toma el control de tu destino*. Barcelona, España: Urano.

Pilzer, P. Z. (1995) *God Wants You to Be Rich: The Theology of Economics*. New York, USA: Simon & Schuster.

Ponder, C. (1971) *Open Your Mind to Prosperity*. Marina del Rey (California), USA: De Vorss.

Price, J. R. (1996) *The Abundance Book*. London, UK: Hay House./(2013) *El libro de la abundancia*. Barcelona, España: Eleftheria.

Ramsey, D. (2003) *Financial Peace Revisited*. New York, USA: Putnam.

Rand, A. (1967) *Capitalism: The Unknown Ideal*. New York, USA: Signet./(2009) *Capitalismo: el ideal desconocido*. Argentina: Grito Sagrado.

Roddick, A. (2005) *Business as Unusual: My Entrepreneurial Journey, Profits with Principles*. Chichester (New Hampshire), USA: Anita Roddick Books.

Roman, S. y D. Packer (1988) *Creating Money: Keys to Abundance*. Tiburon (California), USA: H. J. Kramer./(1994) *Cómo crear dinero*. Barcelona, España: Humanitas.

Schultz, H. con Yang, D. J. (1997) *Pour Your Heart into It: How Starbucks Built a Company One Cup at a Time*. New York, USA: Hyperion./(2002) *Pon tu corazón en ello*. Elche (Alicante), España: Bestseller.

Sinetar, M. (1987) *Do What You Love, the Money Will Follow: Discovering Your Right Livelihood*. New York, USA: Dell./(2010) *Haz lo que amas; el dinero te seguirá: descubre el verdadero sentido de tu vida*. Miami (Florida), EUA: Taller del Éxito.

*Smith, A. (1910) *An Inquiry Into the Nature and Causes of the Wealth of Nations, Vol. I*. London, UK: J. M. Dent./(2009) *Una investigación sobre la naturaleza y causas de la riqueza de las naciones.* Madrid, España: Tecnos.

Stanley, T. J. y W. D. Danko (1996) *The Millionaire Next Door: The Surprising Secrets of America's Wealthy*. New York, USA: Pocket Books./(2015) *El millonario de la puerta de al lado*. Barcelona, España: Obelisco.

Trump, D. con Schwartz, T. (1987) *The Art of the Deal*. New York, USA: Ballantine./(1988) *El arte de la negociación*. México, D.F.: Grijalbo.

Twist, L. y T. Barker (2003) *The Soul of Money: Reclaiming the Wealth of Our Inner Resources*. New York, USA: W. W. Norton./(2014) *El alma del dinero*. EUA: Hara Press.

Wallace, J. y J. Erickson (1992) *Hard Drive: Bill Gates and the Making of the Microsoft Empire*. New York, USA: HarperBusiness.

*Weber, M. (1930) *The Protestant Ethic and the Spirit of Capitalism*, traducción de T. Parsons, introducción de A. Giddens. London, UK: Routledge./(2012) *La ética protestante y el espíritu del capitalismo*. Madrid, España: Alianza Editorial.

Yunus, M. con Jolis, A. (1999) *Banker to the Poor: The Autobiography of Muhammad Yunus, Founder of the Grameen Bank*. London, UK: Aurum Press./(2008) *El banquero de los pobres: los microcréditos y la batalla contra la pobreza en el mundo*. Barcelona, España: Paidós Ibérica.

Apéndice

Biografía de autores

ROBERT G. ALLEN

Criado en un pequeño pueblo de Alberta (Canadá) en la década de los cincuenta por unos padres religiosos, Robert Allen pasó dos años, de joven, trabajando como misionero de su iglesia en Tahití. En 1974 obtuvo un máster en Administración de Empresas en la Universidad Brigham Young de Utah, pero al graduarse no pudo obtener el trabajo que quería en una empresa. Después de haber gozado con la lectura del libro de William Nickerson How I Turned $1,000 into $1 million in Real Estate –in My Spare Time («Cómo convertí 1.000 dólares en un millón invirtiendo en bienes raíces en mi tiempo libre»)*, se hizo aprendiz de un rico promotor inmobiliario y él mismo se convirtió en inversor inmobiliario. Compartió sus secretos para el éxito con algunos amigos, a quienes les fue bien. A continuación, puso un anuncio en un periódico local ofreciéndose a enseñar a la gente «cómo comprar bienes raíces pagando una cuota inicial muy baja o sin pagar ninguna cuota». Tuvo un éxito inmediato. Concedió la licencia de sus ideas a una empresa de seminarios y recibió millones en derechos. En 1985 lanzó su propia empresa de formación para promover sus ideas, y a día de hoy sigue organizando seminarios y escribiendo.*

Otros libros de Allen son Nothing Down: How to Buy Real Estate with Little or No Money Down *(1980),* Creating Wealth *(1983),* Nothing Down for the 2000s *(2004) y* Multiple Streams of Internet Income *(2005). Es coautor de* Millonario en un minuto *con Mark Victor Hansen, libro que ha sido también elegido para formar parte de esta recopilación de cincuenta clásicos.*

DAVID BACH

Antes de convertirse en un prestigioso gurú de las finanzas personales, David Bach fue el vicepresidente primero de la firma de servicios financieros Morgan Stanley y dirigió el Grupo de Bach, que invertía dinero para individuos ricos.

Su empresa FinishRich Media presenta los seminarios «Acaba Rico» por Estados Unidos. Es un orador destacado en eventos empresariales y ha acudido como experto invitado a muchos programas de la televisión estadounidense, incluido el de Oprah Winfrey.

Otros libros suyos, de los cuales hay cinco millones de ejemplares en papel, son Las mujeres inteligentes acaban ricas *(2005),* Smart Couples Finish Rich *(2001),* Start Late, Finish Rich *(2005) y* The Automatic Millionaire Homeowner *(2006).*

JOHN C. BOGLE

Nacido en 1929 en Verona (Nueva Jersey), John Bogle se graduó de la Academia Blair antes de asistir a la Universidad de Princeton, donde en 1951 se licenció en Economía. Después comenzó a trabajar en la Wellington Management Company, en Pensilvania. Llegó a ser presidente de esa empresa, y en 1974 se fue para comenzar Vanguard.

Otros libros suyos son Common Sense on Mutual Funds *(1993),* John Bogle on Investing *(2000) y* The Battle for the Soul of Capitalism *(2005) (*La batalla por el alma del capitalismo, *2007), que aboga por unos elevados principios éticos en las finanzas estadounidenses.* The Little Book of Common Sense Investing *está dedicado a Paul Samuelson, economista y* *mentor de Bogle en Princeton. Ver también* John Bogle and the Vanguard Experiment: One Man's Quest to Transform the Mutual Fund Industry, *de Robert Slater (1996), y* The Bogleheads' Guide to Investing, *de Taylor Larimore, Mel Lindauer y Michael LeBoeuf (2006).*

Bogle y su esposa, Eve, viven en Valley Forge (Pensilvania).

FELIX DENNIS

Felix Dennis nació en Kingston-upon-Thames (Londres) en 1947. Sus padres se divorciaron cuando él era aún pequeño y su madre se sacó el título de contable con el fin de ofrecerles un futuro mejor a él y a su hermano. Fue expulsado de la escuela a los quince años, tocó en bandas de hythm & blues y asistió a la escuela de Arte Harrow. Fue uno de los fundadores de la tristemente famosa revista satírica Oz y en 1971 fue encarcelado por obscenidad. A Dennis se le aplicó una sentencia más corta que a los otros dos editores porque el juez lo consideró «menos inteligente».

Puso en marcha su editorial en 1973. El primer título fue un cómic que no se sostuvo. En el mismo año fue coautor de una biografía, Bruce Lee: rey del kung-fu, *que debido a la muerte de Lee se convirtió en un éxito de ventas. Dennis fundó las primeras revistas de informática en el Reino Unido (*Personal Computer World *y* MacUser*), cuya venta a mediados de la década de los ochenta le hizo rico. También cofundó una empresa de venta de ordenadores por correo, Micro Warehouse, que más tarde se convirtió en pública. Hacia el final de su vida, Dennis Publishing poseía diecinueve revistas en el Reino Unido, entre ellas* Auto Express, PC Pro, Viz *y* The Week, *y se había deshecho recientemente de sus títulos estadounidenses, como* Maxim, Blender *y* Stuff.

Dennis publicó tres volúmenes de poesía, A Glass Half Full, Lone Wolf *y* When Jack Sued Jill. *También creó el Bosque de Dennis, un gran bosque de árboles de hoja ancha en el centro de Inglaterra, que actualmente se llama The Heart of England Forest (El bosque del corazón de inglaterra).*

JOE DOMÍNGUEZ

Nacido en 1939 en el Harlem español (Nueva York), Joe Domínguez creció siendo económicamente pobre. Trabajó durante diez años en Wall Street antes de retirarse en 1969.
La película Affluenza *(1997), que analiza el materialismo galopante que se vive en Estados Unidos, está dedicada a él, que murió de cáncer en Seattle en 1997, a los cincuenta y ocho años de edad.*

VICKI ROBIN

Nacida en 1945 en Long Island, Vicki Robin se licenció con honores en la Universidad Brown en Rhode Island. Después de empezar su carrera en el cine y el teatro en Nueva York, conoció a Domínguez. Trabajaron como voluntarios en una serie de proyectos, como el de ayudar a los jóvenes con problemas de drogadicción. En 1984 crearon la New Road Map Foundation *(www.newroadmap.org), un organismo sin ánimos de lucro con sede en Seattle dirigido por voluntarios que promueve «un futuro humano y sostenible para nuestro mundo» poniendo el acento en la reducción del consumo. Todos los derechos de autor de* La bolsa o la vida *van a la fundación.*
The New York Times *llamó a Robin la «profetisa de los partidarios de reducir el consumo», y sigue siendo una figura central en el movimiento por una vida más simple. Ha sido miembro de un grupo de trabajo presidencial sobre población y consumo y preside el Foro de la Simplicidad, un grupo que promueve decisiones personales que pueden ayudar a salvar el planeta.*

MILTON FRIEDMAN

Nacido en 1912 en Brooklyn (Nueva York), Milton Friedman era el hijo menor de inmigrantes judíos procedentes de lo que hoy es Ucrania. Se mudaron a Nueva Jersey cuando él todavía era un bebé y pusieron una mercería. Milton se graduó en la escuela secundaria antes de cumplir los dieciséis años y obtuvo una beca para la Universidad Rutgers, donde estudió Matemáticas y Economía; después consiguió otra beca para cursar un máster en la Universidad de Chicago, que finalizó en 1933. En Chicago conoció a su futura esposa y colaboradora, Rose Director, y estudió con los distinguidos economistas Jacob Viner y Frank Knight.

Incapaz de encontrar trabajo como profesor durante la Gran Depresión, trabajó como economista en el Gobierno de Roosevelt. En esos momentos creía en la economía keynesiana, pero más tarde pasó a opinar que el hecho de que el Gobierno fijara los salarios y los precios solo obstaculizaba la recuperación de Estados Unidos. Durante la Segunda Guerra Mundial trabajó en la División de Investigación de la Guerra de la Universidad de Columbia, donde obtuvo el doctorado en 1946. El mismo año aceptó un puesto de profesor en la Universidad de Chicago, donde durante los siguientes treinta años lideró el centro de la Escuela de Chicago de la economía liberal.

En 1964 fue asesor de Barry Goldwater en su campaña para la presidencia de Estados Unidos; más adelante fue asesor de Richard Nixon. Sus ideas influyeron en la aceptación de la fluctuación de los tipos de cambio y la flotación del dólar. Friedman ganó el Premio Nobel de Economía en 1976 y Ronald Reagan le concedió la Medalla Presidencial de la Libertad en 1988. Murió en 2006.

Otros trabajos suyos incluyen su obra magna, A Monetary History of the United States, 1867-1960 *(con Anna Schwartz, 1963) y* Free to Choose: A Personal Statement *(con Rose Friedman, 1980; en español:* Libertad de elegir, *2008).*

MICHAEL E. GERBER

Nacido en 1936, el californiano Michael Gerber una vez vendió enciclopedias para ganarse la vida. Fundó su empresa E-Myth Worldwide en 1977, ocho años antes de escribir El mito del emprendedor. *Ayuda a los pequeños empresarios a través de su consultoría y sus programas. Es también un orador que ha hablado en muchos lugares.*

Otros libros suyos son The E-Myth Manager *(1998) (*Por qué algunos directivos fracasan y cómo evitarlo, *1999),* The E-Myth Contractor *(2002) y* The E-Myth Physician *(2003).*

BENJAMIN GRAHAM

Nacido en 1894, Benjamin Graham nació en Londres de padres judíos (de hecho, su apellido original era Grossbaum) que emigraron a Estados Unidos cuando él era aún un bebé. Le fue bien en la escuela y obtuvo plaza en la Universidad de Columbia, en Nueva York.
Con veinte años comenzó a trabajar en Wall Street en 1914, y más tarde fundó la famosa empresa de correduría Graham-Newman Partnership. También enseñó en la Escuela de Negocios de Columbia desde 1928 hasta 1957.
Otros libros clave de Graham son Security Analysis, *escrito en coautoría con Graham Dodd, Sidney Cottle y Charles Tatham (1934), y* The Interpretation of Financial Statements *(1937). Murió en 1976.*

MARK VICTOR HANSEN Y ROBERT G. ALLEN

Nacido en 1948, Mark Victor Hansen es orador y autor motivacional. Se han vendido más de ciento treinta millones de ejemplares en cincuenta y cuatro idiomas de su serie de libros Sopa de pollo para el alma, *escrita en coautoría con Jack Canfield, que ha llegado a tener ciento cinco títulos diferentes. El primero de los libros fue publicado en 1993.*
Hansen apoya una gran variedad de causas benéficas, y en 2004 se le incluyó en el Salón Internacional de la Fama de los Ejecutivos de las Ventas y el Marketing. Entre otros libros suyos están The Aladdin Factor *(con Jack Canfield, 1995;* El factor Aladino, *1998) y* The Power of Focus *(con Jack Canfield y Lew Hewitt, 2000). Con Robert Allen también ha escrito* Cracking the Millionaire Code *(2005).*

Encontrarás la biografía de Robert G. Allen en la página 435.

PAUL HAWKEN, AMORY B. LOVINS Y L. HUNTER LOVINS

Nacido en 1946, Paul Hawken es un orador destacado en temas de justicia ambiental, económica y social, y ha asesorado ampliamente a varias corporaciones. Con poco más de veinte años creó Erewhon, una empresa mayorista de alimentos naturales, y más tarde cofundó la compañía de artículos de jardinería Smith & Hawken. Ha participado en la creación de software e ingeniería para las firmas Metacode, Groxis y The Pax Group, que proporciona tecnología de ventilación para la industria.

Su libro The Ecology of Commerce *(1993) (*La ecología del comercio*, 2000) introdujo el concepto de «resultado integral», que hace referencia a los costes que tiene una operación más allá de los directamente evidentes. Otros títulos suyos son* The Next Economy *(1983) (*La economía que viene*, 1985) y* Blessed Unrest *(2007), sobre la proliferación de organismos sin ánimo de lucro en todo el mundo interesados en la mejora de la justicia social y el medio ambiente. Hawken está afincado en Sausalito (California), donde dirigió el Instituto del Capital Natural.*

Amory B. Lovins, nacido en 1947, es un veterano defensor de la «energía inocua» (eólica, solar, etc.) y es presidente y director científico del Instituto Rocky Mountain. Tiene un máster en Física por la Universidad de Oxford.

L. Hunter Lovins, nacida en 1950, fue cofundadora del Instituto Rocky Mountain y fundadora de Natural Capitalism Solutions, organización sin ánimo de lucro que actualmente preside. Formada como socióloga y abogada, fue profesora en la Escuela de Administración de Empresas Presidio y nombrada Héroe del Planeta por la revista Time *en el año 2000.*

ROBERT KIYOSAKI

Nacido en 1947, Robert Toru Kiyosaki creció en Hawái, donde su padre era el jefe de Educación para el Estado. Cursó estudios universitarios en Nueva York y después trabajó para la Standard Oil en el transporte marítimo del petróleo, como vendedor para Xerox y con veinticinco años se unió a los Marines –fue a Vietnam como oficial y piloto de helicóptero–. También comenzó a comprar y vender apartamentos e invertir en acciones, y en 1977 introdujo con éxito las billeteras de nailon y velcro en Estados Unidos.

Su firma Cashflow Technologies, con sede en Phoenix (Arizona), vende productos de formación empresarial en todo el mundo, y él es un popular orador que imparte seminarios. Otros libros suyos son Rich Dad's Guide to Investing *(2000) (*Guía para invertir, *2006),* Rich Dad's Prophecy *(2002),* Retire Young, Retire Rich *(2002) (*Retírate joven y rico –ebook–*),* Rich Dad's Increase Your Financial IQ *(2008) (*Incrementa tu cociente intelectual financiero, *2010) y* Rich Dad Poor Dad *(2011) (*Padre rico, padre pobre, *2015). La serie* Padre rico *ha sido traducida a cuarenta y seis idiomas y se han vendido más de veinte millones de ejemplares.*

JERROLD MUNDIS

Nacido en Chicago en 1941, Jerrold Mundis creció en Wisconsin en el seno de una familia de escasos recursos. Se matriculó en Beloit College, en Wisconsin, antes de mudarse a Nueva York, donde se graduó en la Universidad de Nueva York.

Fue uno de los editores de The New York Times *y ha sido colaborador de muchas revistas y periódicos estadounidenses. Imparte charlas y seminarios sobre la gestión del dinero personal y dirige una consultoría para ayudar a los escritores a mejorar su trabajo y a que tengan más posibilidades de salir al mercado.*

Mundis ha escrito diecisiete novelas, entre ellas Gerhardt's Children *(2000) y* The Dogs *(2001), y entre sus obras de no ficción están los títulos* How to Have More Money *(2013),* How to Create Savings *(2011),* Break Writer's Block Now! *(1991),* Earn What You Deserve: How to Stop Underearning and Start Thriving *(1995) y* Making Peace with Money *(1999). Su obra ha sido traducida a doce idiomas. Tiene dos hijos adultos y vive en la ciudad de Nueva York.*

WILLIAM NICKERSON

Nacido en 1908, William Nickerson provenía de una familia pobre, al igual que su esposa. Ambos estudiaron en el Fresno State College, en California, y se graduaron en 1931. Él dejó su trabajo en una compañía telefónica alrededor de 1950 para disfrutar de la superficie cultivada que la pareja tenía cerca de Álamo (California). Murió en el año 2000.

Nickerson tiene dos libros más: How to Make a Fortune Today -Starting from Scratch *(1975) y* Nickerson's No-Risk Way to Real Estate Fortunes *(1986).*

SUZE ORMAN

Suze Orman nació en 1951 en Chicago. Su padre tenía un pequeño puesto de pollos para llevar, donde ella trabajó a tiempo parcial, y la economía de la familia no era muy boyante. Tras acabar los estudios escolares, se matriculó para formarse como trabajadora social en la Universidad de Illinois-Champaign. A pesar de que dejó el curso a medias para poder viajar, obtuvo el título más adelante.

Trabajó en la panadería Buttercup, en Berkeley, hasta 1980. Entre 1980 y 1983 fue agente de bolsa en Merrill Lynch, y después vicepresidenta de inversiones en Prudential Bache Securities. En 1987 puso en marcha Suze Orman Financial Group, que dirigió hasta 1997. Los seminarios de jubilación que estaba dando evolucionaron hasta dar lugar a su primer libro, You've Earned It, Don't Lose It *(1994), del que se vendieron setecientos cincuenta mil ejemplares.*

Después escribió otros bestsellers: The 9 Steps to Financial Freedom *(1997),* The Courage to Be Rich *(1999) (*Atrévase a ser rico, *2001),* The Road to Wealth *(2001) y* The Money Book for the Young, Fabulous and Broke *(2005).*

Sus dos programas televisivos son The Suze Orman Show, *en el canal de televisión por cable CNBC, y* Suze Orman's Financial Freedom, *en QVC. También tiene una columna de asesoramiento financiero en la revista* O, *de Oprah Winfrey. En 2007 Orman «salió del armario» y reveló su relación de muchos años con Kathy Travis.*

CATHERINE PONDER

Nacida en Hartsville (Carolina del Sur) en 1927, después de sus años de escuela Catherine Ponder asistió a la Escuela de Negocios Worth, y en 1956 se graduó en Educación en la Escuela Ministerial Unitaria. Fue ordenada por la Iglesia unitaria (una iglesia no confesional) en 1958, y ese mismo año dio su primera clase sobre prosperidad. Sirvió como ministra en Birmingham (Alabama) de 1958 a 1961, Austin (Texas) de 1961 a 1969, y San Antonio de 1969 a 1973. En 1973 fue nombrada ministra de la iglesia unitaria Palm Desert, en California, cargo que sigue ocupando a día de hoy. Ha pronunciado numerosas conferencias por Estados Unidos.

Autora prolífica, ha escrito muchos otros libros, entre ellos The Dynamic Laws of Prosperity *(1962) (*Las leyes dinámicas de la prosperidad, *2011),* The Prosperity Secrets of the Ages *(1967),* The Millionaires of Genesis *(1976),* The Millionaire Joshua *(1978),* Open Your Mind to Receive *(1983),* The Dynamic Laws of Prayer *(1987) y su libro de memorias,* Prosperity Love Story: From Rags to Enrichment *(2003).*

DAVE RAMSEY

Nacido en 1960 en Antioch (Tennessee) y criado en Nashville, Dave Ramsey tiene una licenciatura en Finanzas y Bienes Raíces por la Universidad de Tennessee.

En 1994 fundó la Universidad de la Paz Financiera, un programa de formación para el público asistente que ahora es principalmente una serie de vídeos educativos conducida por escolares en cuarenta y seis estados del país. The Dave Ramsey Show *se emite todas las semanas en todo Estados Unidos, y permite a los oyentes llamar y contar sus problemas.*

La paz financiera *se publicó por primera vez en 1992 y se han vendido más de setecientos cincuenta mil ejemplares del libro. Entre otros títulos de Dave Ramsey están* More Than Enough *(2002),* The Total Money Makeover *(2007) y una serie de libros de finanzas para niños.*

Agradecimientos

Gran parte de este libro se escribió en la biblioteca Bodleian de la Universidad de Oxford, un lugar hermoso en el que el lector se encuentra rodeado por el pensamiento y los escritos de miles de eruditos, muchos de ellos remontándose a siglos pasados. Thomas Bodley fundó esta biblioteca con la condición de que debía permanecer abierta a todos. Del mismo modo, espero que los secretos de prosperidad, frecuentemente encerrados en libros, lleguen a la luz de la vida diaria de cada vez más personas.

Muchas gracias a todos en Nicholas Brealey Publishing: Nick Brealey, que me ayudó a refinar la idea; Sally Lansdell, que corrigió el manuscrito y me suministró valiosas sugerencias; Angie Tainsh por sus esfuerzos publicitarios en el Reino Unido; Trish O'Hare y Chuck Dresner por su trabajo promoviendo la serie de los 50 Clásicos en Norteamérica; y Ken Leeder por haber producido otra gran portada.

Muchas gracias a Irfan Alvi, sin cuya valiosa asistencia editorial habría sido difícil tener el libro listo en su fecha. Te agradezco también, Irfan, tus muchas sugerencias, que han hecho de este un mejor libro.

Muchas gracias a los autores vivos de los libros reseñados, con especial gratitud para Catherine Ponder, cuyas cinco décadas como maestra de prosperidad han sido el fundamento de muchos escritores posteriores; y también a dos grandes teóricos de la creación de prosperidad recientemente fallecidos: Milton Friedman, cuyas ideas sobre la libertad para crear y producir inspirarán a muchas generaciones futuras; y Peter Drucker, que convirtió los campos de la innovación y el emprendimiento en una ciencia que puede ser estudiada por cualquiera.

Y, finalmente, gracias a mi difunto padre Anthony, cuya disciplina como ahorrador e inversor y cuya sólida creencia en la libertad económica ejemplificaron muchos de los principios recogidos en estas páginas.

Índice